2018 中国跨境电商发展年鉴

CHINA CROSS BORDER E-COMMERCE DEVELOPMENT YEARBOOK

中国跨境电商发展年鉴编委会 ◎编著

中国海关出版社
China Customs Press

图书在版编目（CIP）数据

中国跨境电商发展年鉴．2018/中国跨境电商发展年鉴编委会编著．
—北京：中国海关出版社，2018.9
ISBN 978－7－5175－0303－3

Ⅰ．①中…　Ⅱ．①中…　Ⅲ．①电子商务—产业发展—中国—2018—年鉴
Ⅳ．①F724.6-54

中国版本图书馆 CIP 数据核字（2018）第 192264 号

中国跨境电商发展年鉴（2018）

ZHONGGUO KUAJING DIANSHANG FAZHAN NIANJIAN（2018）

作　　者：中国跨境电商发展年鉴编委会
总 策 划：王　桦
策　　划：史　娜
责任编辑：夏淑婷
助理编辑：衣尚书
出版发行：中国海关出版社
社　　址：北京市朝阳区东四环南路甲 1 号　　邮政编码：100023
网　　址：www.hgcbs.com.cn
编 辑 部：01065194242-7539（电话）　　01065194231（传真）
发 行 部：01065194221/4238/4246（电话）　　01065194233（传真）
社办书店：01065195616（电话）　　01065195127（传真）
　　　　　www.customskb.com/book（网址）
印　　刷：北京新华印刷有限公司　　经　　销：新华书店
开　　本：787mm×1092mm　1/16
印　　张：29　　字　　数：652 千字
版　　次：2018 年 9 月第 1 版
印　　次：2018 年 9 月第 1 次印刷
书　　号：ISBN 978－7－5175－0303－3
定　　价：280.00 元

《中国跨境电商发展年鉴（2018）》
编委会

《中国跨境电商发展年鉴（2018）》
协编单位

河南进口物资公共保税中心（集团）有限公司

浙江天猫技术有限公司

解放路（上海）信息技术有限公司

支付宝（中国）网络技术有限公司

海韵电子商务（上海）有限公司

杭州多拉供应链有限公司

上海汇付数据服务有限公司

《中国跨境电商发展年鉴（2018）》
协编单位

深圳市环球易购电子商务有限公司

同方威视技术股份有限公司

易票联支付有限公司

国美在线电子商务有限公司

深圳市钱海网络技术有限公司

北京艾蜜嘉有限公司上海分公司（买对网）

河南省进口物资公共保税中心集团有限公司（简称河南保税集团）成立于1994年，是以基础物流服务为核心业务，以特色物流服务为支柱业务，以供应链管理服务为配套业务的E贸易供应链集成服务商。集团总部位于河南省郑州市经济技术开发区，是国有相对控股的中外合资企业，拥有合资公司21家，集团总资产逾60亿元，员工700余人。经过多年发展，集团已成为行业发展风向标，得到多个国际组织高度认可，在推动全球认可E贸易创新规则、助推“一带一路”建设等方面做出了积极贡献。

河南保税集团

HENANBAOSHUIJITUAN

核心竞争力（创新亮点）

1.创新监管服务模式（1210），解决“五难”，减少贸易摩擦。

2.创新监管流程（一区多功能），实现降本增效。

3.创新管理体制，提高“放管服”水平。

4.创新运营机制（PPP模式），激发市场活力。

5.创新跨境O2O零售新模式，提升产业综合竞争力。

企业经营资质及集团荣誉

1.经营资质

中国（郑州）跨境贸易电子商务服务试点承建单位

中国（郑州）跨境电子商务综合试验区核心区运营单位

中国（河南）自由贸易试验区核心区承建单位

中国（郑州）EWTO核心功能集聚区运营主体

郑州跨境电子商务“单一窗口”关务平台运营单位

2.集团荣誉

中国跨境电商协会会长单位、中国经济贸易促进会副会长单位、中国国际经济交流中心会员单位、中国中部崛起突出贡献奖单位、河南省电子商务示范基地、中国跨境电商重点企业等。

TMALL GLOBAL

天猫国际

基于国家对跨境进出口电商"买全球、卖全球"的政策支持和阿里巴巴集团的全球化战略，为更好地服务于国家对外开放战略，顺应消费升级需求，引导消费和服务回流，促进供给侧改革，同时"以进带出"助力"国货"出海，天猫从2014年起先后上线天猫国际和天猫出海，开展跨境进出口业务，目前成为国内颇具规模的跨境零售进口和出口平台。

天猫国际业务

（一）满足消费升级需求，增强消费者获得感

自2014年初上线以来，天猫国际已引进全球74个国家和地区的1.8万个海外品牌，80%以上的品牌系初次进入中国市场，累计服务国内7000万名消费者。

2017年，天猫国际成交额占全国跨境零售进口市场份额较大，进一步提升市场地位。

2018年4月，天猫国际线下展示店在杭州西湖银泰开业，以进一步增强消费者获得感。

（二）成为我国扩大进口、吸引投资的新兴渠道之一

海外商家首先通过跨境模式了解中国市场和消费需求，进而通过跨境交易满足个性化需求、通过一般贸易满足大宗需求，已成为日趋普遍的商业模式。众多全球零售商家在天猫国际取得成功后，均选择此"双轨"模式。跨境贸易已成为传统贸易的重要补充和我国扩大进口的重要渠道。

不仅如此，跨境贸易方式的灵活高效也大大增强了海外零售商投资中国的信心。不少企业选择通过天猫国际以跨境方式服务中国后，在短时间内就决定在中国开设零售实体店。

天猫国际从更好赋能各具特点的海外商家的角度，提供了开设品牌旗舰店和直营采购两种解决方案，成为海外品牌和各国中小企业进入中国市场的合作平台。

（三）政企合作，全链路有效监管

天猫国际与政府监管部门密切合作，与跨境电商国家风险监测中心开展质量共治合作，也与中检集团合作，运用区块链技术开展全程物流和品质溯源。

TMALL WORLD

天猫出海业务

（一）为国货出海提供一站式解决方案

天猫出海于2017年6月正式面世，为十多万家天猫商家、上百万家淘宝商家提供涵盖翻译、交易、支付、物流等在内的全链路一揽子解决服务，帮助其以低成本、低门槛方式实现"一店卖全球"。目前天猫出海业务已覆盖全球超过200个国家和地区。大到龙舟，小到休闲食品，天猫出海满足了海外用户对质优价公的中国商品和众多华人华侨化解"乡愁"的需求。

（二）助力老字号，传播中国文化

截至目前，天猫出海已帮助超过600家老字号进入全球市场，实现了出口中国品牌、升级中国制造、传播中国文化的多重目的。

（三）两个阵地服务两类海外人群，提供本地化服务

天猫出海一方面通过手机淘宝海外客户端服务1亿海外华人，另一方面通过集团收购的东南亚电商平台Lazada辐射东南亚6亿当地居民，设立了8大海外运营中心，提供本地化服务。

支付宝（中国）网络技术有限公司

www.alipay.com

支付宝（中国）网络技术有限公司（www.alipay.com）成立于2004年，是国内技术成熟的第三方支付平台，已经与超过200家金融机构达成合作，为近千万小微商户提供支付服务。在覆盖绝大部分线上消费场景的同时，支付宝也正通过多种场景的拓展，激活传统商业。通过互联网方式的营销、大数据服务等，助力包括餐饮、超市、便利店、出租车、医院、公共服务等的升级。在海外市场，支付宝推出了跨境支付、退税等多项服务，业务范围已覆盖日韩等多个国家和中国港澳台、东南亚、欧洲、北美等地区。随着场景拓展和产品创新，支付宝已发展成为融合了支付、生活服务、政务服务、社交、理财、保险、公益等多个场景与行业的开放性平台。支付宝也得到了更多用户的喜爱，目前已拥有实名用户数5.2亿。

2007年8月，支付宝获批成为可以开展跨境支付业务的第三方支付公司。目前受理支付宝的海外商户已达数万家，国内支付宝用户可以非常便利地购买海外商品和享受海外服务。2014年起，根据监管要求“支付企业应按照规定通过电子商务通关服务平台适时向电子商务通关管理平台传送支付数据”，支付宝积极响应号召，先后和杭州、广州、宁波、深圳、郑州、重庆、天津、上海等全部试点口岸完成对接，向监管系统传输真实、准确的支付信息，方便监管单位核实交易的真实性。2016年4月，支付宝又率先接入监管统一版信息化系统，按照相关要求，通过统一版跨境电子商务通关服务平台如实向监管单位传输支付信息，为统一监管进一步提供便利。

随着海淘业务的蓬勃发展，支付宝将按照监管要求，切实履行相关义务，为跨境电商行业和跨境支付行业的发展和规范贡献自己的力量。

支付宝退税一览表

	退税方式	步骤	优点	备注
机场	机场实时退税（推荐）	填单—海关盖章—柜台扫码退	现场到账，不用等	全球11个国家、17个机场
	机场邮箱退税	填单—海关盖章—投递退税单到退税公司邮箱	到账比卡快	
市区	店内实时退税（推荐）	填单（确认花呗额度）—店内扫码到账—机场或回国投递—额度解冻	边买边退	包括英国哈罗德百货、塞尔福里奇百货、法国春天百货、意大利文艺复兴百货等。
	市区预约退税	市区预约—机场退税机	机器自助，立马到账	仅限韩国
回国	回国邮寄退税	填单—海关盖章—回国邮寄退税单	方便赶飞机	

小贴士：1. 支付宝退税直接退人民币，到账比卡快；2. 支付宝不收取任何额外手续费。

跨境电商解放者——张志锋

张志锋先生于2014年底创办解放路（上海）信息技术有限公司，并成立中国好东西网，致力于帮助中国卖家开拓全球市场。他极富解放精神，被誉为跨境电商解放者。

中国好东西网上线发布会

解放路（上海）信息技术有限公司
开放办公区

SinoGoodies.com
中国好东西网

JIEFANGLU.COM

解放路（上海）信息技术有限公司

JIEFANGLU(SHANGHAI) INFORMATION TECHNOLOGY CO.LTD

解放路（上海）信息技术有限公司，成立于2014年10月，秉持“沟通世界　货通全球”的理念，致力于将自身打造成为优质的跨境电商综合服务平台。旗下著名品牌“中国好东西网”为跨境电商卖家提供全方位服务，帮助卖家省钱、省时、省力，从货源、资金、物流仓储三大方面解决跨境难题。业务范围涵盖商品分销、SAAS软件、通关物流仓储、金融服务四大板块，以自身服务贯串起整个跨境电商产业链，从而形成服务生态闭环，建立跨境电商大数据、大物流、大金融的全方位服务体系，让跨境电商更简单。

解放路（上海）信息技术有限公司总部

深圳市环球易购电子商务有限公司（以下简称“我司”）创建于2007年，致力于打造惠通全球的跨境电商新零售生态，2014年通过与百圆裤业并购完成上市。随着全球步入信息化大时代，国家先后发布多项利好政策，提出“一带一路”建设构想，我司紧握机遇，专注打造跨境电商企业。通过“自营垂直网络+入驻第三方平台”模式，开展跨境B2C出口业务；通过旗下Chinabrands平台，开展跨境B2B出口分销业务。多种跨境出口模式的发展，进一步扩大了公司供应链规模优势。目前，我司已建立39个海外仓，通过强大的仓储物流系统及自动化的备货管理，确保货物快速运输，安全送达。我司近三年的仓储物流占销售额比例逐年降低，产品采购成本低于同行业水平，30%以上的核心供应商实现了铺货模式，降低资金占用成本。

我司采用化繁为简的业务经营模式，以客户需求为导向，整合上游、深耕中游、服务下游，在提高公司经营效率的同时，压缩流通环节，降低交易成本，力求为客户提供“快、优、惠”的消费体验。凭借资源整合的不断自我赋能、移动端的先发布局、供应链的规模优势、多位一体的销售模式等竞争优势，在激烈的出口跨境电商竞争当中展露优势。

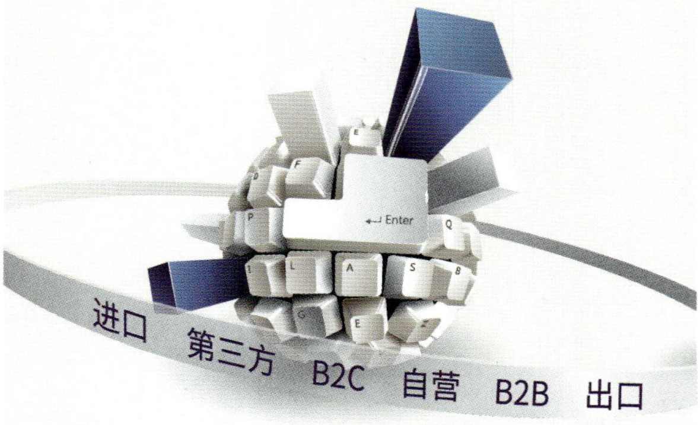

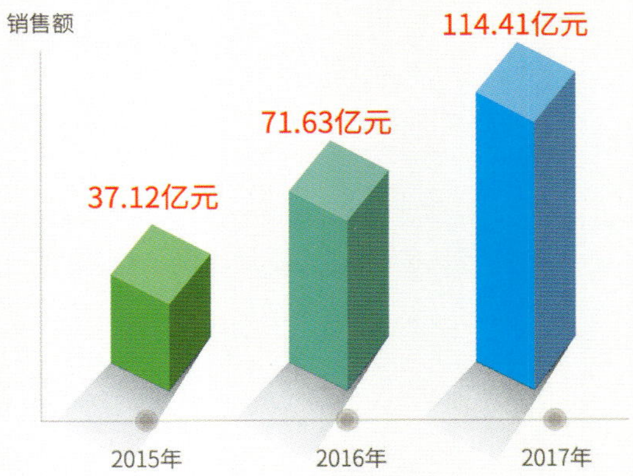

编辑说明

《中国跨境电商发展年鉴（2018）》（以下简称《年鉴》）是由海关总署监管司、跨境电子商务试点城市、中国海关出版社联合编撰的一部具有史料性、资料性的实用工具书。《年鉴》旨在翔实记载我国跨境电子商务发展状况，重点收录2017年跨境电子商务的国家相关政策及主要城市的发展情况；客观提供相关统计数据；突出宣传创新、规范跨境电子商务企业；对于创新跨境电子商务的海关监管模式进行了研究和探索。《年鉴》为各级政府部门、行业协会、企事业单位和社会各界了解中国跨境电子商务发展、获取资料信息、实施科学决策、进行咨询研究提供全面、系统的参考。本年鉴自2016年起，每年出版一卷，以出版年份标序，今年出版第三卷。

《年鉴》采用分类编辑法，力求结构合理、类别分明、层次有序。内容包括"跨境电商综述篇""跨境电商城市发展篇""跨境电商案例展示篇"，以及"跨境电商专题研究篇"。其中，"跨境电商城市发展篇"分别记载了上海、杭州、宁波、郑州、重庆、广州、深圳、福州、平潭、天津、厦门、泉州等12个城市的跨境电商发展现状、配套文件、企业名录、统计数据、大事记等。考虑到目前各相关城市跨境电商发展模式不尽相同，故《年鉴》"跨境电商城市发展篇"中不同城市的内容结构会略有不同。"跨境电商案例展示篇"中的内容，由中国海关出版社统一进行试点城市企业稿件征集、筛选而成。"跨境电商专题研究篇"收录了我国地方海关及研究机构在跨境电子商务领域的研究成果。

《年鉴》引用的各类数据和资料，未标明时间的，均截至2017年12月31日。"跨境电商综述篇"所用的数据，是根据42个直属海关监管部门的业务统计数据汇总而成的。各城市的跨境电商进出口统计数据，主要由口岸办公室、商务局等部门提供。由于数据来源有差别，各城市所列统计数据的项目内容有所不同。

《年鉴》所列12个跨境电商城市中，厦门、泉州为国家电子商务示范城市，除此以外的城市为跨境电商试点城市，各城市原则上依照获批的先后顺序进行编排。对同时获批为试点城市的，本年鉴再按照行政区划分顺序进行编排。

《年鉴》在编撰过程中，得到了海关总署监管司及上海电子口岸建设联席会议办公室、中国（杭州）跨境电子商务综合试验区建设工作领导小组办公室、宁波市人民政府口岸与打私办公室、郑州市人民政府口岸办公室、重庆市人民政府口岸管理办公室、广州市商务委员会、深圳市经济贸易和信息化委员会、天津电子口岸办公室、福州市商务局、平潭综合实验区管委会的领导和相关人员的关心和支持，在此表示衷心感谢！

由于编辑水平和经验有限，在资料收集、内容编排等方面还有待进一步提高，因此书中难免有不足和疏漏之处，敬请广大读者批评指正，力争明年工作再上一个新台阶。

《中国跨境电商发展年鉴（2018）》编辑部

2018年8月

目录

跨境电商综述篇

跨境电商城市发展篇

杭州地区

宁波地区

跨境电商案例展示篇

跨境电商专题研究篇

跨境电商综述篇

跨境电商发展现状

2017年，国家相关管理部门以习近平新时代中国特色社会主义精神为指导，全面贯彻落实十九大报告提出的推动形成全面开放新格局的要求，积极拓展对外贸易，培育跨境电子商务新业态、新模式，建立和完善了适应跨境电子商务发展的政策体系，探索形成了一批可复制、可推广的经验做法，有力支撑了外贸转型升级和创新发展，推动了大众创业，万众创新。

一、交易规模

2017年跨境电子商务零售进出口总额达到902.4亿元人民币，同比增长80.6%，远高于同期外贸14.2%的增长速度；共验放跨境电子商务零售进出口清单6.59亿份，同比增长56.9%，其中验放进口清单3.87亿份，验放出口清单2.72亿份；共计征税款67.2亿元。政策稳定、通关便利、平台扩充、消费意愿增加，多重因素叠加助推2017年中国跨境电子商务业务蓬勃发展。

（一）“网购保税进口”模式

2017年，全国共验放网购保税进口零售商品清单3.47亿份，总值404.8亿元人民币，征收税款49.4亿元人民币，分别同比增长126.77%、57.99%和111%。美容彩妆、母婴用品和洗护用品依然占比居多，食品和保健品等品类商品增速明显。进口总值排名前十位的国家分别为日本、韩国、澳大利亚、美国、德国、新西兰、荷兰、法国、爱尔兰、俄罗斯，占进口总值的90%以上。全国跨境电子商务网购保税进口排名前十位的城市如图1-1所示。

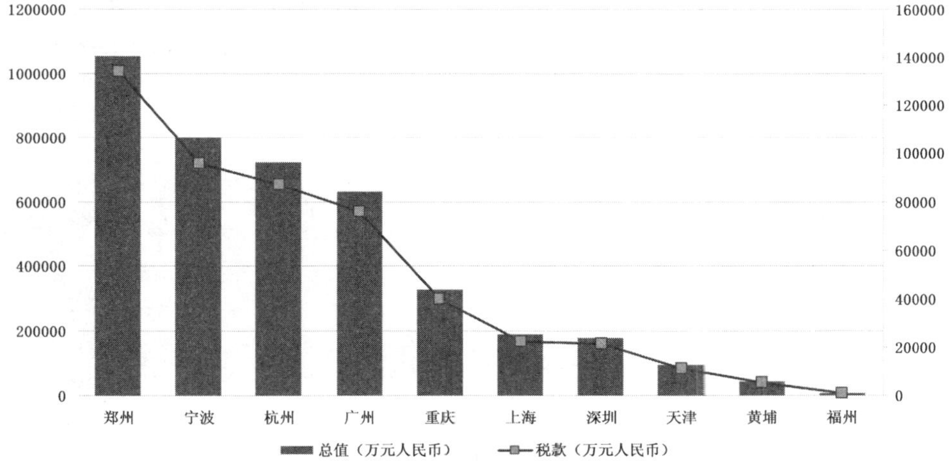

图1-1 全国跨境电子商务网购保税进口模式数据（前十名）

（二）“直购进口”模式

2017年，全国共验放直购进口零售商品清单0.4亿份，总值143.2亿元人民币，征收税款17.8亿元，同比分别增长115.84%、117%和160%，增速显著。总值排名前十位进口国（地区）分别为美国、韩国、日本、德国、澳大利亚、荷兰、香港、法国、新西兰、意大利。与网购保税进口模式相比，各大电商平台均在海外设仓，其中在香港设仓数量占多数。全国跨境电子商务直购进口排名前十位城市如图1-2所示。

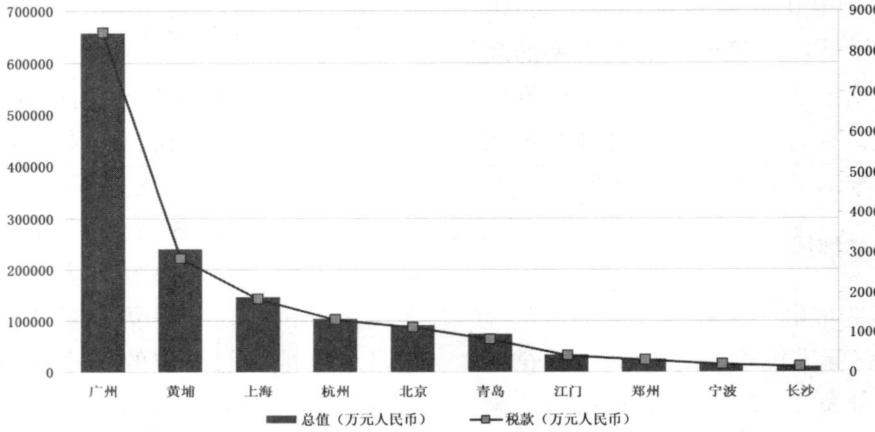

图1-2　全国跨境电子商务直购进口模式数据（前十名）

（三）“一般出口”模式

2017年，全国共验放跨境电子商务一般出口零售商品总值328.9亿元人民币，同比增加67.5%。全国跨境电子商务一般出口排名前十位城市如图1-3所示。

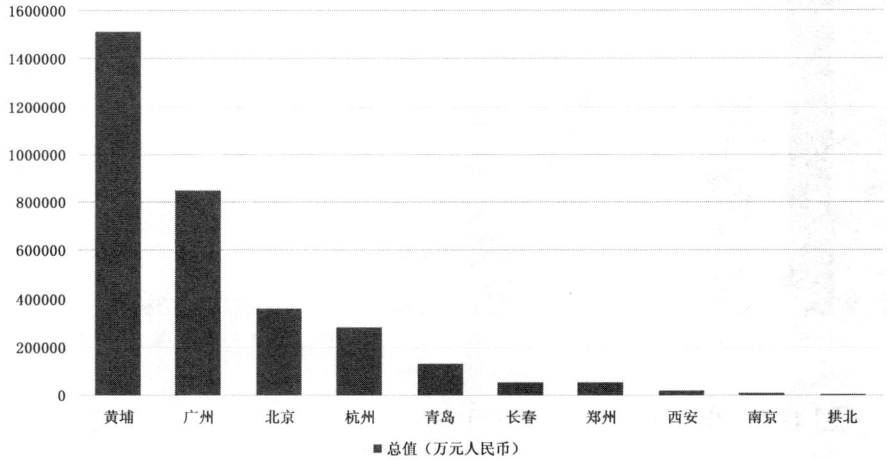

图1-3　全国跨境电子商务一般出口模式数据（前十名）

（四）“特殊区域出口”模式

2017 年，全国共验放跨境电子商务特殊区域出口零售商品总值 7.4 亿元人民币，同比增长 3.63 倍，相较于 2016 年数据止跌回升，并创新高。业务量大幅增长的背后是深圳口岸业务量的翻倍增长，以及参与该模式关区数量的增加。

二、配套政策

（一）明确进口税收及过渡期政策

1. 发布进口税收政策

2016 年 3 月 24 日，财政部会同海关总署、国家税务总局发布我国跨境电子商务零售进口税收新政策，即《财政部、海关总署、国家税务总局关于跨境电子商务零售进口税收政策的通知》（财关税〔2016〕18 号）（详见配套文件一）。自 2016 年 4 月 8 日起，跨境电子商务零售进口商品将不再按邮递物品征收行邮税，而是按货物征收关税和进口环节增值税、消费税。

2016 年 4 月 6 日，海关总署发布《海关总署关于跨境电子商务零售进出口商品有关监管事宜的公告》（海关总署公告〔2016〕26 号）（详见配套文件二），明确规定跨境电子商务零售进口的适用范围、企业管理、通关管理、税收征管、物流监控、退货管理等方面的具体内容。

2. 延长过渡期政策，扩大试点城市

2017 年 12 月 7 日，商务部召开例行新闻发布会（详见配套文件六），表示将跨境电子商务零售进口监管过渡期政策再延长一年至 2018 年底，即继续对天津、上海、杭州、宁波、郑州、广州、深圳、重庆、福州、平潭等 10 个试点城市（地区）跨境电子商务零售进口商品暂按照个人物品监管。自 2018 年 1 月 1 日起，将过渡期政策适用的范围扩大至合肥、成都、大连、青岛、苏州等 5 个城市。

（二）复制推广跨境电子商务综合试验区探索形成的成熟经验做法

2017 年 11 月 27 日，商务部等 14 部门发布《关于复制推广跨境电子商务综合试验区探索形成的成熟经验做法的函》，明确跨境电子商务线上综合服务和线下产业园区“两平台”及信息共享、金融服务、智能物流、风险防控等监管和服务“六体系”等做法已成熟可面向全国复制推广，供各地借鉴参考。各地将结合实际，深化“放管服”改革，加强制度、管理和服务创新，积极探索新经验，推动跨境电子商务健康快速发展，为制定跨境电子商务国际标准发挥更大作用。

三、主要成效

为了实现对跨境电子商务的有效监管，维护国家安全和消费者权益，营造有利于跨境电子商务发展的良好氛围，政府管理部门和经营企业不断调整优化监管政策和经营方式，主动适应新兴业态的发展需要。

（一）制度创新不断深化

深化“三互”大通关合作，推进“单一窗口”建设，实现口岸相关管理部门监管互认、执法互助、信息互换，企业一次申报，各政府管理部门“并联”监管，建立数据共享和业务协调机制，促进贸易便利，降低企业综合成本，加大各政府管理部门协同监管力度；实行集中纳税、汇总统计等一系列监管举措，推动了行业规范，维护了贸易公平，也有效解决了贸易碎片、监管分散等问题，实现了“政府管平台，平台管电商，电商管商品”，监管效能稳步提升；制定跨境电子商务进口零售风险防控和作业管理办法，强化跨境电子商务零售进口商品归类、价格风险监控分析；建立网络市场监管联动机制，开展打击网络交易违法行为，深化网络领域商品侵权假冒行为治理，共同维护跨境电子商务市场竞争秩序；研究制定了国家跨境电子商务的统计标准，创新统计方法，测算全国跨境电子商务规模。

（二）平台功能不断拓展

构建稳定、安全的大数据平台，借助科技力量提高管理效能，逐步打通政府管理部门和跨境电子商务交易、金融、物流等产业链环节，建立规范统一的信息标准、备案认证和管理服务，为政府管理部门和经营企业提供备案管理、统计监测、电商信用、风险预警等服务；以数据管理为基础的智慧监管，应用贸易大数据分析等新技术新手段，拓展跨区域、跨行业、跨部门信息的交换和共享；综试区经验复制推广，将跨境电子商务线上综合服务和线下产业园区“两平台”及信息共享、金融服务、智能物流、风险防控等监管和服务“六体系”等做法面向全国复制推广。跨境电子商务进口统一版系统自 2017 年 1 月 1 日起在全国海关范围内推广使用，实现了跨境电子商务监管全国统一化、标准化操作。探索建立第三方平台和自营平台，同步推进境内外电商共同参与进出口并重、多模式并存、线上线下有序结合的跨境电子商务发展格局。

（三）营商环境不断优化

进一步规范跨境电子商务市场主体行为，激发市场活力，营造公平公正、统一开放、竞争有序的良好发展环境；着手建立跨境电子商务企业信用功能，依托企业信用管理，扩大企业诚信体系的应用范围，建立企业信用等级管理制度，引导企业树立守法便利意识，提升守信企业的外贸竞争力，降低跨境电子商务企业的经营风险；加强网络和信息安全体系建设，探索电子认证技术应用，形成集身份认证、授权管理、责任认证一体的空间电子商务网络信任体系，保障跨境电子商务快速增长的需求；支持企业建立海外营销渠道，创立自有品牌，完善跨境电子商务海外仓投融资与风险保障机制，通过设立海外仓、体验店、展览中心等，为跨境电子商务企业提供贸易、仓储、配送和售后等一站式服务；政府管理部门积极应对“6·18”“双 11”等重要销售节点，应对井喷式的业务量激增，及时协调解决在促销期遇到的通关、物流、支付等问题，提升应急保障能力；培养跨境电子商务专业人才，组织政策宣讲和业务培训，提高企业的综合素质和竞争力；多渠道多平台广泛宣传国家相关政策法规和公民纳税义务，转变消费者观念，提高消费者纳税人意识。

（四）国际合作不断深入

推进跨境电子商务可持续发展是全球各界共同的愿望和各国政府共同的责任。围绕“一带一路”倡议部署，积极加强国际海关合作，中国海关会同世界海关组织共同起草了《WCO 跨境电子商务标准框架》，积极筹备 2018 年首届世界海关跨境电子商务大会；继续加强与世界各国商界的合作，遵循守法便利原则，努力构建开放、安全、规范、诚信的营商环境，让全球商品更加安全、便利、高效地走进千家万户，满足世界人民对美好生活的向往。

跨境电商发展特点

一、跨境电子商务零售进口交易规模进一步扩大

2017 年跨境电子商务零售进口监管过渡期延长稳定了行业预期，全年进口金额、税收双增长，增幅均超过 100%。从进口商品种类看，美容彩妆、母婴用品和洗护用品占比居多，食品和保健品增速明显；从进口商品货源地看，日本、韩国、澳大利亚、美国、德国进口居前。跨境电子商务零售进口规模扩大，进一步增加了国内市场的有效供给，推动了供给侧结构性改革，促进了国内消费升级，缩小了进口消费品境内外价差，吸引了境外消费回流，满足了消费者多元化需求，增强了城乡居民获得感和幸福感。

二、跨境电子商务零售出口持续增长推动中国制造走向世界

2017 年，全国共验放跨境电子商务出口零售商品 336.5 亿元人民币，同比增长 41.3%。国内以跨境电子商务零售进口为主的电商企业逐步开拓出口市场，大批农用、民用等小型商品通过跨境电子商务出口到世界各地，“全球买、全球卖”初见规模。

三、“一带一路”沿线国家需求量大，推动跨境电子商务发展

随着国家“一带一路”倡议的持续推进，我国跨境电子商务产业有望成为未来外贸发展的重要催化剂。“一带一路”沿线 65 个国家，总人口达 46 亿，占世界的 62%，GDP 总量 23 万亿美元，占世界的 31%。沿线国家的人口优势和消费需求对我国跨境电子商务发展起到巨大的推动作用。2017 年，中欧班列通过阿拉山口等五口岸，双向助力跨境电子商务，渝新欧、义新欧、郑新欧、蓉欧快铁、沪欧通多点发力，为提升消费体验、降低物流费用提供了新的解决方案。

跨境电商面临的挑战

一、国家相关法律法规有待明确，协同配合有待优化

目前，国家关于跨境电子商务的上位法仍不明确，过渡期后新的监管方案仍未出台，在执行层面有效契合的法律法规有待明确，适应跨境电子商务发展特点的政策体系尚未形成。各管理部门均根据本部门内的法规设定了自身的数据标准，难以实现部门间技术标准、业务流程和信息化系统的有效统一。

二、跨境电子商务管理风险依然存在

跨境电子商务所具备的电子化、个性化、碎片化、高频次、低货值等特点，给传统监管模式、税收征管等提出了挑战。跨境电子商务造成的贸易碎片化，使监管业务量成倍增长，加大了安全准入、风险管理等难度，侵犯知识产权、伪劣货物、价格瞒骗等违法行为依然存在。跨境电子商务低价值、高频次特点给税收征管同样带来巨大困难，通过跨境电子商务渠道化整为零的走私货物逃税风险有所增加。

三、跨境电子商务零售出口面临的挑战依然存在

近年来，适应我国跨境电子商务零售出口特点的税收新政迟迟未能出台，跨境电子商务企业出口退税和结汇仍存在困难。同时，美国、欧盟、澳大利亚等国家都在逐步提高跨境电子商务商品进境的准入门槛，从业企业的商品质量和知识产权问题也逐步显现。

四、跨境电子商务信息化平台有待进一步完善

跨境电子商务具有信息交互多、数据量大、变化快的特点。国家各相关部门对传统贸易的监管手段难以满足对跨境电子商务业务的监管需求，同时各地综试区的线上综合服务平台存在建设标准不统一、功能不完善、接入方式不一致等问题，导致跨境电子商务信息共享体系未完全建立，对构建稳定、安全的大数据平台和有效监管提出了挑战。

跨境电商发展建议

一、及时出台稳定性政策，明确监管措施

建议政府管理部门研究出台国家跨境电子商务法律法规，制定有效契合跨境电子商务的部门规章，明确职责，在安全准入、风险防控和支持创新等各个环节建立适合跨境电子商务发展特点的政策体系。

建议进一步完善跨境电子商务出口税收政策，解决企业出口退税难等问题；及时出台跨境电子商务新监管方案，明确跨境电子商务平台、电商、支付和物流等相关企业责任和义务。

建议加快"单一窗口"建设，跨境电子商务相关企业通过"单一窗口"，一次提交标准化的信息和单证，将大通关流程由"串联"改为"并联"，有效解决企业多头申报、重复申报问题，为跨境电子商务提供"一站式"在线服务。

二、改革创新，加强各方协调合作

（一）强化综合监管

政府管理部门要加强合作，以提升质量和实效为重点，进一步拓展监管模式创新的广度和深度，整合监管资源，联防联控，形成跨境电子商务协同监管体系，化解风险；构建稳定安全的大数据平台，推动信息互联互通、资源共享，提高跨境电子商务服务水平。

（二）加强与行业协会等相关组织的合作

加强相关行业协会、联盟的建设，充分发挥社会组织作用，优化跨境电子商务发展环境，提高公共服务和市场监管水平，逐步建立跨境电子商务暂停和退出机制，加大跨境电子商务违法行为的打击力度。

（三）推进政企合作

探索管理部门与跨境电子商务平台、电商、支付、物流等相关企业在风险共管共治的协作，逐步引导企业加强合规性审查，规范经营，强化跨境电子商务商品安全风险防控。

三、进一步优化跨境电子商务可持续发展的营商环境

促进跨境电子商务产业链发展，整合金融、通关、退税、销售、物流、售后服务等环节，结合海外仓和海外营销网络，为企业提供全球营销推广、进出口代理、物流运输等服务。结合当地实际和优势，完善统计监测、信息共享、现代物流、金融服务、信用管理、市场开拓和营销等服务体系，有效引导社会资源，合理配置公共资源，帮助企业有效利用跨境电子商务开展对外贸易。因地制宜整合国际贸易、电子商务和外语专业的资源，培养具有跨境电子商务专业知识的复合型应用人才。

四、推进全球跨境电子商务建设，促进共赢、共商、共享

（一）促进贸易便利化

坚持"创新，包容，审慎，协同"理念，鼓励各方积极采取有效措施，加强政府、跨境电子商务企业和其他相关方的协同，实现平台互赢，数据共享，探索运营新技术，提升数据可视性和风险管理等，降低成本，提高跨境电子商务效益。

（二）推进"一带一路"跨境电子商务建设

提高互联互通水平，提升相关贸易链、产业链活跃度，促进沿线经济贸易的发展，帮助欠发达国家培养跨境电子商务人才，缩小"数字鸿沟"。

（三）推动《世界海关组织跨境电子商务标准框架》早日出台

《世界海关组织跨境电子商务标准框架》明确跨境电子商务国际标准、指导原则、监管规则和可推广的解决方案，促进跨境电子商务健康发展。

跨境电商配套文件

文件一

财政部、海关总署、国家税务总局关于跨境电子商务零售进口税收政策的通知

（财关税〔2016〕18号）

各省、自治区、直辖市、计划单列市财政厅（局）、国家税务局，新疆生产建设兵团财务局，海关总署广东分署、各直属海关：

为营造公平竞争的市场环境，促进跨境电子商务零售进口健康发展，经国务院批准，现将跨境电子商务零售（企业对消费者，即B2C）进口税收政策有关事项通知如下：

一、跨境电子商务零售进口商品按照货物征收关税和进口环节增值税、消费税，购买跨境电子商务零售进口商品的个人作为纳税义务人，实际交易价格（包括货物零售价格、运费和保险费）作为完税价格，电子商务企业、电子商务交易平台企业或物流企业可作为代收代缴义务人。

二、跨境电子商务零售进口税收政策适用于从其他国家或地区进口的、《跨境电子商务零售进口商品清单》范围内的以下商品：

（一）所有通过与海关联网的电子商务交易平台交易，能够实现交易、支付、物流电子信息“三单”比对的跨境电子商务零售进口商品；

（二）未通过与海关联网的电子商务交易平台交易，但快递、邮政企业能够统一提供交易、支付、物流等电子信息，并承诺承担相应法律责任进境的跨境电子商务零售进口商品。

不属于跨境电子商务零售进口的个人物品以及无法提供交易、支付、物流等电子信息的跨境电子商务零售进口商品，按现行规定执行。

三、跨境电子商务零售进口商品的单次交易限值为人民币2 000元，个人年度交易限值为人民币20 000元。在限值以内进口的跨境电子商务零售进口商品，关税税率暂设为0%；进口环节增值税、消费税取消免征税额，暂按法定应纳税额的70%征收。超过单次限值、累加后超过个人年度限值的单次交易，以及完税价格超过2 000元限值的单个不可分割商品，均按照一般贸易方式全额征税。

四、跨境电子商务零售进口商品自海关放行之日起30日内退货的，可申请退税，并相应调整个人年度交易总额。

五、跨境电子商务零售进口商品购买人（订购人）的身份信息应进行认证；未进行认证的，购买人（订购人）身份信息应与付款人一致。

六、《跨境电子商务零售进口商品清单》将由财政部商有关部门另行公布。

七、本通知自2016年4月8日起执行。

特此通知。

财政部
海关总署
国家税务总局
2016年3月24日

文件二

海关总署关于跨境电子商务零售进出口商品有关监管事宜的公告

（2016年第26号）

为做好跨境电子商务零售进出口商品监管工作，促进电子商务健康有序发展，根据《海关法》和国家有关政策规定，以及《财政部 海关总署 国家税务总局关于跨境电子商务零售进口税收政策的通知》（财关税〔2016〕18号）、《财政部等11个部门关于公布跨境电子商务零售进口商品清单的公告》（2016年第40号）的有关规定，现就相关海关监管问题公告如下：

一、适用范围

（一）电子商务企业、个人通过电子商务交易平台实现零售进出口商品交易，并根据海关要求传输相关交易电子数据的，按照本公告接受海关监管。

二、企业管理

（二）参与跨境电子商务业务的企业应当事先向所在地海关提交以下材料：

1. 企业法人营业执照副本复印件；

2. 组织机构代码证书副本复印件（以统一社会信用代码注册的企业不需要提供）；

3. 企业情况登记表，具体包括企业组织机构代码或统一社会信用代码、中文名称、工商注册地址、营业执照注册号，法定代表人（负责人）、身份证件类型、身份证件号码，海关联系人、移动电话、固定电话，跨境电子商务网站网址等。

企业按照前款规定提交复印件的，应当同时向海关交验原件。

如需向海关办理报关业务，应当按照海关对报关单位注册登记管理的相关规定办理注册登记。

三、通关管理

（三）跨境电子商务零售进口商品申报前，电子商务企业或电子商务交易平台企业、支付企业、物流企业应当分别通过跨境电子商务通关服务平台（以下简称服务平台）如实向海关传输交易、支付、物流等电子信息。

进出境快件运营人、邮政企业可以受电子商务企业、支付企业委托，在书面承诺对传输数据真实性承担相应法律责任的前提下，向海关传输交易、支付等电子信息。

（四）跨境电子商务零售出口商品申报前，电子商务企业或其代理人、物流企业应当分别通过服务平台如实向海关传输交易、收款、物流等电子信息。

（五）电子商务企业或其代理人应提交《中华人民共和国海关跨境电子商务零售进出口商品申报清单》（以下简称《申报清单》），出口采取“清单核放，汇总申报”方式办理报关手续，进口采取“清单核放”方式办理报关手续。

《申报清单》与《中华人民共和国海关进（出）口货物报关单》具有同等法律效力，相关数据填制要求详见附件1、附件2。

（六）电子商务企业应当对购买跨境电子商务零售进口商品的个人（订购人）身份信息进行核实，并向海关提供由国家主管部门认证的身份有效信息。无法提供或者无法核实订购人身份信息的，订购人与支付人应当为同一人。

（七）跨境电子商务零售商品出口后，电子商务企业或其代理人应当于每月10日前（当月10日是法定节假日或者法定休息日的，顺延至其后的第一个工作日，第12月的清单汇总应当于当月最后一个工作日前完成），将上月（12月为当月）结关的《申报清单》依据清单表头同一收发货人、同一运输方式、同一运抵国、同一出境口岸，以及清单表体同一10位海关商品编码、同一申报计量单位、同一币制规则进行归并，汇总形成《中华人民共和国海关出口货物报关单》向海关申报。

（八）除特殊情况外，《申报清单》、《中华人民共和国海关进（出）口货物报关单》应当采取通关无纸化作业方式进行申报。

《申报清单》的修改或者撤销，参照海关《中华人民共和国海关进（出）口货物报关单》修改或者撤销有关规定办理。

四、税收征管

（九）根据《财政部 海关总署 国家税务总局关于跨境电子商务零售进口税收政策的通知》（财关税〔2016〕18号）的有关规定，跨境电子商务零售进口商品按照货物征收关税和进口环节增值税、消费税，完税价格为实际交易价格，包括商品零售价格、运费和保险费。

（十）订购人为纳税义务人。在海关注册登记的电子商务企业、电子商务交易平台企业或物流企业作为税款的代收代缴义务人，代为履行纳税义务。

（十一）代收代缴义务人应当如实、准确向海关申报跨境电子商务零售进口商品的商品名称、规格型号、税则号列、实际交易价格及相关费用等税收征管要素。

跨境电子商务零售进口商品的申报币制为人民币。

（十二）为审核确定跨境电子商务零售进口商品的归类、完税价格等，海关可以要求代收代缴义务人按照有关规定进行补充申报。

（十三）海关对满足监管规定的跨境电子商务零售进口商品按时段汇总计征税款，代收代缴义务人应当依法向海关提交足额有效的税款担保。

海关放行后30日内未发生退货或修撤单的，代收代缴义务人在放行后第31日至第45日内向海关办理纳税手续。

五、物流监控

（十四）跨境电子商务零售进出口商品监管场所必须符合海关相关规定。

监管场所经营人、仓储企业应当建立符合海关监管要求的计算机管理系统，并按照海关要求交换电子数据。

（十五）跨境电子商务零售进出口商品的查验、放行均应当在监管场所内实施。

（十六）海关实施查验时，电子商务企业或其代理人、监管场所经营人、仓储企业应当按照有关规定提供便利，配合海关查验。

（十七）电子商务企业或其代理人、物流企业、监管场所经营人、仓储企业发现涉嫌违规或走私行为的，应当及时主动报告海关。

六、退货管理

（十八）在跨境电子商务零售进口模式下，允许电子商务企业或其代理人申请退货，退回的商品应当在海关放行之日起30日内原状运抵原监管场所，相应税款不予征收，并调整个人年度交易累计金额。

在跨境电子商务零售出口模式下，退回的商品按照现行规定办理有关手续。

七、其他事项

（十九）在海关注册登记的电子商务企业、电子商务交易平台企业、支付企业、物流企业等应当接受海关后续管理。

（二十）本公告有关用语的含义：

“参与跨境电子商务业务的企业”是指参与跨境电子商务业务的电子商务企业、电子商务交易平台企业、支付企业、物流企业等。

“电子商务企业”是指通过自建或者利用第三方电子商务交易平台开展跨境电子商务业务的企业。

“电子商务交易平台企业”是指提供电子商务进出口商品交易、支付、配送服务的平台提供企业。

“电子商务通关服务平台”是指由电子口岸搭建，实现企业、海关以及相关管理部门之间数据交换与信息共享的平台。

（二十一）以保税模式从事跨境电子商务零售进口业务的，应当在海关特殊监管区域和保税物流中心（B型）内开展，除另有规定外，参照本公告规定监管。

本公告自2016年4月8日起施行，施行时间以海关接受《申报清单》申报时间为准，未尽事宜按海关现行规定办理。

自本公告施行之日起，海关总署公告2014年第56号同时废止。

特此公告。

附件1　中华人民共和国跨境电子商务零售进口商品申报清单数据（略）

附件2　中华人民共和国跨境电子商务零售出口商品申报清单数据（略）

海关总署

2016年4月6日

文件三

国家税务总局关于调整完善外贸综合服务企业办理出口货物退（免）税有关事项的公告

（2017年第35号）

为促进外贸综合服务企业规范健康发展，建立与企业发展相适应的出口退（免）税管理模式，根据《商务部 海关总署 税务总局 质检总局 外汇局关于促进外贸综合服务企业健康发展有关工作的通知》（商贸函〔2017〕759号）的精神，现将外贸综合服务企业代生产企业办理出口退（免）税事项的有关问题公告如下：

一、外贸综合服务企业（以下简称综服企业）代国内生产企业办理出口退（免）税事项同时符合下列条件的，可由综服企业向综服企业所在地主管税务机关集中代为办理出口退（免）税事项（以下称代办退税）：

（一）符合商务部等部门规定的综服企业定义并向主管税务机关备案。

（二）企业内部已建立较为完善的代办退税内部风险管控制度并已向主管税务机关备案。

二、生产企业出口货物，同时符合以下条件的，可由综服企业代办退税：

（一）出口货物为生产企业的自产货物或视同自产货物。

（二）生产企业为增值税一般纳税人并已按规定办理出口退（免）税备案。

（三）生产企业已与境外单位或个人签订出口合同。

（四）生产企业已与综服企业签订外贸综合服务合同（协议），约定由综服企业提供包括报关报检、物流、代办退税、结算等在内的综合服务，并明确相关法律责任。

（五）生产企业向主管税务机关提供代办退税的开户银行和账号（以下简称代办退税账户）。

三、生产企业应当办理委托代办退税备案。生产企业在已办理出口退（免）税备案后，首次委托综服企业代办退税前，向其所在地主管税务机关报送《代办退税情况备案表》（附件1）并提供代办退税账户，同时将与综服企业签订的外贸综合服务合同（协议）留存备查。

《代办退税情况备案表》内容发生变化时，生产企业应自发生变化之日起30日内重新报送该表。

生产企业办理撤回委托代办退税备案事项的，应在综服企业主管税务机关按规定向综服企业结清该生产企业的代办退税款后办理。

生产企业办理撤回出口退（免）税备案事项的，应按规定先办理撤回委托代办退税备案事项。

四、综服企业应当办理代办退税备案。综服企业办理出口退（免）税备案后，在为每户生产企业首次代办退税前，向其所在地主管税务机关报送《代办退税情况备案表》，同时将下列资料留存备查：

（一）与生产企业签订的外贸综合服

务合同（协议）。

（二）每户委托代办退税生产企业的《代办退税情况备案表》。

（三）综服企业代办退税内部风险管控信息系统建设及应用情况。

《代办退税情况备案表》的内容发生变化时，综服企业应自发生变化之日起30日内重新报送该表。

综服企业首次办理代办退税备案时，应将企业代办退税内部风险管控制度一次性报主管税务机关。

五、综服企业主管税务机关应将综服企业报送的《代办退税情况备案表》内容与相应生产企业的《代办退税情况备案表》内容进行比对，比对相符的，应予以办理代办退税备案；比对不符的，将比对不符情况一次性告知综服企业。

六、生产企业代办退税的出口货物，应先按出口货物离岸价和增值税适用税率计算销项税额并按规定申报缴纳增值税，同时向综服企业开具备注栏内注明“代办退税专用”的增值税专用发票（以下称代办退税专用发票），作为综服企业代办退税的凭证。

出口货物离岸价以人民币以外的货币结算的，其人民币折合率可以选择销售额发生的当天或者当月1日的人民币汇率中间价。

代办退税专用发票上的“金额”栏次须按照换算成人民币金额的出口货物离岸价填写。

七、综服企业向其主管税务机关申报代办退税，应退税额按代办退税专用发票上注明的“金额”和出口货物适用的出口退税率计算。

应退税额=代办退税专用发票上注明的“金额”×出口货物适用的出口退税率

代办退税专用发票不得作为综服企业的增值税扣税凭证。

八、综服企业应参照外贸企业出口退税申报相关规定，向主管税务机关单独申报代办退税，报送《外贸综合服务企业代办退税申报表》（附件2）、代办退税专用发票（抵扣联）和其他申报资料。

九、综服企业应履行代办退税内部风险管控职责，严格审核委托代办退税的生产企业生产经营情况、生产能力及出口业务的真实性。代办退税内部风险管控职责包括：

（一）制定代办退税内部风险管控制度，包括风险控制流程、规则、管理制度等。

（二）建立代办退税风险管控信息系统，对生产企业的经营情况和生产能力进行分析，对代办退税的出口业务进行事前、事中、事后的风险识别、分析。

（三）对年度内委托代办退税税额超过100万元的生产企业，应实地核查其经营情况和生产能力，核查内容包括货物出口合同或订单、生产设备、经营场所、企业人员、会计账簿、生产能力等，对有关核查情况应有完备记录和留存相关资料。

（四）对年度内委托代办退税税额超过100万元的生产企业，应进行出口货物的贸易真实性核查。核查内容包括出口货物真实性，出口货物与报关单信息一致性，与生产企业生产能力的匹配性，有相应的物流凭证和出口收入凭证等。每户委托代办退税的生产企业核查覆盖率不应低于其代办退税业务的75%，对有关核查情况应有完备记录和留存相关资料。

各省（区、市）国家税务局可根据本省实际情况规定综服企业其他应履行代办退税内部风险管控职责，并对本条第

（三）、（四）项规定需实地核查的生产企业代办退税税额和生产企业核查覆盖率进行调整。

十、综服企业应对履行本公告第九条职责的详细记录等信息和每笔代办退税出口业务涉及的合同（协议）、凭证等资料，规范装订、存放、保管并留存备查。

综服企业对代办退税的出口业务，应参照外贸企业自营出口业务有关备案单证的规定进行单证备案。

十一、综服企业主管税务机关应按照综服企业的出口企业管理类别审核办理其代办退税。

十二、综服企业主管税务机关应将核准通过的代办退税款退还至生产企业提供的代办退税账户，并在办结代办退税后，向综服企业反馈退还给每户生产企业的税款明细。

十三、生产企业主管税务机关应参照对供货企业出口退（免）税风险管理有关规定，加强对生产企业的风险管理工作。发现生产企业存在异常情形的，应有针对性的开展评估核查工作。

十四、代办退税的出口业务存在异常情形或者有按规定暂不办理退税情形的，综服企业主管税务机关应按下列规则处理：

（一）未办理退税的，对该出口业务暂缓办理退税。

（二）已办理退税的，按所涉及的退税额，对其已核准通过的应退代办退税税款，等额暂缓办理退税。

（三）排除相应疑点后，按排除疑点的结论，方可继续办理代办退税。

十五、代办退税的出口业务有按规定应予追回退税款情形的，由生产企业主管税务机关向生产企业进行追缴。综服企业主管税务机关应根据生产企业主管税务机关的通知，按照所涉及的退税额对该生产企业已核准通过的应退税款予以暂扣。

十六、代办退税的出口业务有按规定应予追回退税款情形，如果综服企业未能按照本公告第九条规定履行其职责，且生产企业未能按规定将税款补缴入库的，综服企业应当承担连带责任，将生产企业未能补缴入库所涉及的税款进行补缴。

十七、综服企业代办退税存在下列情形的，综服企业主管税务机关应自发现之日起 20 个工作日内，调整其出口企业管理类别：

（一）连续 12 个月内，经审核发现不予退税的代办退税税额占申报代办退税税额 5%以上的，管理类别下调一级。

（二）连续 12 个月内，经审核发现不予退税的代办退税业务涉及的生产企业户数占申报代办退税生产企业户数 3%以上的，管理类别下调一级。

（三）连续 12 个月内，被认定为骗取出口退税的代办退税税额占申报代办退税税额 2%以上的，管理类别调整为四类。

十八、综服企业连续 12 个月内被认定为骗取出口退税的代办退税税额占申报代办退税税额 5%以上的，36 个月内不得按照本公告规定从事代办退税业务。

上述 36 个月，自综服企业收到税务机关书面通知书次月算起，具体日期以出口货物报关单注明的出口日期为准。

十九、代办退税的出口业务，如发生骗取出口退税等涉税违法行为的，生产企业应作为责任主体承担法律责任。综服企业非法提供银行账户、发票、证明或者其他方便，导致发生骗取出口退税的，对其应按照《中华人民共和国税收征收管理法实施细则》第九十三条的规定进行处罚。

综服企业发生参与生产企业骗取出口退税等涉税违法行为的，应依法承担相应法律责任，且36个月内不得按照本公告规定从事代办退税业务。

上述36个月，自综服企业收到税务机关行政处罚决定（或审判机关判决、裁定文书）次月算起，具体日期以出口货物报关单注明的出口日期为准。

二十、综服企业向生产企业代为办理报关、报检、物流、退税、结算等综合服务取得的收入，应按规定申报缴纳增值税。

二十一、本公告未尽事宜，按照现行出口退（免）税和增值税相关规定执行。

各省（区、市）国家税务局可以根据本公告规定，结合本地实际，制定具体操作办法。

二十二、本公告自2017年11月1日起施行。具体时间以出口货物报关单上注明的出口日期为准。《国家税务总局关于外贸综合服务企业出口货物退（免）税有关问题的公告》（国家税务总局公告2014年第13号）同时废止。

2017年11月1日后报关出口的货物，如生产企业在2017年11月1日前已向综服企业开具增值税专用发票（除代办退税专用发票外）的，仍按照国家税务总局公告2014年第13号的规定办理出口退税。

特此公告。

附件1　代办退税情况备案表

附件2　外贸综合服务企业代办退税申报表

国家税务总局

2017年9月13日

文件四

商务部等14部门关于复制推广跨境电子商务综合试验区探索形成的成熟经验做法的函

（商贸函〔2017〕840号）

各省、自治区、直辖市、计划单列市人民政府及新疆生产建设兵团：

党中央、国务院高度重视跨境电子商务等外贸新业态发展。2015年3月和2016年1月，国务院分两批批准设立杭州、天津等13个跨境电子商务综合试验区（以下简称综试区）。按照党中央国务院决策部署，两年多来，在各部门和地方共同努力下，13个综试区建设取得积极成效，初步建立起一套适应跨境电商发展的政策体系，探索形成了一批可复制、可推广的经验做法，有力支撑了外贸转型升级和创新发展，推动了大众创业万众创新。

2017年9月20日召开的国务院第187次常务会议决定，将跨境电商线上综合服务和线下产业园区“两平台”及信息共享、金融服务、智能物流、风险防控等监管和服务“六体系”等成熟做法面向全国复制推广。现将上述成熟做法的说明和具体举措印发，供各地借鉴参考。另请各地结合实际，深化“放管服”改革，加强制度、管理和服务创新，积极探索新经验，推动跨境电商健康快速发展，为制定跨境电商国际标准发挥更大作用。

附件 1　“六体系两平台”主要内容
附件 2　各综试区探索形成的成熟经验做法

附件 1

“六体系两平台”主要内容

“六体系两平台”是跨境电商发展的基础框架。六体系包括信息共享、金融服务、智能物流、电商诚信、统计监测和风险防控体系，提供了涵盖跨境电商全流程、各主体的管理和服务。两平台包括线上综合服务平台和线下产业园区平台，提供了综试区建设的软件和硬件条件。实践证明，“六体系两平台”实现了政府与市场、部门与地方、线上与线下的有效结合，调动了各参与方积极性，催生了跨境电商生态圈。

一、“六体系”主要内容

信息共享体系，将实现企业、服务机构、监管部门等信息互联互通，解决了企业无法通过一次申报实现各部门信息共享的问题。

金融服务体系，在风险可控、商业可持续的前提下，鼓励金融机构、非银行支付机构依法合规利用互联网技术为具有真实交易背景的跨境电商交易提供在线支付结算、在线小额融资、在线保险等一站式金融服务，解决了中小微企业融资难问题。

智能物流体系，运用云计算、物联网、大数据等技术和现有物流公共信息平台，构建物流智能信息系统、仓储网络系统和运营服务系统等，实现物流运作各环节全程可验可测可控，解决了跨境电商物流成本高、效率低的问题。

电商诚信体系，建立跨境电商诚信记录数据库和诚信评价、诚信监管、负面清单系统，记录和积累跨境电商企业、平台企业、物流企业及其他综合服务企业基础数据，实现对电商信息的“分类监管、部门共享、有序公开”，解决了跨境电商商品的假冒伪劣和商家诚信缺失问题。

统计监测体系，建立跨境电子商务大数据中心和跨境电子商务统计监测体系，完善跨境电子商务统计方法，为政府监管和企业经营提供决策咨询服务，解决了跨境电商无法获取准确可靠统计数据的问题。

风险防控体系，建立风险信息采集、评估分析、预警处置机制有效防控综试区非真实贸易洗钱的经济风险，数据存储、支付交易、网络安全的技术风险，以及产品安全、贸易摩擦、主体信用的交易风险，确保了国家安全、网络安全、交易安全和商品质量安全。

二、“两平台”主要内容

线上综合服务平台，坚持“一点接入”原则，与商务、海关、税务、工商、检验检疫、邮政、外汇等政府部门进行数据交换和互联互通，在实现政府管理部门之间“信息互换、监管互认、执法互助”的同时，为跨境电子商务企业提供物流快递、金融等供应链服务。

线下产业园区平台，采取“一区多园”的布局方式，有效承接线上综合信息服务平台功能，优化配套服务，打造完整的产业链和生态圈。

附件 2

各综试区探索形成的成熟经验和做法

序号	经验	主要做法	具体措施
1	建设线上综合服务平台，打造信息枢纽	跨境电商线上综合服务平台是监管和服务创新的集中体现，通过对监管部门和各类市场主体，集成在线通关、物流、退免税、支付、融资、风控等多种功能，实现“一点接入、一站式服务、一平台汇总”。	1. 打造线上综合服务平台。集成线上跨境电商进出口通关、退税等政务服务，链接跨境电商金融、物流等市场服务，海量收集整理数据，供监管、服务部门和企业使用
			2. 打造线上一站式服务系统。部分综试区通过线上综合服务平台实现跨境电商“一站式”电子化服务，通过跨境电商企业备案、三单申报一口接入，更好满足监管需要，降低监管风险，增强监管力度和时效性。
			3. 打造线上信息核查库。部分综试区通过对接公安部门数据库，为海关提供跨境购物个人身份信息的验证，提供全国人员身份信息核查服务，实现本地、异地人口信息比对。
2	建设线下产业园区，实现协调发展	线下园区建设为跨境电商发展提供了产业基础，园区提供跨境电商全产业链服务，汇聚制造生产、电商平台仓、储物流、金融信保、风控服务等跨境电商各类企业，实现生产要素和产业集聚，促进跨境电商与制造业融合发展，推动传统产业提质增效、创新升级	1. 出台跨境电商产业园区认定办法. 部分综试区出台跨境电商产业示范园区认定管理办法，认定一批示范园区，形成逐级管理机制。
			2. 与现有自贸试验区、综保区等园区融合发展，部分综试区结合自贸试验区整体功能布局及跨境电商发展现状，突出重点，打造多个跨境电商产业园区，吸引了一批知名跨境电商落户

续表1

序号	经验	主要做法	具体措施
3	发展海外仓，推动 B2B 出口	便捷高效的物流服务是跨境电商产业链的重要组成部分。通过地方财政配套中央外经贸发展资金支持海外仓建设，鼓励企业自建或租用海外仓，加强售后服务、现场展示等功能，拓展海外营销渠道	1. 优化海外仓布局。部分综试区结合本地特色和优势，确定发展重点，加强海外仓、海外展的布局，进一步促进跨境电商 B2B 出口模式的发展壮大。
			2. 创新海外仓建设模式。部分电商平台顺应外贸形势的转变，设立规模较大的海外仓，覆盖欧、美等主要市场，并建设进出口货物海外仓和精品商品体验馆，发展“前展后仓”营销模式。
			3. 设立公共海外仓，鼓励企业走出去。部分综试区培育跨境电商新业态，加快在各社区和便利店开设跨境电商体验店，促进跨境电商应用普及，推动企业赴境外设立公共海外仓。部分电商平台在欧、英、日、澳等发达国家和新兴市场均建有海外仓。
4	创新金融支持模式，提升金融服务水平	金融服务创新能有效降低企业运营成本，各综合试验区开发融资、保险等金融产品，提升中小跨境电商企业交易能力	1. 设立信保资金池。部分综试区与知名企业共建跨境电商 B2B 信保资金池，进口商风险资金池等，提高中小跨境电商企业交易能力。
			2. 建设线上金融服务平台，部分综试区在园区内探索建设跨境电商供应链金融服务平台。
			3. 创新金融服务模式，针对跨境电商零售出口，创新保险服务。
			4. 支持金融机构与跨境电商企业加强合作，部分综试区支持中国出口信用保险公司与外贸综合服务企业合作，通过出口信用保险和外贸综合服务平台对跨境电商海外仓出口业务提供金融及外贸综合服务支持。

续表2

序号	经验	主要做法	具体措施
5	简化通关手续，提升通关便利化水平	关、检、税、汇等便利化措施是监管部门制度创新、管理创新和服务创新的集中体现。通过简化通关手续、创新检验检疫监管、提升出口退税效率、便利外汇交易结算，可以极大地降低企业成本，为跨境电商的发展营造了良好的政策环境	1. 海关实行“简化申报、清单核放、汇总统计”，推行全程无纸化等措施
			2. 实行“一地报关，多地放行”，部分综试区出口货物线上申报时间缩短至平均1分钟
			3. 优化跨境电商B2B通关手续，部分综试区海关加标“DS”标识，区分B2B出口与一般通关更便捷
6	创新检验检疫监管模式		1. 实行企业和商品信息“一地备案、全国共享”
			2. 加强配套设施建设．部分综试区成立跨境电商商品质量安全风险国家监测中心，并在园区内建设进口肉类、水果检验场，可直接入区检验
			3. 提高关检信息共享水平。部分综试区打造跨境电商质量安全试验区，推动口岸联检单位深度合作，搭建关检联合作业APP，实现从原产地到餐桌的无缝监管，通关时间减少2~4小时，效率投升150%以上
			4. 加强关检合作，实现关检“一机双屏，联合监管”
7	提升出口退税效率		1. 实行退税无纸化，部分综试区无纸化管理的试点企业占比已超60%
			2. 便利跨境电商企业出口退税。部分综试区优化跨境电商企业出口退税管理，对被评定为一类或二类出口企业，可使用增值税专用发票认证系统信息审核办理退税
8	便利外汇交易结算		1. 便利跨境电商收付汇。支持个人对外贸易经营者或个体工商户在线上综合服务平台备案后开立外汇结算账户
			2. 实现一站式服务。在确保交易真实合法以及风险可控的基础上，允许在线上综合服务平台实现“三单合一”的个人对外贸易经营者或个体工商户，自行收结汇。
			3. 加强相关政策指导。部分综试区制定了《个人贸易结汇简化单证审核业务的指导意见》，对银行和市场主体办理个人贸易项下收结汇进行说明和指导

续表3

序号	经验	主要做法	具体措施
9	建立统计监测体系	统计监测体系是跨境电商发展的重要保障，建立健全跨境电商统计监测体系，在三单标准、B2B认定等方面先行先试，依托数据建设综合数据处理中心	1. 联合开展跨境电商统计试点。海关总署、商务部、国家统计局在杭州、广州开展统计试点，建立完善跨境电商统计方法。
			2. 创新统计方法，部分综试区出台B2B出口统计办法，确立订单、物流单、支付单三单认定标准，形成以样本抽取、企业调查为主的统计方法
			3. 加强线上数据整合能力。部分综试区依托跨境电商服务中心抓取数据
			4. 创新统计数据应用。部分综试区建立并发布跨境电商发展指数，对行业景气度、便利化水平等进行综合评估
10	鼓励商业模式创新	商业模式创新是跨境电商发展的重要动力。各综试区坚持“发展中规范、规范中发展”原则，允许跨境电商在商业模式上大胆创新	1. 创新跨境电商外贸综合服务功能。部分电商平台自主开发各类外贸综合服务平台，为中小微外贸企业提供全方位服务
			2. 创新供应链和物流服务。部分电商平台以互联网+供应链生态系统的商业模式为全球跨境电商企业提供外贸供应链综合服务，推出跨境电商B2B出口服务平台，帮助传统企业电商化转型，为广大制造企业、贸易企业提供一站式综合物流服务
			3. 创新跨境电商风险评估机制，部分电商平台，在打造“关、检、税、汇”全流程贸易便利化服务体系的同时，通过覆盖全国的线下营销、物流网络，对其平台上企业的经营情况实施内部有效监控，初步建立了“贸易订单风险评估机制”，在强化平台风控能力同时，不断提升综合服务水平
11	打造跨境电商品牌，促进提质增效	品牌培育是提升外贸竞争力的重要手段，跨境电商通过智能推送、信息宣传等多种技术手段和商业模式，支持培育自主品牌，扩大优质产品出口，助力“中国制造”向“中国智造”转变。	1. 开展专项品牌建设行动。举办各类专场培训、对接会等活动，帮助企业提升品牌价值。
			2. 瞄准新兴市场，做大做强品牌。在综试区相关政策的指导下，部分企业利用跨境电商平台，重点开拓“一带一路”沿线国家市场，扩大品牌影响力，实现外贸出口和产值同步大幅增长。

续表4

序号	经验	主要做法	具体措施
12	加强人才培育力度，完善跨境电商生态圈	人才培育是跨境电商生态圈建设的重要支撑。各综试区加强政、校、企合作，跨境电商人才培养力度加大。	1. 与专业院校合作，支持各类开设跨境电商课程，开展专业培训。
			2. 引入专业培训机构。推行定制式、公司式等孵化模式，进一步先善“政、校、协、企”四位一体跨境电商人才培训制。
			3. 建设培训基地。如跨境电商人才 O2O 培养基地等。

文件五

关于调整部分消费品进口关税的公告

（海关总署公告〔2017〕57号）

根据《国务院关税税则委员会关于调整部分消费品进口关税的通知》（税委会〔2017〕25号），自2017年12月1日起，以暂定税率方式降低部分消费品进口关税。具体税目及税率调整情况详见财政部网站。

特此公告。

海关总署

2017年11月27日

文件六

商务部召开例行新闻发布会实录

（2017年12月7日）

2017年9月20日，国务院第187次常务会议研究决定，将跨境电商零售进口监管过渡期政策再延长一年至2018年底，即继续对天津、上海、杭州、宁波、郑州、广州、深圳、重庆、福州、平潭等10个试点城市（地区）跨境电商零售进口商品暂按照个人物品监管。过渡期延长的决定，充分体现了国家对于新业态、新模式“包容审慎”的监管理念，保持了现有政策的连续性，稳定了行业预期，对于促进跨境电商零售进口发展具有积极作用，得到了行业企业的广泛支持。

为贯彻落实国务院有关批复精神，更好地发挥跨境电子商务综合试验区“先行先试”作用，经商发展改革委、财政部、海关总署、税务总局、工商总局、质检总局、食品药品监督管理总局等部门同意，自2018年1月1日起，将过渡期政策使用的范围扩大至合肥、成都、大连、青岛、苏州等5个城市。下一步，我们将继续认真贯彻落实党中央、国务院的决策部署，抓紧研究制定跨境电商零售进口监管方案，帮助企业平稳过渡。

过渡期延长期间，电商企业和平台等有关各方应认真履行相关责任，加强行业自律，建立健全风险防控体系，切实保障消费者权益。各试点城市要抓好本地区跨境电商零售进口工作的组织实施，督促相关企业落实责任，共同促进跨境电商零售进口的健康发展。

跨境电商城市发展篇

上海地区

截至2017年12月31日，上海公共平台对接服务商户1 100余家，2017年跨境电子商务销售额42.6亿元，是2016年全年交易总额的170.36%，增速位列全国第一。2016年国家“4·8新政”之后，由于监管政策趋于规范化，上海口岸优势进一步得以突出，其他试点城市交易量大幅下降，上海交易量跌幅最少并快速回升，跨境电子商务业务回迁上海的速度加快。

发展现状

一、上海跨境电子商务发展情况概述及取得的成绩

在2017年，上海直购进口业务量继续发力。截至2017年12月31日，较去年上涨130%，直购在上海跨境电子商务进口交易额的占比也有了变化（如图2-1、2-2所示）。

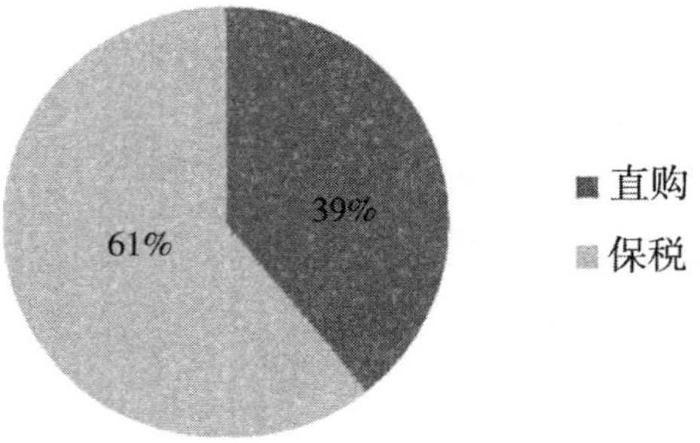

图2-1　2016年直购及保税业务交易额占比

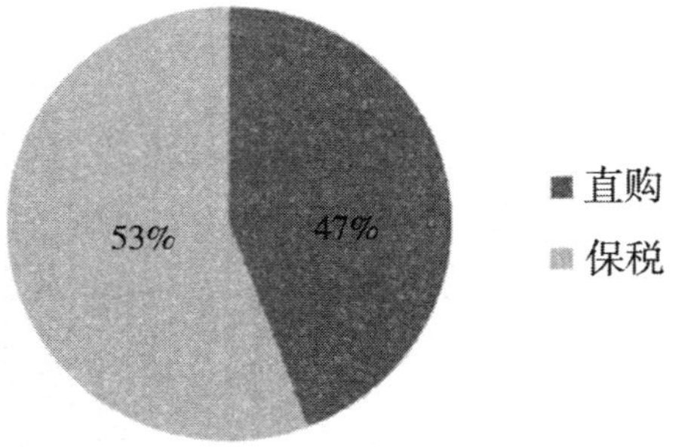

图2-2　2017年直购及保税业务交易额占比

二、上海跨境电子商务模式发展概述

（一）直购出口模式

跨境电子商务直购出口模式是指跨境电子商务出口企业通过跨境电子商务交易平台或直营网站向海外买家出售商品，确定订单后，将商品通过邮件、快件等方式运输出境并配送至买家。

在上海开展直购出口模式主要监管政策与便利化措施包括：

1. 简化跨境电子商务企业备案流程

在通关环节，实施“清单核放、汇总申报”便利化措施。口岸监管部门依据“订单、物流、支付”清单信息进行查验后放行，跨境电子商务可以定期对清单进行汇总申报获得出口报关单。

2. 设立跨境电子商务出口监管点，提供专门现场监管服务

直购出口业务的统一版在2017年末实现首单测试成功，近期正在积极整合资源，积极宣传，争取尽快进入规模化操作。

（二）直购进口模式

跨境电子商务直购进口模式是指跨境电子商务进口企业指通过跨境电子商务交易平台或直营网站向境内买家出售商品，确定订单后，将包裹通过邮件、快件等方式办理海关清关手续，并派送至境内买家。

在上海开展直购进口模式主要监管政策与便利化措施包括：

1. 简化企业备案流程，境外企业可与境内企业签订合作协议，实现一次备案。

2. 在检验检疫环节的商品准入实施负面清单管理。

3. 以政策区域拓展为基础覆盖更多企业，将直购进口模式覆盖至虹桥机场海关。

4. 积极探索退运模式监管流程，构建商品退入区内或退出境外的信息流、物流通道；同时增加针对跨境电子商务促销高峰建立常态化的应急机制，从线上、线下双维度确保海关效率。

2017 年，上海直购进口业务量继续暴增，从交易额来看，总额约 19.3 亿，约占上海总额的 47%。2016 年 4 月 8 日以前，直购进口业务仅占上海总的跨境进口业务不到 10%。

（三）网购保税进口模式

跨境电子商务网购保税进口模式是指跨境电子商务进口企业将境外商品批量备货至海关监管下的保税仓库，境内买家在跨境电子商务网站下单后，跨境电子商务从保税仓打包发货，经海关查验放行后派送至境内买家。

在上海开展网购保税进口模式主要监管政策与便利化措施包括：

1. 将网购保税进口模式从自由贸易试验区（以下简称自贸区）拓展至松江出口加工区、嘉定出口加工区、普陀西北物流园区等更多符合条件的海关特殊监管区域，为企业入驻、消费者网购提供多元化选择，打造公平、公正、开放的商业环境。

2. 对于网购保税进口商品，检验检疫机构实施以风险分析为基础的质量安全监管，依据相应产品国家标准的安全卫生项目进行监测。

3. 对于网购保税进口商品，检验检疫机构在其出区前实施商品抽批货证核查。符合规定的，向监管场所发运营企业送放行指令，监管场所运营企业凭检验检疫指令放行。

4. 探索保税模式的退货流程，尝试再过完善本地化系统与统一版系统的对接，畅通商退回区内的渠道。

2017 年上海保税进口业务呈平稳式增长，从交易额来看，总额约 21.7 亿，约占上海总额的 53%。

三、平台建设情况

按照中国（上海）跨境电子商务综合试验区实施方案及上海市跨境电子商务领导小组相关会议精神，上海跨境电子商务公共服务平台的建设内容主要包括：建设跨境电子商务线上“单一窗口”；建设跨境电子商务大数据中心，实现统计监测、风险防控、信用评价等功能；建设线下集中监管点；全产业链增值服务。平台力争用 2~3 年时间，打造成全国领先、治理规范、运作高效、服务卓越的跨境电子商务“单一窗口”及基础服务机构，为上海形成万商云集的跨境电子商务产业生态圈、培育具有国际竞争力的跨境电子商务龙头企业奠定基础，为上海发挥口岸资源优势和辐射带动作用、服务全国跨境电子商务产业发展提供有力支撑。

2017 年，上海跨境电子商务公共平台已实现以下建设内容。

（一）建立高效专业的公共服务公司

按照现代企业制度结构，建立完善的股东会、董事会、监事会和高管团队，下设产品部、招商部、物流部、技术部、管理部等五个主要部门，按照业务发展需求逐步增加人员，形成结构合理、能力均衡、适应产业需求的组织结构。

（二）持续完善“一点接入”功能建设

在已完成与上海海关、检验检疫局的对接工作基础上，公共平台将推动与国税局、外管局的对接工作，为监管部门提供数据实时传输及校验服务，打通跨境电子商务出口退税、收结汇等通路，实现企业“一点接入”多个监管部门信息共享，高效作业。

（三）积极探索认证、认可跨境商品溯源等新型监管服务

积极配合国家认监委工作，推动上海跨境电子商务产业认证、认可试点工作，实现公共平台与国家认监委认证、认可信息平台的对接、实现公共平台与上海国检监管系统对接，提供消费者查询服务。

（四）完成外汇服务开发，上线收结汇功能，大力开发推进跨境出口收结汇服务

公共平台积极与外汇管理局、银行、第三方支付企业、外贸企业等进行收结汇市场调研及分析，基于平台第三方的公立性，开发基于海外跨境电子商务平台的收结汇产品，打破收汇难、成本高、通道单一的现状，实现结汇阳光化。

基于上海跨境公共服务平台跨境电子商务进出口的业务数据基础及外汇管理局对订单真实度的把控力度，上海跨境公共服务平台在2016年开发跨境出口收结汇服务的基础上，继续大力推动业务上量。2017年先后与多家支付公司、银行实现业务和系统对接。同时，在系统上实现用户提现时效升级，大大提升外汇服务市场竞争力。

（五）强化公共服务能力，建立运维保障体系

进一步进行技术开发，强化公共服务能力，保障跨境业务快速增长的需求。同时，构建同城应用级灾备系统，达到切换时间小于30分钟，形成稳定安全的公共服务平台技术运维保障系统。

（六）积极推动出口模式落地

根据市领导小组确定的跨境出口重点任务，上海跨境公共服务平台积极落实推动。一是根据上海口岸实际发展情况，经与海关等监管部门与市发改委等指导部门沟通，确定了以对接海关总署统一版为路径的跨境出口工作，并成功实现与海关总署统一版对接；二是与海关等监管部门沟通，明确了先走通跨境直购出口（9610模式），随后推进跨境保税出口（1210模式）的发展路径；三是积极推动跨境电子商务B2B业务模式落地，形成了初步方案。

（七）继续推进扩大线下公共监管点模式覆盖范围

2017年，上海跨境公共服务平台已完成洋山大客户（京东）查验信息采集点、外高桥保税区公共监管点、外高桥物流园区公共监管点的建设，并获得上海海关和检验检疫批准。另外，嘉定出口加工区公共监管点基础建设已完成，正在资质申请过程中，预计2018年第一季度完成验收。整体来看，除闵行出口加工区外，上海口岸的其他特殊监管区域都已完成监管点建

设工作；其中，除了浦东机场综保区、松江出口加工区监管点正在改制过程中，其他跨境电子商务保税区域都实现了公共监管点覆盖，具备开展业务的功能，为上海跨境电子商务保税业务发展打造了公开、公平、免费的线下监管服务环境。

（八）完善优化业务系统

2017年，上海跨境公共服务平台从构架建设与功能模块两方面着力优化业务系统。构架建设包括：统一用户权限管理、数据查询及共享、统一后台管理、跨境电子商务出口系统等。功能模块优化包括：电商、物流、支付、监管场所等跨境电子商务进口海关总署统一版接口，收结汇产品支持系统，监管服务功能模块，国检出入区核销系统等。同时，根据实际业务需求，设置订购人、支付人预校验环节，提升数据传输准确率、同步订单税金数据，帮助客户及时获知缴税情况、门户网站版面调整等，有效提升系统处理能力，保障公共服务与增值服务顺利开展运营。

四、各园区的对比发展情况

上海口岸共有11个线下园区，其中，9个保税区：外高桥保税区、外高桥物流园区、洋山保税区、浦东机场综保区、西北保税物流园区、青浦出口加工区、松江出口加工区、漕河泾出口加工区、嘉定出口加工区；2个直购区：浦东国际机场、虹桥机场。目前，9个保税区已经全部开展业务。

（一）青浦出口加工区

青浦出口加工区位于位于江浙沪交界处，毗邻虹桥交通枢纽，是上海辐射和服务长三角的桥头堡。2016年7月获批为上海市跨境电子商务示范园区，园区开发面积160万平方米，建有跨境仓储设施8万平方米。作为首家启用上海跨境电子商务企业直连模式的园区，先后引进了绿地集团、洋码头、大田物流等多家涵盖互联网电商、传统贸易商、物流配套等各类型企业。“三通一达”“顺丰”“德邦”“优速”等20多全国网络型快递物流企业总部落户在青浦，为跨境电子商务保驾护航。

青浦区跨境电子商务发展领导小组发布实施的《青浦区开展跨境电子商务试点实施细则》，为企业提供落户开业、仓储租赁、运营管理等全方位的财政扶持。2017年合计交易量逾4亿元。

（二）松江出口加工区

松江出口加工区2014年9月获批成为跨境电子商务业务试点区域，并于2015年6月18日正式揭牌启用跨境电子商务示范园区。园区建设用地面积10万平方米，落户电商有天猫国际等。通过海关、国检、外汇、税务等职能部门的支持协助，并得益于“自贸区+综试区+试点城市”等政策福利，松江出口加工区跨境电子商务业务蓬勃发展。截至到目前，完成备案的商家已超过200家，累计出货总订单突破1 200万单。2017年，累计完成697万单，合计交易量逾9亿元。

（三）嘉定出口加工区

嘉定出口加工区于2014年获批上海市“跨境电子商务试点园区”，2015年1月与“上海跨境通”公司合资成立“嘉境通”跨境电子商务服务平台并顺利走单，有力推动了园区电商的跨越式发展。园区内单层净高约12米、总面积2.8万平方米的双层坡道式保税仓库已建成并投入使用；总面积7.8万平方米的万纬物流仓储项目即将竣工验收，为园区跨境电子商务的发展奠定了坚实基础。园区与市跨境电子商务公共服务公司合作建立了“跨境电子商务智能公共监管平台”，跨境电子商务产业配套和职能能级不断提升。

目前，园区已集聚跨境电子商务及综合性电商服务平台企业80余家，占地约9万平方米的京东“跨境一号”与占地约4.5万平方米的“智贸通”跨境电子商务智慧产业园正在加紧推进建设，并被上海跨境电子商务协会评为2014年度~2017年度“最佳跨境电子商务园区”。2017年，园区完成跨境电子商务出库67万单，合计交易量逾3.2亿元。

（四）洋山保税港区

洋山保税港区紧邻南汇新城镇主城区和临港重装备产业区，具有便捷的航线与交通优势。2016年3月15日，洋山保税港区获准挂牌上海自贸区“上海市跨境电子商务示范园区”，拟在立足保税区，利用区域优势，打造创新规范的跨境电子商务“洋山模式”。

目前，园区拥有跨境电子商务物业逾12万平方米，主要规划开发和建设了查验区、港口辅助区、仓储配送区、集拼中转区、加工制造区、商贸展示区等功能区域。主要商品涉及母婴、蔬果、日用化工品、食品及保健品等多个领域，包括京东全球购在内的多家跨境电子商务均已落户洋山保税港区，单日运营速度突破10 000票每日。洋山保税港区2017年合计交易额逾2.6亿元。

（五）浦东机场综合保税区

浦东机场综合保税区依托上海独特的航线资源优势，全面配套海关分送集报、整报分出、诚信管理、预约加班等优惠政策与检验检疫整体预检验、分批核销放行的便利措施，是我国目前政策最优惠、功能最齐全的海关特殊监管区之一。地处上海自贸区和机场综保区中心位置，上海跨境电子商务航空物流综合服务平台是上海市第一个经海关批准的跨境电子商务航空物流综合服务平台，同时也是全国规模最大的空港跨境电子商务服务场地之一，占地约5 000平方米。2016年保税区合计交易量逾4亿元。

（六）西北保税物流园区

西北保税物流园区位于上海普陀区桃浦镇，于2010年9月26日正式封关投入运作，是上海市中心城区内唯一的B型保税监管场所，地理位置优越。园区集信息服务、通关手续、退税监管、仓储保管、分拆配送、物流对接、商贸交易等综合性物流服务于一体。园区一期占地18万平方米，建筑面积16.8万平方米，由3幢办公楼、14个仓库、1个堆场、1个查验场地和1个卡口组成。其中，保税仓库共计约13万平方米，层高达到10米；办公楼共计4万平方米左右，均为已装修状态，可随时入驻。

作为“上海市跨境电子商务示范园”之一，园区设有1 700平方米的关检联合查验监管点，提供园区内跨境电子商务业务监管点查验服务，支付、订单、物流信息三单对比功能，以及承担线上的“单一窗口”的建设运营，为客户提供更高效优质的服务，实现“一次申报、一次查验、一次放行”。2017 年 9 月首单跨境电子商务业务试单成功，园区 3 家从事跨境电子商务业务的企业累计出货5 619单，主要以进口化妆品、家居用品、奶粉、红酒、保健品为主，预计 2018 年可达到 5 万单左右。

（七）外高桥保税区

外高桥保税区于 1990 年 6 月经国务院批准设立是全国第一个，也是经济总量最大的保税区。保税区占地 10 平方千米，位于上海浦东新区，濒临长江入海口，地处黄金水道和黄金岸线的交汇点，紧靠外高桥深水港区，是全国首个“国家进口贸易促进创新示范区”和上海国际航运、贸易中心的重要载体。2016 年 3 月外高桥保税区被授牌成为“上海跨境电子商务示范园区”。2017 年保税区合计交易量逾 22 万元。

（八）外高桥物流园区

外高桥物流园区是国务院设立的第一家试点“区港联动”的先行先试示范区，于 2013 年 9 月被批复为上海自由贸易试验区四大板块之一。园区位于我国改革开放最前沿的浦东地区，与外高桥港区实施无缝对接。园区开发面积 1.2 平方千米，总投资 40 亿元，建成仓库 70 万平方米。园区年进出区货值超过1 000亿美元，年海关关税超过 250 亿元人民币。园区是上海唯一获得国家发改委认定的全国性“示范物流园区”，于 2016 年 3 月被批复为“上海市跨境电子商务示范园区”。2017 年与上海跨境电子商务公共服务平台共同推进园区跨境电子商务的流程规划与业务运作，配置了符合监管要求的监控设备、X 光机等设备，共同承担园区的跨境电子商务专用查验场所的实际运营工作。于 2017 年 8 月 22 日成功完成上海自贸区在全国统一版下首单跨境进口电商的通关运作，引进了“京东汇”业务，将其跨境保税仓落户于园区。

（九）漕河泾出口加工区

漕河泾出口加工区位于上海漕河泾浦江高科技园的北面，是距离上海市中心最近的海关特殊监管区域。漕河泾出口加工区跨境电子商务业务具有进出口保税贸易、保税展示等功能，依托于优越的地理位置、透明的第三方公共服务平台互联互通、高效的监管模式运行，并提供一系列税收、外汇管理等优惠政策。目前已有十多年的管理经验，此外加工区率先按试验区“智能化卡口”标准对通关和监管设施进行了改造升级，复制了海关、商检“三个一”合作、“批次进出、集中申保”“货物自行运输”“委内加工”等数十项创新功能和措施，大幅提高了通关效率，降低了通关成本，也极大地提高企业在国际市场上的竞争力。

2017 年 5 月，漕河泾出口加工区跨境电子商务监管查验平台顺利验收第一批由网上消费者订购的化妆品，通过三单比对，并批准放行、快递运送出区，完成通关——实现了漕河泾出口加工区内跨境电子商务第一单，这标志着漕河泾出口加工区跨境电子商务业务的正式启动，也意味着跨境电子商务企业可在加工区内开展保税备货模式，这对漕河泾出口加工区的转型升级具有重大意义。

（十）浦东国际机构与虹桥机场

跨境直购进口业务线下园区为浦东国际机场与虹桥机场。浦东国际机场作为国际航运中心，为上海直购业务主要基地，2017 年交易总额逾 19 亿元；虹桥机场由于其公共监管仓限制，2017 年交易总额逾 6 600万。

五、招商引资条件

跨境电子商务企业、跨境电子商务平台、物流企业、支付企业、银行等交易主体入驻上海口岸流程如下。

（一）企业资质办理

1. 海关注册登记办理，以及海关十位编码；
2. 海关 JC2006 企业备案；
3. 数据中心办理 DXP ID 及 Ikey 的办理流程；
4. 现场海关柜台办理保证金账户、海关关税处开设保证金账号。

（二）公共平台企业备案

在上述资质都获得之后，企业需到公共平台进行企业备案。不同类型企业需要根据企业类型提供不同资料到公共平台，详见门户网站“www. shcepp. com”平台入驻流程。企业需发送备案资料至“new@ shcepp. com”邮箱，收到邮件后根据提示进行开户注册。

（三）系统对接

企业根据接口文档开发完成后，可发送联调申请表至“new@ shcepp. com”邮箱申请与公共平台进行对接调试。调试方式为线上远程调试。

（四）系统上线

系统联调完成后，企业需发送上线申请表至“new@ shcepp. com”邮箱，公共平台配置完成后予以反馈。企业根据反馈信息进行国检企业备案与国检商品备案。

完成上述流程后即可在上海口岸开展业务。

上海跨境电子商务公共服务平台线上通关功能及相关基础服务均零收费，企业可自助完成企业备案、商品备案、线上清关等。若有疑问，均可邮件至“new@ shcepp. com”邮箱。

六、上海跨境电子商务评价体系建设

根据《商务部等 14 部门关于复制推广跨境电子商务综合试验区探索形成的成熟经验做法的函》中关于建设地方跨境电子商务评价体系的建设这一要求，上海市各相关机构目前正在根据上海的监管特点，本着为参与跨境电子商务企业提供最大便利原则，上海市各相关机构正在积极探索如建设地方跨境电子商务评价的体系。

配套文件

2017年1月1日至2017年12月31日，上海地区未公开发布与跨境电子商务有关的相关政策、法规、规章文件。

企业名录

截至2017年12月31日，在上海跨境综合服务平台上注册，并实际展开业务的企业名录见表2-1。

表2-1 上海跨境电子商务企业名录

序号	企业名称	企业类型
1	北京东方爱怡斯科技有限公司	电商企业
2	蜂港供应链管理（上海）有限公司	电商企业
3	国合跨境（上海）文化产业电子商务有限公司	电商企业
4	海屯湾（上海）网络科技有限公司	电商企业
5	行吟信息科技（上海）有限公司	电商企业
6	家乐福（上海）电子商务有限公司	电商企业
7	联合包裹物流（上海）有限公司	电商、物流、支付企业
8	麟瑜（上海）商贸有限公司	电商企业
9	领志电子商务（上海）有限公司	电商企业
10	蜜米柏克思（上海）商贸有限公司	电商企业
11	木檬国际贸易（上海）有限公司	电商企业
12	南京雅趣网络科技有限公司	电商企业
13	上海阿热咖商贸有限公司	电商企业
14	上海畅其流信息科技有限公司	电商企业
15	上海楚玥国际贸易有限公司	电商企业
16	上海春煦信息技术有限公司	电商企业
17	上海达尔威贸易有限公司	电商企业
18	上海大波莱信息技术有限公司	电商企业
19	上海登潆电子商务有限公司	电商企业

表2-1 续1

序号	企业名称	企业类型
20	上海东方明珠进出口有限公司	电商企业
21	上海凡点国际贸易有限公司	电商企业
22	上海恒沥贸易有限公司	电商企业
23	上海基森供应链管理有限公司	电商企业
24	上海基森企业管理有限公司	电商、物流企业
25	上海金越国际贸易有限公司	电商企业
26	上海酷丹网络科技有限公司	电商企业
27	上海琨铭文化传播有限公司	电商企业
28	上海琅寓实业有限公司	电商企业
29	上海陆师网络科技有限公司	电商企业
30	上海马珂博逻电子商务有限公司	电商企业
31	上海磨励自疆信息科技有限公司	电商企业
32	上海溥汭网络科技有限公司	电商企业
33	上海上港电子商务有限公司	电商企业
34	上海深艾信息科技有限公司	电商企业
35	上海晟达元信息技术有限公司	电商企业
36	上海盛怡国际物流有限公司	电商企业
37	上海酸橘子电子商务有限公司	电商企业
38	上海外高桥进口商品直销中心有限公司	电商企业
39	上海网兴国际贸易有限公司	电商企业
40	上海威盛报关有限公司	电商、物流、支付企业
41	上海温慕国际货运代理有限公司	电商企业
42	上海欣叶电子商务有限公司	电商企业
43	上海馨敛国际贸易有限公司	电商企业
44	上海洋码头网络技术有限公司	电商企业
45	上海尧赫进出口有限公司	电商企业
46	上海羿妆电子商务有限公司	电商企业
47	上海又颐国际贸易有限公司	电商企业
48	上海圆迈贸易有限公司	电商企业
49	上海掌麒供应链管理有限公司	电商企业
50	上海贞远商贸有限公司	电商企业

表2-1 续2

序号	企业名称	企业类型
51	上海植田利枝贸易有限公司	电商企业
52	上海中外运电子商务有限公司	电商企业
53	上海众馥实业有限公司	电商企业
54	天贵通（上海）国际贸易有限公司	电商企业
55	天津易客满国际物流有限公司	电商、物流、支付企业
56	无锡瑞亚营养科技有限公司	电商企业
57	武汉宝迪孟和科技有限公司	电商企业
58	武汉汉蒙和商贸有限公司	电商企业
59	晅颐实业（上海）有限公司	电商企业
60	亚马逊卓越有限公司	电商企业
61	鹰腾网络科技（上海）有限公司	电商企业
62	浙江物产跨境电商服务有限公司	电商企业
63	卓纯实业（上海）有限公司	电商企业
64	纽海电子商务（上海）有限公司	电商企业
65	上海艾可瑞信息科技有限公司	电商企业
66	悦康动力（北京）科技有限公司	电商企业
67	上海增链国际贸易有限公司	电商企业
68	上海睿先国际贸易有限公司	电商企业
69	上海捷竞电子商务有限公司	电商企业
70	上海两港国际贸易有限公司	电商企业
71	江苏苏宁易购电子商务有限公司	电商企业
72	上海亚捷商贸有限公司	电商企业
73	上海砸立电子商务有限公司	电商企业
74	上海奕乾贸易有限公司	电商企业
75	上海美豪信息技术有限公司	电商企业
76	上海左亨右贞展示服务有限公司	电商企业
77	上海基森仓储有限公司	电商、物流企业
78	玥玛国际物流（上海）有限公司	电商企业
79	维司达（上海）食品有限公司	电商企业
80	上海尚臣国际贸易有限公司	电商企业
81	上海鸿翼文化传媒有限公司	电商企业

表2-1　续3

序号	企业名称	企业类型
82	上海可益生物科技有限公司	电商企业
83	上海中服出国人员服务中心	电商企业
84	上海汉茂国际贸易有限公司	电商企业
85	上海枫旭商贸有限公司	电商企业
86	上海爱壹盒商贸有限公司	电商企业
87	美智堂（上海）生物科技有限公司	电商企业
88	上海翡臻实业有限公司	电商企业
89	澳格（上海）国际贸易有限公司	电商企业
90	上海溪盈国际贸易有限公司	电商企业
91	纽仕兰（上海）乳业有限公司	电商企业
92	丹中联合（上海）贸易有限公司	电商企业
93	近铁国际物流（中国）有限公司	电商企业
94	上海好优商贸有限公司	电商企业
95	上海杉漾实业有限公司	电商企业
96	上海博略德商贸有限公司	电商企业
97	禾壹道国际贸易（上海）有限公司	电商企业
98	悠适（上海）国际贸易有限公司	电商企业
99	上海中海经济发展有限公司	电商企业
100	上海瀚优国际贸易有限公司	电商企业
101	上海嘉歆电子商务有限公司	电商企业
102	上海狮威供应链管理有限公司	电商企业
103	万航旅业（上海）有限公司	电商企业
104	上海纽贸贸易有限公司	电商企业
105	上海挚捷行国际贸易有限公司	电商企业
106	上海爱投投资发展有限公司	电商企业
107	上海栗林国际贸易有限公司	电商企业
108	上海芳茵电子商务有限公司	电商企业
109	台承（上海）国际贸易有限公司	电商企业
110	上海中智通达国际贸易有限公司	电商企业
111	上海保正国际物流有限公司	电商企业
112	上海博瀚国际货运代理有限公司	电商、物流企业

表2-1 续4

序号	企业名称	企业类型
113	上海路培国际贸易有限公司	电商企业
114	意拓国际贸易（上海）有限公司	电商企业
115	中新经济发展（上海）有限公司	电商企业
116	上海一小电子商务有限公司	电商企业
117	上海梅隆生物科技有限公司	电商企业
118	上海心海供应链发展有限公司	电商企业
119	上海现代家有购物商务有限公司	电商企业
120	上海淘玺电子商务有限公司	电商企业
121	上海欧际咖啡股份有限公司	电商企业
122	上海唐姿贸易有限公司	电商企业
123	上海顶捷供应链管理有限公司	电商企业
124	上海海丰供应链管理有限公司	电商企业
125	恩禄进出口贸易（上海）有限公司	电商企业
126	远品国际贸易（上海）有限公司	电商企业
127	上海聚润纺织品有限公司	电商企业
128	上海东方明珠国际贸易有限公司	电商企业
129	上海易统食品贸易有限公司	电商企业
130	上海奕松国际贸易有限公司	电商企业
131	上海跨鲜电子商务有限公司	电商企业
132	上海澳集进出口有限公司	电商企业
133	上海应时贸易有限公司	电商企业
134	上海君田国际贸易有限公司	电商企业
135	上海尧赫国际贸易有限公司	电商企业
136	上海外高桥国际物流有限公司	电商、物流企业
137	上海翔赟国际贸易有限公司	电商企业
138	上海欧境贸易有限公司	电商企业
139	榕淑（上海）国际贸易有限公司	电商企业
140	上海德代国际贸易有限公司	电商企业
141	上海好洋农电子商务有限公司	电商企业
142	上海澳骏电子商务有限公司	电商企业
143	上海羚致进出口有限公司	电商企业

表2-1 续5

序号	企业名称	企业类型
144	上海里辉实业有限公司	电商企业
145	上海瑞伯国际贸易有限公司	电商企业
146	建达蓝德计算机国际贸易（上海）有限公司	电商企业
147	上海鼎隆国际物流有限公司	电商企业
148	上海樱通国际贸易有限公司	电商企业
149	隽才国际贸易（上海）有限公司	电商企业
150	保德科立思塔（上海）国际贸易有限公司	电商企业
151	上海上裕国际贸易有限公司	电商企业
152	上海库珂商贸有限公司	电商企业
153	上海佳敏国际贸易有限公司	电商企业
154	森宏（上海）贸易有限公司	电商企业
155	上海觉音国际贸易有限公司	电商企业
156	上海薏柏国际贸易有限公司	电商企业
157	北京明邦运通国际运输服务有限公司上海分公司	物流企业
158	联邦快递（中国）有限公司上海分公司	物流企业
159	顺丰速运集团（上海）速运有限公司	物流企业
160	天地国际运输代理（中国）有限公司上海分公司	物流企业
161	中外运泓丰（上海）国际物流有限公司	物流企业
162	上海捷利货运有限公司	物流企业
163	上海义达国际物流有限公司	物流企业
164	欧西爱司物流（上海）有限公司	物流企业
165	上海翼速国际物流有限公司	物流企业
166	上海鸿硕国际货运代理有限公司	物流企业
167	民航快递有限责任公司上海分公司	物流企业
168	中国邮政速递物流股份有限公司	物流企业
169	上海天戈供应链管理有限公司	物流企业
170	上海馨翔航空地面服务有限公司	物流企业
171	上海畅灵国际货运代理有限公司	物流企业
172	上海圆通国际货物运输代理有限公司	物流企业
173	嘉里大通物流有限公司上海分公司	物流企业
174	上海韵达货运有限公司	物流企业

表2-1 续6

序号	企业名称	企业类型
175	东方国际货运有限公司	物流企业
176	杭州佳成国际货运代理有限公司	物流企业
177	上海中速国际物流有限公司	物流企业
178	中海环球货运有限公司	物流企业
179	上海经贸山九储运有限公司	物流企业
180	上海泓丰国际物流股份有限公司	物流企业
181	上海恒信泓艺国际货物运输代理有限公司	物流企业
182	上海东航快递有限公司	物流企业
183	上海市邮政速递物流有限公司	物流企业
184	中外运空运发展股份有限公司华东分公司	物流企业
185	DHL 空运服务（上海）有限公司	物流企业
186	上海虹港仓储公司	物流企业
187	上海倍海供应链管理有限公司	物流企业
188	上海高飞集装箱储运有限公司	物流企业
189	上海递优国际物流有限公司	物流企业
190	东方航空物流有限公司	物流企业
191	上海深水港国际物流有限公司	物流企业
192	上海全行通国际物流有限公司	物流企业
193	上海跨境通国际贸易有限公司	物流企业
194	上海铭进物流有限公司	物流企业
195	上海跨通国际贸易有限公司	物流企业
196	上海伊禾食品国际贸易有限公司	物流企业
197	上海洋山保税港区物流服务有限公司	物流企业
198	上海畅联国际贸易有限公司	物流企业
199	上海跨松国际贸易有限公司	物流企业
200	上海欣林供应链管理有限公司	物流企业
201	上海园洲供应链管理有限公司	物流企业
202	上海嘉境通国际贸易有限公司	物流企业
203	上海元初供应链管理有限公司	物流企业
204	上海综合保税区国际物流有限公司	物流企业
205	上海艾莎供应链管理有限公司	物流企业

表2-1 续7

序号	企业名称	企业类型
206	上海左亨右贞投资管理有限公司	物流企业
207	上海易食元食品进出口有限公司	物流企业
208	日通国际物流（上海）有限公司	物流企业
209	上海东方嘉盛供应链管理有限公司	物流企业
210	中外运外高桥（上海）国际物流有限公司	物流企业
211	上海怡港物流有限公司	物流企业
212	上海大众国际仓储物流有限公司	物流企业
213	上海宜欧国际物流有限公司	物流企业
214	叶水福洋山物流（上海）有限公司	物流企业
215	上海怡亚通临港供应链有限公司	物流企业
216	上海外高桥物流中心有限公司	物流企业
217	上海怡亚通供应链管理有限公司	物流企业
218	上海英利物流有限公司	物流企业
219	上海景天供应链管理有限公司	物流企业
220	上海华田电子商务有限公司	物流企业
221	上海爵瑞国际物流有限公司	物流企业
222	上海易觅电子商务有限公司	物流企业
223	上海旭申国际贸易有限公司	物流企业
224	蜂巢供应链管理（苏州）有限公司	物流企业
225	上海华松物流有限公司	物流企业
226	上海高信国际物流有限公司	物流企业
227	上海交运福祉物流有限公司	物流企业
228	上海倍鸿供应链管理有限公司	物流企业
229	上海心泾国际物流有限公司	物流企业
230	里海（上海）供应链管理有限公司	物流企业
231	泓速实业（上海）有限公司	物流企业
232	上海欣洋国际物流有限公司	物流企业
233	上港集团物流有限公司	物流企业
234	上海寄风供应链管理有限公司	物流企业
235	上海金品供应链管理有限公司	物流企业
236	上海新联纺国际物流有限公司	物流企业

表2-1　续8

序号	企业名称	企业类型
237	上海基森报关有限公司	物流企业
238	上海铂选电子商务有限公司	物流企业
239	上海园洲电子商务有限公司	物流企业
240	上海唯可行物流有限公司	物流企业
241	重庆易极付科技有限公司	支付企业
242	拉卡拉支付股份有限公司	支付企业
243	易宝支付有限公司	支付企业
244	上海浦东发展银行股份有限公司	支付企业
245	证联支付有限责任公司	支付企业
246	中国银行股份有限公司上海市分行	支付企业
247	海南新生信息技术有限公司	支付企业
248	上海汇付数据服务有限公司	支付企业
249	上海富友支付服务有限公司	支付企业
250	易智付科技（北京）有限公司	支付企业
251	迅付信息科技有限公司	支付企业
252	中国银联股份有限公司	支付企业
253	智付电子支付有限公司	支付企业
254	开联通支付服务有限公司	支付企业
255	网银在线（北京）科技有限公司	支付企业
256	财付通支付科技有限公司	支付企业
257	支付宝（中国）网络技术有限公司	支付企业
258	上海银联电子支付服务有限公司	支付企业
259	连连银通电子支付有限公司	支付企业
260	南京苏宁易付宝网络科技有限公司	支付企业
261	上海盛付通电子支付服务有限公司	支付企业
262	北京爱农驿站科技服务有限公司	支付企业
263	中国工商银行股份有限公司上海市分行	支付企业
264	通联支付网络服务股份有限公司	支付企业
265	北京百付宝科技有限公司	支付企业
266	招商银行股份有限公司上海分行	支付企业
267	东方电子支付有限公司	支付企业

表2-1 续9

序号	企业名称	企业类型
268	宝付网络科技（上海）有限公司	支付企业
269	菜鸟网络科技有限公司	支付企业
270	浙江唯品会支付服务有限公司	支付企业
271	广州银联网络支付有限公司	支付企业
272	中国农业银行股份有限公司上海市分行	支付企业
273	天翼电子商务有限公司	支付企业
274	汇元银通（北京）在线支付技术有限公司	支付企业

统计数据

上海跨境贸易电子商务服务试点进口业务报表

上海跨境贸易电子商务服务试点进口业务报表见表2-2。

表2-2 上海市市跨境贸易电子商务服务试点进口业务报表

（2017年1月1日~2017年12月31日）

类型	订单	同比增长	成交金额（含税）	同比增长
网购直购进口（9610模式）	540万单	152%	19.3亿人民币	130%
网购保税进口（1210模式）	1066万单	18%	21.7亿人民币	68%

大事记

2017年4月1号在徐汇区龙华中路600号绿地中心召开了“三区合力，推动宠物食品跨境进口业务落地上海”为主题会议，为宠物、食品跨境业务在上海落地打下坚实的基础。

2017年5月9日在浦东新区陆家嘴国金大厦召开了汇丰国金咖啡跨境电子商务交流会，为各电商提供交流合作的空间，促进跨境电子商务生态圈的发展。

2017年5月18日在虹桥绿地铂骊酒店召开了青浦跨境电子商务创新发展论坛，为青浦出口加工区跨境业务的进一步招商引资奠定基础。

2017年7月10号在外高桥保税区召

开了跨境电子商务交流会，为跨境电子商务提供多样化服务。

2017 年 7 月 27 日在上海希尔顿酒店召开的上海跨境电子商务—台湾正品高峰会，标志着更多港澳台企业在上海开启跨境之路。

2017 年 8 月 18 日嘉定跨境电子商务高峰论坛在上海举办。

2017 年 8 月 30 日在徐汇区宜山路 700 号举行了“大卖之路”跨境电子商务上海分享会，促进了跨境电子商务从业主体沟通交流。

2017 年 9 月 22 日在杨浦区小南国花园酒店举行了“新零售·新物流—2017 智慧物流峰会”。

2017 年 9 月 25 日在陆家嘴国际会议中心召开了第三届中国浦东“互联网+”大会。

2017 年 10 月 28 日在虹桥绿地铂骊酒店举行了第二届跨境电子商务 50 人论坛高峰会议。会上发布了 2017 跨境电子商务白皮书，为跨境电子商务从业主体提供跨境指导方向。

2017 年 12 月 26 日在浦东新区博霞路 185 号上海跨境电商公共服务有限公司召开了上海海关企业座谈会。企业与监管部门面对面的直接交流更有力的促进了上海跨境电子商务的进步，各机构更好的为企业提供便利性服务。

杭州地区

2017年，杭州综试区建设深化推进，跨境电子商务发展势头强劲、要素资源加速集聚、生态体系日臻完善。2017年，实现跨境电子商务进出口交易额99.36亿美元，同比增长22.49%，其中出口70.22亿美元，进口29.14亿美元，分别同比增长15.87%和42.03%，跨境电子商务已经成为外贸增长的新动能。

发展现状

一、杭州综试区建设进展情况

（一）创新深化推进

联合相关监管部门，构建“六体系两平台”顶层设计，深入开展制度创新、管理创新、服务创新，先后出台两批共 85 条制度创新清单，制定跨境电子商务 B2B 认定标准、申报流程和便利化举措，出台全国首个地方性跨境电子商务促进条例，积极探索创新特殊监管区域跨境电子商务出口监管模式；建立并依托跨境电子商务商品质量安全风险国家监测中心，创新跨境电子商务产品质量共治机制；便利跨境电子商务外汇结算业务；推进“互联+便捷退税”，为企业出口退税提供全程网络化管理、一站式办结服务。

（二）产业发展势头强劲

围绕“引导企业上线、提升交易能力、互联网基因改造、培育自主品牌”四步曲，连续三年组织开展跨境电子商务专项行动。2017 年，组织开展“E 揽全球”创新服务行动，取得明显成效。2017 年，全市已有超过8 000家跨境电子商务企业，跨境电子商务已经成为全市外贸企业转型升级的有效选项。为进一步提升创新项目服务的精准度和实效性，开发上线跨境电子商务创新项目服务平台（e-Box），提供展示、查询、预约、评价、需求发布等系列功能。自 2017 年 7 月上线以来，平台展示项目达 165 个，跨境电子商务企业线上预约量3 300多个，线上线下成功对接并正式签约的合作超过4 000个，为企业通过跨境电子商务开拓国际市场提供支撑。

（三）综合服务不断优化

杭州综试区会同关、检、汇、税等监管部门，打通“信息孤岛”，构建电子围网，为企业提供“一站式”的线上报关、报检、收汇、退税等政务服务，通关效率大为提高，企业出口货物申报时间从原来的 4 小时缩短到现在平均 1 分钟。同时，搭建大数据平台和大数据实验室，打通监管部门和跨境电子商务交易、金融、物流等产业链环节。依托政府部门、电商平台、外贸综合服务企业等授权数据，实现跨区域、跨行业、跨部门信息的交换和共享。大数据平台项目已完成初验，收集涉及贸易环节、企业诚信等方面的数据近两亿条，通过对数据的汇聚、分析和加工，形成了 8 大主题库、372 个信用、风险和统计等指标，为监管部门和市场服务主体提供信用评分评级、风险监管及预警、融资担保、海运拼箱等数据分析应用服务，“六体系两平台”进一步完善。

（四）生态体系日臻完善

两年多来，杭州综试区建设的 13 个线下产业园，各显优势、错位发展、协调并进，许多园区已经拓展二期，“一核一圈一带”的总体格局基本形成。江干园区设立了全国唯一的跨境电子商务宠物食品基地；空港园区打造了空运跨境电子商务物流基地，吸引顺丰等物流巨头入驻；下沙园区建设菜鸟骨干网，成为阿里巴巴超级物流枢纽样板。深入开展标杆园区创建行动，打造跨境电子商务示范园区，进一步完善线下小生态。同时，大力引进跨境电子商务龙头平台和企业，亚马逊、谷歌、Wish、PayTM 等各大全球跨境电子商务平台已纷纷落户，在杭州开启全球战略布局，发布创新产品和服务。近三年来，新引进跨境电子商务产业链企业近1 500家。

（五）对外影响不断提升

马来西亚总理纳吉布来杭访问，杭州市政府、阿里巴巴集团和马来西亚数字经济发展局签署三方合作备忘录。举办两届全球跨境电子商务峰会，集聚全球政、商、学界探讨跨境电子商务领域新趋势、新亮点、新模式、新生态，6 000 人次与会，全球 500 多家媒体刊载，各类宣传报道1 000余篇。举办第五次中欧联合海关合作委员会指导小组会议、Wish 卖家大会、“亚马逊”全球开店大卖家 & 制造商对接大会，进一步提升行业影响力。编制《“六体系两平台”创新与实践年度报告》《E 揽全球跨境电商创新服务行动报告》《跨境电子商务商品质量安全监测报告》《跨境电商指数》，成立跨境电子商务人才联盟、中非跨境电子商务学院、跨境电子商务综试区仲裁联盟，进一步夯实引领地位。

二、城市跨境电子商务模式发展现状

2017 年度杭州跨境电子商务直购进口 10. 5 亿元人民币，网购保税进口 66. 1 亿元人民币，B2C 出口 92. 8 亿元人民币，B2B 出口 392. 8 亿元人民币。

三、地方跨境电子商务评价体系的建设

中国（杭州）跨境电子商务综合试验区大数据平台是“六体系两平台”的重要应用支撑。综试区以大数据平台为依托，旨在建立跨境电子商务平台信用体系，实现市跨境电子商务平台与市公共信用信息平台的融合共享，建立起跨境电子商务商家、平台、企业的信用评价机制。

作为大数据平台的重要组成部分之一，跨境电子商务信用体系具有应用创新、数据齐全、数据共享模式新、可视化建模等亮点。该体系的建立，契合信用杭州建设精神，有以下几方面的意义：一是扩大企业诚信体系的应用范围，提升综试区守信企业的外贸竞争力，降低跨境电子商务企业的经营风险；二是为关、检、汇、税等政府监管部门提供决策辅助；三是是对全市公共信用信息平台的重要补充，有利于全市各信用信息平台间的融合共享；四是有利于营造激励守信，惩戒失信的业务环境。

（一）汇集政府及各方数据，构建企业信用评级

通过汇聚杭州市公共信用信息平台、政府部门、监管单位、跨境电子商务企业、金融保险机构、第三方跨境电子商务平台等多方信用基础数据，在杭州市电子政务云环境中，建立跨境电子商务企业信用数据库，并实现与电子政务办等部门定期进行数据、信息的交换。

信用评价基于信用数据库数据，采用

机器学习结合专家意见的评分卡模型来实现。在信用管理模型的支撑下，结合监管部门信用认证和第三方信用服务评价，从企业资质、经营行为、信用历史、履约能力、关联关系等5个维度来分析建模，并计算出信用分值。在信用分值的基础上，通过信用分值分段，输出跨境电子商务企业的信用评级，即AAA、AA、A、BBB、BB 5个评级。在项目建设过程中发掘出5个专利点，其中涉及信用体系的是“电商信用模块下的信用数据的处理算法”，已进入申报准备阶段。

截止到2017年12月31日，已为线上综合服务平台备案及有外贸实绩的14 000多家企业计算出跨境电子商务信用评分，其中，AAA级企业550家，占比3.8%；AA级企业2 482家，占比17.16%；A级企业7 789家，占比53.84%；BBB级企业3 342家，占比23.1%；BB级企业303家，占比2.09%。

该信用分值和信用评级已实现每月第一天自动更新。

（二）推出信用报告，构建信用负面清单

跨境电子商务信用体系遵循“一企业一报告”制度，采用信用报告的形式全面记录企业信用活动，反映企业信用状况。企业信用报告内容涵盖企业基本信息、跨境电子商务信息、企业正面信息、企业负面信息和信用评分评级信息。

通过信用报告，企业可以查询到基本信息、高管信息、股东信息、对外投资信息，以及企业信用评级评分等基础信息，推进跨境电子商务可信交易环节的建设，形成了市场主体的信用档案。

大数据平台用户可根据自身权限使用信用管理功能，包括信用报告查阅、信用状况订阅、负面信息清单查询、数据纠错等服务，实现信用的查、管、用一站式服务。

（三）引导政府和市场各方主体参与电商信用体系建设

大数据平台项目自2017年初正式启动建设以来，杭州综试区携手关、检、汇、税等监管部门及在杭金融机构、城云科技、华数集团、阿里巴巴等平台，组建大数据平台项目组和专家组，多方密切合作，共同完成了电商信用体系的需求调研、系统设计、意见征求和研发管理。

将开放共享的建设理念贯穿于电商信用体系建设的每个阶段。需求调研阶段，通过企业实地走访、召开调研专题会议、电话调查等多种方式并举，整合关、检、汇、税等职能部门和金融、物流、外综服平台、电商企业、园区等各用户需求，最大限度保证需求调研的真实、有效和全面，为后续的系统设计和研发管理打好基础。模型开发阶段，杭州综试办多次邀请关、检、汇、税及物流、金融企业的专家对信用模型及评级评分系统进行意见征求，旨在更好的服务跨境电子商务职能部门和企业。试运行阶段，邀请关、检、汇、税等职能部门，以及中外运、建设银行浙江省分行等企业作为首批用户进行功能体验，并在各家反馈意见的基础上进一步做了优化。

值得一提的是，杭州综试区与阿里巴巴签署了数据合作协议，基于合规前提下，打通政府平台和电商平台的数据互补机制。

（四）扩大跨境电子商务信用体系应用范围

为关、检、汇、税等政府职能部门提供决策辅助。大数据平台基于共建共享的原则，打破了以往各政府部门间信息孤岛的局面。各单位只需通过账号登陆大数据平台，取得授权后即可查看监管对象的信用信息。同时，信用信息还可作为各部门风险预警的重要参考指标加以应用，从而提升监管精准度。

将信用评级作为企业业务受理环节的参考指标，增加市场端应用场景。择优选取部分金融机构和物流企业进行磋商，将信用评级融入市场端应用场景，包括但不限于银行融资便利、利率优惠及物流账期的延长等。以金融服务为例，基于大数据平台的信用数据，建设银行浙江省分行创新推出跨境快贷产品，对信用评分1 400分以上企业可提供无抵押担保授信。今年已完成首批对20家企业的无抵押担保授信，授信额度近1 000万元。再以物流服务为例，浙江中外运公司给予AA类信用以上跨境电子商务企业延长物流账期的优惠。

基于信用数据的可视化建模，双方数据融合共享。信用数据在一定程度上进行脱敏后，可通过可视化方式实现大数据实验室建模，在建模过程中，数据源、数据处理和可视化展现都通过组件方式直观提供，实现边建模、边分析、边运行，方便用户不断优化与完善模型，为未来多样性、综合性跨境电子商务数据服务提供基础。

配套文件

杭州市跨境电子商务促进条例

（该条例于2017年1月13日公布，自2017年3月1日起实施）

第一章　总　则

第一条　为了促进本市跨境电子商务健康快速发展，根据有关法律法规，结合本市实际，制定本条例。

第二条　本条例适用于经国务院批准设立的中国（杭州）跨境电子商务综合试验区（以下简称杭州跨境电商综试区）。

杭州跨境电商综试区覆盖本市行政区域。

第三条　本条例所称跨境电子商务，是指分属不同关境的交易主体进行的，或者交易标的跨越关境的电子商务活动。

第四条　本市推进跨境电子商务发展，应当坚持先行先试、循序渐进、创新发展、依法规范的原则，建立政府引导、企业主体、行业自律的机制。

第五条　本市跨境电子商务发展，应当体现线上集成、跨境贸易、综合服务的主要特征，提高物流通关渠道、单一窗口信息系统、金融增值服务的水平，推动通关、检验检疫、外汇、税务、商务、物流、金融等一体化，促进线上单一窗口综合服务平台和线下综合园区平台联动发展，建成投资贸易便利、监管服务高效、法治环境优化的全国跨境电子商务创业创新中心、服务中心和大数据中心。

第二章　管理体制

第六条　市人民政府应当建立跨境电子商务建设领导协调机制，加强对跨境电子商务建设工作的组织领导和统筹协调，依法制定与跨境电子商务建设、发展、管理有关的政策，定期研究重大问题，组织有关部门制定、落实阶段性目标，协调推进跨境电子商务建设工作和创新发展。

第七条　市人民政府设立的中国（杭州）跨境电子商务综合试验区管理办公室（以下简称市跨境电商综试办），负责杭州跨境电商综试区的建设和统筹管理工作，依照本条例规定履行下列职责：

（一）执行有关跨境电子商务综合试验工作的法律法规以及国家、省和市有关政策，研究跨境电子商务发展的有关问题，与海关、检验检疫、外汇管理、税务等部门配合协作，简化优化监管流程，推动体制机制创新，探索构建促进跨境电子商务发展的管理制度和规则；

（二）编制杭州跨境电商综试区的发展规划，经市人民政府批准后组织实施；

（三）统筹杭州跨境电商综试区线下园区的功能布局，协调、督促线下园区的建设与管理，负责杭州跨境电商综试区招商网络建设工作，指导全市跨境电子商务招商引资工作；

（四）组织开展跨境电子商务领域交易、支付、物流、通关、退税、结汇等环节的技术标准、业务流程、监管模式等方面的创新研究，推动跨境电子商务交易规则和标准的形成；

（五）负责跨境电子商务信息化工作，组织实施单一窗口综合服务平台的建设和管理，建立信息交换共享机制，构建跨境电子商务信用评价和统计监测体系，实施信用评价、分类分级监管，推动信息流、资金流、货物流之间的信息互联互通；

（六）负责跨境电子商务风险防控体系建设工作，组织开展跨境电子商务全流程的专业风险分析，防控经济风险、技术风险和交易风险；

（七）组织开展跨境电子商务金融服务和智能物流体系建设工作，推动跨境电子商务与仓储、物流、金融等产业的融合发展；

（八）负责跨境电子商务人才体系建设；

（九）履行市人民政府赋予的其他职责。

区、县（市）人民政府应当明确跨境电子商务主管部门，具体负责推动本行政区域内跨境电子商务的发展。

第八条　海关、检验检疫、外汇管理、税务等部门在本市设立的跨境电子商务工作机构（以下统称驻区机构），依法履行有关管理职责。

市人民政府其他有关部门和有关区、县（市）人民政府应当按照各自职责，做好相关管理工作。

第九条　市跨境电商综试办应当与驻区机构、有关部门建立合作协调和联动工作机制，为驻区机构和有关部门依法监管提供必要的保障，研究解决杭州跨境电商综试区发展中的问题。

第十条 鼓励跨境电子商务经营者、第三方电子商务交易平台等建立行业自律体系，发挥行业组织自治作用。

跨境电子商务行业自治组织应当研究跨境电子商务行业发展方向，探索行业发展规律，推动制订和实施行规行约、行业质量标准等，规范经营行为，依法维护经营者的合法权益和本行业的声誉，引导跨境电子商务规范化发展，促进公平竞争。

第三章 发展规划

第十一条 全市跨境电子商务发展规划由市跨境电商综试办会同有关部门根据国家、省和市有关促进跨境电子商务规范发展的要求编制，报市人民政府批准后实施。

全市跨境电子商务发展规划应当明确跨境电子商务产业发展核心区、产业应用经济圈和产业发展带，形成全域覆盖的总体布局。

第十二条 编制全市跨境电子商务发展规划应当注重服务国家战略、转变外贸发展方式、发挥企业主体作用、体现改革综合性。

第十三条 区、县（市）人民政府跨境电子商务主管部门应当根据全市跨境电子商务发展规划编制跨境电子商务园区发展专项规划。跨境电子商务园区发展专项规划经市跨境电商综试办审核，报送同级人民政府批准后实施。

市人民政府有关部门应当根据全市跨境电子商务发展规划，编制本部门、本领域的跨境电子商务发展专项规划。跨境电子商务发展专项规划经市跨境电商综试办审核同意后实施。

跨部门、跨领域的跨境电子商务发展专项规划由市跨境电商综试办组织有关部门根据全市跨境电子商务发展规划编制，报市人民政府批准后实施。

第十四条 有关部门在编制全市跨境电子商务发展规划和专项规划时，应当组织专家论证，并向社会公开征求意见。

全市跨境电子商务发展规划和专项规划的编制部门应当就规划的内容向公众提供咨询服务。规划的执行情况应当定期向社会公布，接受社会监督。规划批准后，任何单位和个人不得擅自修改或者变更。确需调整的，应当按照原审批程序报批。

第四章 平台服务和体系建设

第十五条 杭州跨境电商综试区应当按照一点接入的原则，建设线上单一窗口综合服务平台，与海关、检验检疫、外汇管理、税务、商务、市场监督管理、邮政等部门进行数据交换，推进监管部门之间信息共换、监管互认、执法协助。

第十六条 杭州跨境电商综试区应当采取一区多园的布局方式，建设线下综合园区平台，提供通关、物流、金融、人才等一站式综合服务，承接线上单一窗口综合服务平台功能。

第十七条 杭州跨境电商综试区应当建立跨境电子商务信息合作机制和共享平台，逐步统一信息标准、信息管理服务等规范，推动海关、检验检疫、外汇、税务、商务、物流、金融等领域之间的信息交换。

跨境电子商务经营者应当依法向市跨境电商综试办提供电子商务数据信息，实现监管部门、地方政府、金融机构与企业之间的信息互联互通，为跨境电子商务信息流、资金流、货物流互联互通提供数据技术支撑。

第十八条 金融机构、非银行支付机构、第三方电子商务交易平台、外贸综合服务企业之间应当开展规范合作，为跨境电子商务交易提供在线支付结算、在线融资、在线保险等一站式金融服务。

第十九条 杭州跨境电商综试区应当运用云计算、物联网、大数据等先进信息技术，构建互联互通的物流智能信息系统、衔接顺畅的物流仓储网络系统和优质高效的物流运营服务系统。

第二十条 杭州跨境电商综试区应当建立跨境电子商务信用评价系统、信用监管系统和信用负面清单系统，运用跨境电子商务信用数据库记录和积累跨境电子商务企业、第三方电子商务交易平台、物流企业及其他外贸综合服务企业的基础数据，实施跨境电子商务信用分类监管。

第二十一条 杭州跨境电商综试区应当建立健全跨境电子商务统计监测体系，完善跨境电子商务统计办法，为行政监管和企业经营提供咨询服务。

第二十二条 杭州跨境电商综试区应当建立跨境电子商务风险信息采集、评估分析、预警处置和复查完善机制，以跨境电子商务流程节点风险防控为重点，开展全流程专业风险分析。

第五章 促进措施

第二十三条 杭州跨境电商综试区应当按照严密监管与高效运作相统一的要求，落实海关监管方案，对跨境电子商务活动实行便利化通关监管模式。

第二十四条 驻区机构应当创新跨境电子商务监管流程，针对企业对企业、企业对个人等跨境电子商务交易模式，设计相应的监管流程，推动建立标准化监管流程。

第二十五条 杭州跨境电商综试区应当建立跨境电子商务产品质量安全监管机制，完善检验检疫审批信息平台和监管系统，依托单一窗口综合服务平台的数据信息，形成网上发现、源头追溯、属地查处的新型质量监管模式。

第二十六条 杭州跨境电商综试区应当推进跨境电子商务外汇支付业务试点，扩大支付机构跨境外汇支付业务范围，鼓励支付机构为中小跨境电子商务经营者办理跨境外汇支付和结售汇业务。

第二十七条 鼓励开展跨境人民币业务创新，鼓励跨境电子商务使用人民币计价结算。支持银行与非银行支付机构开展业务合作，丰富跨境电子商务人民币业务产品，为跨境电子商务业务提供人民币结算服务。

第二十八条 杭州跨境电商综试区应当依托第三方物流平台、单一窗口综合服务平台等综合信息服务平台，运用云计算、物联网、大数据等信息技术，为跨境电子商务经营者提供实时、准确、完整的物流状态查询和跟踪服务，推进数据共用、资源共享、信息互通。支持物流企业开展高端智能化服务。

第二十九条 支持传统物流仓储企业向配送运营中心和专业化、规模化的第三方跨境物流企业转型升级。鼓励仓储、配送一体化，引导物流仓储企业规范开展担保存货第三方管理，支持有条件的企业向提供一体化解决方案和供应链集成服务的第四方物流发展。

第三十条 鼓励有条件的物流企业建立跨境物流分拨配送和营销服务体系，开拓全球业务，发展共同配送、统一配送、集中配送等先进模式，建立国内保税公共仓储、海外重点国家物流专线、海外公共仓储相结合的便利化物流体系，实现跨境货物的集货运输、集中分送。

第三十一条 杭州跨境电商综试区应当建立跨境电子商务信用信息平台和信用数据库，依法提供跨境电子商务主体身份识别、信用记录查询、货物运输以及贸易信息查询等信用服务。

第三十二条 杭州跨境电商综试区应当建立监管部门信用认证和第三方信用服务评价相结合的综合评价体系。

海关、检验检疫、税务、市场监督管理等部门对跨境电子商务经营者作出的信用认证是分类分级信用监管的依据。

第三方信用服务机构可以依法通过数据提取、采集和加工分析，为监管部门和跨境电子商务经营者提供信用评价服务。

第三十三条 杭州跨境电商综试区应当建立跨境电子商务大数据中心，实现跨境电子商务数据的交换汇聚，对商品交易、物流通关、金融支付等数据进行分析、处理运用，逐步建立反映跨境电子商务运行状况的综合指数体系，并定期向社会公布。

杭州跨境电商综试区应当逐步建立以跨境电子商务申报清单、平台数据等为依据的统计管理新模式，建立跨境电子商务多方联动的统计制度和跨境电子商务进出口商品的统计分类规范。

第三十四条 本市以市场需求为导向，加强监管部门、高等院校与企业之间的合作，建立创业型和实用技能型的跨境电子商务人才培训基地。

鼓励社会培训机构开展跨境电子商务人才培训，引进国内外知名培训机构，构建专业化、社会化、国际化的跨境电子商务人才培养体系。

第三十五条 本市探索建立知识、技术、管理等人力资本产权激励机制，引进跨境电子商务创新人才，开展跨境电子商务商业模式创新和技术创新。

第三十六条 本市健全和完善跨境电子商务人才吸引、培养、使用、流动和激励机制，发展跨境电子商务人才的公共服务体系。

鼓励建设开放共享的合作平台，建立跨境电子商务产业联盟与人才发展联盟，推进跨境电子商务人才与企业、项目、资本的对接。

第六章　环境营造和制度支持

第三十七条 国家规定的跨境电子商务投资、贸易、金融、税收等改革试点措施发生调整，或者国家规定其他区域改革试点措施可适用于促进本市跨境电子商务发展的，按照相关规定执行。

第三十八条 杭州跨境电商综试办和市人民政府其他有关部门应当根据本市的实际需要，研究提出促进跨境电子商务发展的改革创新措施，依法报请批准后实施。

第三十九条 市和区、县（市）人民政府应当逐步建立跨境电子商务产品售后服务和维权体系，强化第三方电子商务交易平台和跨境电子商务经营者主体责任，保护消费者合法权益。

市人民政府应当探索建立跨境电子商

务纠纷专业仲裁机构，完善适应跨境电子商务特点的仲裁规则，依法提高纠纷仲裁的国际化程度，提供公正、专业、高效的仲裁服务。

探索推进跨境电子商务纠纷司法网上处理机制。

第四十条 本市应当加强与国际各类经济组织的合作，探索建立适合跨境电子商务发展的国际通用规则。

第四十一条 市和区、县（市）人民政府应当安排专项资金，并逐年有所增长，重点支持跨境电子商务及跨境物流、仓储、金融支付、综合服务等产业链相关产业的发展。

第四十二条 市跨境电商综试办应当根据跨境电子商务发展需要制定工作计划和进展安排，形成制度创新清单，推进创新举措的实施。

第四十三条 鼓励企业或者个人利用第三方电子商务交易平台从事跨境电子商务活动，推动第三方电子商务交易平台为企业或者个人上线经营提供便利便捷的服务。

鼓励建立适合本市区域产业特色的电子商务交易平台，推动传统外贸企业和制造类企业整体上线经营。

第四十四条 本市应当以跨境电子商务产业园区为基础，完善跨境电子商务产业综合服务配套。

鼓励跨境电子商务外贸综合服务企业提供融资、通关、物流、退税、外汇等一体化服务。

第七章 附 则

第四十五条 本条例自2017年3月1日起施行。

企业名录

截至2017年12月31日，在杭州跨境综合服务平台上注册，并实际展开业务的企业名录见表2-3。

表2-3 杭州跨境电子商务企业名录

序号	企业名称	企业类型
1	杭州阿里巴巴广告有限公司	平台类企业
2	杭州环宇文化创意有限公司	平台类企业
3	浙江执御信息技术有限公司	平台类企业
4	浙江先合信息技术有限公司	平台类企业
5	杭州哪儿买电子商务有限公司	平台类企业
6	杭州优买科技有限公司	平台类企业

表2-3　续1

序号	企业名称	企业类型
7	杭州西宠电子商务有限公司	平台类、商户类企业
8	浙江物产跨境电商服务有限公司	平台类企业
9	科睿科技（杭州）有限公司	平台类企业
10	杭州点易点电子商务有限公司	平台类企业
11	浙江东方集团供应链管理有限公司	平台类企业
12	杭州汇孚户外用品科技有限公司	平台类企业
13	杭州信天翁进出口有限公司	平台类企业
14	杭州银淘泰淘科技有限公司	平台类企业
15	浙江银泰电子商务有限公司	平台类企业
16	杭州洋东西电子商务有限公司	平台类企业
17	浙江运通电子商务有限公司	平台类企业
18	浙江省粮油食品进出口股份有限公司	平台类、商户类企业
19	浙江畅购天下电子商务有限公司	平台类企业
20	杭州西狗国际贸易有限公司	平台类企业
21	杭州子不语网络科技有限公司	平台类企业
22	淘宝（中国）软件有限公司	平台类企业
23	浙江天猫技术有限公司	平台类企业
24	焦点科技股份有限公司	平台类企业
25	杭州大龙网贸科技有限公司	平台类企业
26	杭州飞猫网络科技有限公司	平台类企业
27	杭州巨星科技股份有限公司	平台类企业
28	杭州王道电子商务有限公司	平台类、商户类企业
29	杭州惠尔邦厨具有限公司	商户类企业
30	张家港市德仁科教仪器设备有限公司	商户类企业
31	杭州掌秀科技有限公司	商户类企业
32	杭州晨烁信息技术有限公司	商户类企业
33	浙江民生健康科技有限公司	商户类企业
34	FPI 聚光科技（杭州）股份有限公司	商户类企业
35	杭州创一家私有限公司	商户类企业
36	浙江金邑生物科技有限公司	商户类企业
37	杭州嬴茂德家居用品有限公司	商户类企业

表2-3　续2

序号	企业名称	企业类型
38	杭州犸凯奴户外用品有限公司	商户类企业
39	杭州创享者网络科技有限公司	商户类企业
40	杭州安致电子商务股份有限公司	商户类企业
41	杭州合虹进出口有限公司	商户类企业
42	一抹橙色国际有限公司	商户类企业
43	杭州康榕进出口有限公司	商户类企业
44	杭州泰海易开盖科技有限公司	商户类企业
45	杭州明特进出口有限公司	商户类企业
46	华贝（香港）电子商务有限公司	商户类企业
47	杭州奶巴贸易有限公司	商户类企业
48	杭州固德网络科技有限公司	商户类企业
49	杭州托勒海电子商务有限公司	商户类企业
50	杭州新信进出口有限公司	商户类企业
51	杭州赣鑫电子有限公司	商户类企业
52	杭州泓金实业有限公司	商户类企业
53	杭州网易严选贸易有限公司	商户类企业
54	浙江诗琴针织有限公司	商户类企业
55	中山皇胜打印设备有限公司	商户类企业
56	杭州东陵机械有限公司	商户类企业
57	杭州瑞升进出口有限公司	商户类企业
58	浙江寿尔福化工贸易有限公司	商户类企业
59	浙江富瑞浦建材进出口有限公司	商户类企业
60	杭州富瑞浦电子商务有限公司	商户类企业
61	杭州市尊马旅游用品有限公司	商户类企业
62	杭州亿买网络科技有限公司	商户类企业
63	杭州拾花社科技有限公司	商户类企业
64	杭州源牛电子商务有限公司	商户类企业
65	杭州珀尔科技有限公司	商户类企业
66	杭州墨星网络科技有限公司	商户类企业
67	杭州茗姿科技有限公司	商户类企业
68	杭州持码网络科技有限公司	商户类企业

表2-3 续3

序号	企业名称	企业类型
69	杭州千岛湖晨光玻璃制品有限公司	商户类企业
70	浙江金固股份有限公司	商户类企业
71	杭州富阳毅峰贸易有限公司	商户类企业
72	杭州富阳驰飞五金电器有限公司	商户类企业
73	杭州海乐电器有限公司	商户类企业
74	杭州富阳兮柔进出口有限公司	商户类企业
75	杭州康力保健食品有限公司	商户类企业
76	杭州普乐信号灯有限公司	商户类企业
77	杭州顺安实业有限公司	商户类企业
78	杭州汉莱电器有限公司	商户类企业
79	富阳点睛进出口有限公司	商户类企业
80	杭州兹万贸易有限公司	商户类企业
81	杭州富阳科拓机械有限公司	商户类企业
82	杭州唐炬贸易有限公司	商户类企业
83	杭州富阳昶浩进出口有限公司	商户类企业
84	杭州富阳鹿山机械厂	商户类企业
85	杭州康强水处理设备有限公司	商户类企业
86	杭州富阳春城进出口有限公司	商户类企业
87	杭州富阳华文医疗器械有限公司	商户类企业
88	杭州富阳隆玮实业有限公司	商户类企业
89	杭州澳宝贸易有限公司	商户类企业
90	杭州天趣贸易有限公司	商户类企业
91	浙江沃尔得商业经营发展有限公司	商户类企业
92	杭州元记礼品有限公司	商户类企业
93	杭州优彩化工有限公司	商户类企业
94	杭州利弗斯进出口有限公司	商户类企业
95	杭州波西塔诺电子商务有限公司	商户类企业
96	杭州洋逸谷健康科技有限公司	商户类企业
97	汇孚集团有限公司	商户类企业
98	杭州翔天实业有限公司	商户类企业
99	杭州星系信息技术有限公司	商户类企业

表2-3　续4

序号	企业名称	企业类型
100	杭州碧橙网络技术有限公司	商户类企业
101	杭州澳尔文汽车配件有限公司	商户类企业
102	杭州亨翠电子有限公司	商户类企业
103	浙江友强实业有限公司	商户类企业
104	杭州华普永明光电股份有限公司	商户类企业
105	杭州孚乐跨境电子商务有限公司	商户类企业
106	杭州鼎航国际货运代理有限公司	商户类企业
107	杭州卜凡电子商务有限公司	商户类企业
108	杭州中轮供应链管理有限公司	商户类企业
109	杭州鸿瑞进出口贸易有限公司	商户类企业
110	杭州迅锐进出口有限公司	商户类企业
111	杭州捷尔思阻燃化工有限公司	商户类企业
112	杭州国迈电子科技有限公司	商户类企业
113	杭州群乐包装有限公司	商户类企业
114	杭州功耀贸易有限公司	商户类企业
115	杭州括世进出口有限公司	商户类企业
116	杭州海普化工有限公司	商户类企业
117	杭州全日淘网络科技有限公司	商户类企业
118	杭州多多海科技有限公司	商户类企业
119	杭州大杭家纺有限公司	商户类企业
120	杭州新爱电子有限公司	商户类企业
121	杭州瑞帛时装有限公司	商户类企业
122	杭州美爵光电有限公司	商户类企业
123	杭州五湖电子有限公司	商户类企业
124	浙江托普云农科技股份有限公司	商户类企业
125	杭州麦瑞科信息科技有限公司	商户类企业
126	澳博会电子商务有限公司	商户类企业
127	杭州嘉鸿进出口有限公司	商户类企业
128	杭州金鹰场馆设备有限公司	商户类企业
129	建德市晟涛进出口有限公司	商户类企业
130	建德市永喜木业有限公司	商户类企业

表2-3 续5

序号	企业名称	企业类型
131	杭州博雅家居用品有限公司	商户类企业
132	建德市开源纺织品有限公司	商户类企业
133	杭州欧亚电器工具有限公司	商户类企业
134	建德市勇华电器有限公司	商户类企业
135	杭州爱佳玻璃制品有限公司	商户类企业
136	建德市江南五金工具厂	商户类企业
137	建德市双剑工具有限公司	商户类企业
138	杭州圣德义塑化机电有限公司	商户类企业
139	建德市意诚科技有限公司	商户类企业
140	建德市天时伞业有限公司	商户类企业
141	建德市创鑫金属制品厂	商户类企业
142	杭州春美包装有限公司	商户类企业
143	杭州盛泰乳胶有限公司	商户类企业
144	建德星瑞电子商务有限公司	商户类企业
145	杭州航敏电子商务有限公司	商户类企业
146	建德市远桥贸易有限公司	商户类企业
147	雅鼎创意家居股份有限公司	商户类企业
148	建德市金玉纺织有限公司	商户类企业
149	建德玛速电子商务有限公司	商户类企业
150	杭州赞海电子商务有限公司	商户类企业
151	杭州突维网络技术有限公司	商户类企业
152	杭州鼎美贸易有限公司	商户类企业
153	杭州坤康进出口有限公司	商户类企业
154	南瓜物流（浙江）有限公司	商户类企业
155	杭州运同信息科技有限公司	商户类企业
156	杭州欧茗贸易有限公司	商户类企业
157	杭州聚泰供应链管理有限公司	商户类企业
158	浙江赛腾实业有限公司	商户类企业
159	浙江广涛商贸有限公司	商户类企业
160	杭州新祺科技有限公司	商户类企业
161	杭州中织实业有限公司	商户类企业

表2-3 续6

序号	企业名称	企业类型
162	杭州唯慕进出口有限公司	商户类企业
163	杭州月光宝盒科技有限公司	商户类企业
164	杭州志恒科技有限公司	商户类企业
165	杭州纽创电子有限公司	商户类企业
166	杭州金松优诺电器有限公司	商户类企业
167	杭州维丽杰旅行用品有限公司	商户类企业
168	杭州长鑫键创科技有限公司	商户类企业
169	杭州麦卢卡科技有限公司	商户类企业
170	杭州望恒电子商务有限公司	商户类企业
171	临沂综合保税区新联发进出口有限公司	商户类企业
172	江苏一可医药连锁有限公司	商户类企业
173	杭州倍护科技有限公司	商户类企业
174	杭州赋优电子商务有限公司	商户类企业
175	杭州维州国际贸易有限公司	商户类企业
176	杭州港宝贸易有限公司	商户类企业
177	杭州韩世贸易有限公司	商户类企业
178	杭州门贵电子商务有限公司	商户类企业
179	杭州敲萌科技有限公司	商户类企业
180	杭州永卓电子商务有限公司	商户类企业
181	杭州珺懿网络科技有限公司	商户类企业
182	杭州易乐电子商务有限公司	商户类企业
183	香港东邦晟科技有限公司	商户类企业
184	杭州�信息科技有限公司	商户类企业
185	杭州翔赞贸易有限公司	商户类企业
186	杭州喆兔科技有限公司	商户类企业
187	杭州优格科技有限公司	商户类企业
188	杭州水氪电子商务有限公司	商户类企业
189	杭州鲜通电子商务有限公司	商户类企业
190	杭州康养跨境电子商务有限公司	商户类企业
191	杭州腾基网络科技有限公司	商户类企业
192	杭州巧科励信息科技有限公司	商户类企业

表2-3 续7

序号	企业名称	企业类型
193	杭州霍姆电子商务有限公司	商户类企业
194	杭州都宁贸易有限公司	商户类企业
195	杭州天舟进出口贸易有限公司	商户类企业
196	杭州迎欣进出口有限公司	商户类企业
197	杭州秀富跨境电子商务有限公司	商户类企业
198	杭州觉新跨境电子商务有限公司	商户类企业
199	杭州谷汝电子商务有限公司	商户类企业
200	杭州后铺信息科技有限公司	商户类企业
201	杭州凯克电子有限公司	商户类企业
202	杭州西凌科技有限责任公司	商户类企业
203	杭州聚宠科技发展有限公司	商户类企业
204	杭州百德芳华宠物用品有限公司	商户类企业
205	杭州鼎裕贸易有限责任公司	商户类企业
206	杭州酷拍网络科技有限公司	商户类企业
207	杭州但丁云科技有限公司	商户类企业
208	杭州代塔电子商务有限公司	商户类企业
209	杭州贝宠供应链管理有限公司	商户类企业
210	杭州怡宠供应链管理有限公司	商户类企业
211	杭州里程碑商贸有限公司	商户类企业
212	杭州蒂一贸易有限公司	商户类企业
213	杭州派欧德商贸有限公司	商户类企业
214	杭州怡塔供应链管理有限公司	商户类企业
215	杭州聚盈供应链管理有限公司	商户类企业
216	杭州郴宠电子商务有限公司	商户类企业
217	杭州七金电子商务有限公司	商户类企业
218	杭州皂荚木电子商务有限公司	商户类企业
219	千修元商贸（杭州）有限公司	商户类企业
220	杭州铲屎官品牌管理有限公司	商户类企业
221	杭州禹通贸易有限公司	商户类企业
222	杭州弘元电子商务有限公司	商户类企业
223	杭州亿维品牌管理有限公司	商户类企业

表2-3　续8

序号	企业名称	企业类型
224	杭州无尾熊电子商务有限公司	商户类企业
225	杭州浙霏爱宠供应链管理有限公司	商户类企业
226	杭州一喵知喵电子商务有限公司	商户类企业
227	杭州喵喵星供应链管理有限公司	商户类企业
228	杭州宠盟贸易有限公司	商户类企业
229	杭州领来杭电子商务有限公司	商户类企业
230	杭州海宠贸易有限公司	商户类企业
231	浙江青翼供应链管理有限公司	商户类企业
232	米汤贸易（杭州）有限公司	商户类企业
233	杭州杰帕商贸有限公司	商户类企业
234	杭州匡沃商贸有限公司	商户类企业
235	杭州天衡宝进出口有限公司	商户类企业
236	杭州岱速数据技术有限公司	商户类企业
237	杭州涵意电子商务有限公司	商户类企业
238	杭州杰生电子商务有限公司	商户类企业
239	浙江浩华天跃贸易有限公司	商户类企业
240	杭州奶娃家贸易有限公司	商户类企业
241	杭州牛品供应链管理有限公司	商户类企业
242	杭州左盟电子商务有限公司	商户类企业
243	杭州格檀教育咨询有限公司	商户类企业
244	杭州荣成纺织品有限公司	商户类企业
245	杭州星华反光材料股份有限公司	商户类企业
246	杭州迪悦慕德贸易有限公司	商户类企业
247	杭州马班科技有限公司	商户类企业
248	杭州柯瀚进出口有限公司	商户类企业
249	杭州佳淘惠麦进出口有限公司	商户类企业
250	杭州海珠金属制品有限公司	商户类企业
251	杭州诺联涂层织物有限公司	商户类企业
252	杭州酷云网络科技有限公司	商户类企业
253	杭州思科生物科技有限公司	商户类企业
254	临安和达氟塑有限公司	商户类企业

表2-3 续9

序号	企业名称	企业类型
255	杭州临安新联电器工业有限公司	商户类企业
256	临安梦琪电子商务有限公司	商户类企业
257	杭州梵特斯进出口有限公司	商户类企业
258	临安艾肯进出口贸易有限公司	商户类企业
259	临安市拓龙装饰材料有限公司	商户类企业
260	杭州临安顺奕服饰有限公司	商户类企业
261	杭州小哈西商贸有限公司	商户类企业
262	杭州伊斯特服装有限公司	商户类企业
263	临安弘邦包装制品有限公司	商户类企业
264	杭州久拓进出口有限公司	商户类企业
265	杭州森迈克斯进出口有限公司	商户类企业
266	杭州丹煌服饰有限公司	商户类企业
267	临安亨得利照明电器有限公司	商户类企业
268	杭州金盟道路设施有限公司	商户类企业
269	杭州胜东贸易有限公司	商户类企业
270	杭州巨安纺织品有限公司	商户类企业
271	杭州新春天进出口有限公司	商户类企业
272	杭州裕福家居用品进出口有限公司	商户类企业
273	杭州朵拉家居有限公司	商户类企业
274	杭州伯恒进出口有限公司	商户类企业
275	杭州宏欧家居有限公司	商户类企业
276	杭州一丈青信息技术有限公司	商户类企业
277	杭州方大贸易有限公司	商户类企业
278	杭州思创贸易有限公司	商户类企业
279	杭州臻和跨境电子商务有限公司	商户类企业
280	杭州钱江意中经营管理有限公司	商户类企业
281	杭州梦唯诗发制品有限公司	商户类企业
282	杭州桐庐医疗光学仪器有限公司	商户类企业
283	杭州意启品牌管理有限公司	商户类企业
284	杭州梵盛电子商务有限公司	商户类企业
285	桐庐曼路服饰有限公司	商户类企业

表2-3 续10

序号	企业名称	企业类型
286	杭州美全机械有限公司	商户类企业
287	桐庐罗格笔业有限公司	商户类企业
288	桐庐酷特文具礼品有限公司	商户类企业
289	桐庐杰茜进出口有限公司	商户类企业
290	杭州新湖电子有限公司	商户类企业
291	桐庐鑫诚针纺织有限公司	商户类企业
292	杭州威成实业邮箱公司	商户类企业
293	杭州五星洁具有限公司	商户类企业
294	杭州康基医疗器械股份有限公司	商户类企业
295	浙江杭州云丰进出口有限公司	商户类企业
296	宝贝码头（国际）贸易有限公司	商户类企业
297	杭州正凡科技有限公司	商户类企业
298	杭州搜普贸易有限公司	商户类企业
299	杭州电子商务产业网络园区有限公司	商户类企业
300	杭州博辰科技有限公司	商户类企业
301	杭州沃登进出口有限公司	商户类企业
302	杭州腾力汽配有限公司	商户类企业
303	杭州奥茵进出口有限公司	商户类企业
304	杭州潜海电子商务有限公司	商户类企业
305	杭州荣浩进出口有限公司	商户类企业
306	杭州川博进出口有限公司	商户类企业
307	杭州成康贸易有限公司	商户类企业
308	杭州爱丽芬进出口有限公司	商户类企业
309	杭州百事睿诚贸易有限公司	商户类企业
310	杭州瑞力磁性材料有限公司	商户类企业
311	杭州略胜进出口有限公司	商户类企业
312	杭州乐越贸易有限公司	商户类企业
313	杭州碧图进出口有限公司	商户类企业
314	杭州赛姆科技有限公司	商户类企业
315	杭州嘉禾日用品有限公司	商户类企业
316	杭州科帝进出口贸易有限公司	商户类企业

表2-3 续11

序号	企业名称	企业类型
317	杭州泛加贸易技术服务有限公司	商户类企业
318	杭州唐诚五金工具有限公司	商户类企业
319	杭州德美五金有限公司	商户类企业
320	浙江名堂网络科技有限公司	商户类企业
321	杭州和悠贸易有限公司	商户类企业
322	杭州崇巨商贸有限公司	商户类企业
323	杭州宝志机械有限公司	商户类企业
324	杭州力酷进出口有限公司	商户类企业
325	杭州开启进出口有限公司	商户类企业
326	杭州瑞明机械设备有限公司	商户类企业
327	杭州华缔集团有限公司	商户类企业
328	聪明伙伴（上海）供应链管理有限公司	商户类企业
329	浙江方大智控科技有限公司	商户类企业
330	杭州易马电子商务有限公司	商户类企业
331	杭州杭宋进出口有限公司	商户类企业
332	杭州金为国际贸易有限公司	商户类企业
333	杭州立煌科技有限公司	商户类企业
334	杭州七面贸易有限公司	商户类企业
335	杭州维文进出口有限公司	商户类企业
336	杭州富国进出口有限公司	商户类企业
337	杭州世佳电子有限公司	商户类企业
338	蜜宝有限公司	商户类企业
339	杭州纳流熔接设备有限公司	商户类企业
340	杭州中润医疗器械有限公司	商户类企业
341	杭州瑞维奥科技有限公司	商户类企业
342	杭州冠基网络技术有限公司	商户类企业
343	杭州慧果汽车技术有限公司	商户类企业
344	浙江智腾医药科技有限公司	商户类企业
345	雅蔻海珀（杭州）投资有限公司	商户类企业
346	浙江洋货惠供应链管理有限公司	商户类企业
347	杭州优尔生物科技有限公司	商户类企业

表2-3 续12

序号	企业名称	企业类型
348	杭州昂纳实业有限公司	商户类企业
349	杭州柯航仪器仪表有限公司	商户类企业
350	杭州德力西进出口有限公司	商户类企业
351	杭州迈玛体育用品有限公司	商户类企业
352	杭州斑马供应链有限公司	商户类企业
353	深圳市酷秀显示科技有限公司	商户类企业
354	深圳市艾尔生科技有限公司	商户类企业
355	杭州朗年贸易有限公司	商户类企业
356	浙江宏华汽车部件有限公司	商户类企业
357	杭州艾京曼科技有限公司	商户类企业
358	杭州慧宁电子有限公司	商户类企业
359	杭州永宏有色金属材料有限公司	商户类企业
360	杭州派考特电子商务有限公司	商户类企业
361	杭州泛远进出口有限公司	商户类企业
362	浙江柯耐禾进出口有限公司	商户类企业
363	杭州望恒进出口有限公司	商户类企业
364	杭州永华商标织造机械有限公司	商户类企业
365	杭州赛力科机械设备有限公司	商户类企业
366	杭州阅洋网络科技有限公司	商户类企业
367	杭州悠乐电子商务有限公司	商户类企业
368	杭州普仕达进出口有限公司	商户类企业
369	杭州杰森贸易有限公司	商户类企业
370	杭州翠莱贸易有限公司	商户类企业
371	杭州远汇进出口有限公司	商户类企业
372	杭州厚诺电子商务有限公司	商户类企业
373	柏林春天	商户类企业
374	杭州海君贸易有限公司	商户类企业
375	杭州缘泽时装有限公司	商户类企业
376	杭州精源进出口有限公司	商户类企业
377	杭州东迪进出口有限公司	商户类企业
378	杭州全联贸易有限公司	商户类企业

表2-3 续13

序号	企业名称	企业类型
379	杭州特艺非织造布有限公司	商户类企业
380	杭州河野英服饰有限公司	商户类企业
381	杭州青妍进出口有限公司	商户类企业
382	杭州欧牙特国际贸易有限公司	商户类企业
383	杭州澳睿电子商务有限公司	商户类企业
384	杭州加中商贸有限公司	商户类企业
385	杭州圣普网络科技有限公司	商户类企业
386	杭州秋天贸易有限公司	商户类企业
387	杭州盛格贸易有限公司	商户类企业
388	杭州韩一贸易有限公司	商户类企业
389	杭州意启商务咨询有限公司	商户类企业
390	杭州雷拓机械有限公司	商户类企业
391	杭州佳高贸易有限公司	商户类企业
392	杭州叁谷科技有限公司	商户类企业
393	浙江大赞国际贸易有限公司	商户类企业
394	杭州圣诗达运动用品有限公司	商户类企业
395	杭州万尚元国际贸易	商户类企业
396	杭州捷配信息科技有限公司	商户类企业
397	杭州驿陆电子商务有限公司	商户类企业
398	杭州八爱有限公司	商户类企业
399	浙江玩沃购电子商务有限公司	商户类企业
400	杭州乐尚进出口有限公司	商户类企业
401	杭州隆力奇跨境电子商务有限公司	商户类企业
402	杭州韩满科技有限公司	商户类企业
403	杭州阳辛园电子商务有限公司	商户类企业
404	杭州润琅科技有限公司	商户类企业
405	杭州永坤电子商务有限公司	商户类企业
406	杭州英锐得进出口有限公司	商户类企业
407	杭州满润网络科技有限公司	商户类企业
408	杭州普拉尼电子科技有限公司	商户类企业
409	杭州萧冠进出口贸易有限公司	商户类企业

表2-3　续14

序号	企业名称	企业类型
410	杭州科廷五金建材有限公司	商户类企业
411	杭州格列弗进出口有限公司	商户类企业
412	杭州蓝达工艺制品有限公司	商户类企业
413	杭州新九龙厨具制造有限公司	商户类企业
414	杭州天凌卫浴洁具有限公司	商户类企业
415	杭州凌业纺织品有限公司	商户类企业
416	杭州臻诺瑞服饰绣品有限公司	商户类企业
417	臻诺瑞服饰绣品有限公司	商户类企业
418	杭州渔猎科技有限公司	商户类企业
419	杭州一波机械有限公司	商户类企业
420	杭州萧山瓜沥金属软管厂	商户类企业
421	浙江东锐进出口有限责任公司	商户类企业
422	杭州德钇通电子商务有限公司	商户类企业
423	杭州富艺仓控股集团有限公司	商户类企业
424	杭州鲜运国际贸易有限责任公司	商户类企业
425	杭州美宜购商贸有限公司	商户类企业
426	杭州冠豪车业实业有限公司	商户类企业
427	杭州苏伊士卫浴有限公司	商户类企业
428	迪安派登洋服（杭州）有限公司	商户类企业
429	杭州好达威机电有限公司	商户类企业
430	杭州柏锐科技有限公司	商户类企业
431	杭州万瑞进出口有限公司	商户类企业
432	杭州赛盟进出口有限公司	商户类企业
433	杭州都汇汽车配件有限公司	商户类企业
434	杭州欧耀机械有限公司	商户类企业
435	杭州富一富进出口有限公司	商户类企业
436	杭州林叶阑珊进出口有限公司	商户类企业
437	杭州浙本进出口有限公司	商户类企业
438	杭州跨淘电子商务有限公司	商户类企业
439	杭州聚海品供应链管理有限公司	商户类企业
440	杭州中云创海进出口有限公司	商户类企业

表2-3　续15

序号	企业名称	企业类型
441	杭州美曲电子商务有限公司	商户类企业
442	杭州航诚瑞通科技有限公司	商户类企业
443	杭州光合作用网络科技有限公司	商户类企业
444	浙江遇直购电子商务有限公司	商户类企业
445	杭州佰宝代进出口贸易有限公司	商户类企业
446	杭州航民美时达印染有限公司	商户类企业
447	杭州飞流休闲用品有限公司	商户类企业
448	杭州跨趣电子商务有限公司	商户类企业
449	杭州雷神电子商务有限公司	商户类企业
450	杭州汉道电子商务有限公司	商户类企业
451	杭州客洛得国际贸易有限公司	商户类企业
452	杭州薇士芭化妆品有限公司	商户类企业
453	富丽达集团杭州进出口有限公司	商户类企业
454	杭州晶新电子有限公司	商户类企业
455	杭州家林纺织有限公司	商户类企业
456	杭州温妮皮划艇制造有限公司	商户类企业
457	杭州聚芽国际贸易有限公司	商户类企业
458	浙江聚芽科技有限公司	商户类企业
459	杭州欧祥科技有限公司	商户类企业
460	杭州丰印数码纺织技术有限公司	商户类企业
461	杭州隆发电子科技有限公司	商户类企业
462	杭州胜利羽绒制品有限公司	商户类企业
463	杭州遥驰进出口有限公司	商户类企业
464	杭州同昇科技有限公司	商户类企业
465	杭州萧山杰力机械有限公司	商户类企业
466	杭州贝思麦进出口有限公司	商户类企业
467	杭州凯立隆进出口有限公司	商户类企业
468	杭州斯必得威进出口有限公司	商户类企业
469	杭州翱茵电子商务有限公司	商户类企业
470	杭州中起进出口有限公司	商户类企业
471	杭州北美优嘉进出口有限公司	商户类企业

表2-3 续16

序号	企业名称	企业类型
472	小美伴（杭州）生物科技有限公司	商户类企业
473	杭州茂泰进出口有限公司	商户类企业
474	杭州三星羽绒制品有限公司	商户类企业
475	杭州亿方帛绣品有限公司	商户类企业
476	杭州万虹家居有限公司	商户类企业
477	杭州汇星服饰有限公司	商户类企业
478	杭州华一强实业有限公司	商户类企业
479	杭州华隆羽绒制品有限公司	商户类企业
480	杭州亨泰服饰有限公司	商户类企业
481	杭州匡氏纺织有限公司	商户类企业
482	杭州丰岚实业有限公司	商户类企业
483	杭州卡普汽车零部件有限公司	商户类企业
484	杭州纽威科技有限公司	商户类企业
485	中检博迦（杭州）信息科技有限公司	商户类企业
486	杭州逐风电子商务有限公司	商户类企业
487	杭州福蝶电子商务有限公司	商户类企业
488	杭州安采信网络科技有限公司	商户类企业
489	杭州卓意维航电子商务有限公司	商户类企业
490	杭州余杭国林纺织品有限公司	商户类企业
491	杭州海茂纺织布艺有限公司	商户类企业
492	杭州艺巴克纺织品有限公司	商户类企业
493	杭州罗孚音响有限公司	商户类企业
494	杭州纽登科技有限公司	商户类企业
495	杭州六龙纺织品有限公司	商户类企业
496	杭州妍集国际贸易有限公司	商户类企业
497	杭州沐色贸易有限公司	商户类企业
498	杭州银江金属制品有限公司	商户类企业
499	杭州安恒测控技术有限公司	商户类企业
500	杭州如比沃电子商务有限公司	商户类企业
501	杭州烁业信息科技有限公司	商户类企业
502	杭州上优进出口有限公司	商户类企业

表2-3 续17

序号	企业名称	企业类型
503	杭州威帕无纺布有限公司	商户类企业
504	杭州睿纳宠物用品有限公司	商户类企业
505	杭州安柯那贸易有限公司	商户类企业
506	杭州鼓威信息技术有限公司	商户类企业
507	杭州虫洞进出口贸易有限公司	商户类企业
508	杭州海贸信息科技有限公司	商户类企业
509	杭州创润信息技术有限公司	商户类企业
510	杭州德选科技有限公司	商户类企业
511	杭州比立橡塑有限公司	商户类企业
512	杭州贤一网络科技有限公司	商户类企业
513	杭州玄同进出口有限公司	商户类企业
514	杭州格萝丽贸易有限公司	商户类企业
515	杭州艾臣服饰有限公司	商户类企业
516	杭州西秀服饰有限公司	商户类企业
517	康迅数位整合股份有限公司	商户类企业
518	生态洗漱欧洲控股有限公司	商户类企业
519	杭州必飞特机电有限公司	商户类企业
520	浙江天猫供应链管理有限公司	商户类企业
521	杭州爱听科技有限公司	商户类企业
522	杭州红米贸易有限公司	商户类企业
523	杭州源品优购食品科技有限公司	商户类企业
524	杭州科伦电子有限公司	商户类企业
525	杭州尧舜科技有限公司	商户类企业
526	杭州快博电子商务有限公司	商户类企业
527	杭州达辰网络科技有限公司	商户类企业
528	杭州航凯科技有限公司	商户类企业
529	杭州瀚亨进出口贸易有限公司	商户类企业
530	杭州聚奎电子科技有限公司	商户类企业
531	杭州铭双进出口有限公司	商户类企业
532	杭州诗达乐器有限公司	商户类企业
533	杭州天元宠物用品股份有限公司	商户类企业

表2-3　续18

序号	企业名称	企业类型
534	杭州天都照明电器有限公司	商户类企业
535	杭州华元田田宠物用品有限公司	商户类企业
536	杭州道同衣业有限公司	商户类企业
537	杭州网朵电子商务有限公司	商户类企业
538	杭州汤姆金休闲运动器材有限公司	商户类企业
539	杭州欧得纺织有限公司	商户类企业
540	杭州黯涉电子商务有限公司	商户类企业
541	杭州欣派包装制品有限公司	商户类企业
542	杭州叙源无纺布制品有限公司	商户类企业
543	杭州摩笛斯实业有限公司	商户类企业
544	杭州贝格家居用品有限公司	商户类企业
545	杭州戴乐搪瓷有限公司	商户类企业
546	杭州品悦电器有限公司	商户类企业
547	浙江云豹国际货运代理有限公司	商户类、物流企业
548	杭州朗驰进出口有限公司	商户类企业
549	杭州驰库电子商务有限公司	商户类企业
550	杭州海仓电子商务有限公司	商户类、仓储企业
551	杭州思超五金机电开发有限公司	商户类企业
552	杭州华艋跨境电子商务有限公司	商户类企业
553	建德市威尔康卫生用品有限公司	商户类企业
554	建德市欧贝家居有限公司	商户类企业
555	建德市意诚卫浴有限公司	商户类企业
556	建德市恒丰电器工具有限公司	商户类企业
557	杭州通关网络科技有限责任公司	商户类企业
558	建德市田田粘胶厂	商户类企业
559	建德市宏润工贸有限公司	商户类企业
560	杭州心怡仓储服务有限公司	商户类企业
561	杭州海销供应链管理有限公司	商户类、仓储企业
562	杭州天众供应链管理有限公司	商户类企业
563	建德市景川家居用品有限公司	商户类企业
564	杭州朵多供应链管理有限公司	商户类、仓储企业

表2-3 续19

序号	企业名称	企业类型
565	杭州中外运电子商务有限公司	商户类企业
566	杭州卓瑞光学眼镜有限公司	商户类企业
567	北京同仁堂国际（杭州）网络技术有限公司	商户类企业
568	赛诚国际物流（杭州）有限公司	商户类企业
569	浙江达缘供应链管理有限公司	商户类企业
570	杭州宾特进出口有限公司	商户类企业
571	杭州汉达国际货运代理有限公司	商户类企业
572	杭州潮购网络科技有限公司	商户类企业
573	建德驻颜贸易有限公司	商户类企业
574	杭州贝友电子商务有限公司	商户类企业
575	建德畅行贸易有限公司	商户类企业
576	杭州邵叶玩具有限公司	商户类企业
577	杭州华田电子商务有限公司	商户类、物流企业
578	盟道供应链服务（杭州）有限公司	商户类、物流企业
579	杭州正琪物流有限公司	商户类、物流企业
580	杭州蜂创科技有限公司	商户类企业
581	杭州大方工具有限公司	商户类企业
582	杭州艾芮珂进出口有限公司	商户类企业
583	杭州瑞音实业有限公司	商户类企业
584	杭州特斯林网业有限公司	商户类企业
585	杭州飞宝传动科技有限公司	商户类企业
586	杭州律嘉贸易有限公司	商户类企业
587	杭州云干电子商务有限公司	商户类企业
588	杭州欧赛星技进出口有限公司	商户类企业
589	武义高格运动器械制造有限公司	商户类企业
590	浙江富阳口岸国际物流港有限公司	商户类企业
591	建德尚能科技有限公司	商户类企业
592	杭州兰帕达体育用品有限公司	商户类企业
593	杭州莫可一贸易有限公司	商户类企业
594	杭州爱锐特电子有限公司	商户类企业
595	hongzheliashengdiqihouxiangongshi	商户类企业

表2-3 续20

序号	企业名称	企业类型
596	杭州素馨电子商务有限公司	商户类企业
597	杭州勒莱克特艺术雕塑有限公司	商户类企业
598	噢洛商贸（浙江）有限公司	商户类企业
599	杭州贸普贸易有限公司	商户类企业
600	建德成益科技有限公司	商户类企业
601	杭州尊马旅游用品有限公司	商户类企业
602	杭州贺阳电子商务有限公司	商户类企业
603	浙江隆源环境科技股份有限公司	商户类企业
604	杭州绢诺国际贸易有限公司	商户类企业
605	杭州沃斯托电气有限公司	商户类企业
606	杭州速迅贸易有限公司	商户类企业
607	建德市新裕塑胶材料有限公司	商户类企业
608	杭州科博玩具厂	商户类企业
609	杭州润年贸易	商户类企业
610	杭州酷动户外用品有限公司	商户类企业
611	杭州淘境通电子商务有限公司	商户类企业
612	杭州印湖科技有限公司	商户类企业
613	滨江兄弟信息技术（杭州）有限公司	商户类企业
614	威腾斯坦（杭州）实业有限公司	商户类企业
615	杭州古北进出口有限公司	商户类企业
616	杭州古北电子科技有限公司	商户类企业
617	建德勇骁贸易有限公司	商户类企业
618	建德业帆贸易有限公司	商户类企业
619	建德市呼吸柒件事国际贸易有限公司	商户类企业
620	浙江安伴汽车安全急救技术股份有限公司	商户类企业
621	杭州吕俊商贸有限公司	商户类企业
622	浙江和义天泽工贸有限公司	商户类企业
623	杭州逸致休闲用品有限公司	商户类企业
624	杭州虹达网络科技有限公司	商户类企业
625	建德市优物进出口有限公司	商户类企业
626	建德市十一号街贸易有限公司	商户类企业

表2-3 续21

序号	企业名称	企业类型
627	建德市双剑电气有限公司	商户类企业
628	建德九嘉网络科技有限公司	商户类企业
629	杭州弄潮儿进出口有限公司	商户类企业
630	杭州洋源服饰有限公司	商户类企业
631	杭州万流进出口有限公司	商户类企业
632	杭州双华羽绒服饰有限公司	商户类企业
633	建德市艾钶家纺有限公司	商户类企业
634	杭州颂真贸易有限公司	商户类企业
635	杭州仁哲纺织品有限公司	商户类企业
636	杭州锦标时装有限公司	商户类企业
637	杭州可德威进出口有限公司	商户类企业
638	杭州火龙进出口有限公司	商户类企业
639	杭州伯曼贸易有限公司	商户类企业
640	杭州亿优电子有限公司	商户类企业
641	杭州恒动机械设备有限公司	商户类企业
642	杭州协程实业有限公司	商户类企业
643	杭州正麦科技有限公司	商户类企业
644	杭州程怡进出口有限公司	商户类企业
645	杭州卓达进出口有限公司	商户类企业
646	建德市永盛家纺有限公司	商户类企业
647	杭州首发进出口有限公司	商户类企业
648	桐庐铭创服饰有限公司	商户类企业
649	杭州蒙赞家纺有限公司	商户类企业
650	杭州兆勇贸易有限公司	商户类企业
651	杭州千岛湖金恒服饰有限公司	商户类企业
652	杭州纽安绣品有限公司	商户类企业
653	杭州海力特进出口有限公司	商户类企业
654	临安尤度贸易有限公司	商户类企业
655	浙江盛元化纤有限公司	商户类企业
656	浙江恒诺家具有限公司	商户类企业
657	桐庐罗兰针织有限公司	商户类企业

表2-3 续22

序号	企业名称	企业类型
658	杭州雅德源服饰有限公司	商户类企业
659	杭州临安极地照明电器有限公司	商户类企业
660	杭州亿特文具有限公司	商户类企业
661	杭州尔威花边有限公司	商户类企业
662	建德市飞洋家纺有限公司	商户类企业
663	杭州沐家网络科技有限公司	商户类企业
664	杭州加濠进出口有限公司	商户类企业
665	杭州沃世进出口有限公司	商户类企业
666	杭州普麦服饰有限公司	商户类企业
667	淳安凯顿进出口贸易有限公司	商户类企业
668	杭州格莱博西西实业有限公司	商户类企业
669	桐庐庐美环保建材有限公司	商户类企业
670	杭州福曼丝服饰有限公司	商户类企业
671	杭州稳得金贸易有限公司	商户类企业
672	杭州棕榈地科技开发有限公司	商户类企业
673	杭州斯瑞电子有限公司	商户类企业
674	杭州富虹龙进出口有限公司	商户类企业
675	建德市万鹏家纺有限公司	商户类企业
676	杭州博泰服饰有限公司	商户类企业
677	杭州临安新诺贸易有限公司	商户类企业
678	杭州思肯进出口有限公司	商户类企业
679	杭州华晟纺织有限公司	商户类企业
680	杭州缔高家具制造有限公司	商户类企业
681	杭州欣妮儿时装有限公司	商户类企业
682	杭州泰时工业材料有限公司	商户类企业
683	杭州卡文贸易有限公司	商户类企业
684	诺菲卡纸品（杭州）有限公司	商户类企业
685	浙江淳安新洲制茶有限公司	商户类企业
686	杭州宝恒进出口有限公司	商户类企业
687	杭州世荣贸易有限公司	商户类企业
688	杭州双永进出口有限公司	商户类企业

表2-3 续23

序号	企业名称	企业类型
689	杭州临安神洲电器有限公司	商户类企业
690	杭州安络进出口有限公司	商户类企业
691	杭州威沃进出口贸易有限公司	商户类企业
692	浙江省工艺品进出口有限公司	商户类企业
693	浙江新迪国际食品集团有限公司	商户类企业
694	杭州绿道体育策划有限公司	商户类企业
695	浙江亿汇服饰有限公司	商户类企业
696	杭州百裕行贸易有限公司	商户类企业
697	杭州靖珲启元贸易有限公司	商户类企业
698	杭州隆跃网络科技有限公司	商户类企业
699	杭州鼎烽进出口有限公司	商户类企业
700	杭州融昌渔具进出口有限公司	商户类企业
701	杭州华芝纺织有限公司	商户类企业
702	杭州长岛贸易有限公司	商户类企业
703	桐庐博洋针织饰品厂	商户类企业
704	杭州一链信息技术有限公司	商户类企业
705	杭州成悦照明科技有限公司	商户类企业
706	浙江盛宏时尚品牌管理有限公司	商户类企业
707	杭州醇典贸易有限公司	商户类企业
708	浙江岗能源科技有限公司	商户类企业
709	浙江九信达服饰有限公司	商户类企业
710	杭州与时进出口有限公司	商户类企业
711	杭州麦伦商贸有限公司	商户类企业
712	义乌市丰贸进出口有限公司	商户类企业
713	杭州利事泰实业有限公司	商户类企业
714	浙江拉托贸易有限公司	商户类企业
715	杭州港汇进出口有限公司	商户类企业
716	杭州曼康洁具有限公司	商户类企业
717	杭州圣棉实业有限公司	商户类企业
718	杭州乔纳科技有限公司	商户类企业
719	杭州信益诺进出口有限公司	商户类企业

表2-3　续24

序号	企业名称	企业类型
720	临安星臣照明电器有限公司	商户类企业
721	杭州洋玩意电子商务有限公司	商户类企业
722	浙江泛远控股集团有限公司	商户类企业
723	杭州创梦谷贸易有限公司	商户类企业
724	杭州润翔制钉有限公司	商户类企业
725	杭州卓艺卫浴设备有限公司	商户类企业
726	桐庐蓝艺贸易有限公司	商户类企业
727	杭州威邦进出口有限公司	商户类企业
728	杭州创振进出口有限公司	商户类企业
729	杭州连吉进出口有限公司	商户类企业
730	杭州凯伦进出口有限公司	商户类企业
731	杭州誉满春纺织有限公司	商户类企业
732	杭州友邦香料香精有限公司	商户类企业
733	杭州方兴表业有限公司	商户类企业
734	杭州弘鹰贸易有限公司	商户类企业
735	杭州望森贸易有限公司	商户类企业
736	杭州好运节日饰品玩具有限公司	商户类企业
737	杭州前则进出口有限公司	商户类企业
738	杭州索引进出口有限公司	商户类企业
739	杭州金龙进出口有限公司	商户类企业
740	杭州洛澳进出口有限公司	商户类企业
741	杭州商瑞贸易有限公司	商户类企业
742	杭州全泰贸易有限公司	商户类企业
743	杭州益惠皮具有限公司	商户类企业
744	杭州亚丰进出口有限公司	商户类企业
745	杭州莲石贸易有限公司	商户类企业
746	杭州绿宇工贸有限公司	商户类企业
747	杭州德蕊克电子商务有限公司	商户类企业
748	中国长江航运集团对外经济技术合作总公司	商户类企业
749	杭州友润鞋帽有限公司	商户类企业
750	桐庐红冉箱包有限公司	商户类企业

表2-3 续25

序号	企业名称	企业类型
751	杭州西之格电子商务有限公司	商户类企业
752	杭州海格尔进出口有限公司	商户类企业
753	杭州云骑进出口有限公司	商户类企业
754	浙江创磁科技发展有限公司	商户类企业
755	杭州锐澄贸易有限公司	商户类企业
756	浙江壹丰供应链管理有限公司	商户类企业
757	杭州特金金属材料有限公司	商户类企业
758	杭州特赛夫进出口有限公司	商户类企业
759	杭州耀威行服装辅料有限公司	商户类企业
760	杭州东龙拉链有限公司	商户类企业
761	桐庐宏裕工具有限公司	商户类企业
762	杭州路德服饰有限公司	商户类企业
763	杭州欧腾服饰有限公司	商户类企业
764	杭州继炎机械设备有限公司	商户类企业
765	桐庐启瑞贸易有限公司	商户类企业
766	杭州顶诺进出口有限公司	商户类企业
767	杭州卓越化工有限公司	商户类企业
768	杭州恒亚进出口有限公司	商户类企业
769	杭州贝丽家纺织有限公司	商户类企业
770	杭州昌运化纤有限公司	商户类企业
771	杭州乐瑞进出口有限公司	商户类企业
772	桐庐西尔铁艺制品有限公司	商户类企业
773	杭州贝森服饰有限公司	商户类企业
774	杭州骏瀚进出口有限公司	商户类企业
775	杭州驰非科技有限公司	商户类企业
776	杭州杉闻进出口有限公司	商户类企业
777	杭州威佐贸易有限公司	商户类企业
778	杭州科锐净化工程有限公司	商户类企业
779	杭州攀卡科技有限公司	商户类企业
780	杭州易为贸易有限公司	商户类企业
781	杭州午阳进出口有限公司	商户类企业

表2-3 续26

序号	企业名称	企业类型
782	杭州维泰特建材有限公司	商户类企业
783	杭州一通实业有限公司	商户类企业
784	杭州清泽进出口有限公司	商户类企业
785	杭州锦俪家居设计有限公司	商户类企业
786	杭州迁客实业有限公司	商户类企业
787	杭州雅歌莱医疗器械有限公司	商户类企业
788	杭州艾利数码打印科技有限公司	商户类企业
789	浙江省医药保健品进出口有限责任公司	商户类企业
790	杭州关于家家居有限公司	商户类企业
791	杭州华盛服饰有限公司	商户类企业
792	杭州金卮贸易有限公司	商户类企业
793	浙江五矿汇通进出口有限公司	商户类企业
794	杭州宝丰进出口有限公司	商户类企业
795	杭州源诺生物科技有限公司	商户类企业
796	杭州安杰思医学科技有限公司	商户类企业
797	桐庐开利医疗器械有限公司	商户类企业
798	杭州铭艺户外用品有限公司	商户类企业
799	杭州沃邦纺织品有限公司	商户类企业
800	杭州熙泽贸易有限公司	商户类企业
801	杭州恒美塑胶有限公司	商户类企业
802	杭州浩锐杰科技有限公司	商户类企业
803	杭州达他运动用品有限公司	商户类企业
804	杭州振亚贸易有限公司	商户类企业
805	杭州萧山弘大羽绒制品有限公司	商户类企业
806	杭州肖威贸易有限公司	商户类企业
807	杭州珺林进出口有限公司	商户类企业
808	杭州洛则思贸易有限公司	商户类企业
809	杭州裕力包装有限公司	商户类企业
810	和达时装（杭州）有限公司	商户类企业
811	杭州邦廷贸易有限公司	商户类企业
812	浙江捷莱照明有限公司	商户类企业

表2-3　续27

序号	企业名称	企业类型
813	杭州牧森进出口有限公司	商户类企业
814	杭州威海伦进出口有限公司	商户类企业
815	桐庐骏腾服饰有限公司	商户类企业
816	桐庐书优文具有限公司	商户类企业
817	杭州南麦进出口有限公司	商户类企业
818	杭州鸿德照明科技有限公司	商户类企业
819	杭州田宇进出口有限公司	商户类企业
820	杭州莱运进出口有限公司	商户类企业
821	杭州日宁进出口贸易有限公司	商户类企业
822	杭州华龙纺织机械有限公司	商户类企业
823	杭州浙萧纺织有限公司	商户类企业
824	杭州开氏化纤销售有限公司	商户类企业
825	浙江悦淳贸易有限公司	商户类企业
826	桐庐妙怡针纺有限公司	商户类企业
827	杭州颖腾进出口有限公司	商户类企业
828	杭州赞和进出口有限公司	商户类企业
829	浙江和盟投资集团有限公司	商户类企业
830	杭州卓菲厨卫有限公司	商户类企业
831	杭州优朔世进出口有限公司	商户类企业
832	杭州屹尼贸易有限公司	商户类企业
833	建德市鑫鹏家纺有限公司	商户类企业
834	杭州临安格朗照明电器有限公司	商户类企业
835	桐庐亨特户外用品有限公司	商户类企业
836	杭州美登贸易有限公司	商户类企业
837	杭州富檀针织有限公司	商户类企业
838	杭州腾锟进出口有限公司	商户类企业
839	杭州卓彩进出口有限公司	商户类企业
840	杭州凯如进出口有限公司	商户类企业
841	杭州宏亨进出口有限公司	商户类企业
842	杭州臻朗进出口有限公司	商户类企业
843	杭州翔福纺织有限公司	商户类企业

表2-3 续28

序号	企业名称	企业类型
844	杭州品杭寝具有限公司	商户类企业
845	杭州坚念进出口贸易有限公司	商户类企业
846	临安弗利商贸有限公司	商户类企业
847	杭州欣越进出口有限公司	商户类企业
848	杭州尤冠贸易有限公司	商户类企业
849	浙江富尔针织有限公司	商户类企业
850	浙江华艺生物科技股份有限公司	商户类企业
851	杭州蓝柯服饰有限公司	商户类企业
852	杭州千岛湖啤酒有限公司	商户类企业
853	淳安梅兰服装厂（普通合伙）	商户类企业
854	杭州瑞天进出口有限公司	商户类企业
855	杭州邱庄纺织有限公司	商户类企业
856	杭州路尊贸易有限公司	商户类企业
857	杭州新皓玺科技有限公司	商户类企业
858	建德海孚纺织品有限公司	商户类企业
859	华鼎（杭州）纺织科技有限公司	商户类企业
860	杭州浩能实业有限公司	商户类企业
861	杭州祺缯纺织品有限公司	商户类企业
862	杭州淘萨科技有限公司	商户类企业
863	杭州神品贸易有限公司	商户类企业
864	杭州微布家居有限公司	商户类企业
865	杭州星硕贸易有限公司	商户类企业
866	杭州邦盾进出口有限公司	商户类企业
867	杭州帝诚科技有限公司	商户类企业
868	杭州爱纺进出口有限公司	商户类企业
869	杭州荣欣对外贸易有限公司	商户类企业
870	杭州国达丝绸厂	商户类企业
871	杭州富阳雨后进出口有限公司	商户类企业
872	杭州鑫伟低碳技术研发有限公司	商户类企业
873	临安市欧亚电子电器有限公司	商户类企业
874	杭州华鹏工贸有限公司	商户类企业

表2-3 续29

序号	企业名称	企业类型
875	杭州华利尔实业有限公司	商户类企业
876	桐庐百恒针织有限公司	商户类企业
877	浙江华鼎针织品有限公司	商户类企业
878	杭州锦煜进出口有限公司	商户类企业
879	杭州惠添纺织品有限公司	商户类企业
880	杭州卫福医疗用品有限公司	商户类企业
881	浙江新东方轻工有限公司	商户类企业
882	浙江省国兴进出口	商户类企业
883	杭州阿斯丽电器有限公司	商户类企业
884	杭州杭丝时装进出口有限公司	商户类企业
885	杭州意博高科电器有限公司	商户类企业
886	浙江丰利科技有限公司	商户类企业
887	杭州合众医药科技有限公司	商户类企业
888	杭州商大服饰有限公司	商户类企业
889	杭州海宝电子有限公司	商户类企业
890	杭州能之友节能科技有限公司	商户类企业
891	杭州世普瑞进出口有限公司	商户类企业
892	浙江万蓬进出口有限公司	商户类企业
893	杭州光鑫科技有限公司	商户类企业
894	浙江博创机械有限公司	商户类企业
895	杭州桐庐洋源服饰有限公司	商户类企业
896	杭州简加科技有限公司	商户类企业
897	杭州斗源机械电子有限公司	商户类企业
898	杭州瀚豪进出口有限公司	商户类企业
899	浙江胜达祥伟化工有限公司	商户类企业
900	杭州艾博森进出口有限公司	商户类企业
901	杭州百森国际贸易有限公司	商户类企业
902	杭州旺尚家纺有限公司	商户类企业
903	杭州米弗贸易有限公司	商户类企业
904	杭州佳选纺织品有限公司	商户类企业
905	杭州依春丽布艺有限公司	商户类企业

表2-3　续30

序号	企业名称	企业类型
906	杭州甘达进出口有限公司	商户类企业
907	杭州胜源进出口有限公司	商户类企业
908	杭州荣谷精细化工有限公司	商户类企业
909	杭州富阳格森纸张有限公司	商户类企业
910	杭州心悦化妆品有限公司	商户类企业
911	杭州耐纶贸易有限公司	商户类企业
912	浙江鼎坤进出口有限公司	商户类企业
913	临安益明照明电器有限公司	商户类企业
914	杭州飞洋科技有限公司	商户类企业
915	杭州汇丰进出口有限公司	商户类企业
916	杭州利拓丝绸有限公司	商户类企业
917	杭州固恒家纺有限公司	商户类企业
918	桐庐凯瑞针纺有限公司	商户类企业
919	浙江凯喜雅贸易发展有限责任公司	商户类企业
920	杭州萧泰实业有限公司	商户类企业
921	杭州富骏进出口有限公司	商户类企业
922	杭州万澎进出口有限公司	商户类企业
923	杭州双美家纺有限公司	商户类企业
924	杭州众商文体用品有限公司	商户类企业
925	临安南华贸易有限公司	商户类企业
926	杭州埃癸斯服装有限公司	商户类企业
927	杭州润沛贸易有限公司	商户类企业
928	杭州鑫然进出口有限公司	商户类企业
929	杭州坎诺拉贸易有限公司	商户类企业
930	杭州道尔进出口有限公司	商户类企业
931	浙江科尔进出口有限公司	商户类企业
932	杭州怡轩资产管理有限公司	商户类企业
933	杭州狮王毛织有限公司	商户类企业
934	杭州高盛制衣有限公司	商户类企业
935	杭州吉欧贸易有限公司	商户类企业
936	杭州浦闰贸易有限公司	商户类企业

表2-3 续31

序号	企业名称	企业类型
937	浙江葆华贸易有限公司	商户类企业
938	杭州丸富贸易有限公司	商户类企业
939	杭州赛升实业有限公司	商户类企业
940	杭州高萌密封材料有限公司	商户类企业
941	马奇隆鞋材（杭州）有限公司	商户类企业
942	杭州库和贸易有限公司	商户类企业
943	吉美瑞寝具（杭州）有限公司	商户类企业
944	杭州乐买服饰科技有限公司	商户类企业
945	杭州七海进出口有限公司	商户类企业
946	杭州沃德纺织品样本有限公司	商户类企业
947	杭州祥睿纺织品有限公司	商户类企业
948	杭州盛材贸易有限公司	商户类企业
949	杭州煜海贸易有限公司	商户类企业
950	杭州鼎宸贸易有限公司	商户类企业
951	杭州吉泰贸易有限公司	商户类企业
952	杭州奥驰贸易有限公司	商户类企业
953	杭州德邦家纺有限公司	商户类企业
954	杭州吉顺纺织有限公司	商户类企业
955	杭州蒙迪贸易有限公司	商户类企业
956	杭州世乐琪家具有限公司	商户类企业
957	杭州韵博化纤有限公司	商户类企业
958	杭州恩纪进出口有限公司	商户类企业
959	临安市龙祥照明电器有限公司	商户类企业
960	杭州雨姿进出口有限公司	商户类企业
961	杭州杰固贸易有限公司	商户类企业
962	浙江省国贸供应链服务有限公司	商户类企业
963	杭州炯源贸易有限公司	商户类企业
964	杭州桔尚电子商务有限公司	商户类企业
965	浙江禧锦经贸有限公司	商户类企业
966	杭州华商服装有限公司	商户类企业
967	杭州艾格纺织品有限公司	商户类企业

表2-3 续32

序号	企业名称	企业类型
968	杭州江宁进出口有限公司	商户类企业
969	杭州夏之星服饰有限公司	商户类企业
970	杭州西奴卡纺织有限公司	商户类企业
971	桐庐莉望针织品有限公司	商户类企业
972	杭州度耳其服饰有限公司	商户类企业
973	韩雅（杭州）化妆品有限公司	商户类企业
974	杭州跨竞通电子商务有限公司	商户类、物流企业
975	浙江成道贸易有限公司	商户类企业
976	杭州丰成纺织品有限公司	商户类企业
977	建德市新海锦家纺有限公司	商户类企业
978	杭州港鸿贸易有限公司	商户类企业
979	杭州天瑞服饰有限公司	商户类企业
980	杭州多亚工艺品有限公司	商户类企业
981	杭州中凯体育科技有限公司	商户类企业
982	杭州捷卓时装有限公司	商户类企业
983	杭州伊绮盛纺织品有限公司	商户类企业
984	杭州钱王服饰有限公司	商户类企业
985	杭州文通工艺家具制造有限公司	商户类企业
986	杭州旺盛服装有限公司	商户类企业
987	杭州艾度贸易有限公司	商户类企业
988	杭州逸可进出口有限公司	商户类企业
989	杭州保默莱贸易有限公司	商户类企业
990	意诺时装（桐庐）有限公司	商户类企业
991	杭州威莱照明科技有限公司	商户类企业
992	杭州卓标贸易有限公司	商户类企业
993	杭州临安云上电子有限公司	商户类企业
994	杭州伦帛服饰有限公司	商户类企业
995	杭州禾威纺织服装有限公司	商户类企业
996	浙江恒逸集团有限公司	商户类企业
997	杭州乐茵进出口有限公司	商户类企业
998	杭州大千五金有限公司	商户类企业

表2-3 续33

序号	企业名称	企业类型
999	杭州嘉濠印花染整有限公司	商户类企业
1000	杭州子恩服饰有限公司	商户类企业
1001	杭州杰地贸易有限公司	商户类企业
1002	杭州丽尚贸易有限公司	商户类企业
1003	杭州浩善进出口有限公司	商户类企业
1004	浙江耀恒光电科技有限公司	商户类企业
1005	杭州空行商贸有限公司	商户类企业
1006	桐庐凌盛家纺有限公司	商户类企业
1007	杭州美文进出口有限公司	商户类企业
1008	杭州瑞柏纺织衬布有限公司	商户类企业
1009	杭州至品实业有限公司	商户类企业
1010	杭州荣佳服装有限公司	商户类企业
1011	建德市迪旺家纺有限公司	商户类企业
1012	杭州爱沃拉贸易有限公司	商户类企业
1013	杭州琪美进出口贸易有限公司	商户类企业
1014	杭州也万加和工艺品有限公司	商户类企业
1015	杭州可道国际贸易有限公司	商户类企业
1016	桐庐开亚供应链管理有限公司	商户类企业
1017	杭州宫桢信息技术有限公司	商户类企业
1018	杭州安缇斯进出口有限公司	商户类企业
1019	浙江福邸家居有限公司	商户类企业
1020	杭州贝热进出口有限公司	商户类企业
1021	杭州格诺贸易有限公司	商户类企业
1022	建德市红太阳纺织制品有限公司	商户类企业
1023	杭州金水湾服饰有限公司	商户类企业
1024	杭州北角进出口有限公司	商户类企业
1025	杭州日之旺进出口有限公司	商户类企业
1026	杭州爱曼纽进出口有限公司	商户类企业
1027	杭州琪明信息技术有限公司	商户类企业
1028	杭州子营信息技术有限公司	商户类企业
1029	杭州腾隆纺织有限公司	商户类企业

表2-3 续34

序号	企业名称	企业类型
1030	杭州吉晟贸易有限公司	商户类企业
1031	杭州临安新久丽纺织品有限公司	商户类企业
1032	建德龙马家纺有限公司	商户类企业
1033	杭州阔界进出口有限公司	商户类企业
1034	杭州金登贸易有限公司	商户类企业
1035	杭州浩翰工具有限公司	商户类企业
1036	建德市维高贸易有限公司	商户类企业
1037	杭州亚连贸易有限公司	商户类企业
1038	杭州萧山金贝家用纺织品有限公司	商户类企业
1039	杭州大泰贸易有限公司	商户类企业
1040	杭州加基森贸易有限公司	商户类企业
1041	杭州永安制衣有限公司	商户类企业
1042	杭州暇客贸易有限公司	商户类企业
1043	建德市锐进轻纺有限公司	商户类企业
1044	临安大洋焊接材料有限公司	商户类企业
1045	杭州铭延贸易有限公司	商户类企业
1046	杭州势昆贸易有限公司	商户类企业
1047	杭州金莱格服饰有限公司	商户类企业
1048	杭州和勒照明科技有限公司	商户类企业
1049	杭州德进纺织服饰有限公司	商户类企业
1050	杭州尼莫进出口有限公司	商户类企业
1051	杭州钱星机械进出口有限公司	商户类企业
1052	杭州和茂实业有限公司	商户类企业
1053	杭州森乔怡贸易有限公司	商户类企业
1054	丹仪箱包（杭州）有限公司	商户类企业
1055	杭州江良进出口有限公司	商户类企业
1056	杭州科卡贸易有限公司	商户类企业
1057	杭州火拉杉进出口有限公司	商户类企业
1058	杭州全洋进出口有限公司	商户类企业
1059	杭州万源通进出口有限公司	商户类企业
1060	杭州盛酷贸易有限公司	商户类企业

表2-3 续35

序号	企业名称	企业类型
1061	杭州宁德服饰有限公司	商户类企业
1062	杭州宏煜包装制品有限公司	商户类企业
1063	杭州远洋进出口有限公司	商户类企业
1064	杭州阳梁贸易有限公司	商户类企业
1065	杭州建大布业有限公司	商户类企业
1066	杭州庚美服装有限公司	商户类企业
1067	贝因美集团有限公司	商户类企业
1068	临安香聚日用品有限公司	商户类企业
1069	杭州尼高纺织品有限公司	商户类企业
1070	杭州泰利德纺织科技有限公司	商户类企业
1071	杭州鸿易进出口有限公司	商户类企业
1072	杭州艾爵贸易有限公司	商户类企业
1073	建德市山水家纺有限公司	商户类企业
1074	杭州沃尔德机电有限公司	商户类企业
1075	杭州喜马拉雅家居有限公司	商户类企业
1076	杭州税华家具有限公司	商户类企业
1077	杭州瑞秋贸易有限公司	商户类企业
1078	杭州翔盛进出口有限公司	商户类企业
1079	杭州集加进出口有限公司	商户类企业
1080	浙江中大鳄鱼服饰有限公司	商户类企业
1081	杭州华艺文具有限公司	商户类企业
1082	杭州建嘉家居有限公司	商户类企业
1083	杭州沃沐斯贸易有限公司	商户类企业
1084	杭州宝丝逸家纺有限公司	商户类企业
1085	杭州航天变速机有限公司	商户类企业
1086	杭州臻棉服饰有限公司	商户类企业
1087	杭州乌朵布娜服饰有限公司	商户类企业
1088	杭州杭诺服饰有限公司	商户类企业
1089	杭州朗川进出口有限公司	商户类企业
1090	杭州景涵服饰有限公司	商户类企业
1091	杭州悦和服装服饰有限公司	商户类企业

表2-3 续36

序号	企业名称	企业类型
1092	杭州趣尚贸易有限公司	商户类企业
1093	杭州永天纺织品有限公司	商户类企业
1094	杭州品工进出口有限公司	商户类企业
1095	杭州博庭贸易有限公司	商户类企业
1096	杭州隆特窗饰有限公司	商户类企业
1097	杭州利凯服饰有限公司	商户类企业
1098	杭州嘉博进出口有限公司	商户类企业
1099	杭州福星工贸有限公司	商户类企业
1100	杭州华邦进出口有限公司	商户类企业
1101	杭州磊业服饰有限公司	商户类企业
1102	杭州爱特贸易有限公司	商户类企业
1103	杭州海可进出口有限公司	商户类企业
1104	杭州昶魁贸易有限公司	商户类企业
1105	杭州奥奇家居用品有限公司	商户类企业
1106	杭州常宏印花布业有限公司	商户类企业
1107	杭州佰适家居用品有限公司	商户类企业
1108	杭州阔典服饰有限公司	商户类企业
1109	杭州元业进出口有限公司	商户类企业
1110	杭州任运自成贸易有限公司	商户类企业
1111	杭州朝露进出口有限公司	商户类企业
1112	杭州好特路卫生制品有限公司	商户类企业
1113	杭州爱瑞科技有限公司	商户类企业
1114	共翼（杭州）科技有限公司	商户类企业
1115	杭州萧山汉森服饰有限公司	商户类企业
1116	杭州博轩贸易有限公司	商户类企业
1117	杭州瑞阳织造有限公司	商户类企业
1118	杭州新港进出口有限公司	商户类企业
1119	杭州厚睦进出口有限公司	商户类企业
1120	杭州锦东实业有限公司	商户类企业
1121	建德市弗丽斯纺织品有限公司	商户类企业
1122	杭州重诺进出口有限公司	商户类企业

表2-3　续37

序号	企业名称	企业类型
1123	杭州独色家纺科技有限公司	商户类企业
1124	杭州唐道贸易有限公司	商户类企业
1125	浙江博锐佳进出口有限公司	商户类企业
1126	杭州百富丽服饰有限公司	商户类企业
1127	杭州吉霸利贸易有限公司	商户类企业
1128	杭州美麟实业有限公司	商户类企业
1129	杭州环宇玩具有限公司	商户类企业
1130	杭州盈禾进出口有限公司	商户类企业
1131	杭州兴达特种橡胶有限公司	商户类企业
1132	建德市双剑工具有公司	商户类企业
1133	杭州忆唐进出口有限公司	商户类企业
1134	杭州欣谦花边有限公司	商户类企业
1135	杭州东益进出口有限公司	商户类企业
1136	杭州宇畅贸易有限公司	商户类企业
1137	杭州桐庐米安贸易有限公司	商户类企业
1138	杭州道顿进出口有限公司	商户类企业
1139	杭州三平进出口有限公司	商户类企业
1140	枫艾（杭州）时装贸易有限公司	商户类企业
1141	迪尚英（杭州）贸易有限公司	商户类企业
1142	杭州学盟进出口有限公司	商户类企业
1143	杭州晶湖玻璃有限公司	商户类企业
1144	杭州奥博康体育用品有限公司	商户类企业
1145	浙江恒迪寝具有限公司	商户类企业
1146	杭州鼎明体育用品有限公司	商户类企业
1147	杭州大锰贸易有限公司	商户类企业
1148	杭州坤昂进出口贸易有限公司	商户类企业
1149	杭州品文纺织有限公司	商户类企业
1150	杭州顺超纺织有限公司	商户类企业
1151	临安市新三联照明电器有限公司	商户类企业
1152	杭州安朗汽车零部件有限公司	商户类企业
1153	杭州麦仕林实业有限公司	商户类企业

表2-3 续38

序号	企业名称	企业类型
1154	杭州运玛进出口有限公司	商户类企业
1155	杭州邦展贸易有限公司	商户类企业
1156	杭州凯升贸易有限公司	商户类企业
1157	杭州荣顺羽绒制品有限公司	商户类企业
1158	杭州威尚进出口有限公司	商户类企业
1159	杭州盛拓服饰有限公司	商户类企业
1160	杭州旎宇绣品有限公司	商户类企业
1161	杭州腾丰进出口有限公司	商户类企业
1162	杭州佳南纺织工艺品有限公司	商户类企业
1163	杭州雷圭尔纺织有限公司	商户类企业
1164	杭州乔棉贸易有限公司	商户类企业
1165	杭州广豪贸易有限公司	商户类企业
1166	杭州裕庭贸易有限公司	商户类企业
1167	淳安县千岛湖创念航空旅游用品有限公司	商户类企业
1168	杭州奔硕贸易有限公司	商户类企业
1169	建德市瀚羽家纺有限公司	商户类企业
1170	杭州特纺贸易有限公司	商户类企业
1171	华尔泰国际纺织（杭州）有限公司	商户类企业
1172	建德市君悦家纺有限公司	商户类企业
1173	浙江宇众服饰有限公司	商户类企业
1174	杭州发觉家居用品有限公司	商户类企业
1175	杭州华呈纺织服装有限公司	商户类企业
1176	杭州维田国际贸易有限公司	商户类企业
1177	杭州萧山新塘羽绒有限公司	商户类企业
1178	杭州凯途五金塑料制品有限公司	商户类企业
1179	杭州新妮进出口有限公司	商户类企业
1180	富喆丝绸服装（杭州）有限公司	商户类企业
1181	杭州三友丝绸有限公司	商户类企业
1182	杭州缤乐米贸易有限公司	商户类企业
1183	杭州萧山三马羽绒制品有限公司	商户类企业
1184	杭州六昇服饰有限公司	商户类企业

表2-3 续39

序号	企业名称	企业类型
1185	杭州珂丽欧纺织有限公司	商户类企业
1186	桐庐林羽贸易有限公司	商户类企业
1187	杭州艺繁光纤礼品有限公司	商户类企业
1188	杭州宇叠家纺有限公司	商户类企业
1189	杭州朵朗进出口有限公司	商户类企业
1190	杭州洛盈贸易有限公司	商户类企业
1191	杭州锋伟进出口有限公司	商户类企业
1192	杭州澳秀纺织品贸易有限公司	商户类企业
1193	杭州格勒威进出口有限公司	商户类企业
1194	杭州艾维特家居用品有限公司	商户类企业
1195	杭州台满进出口有限公司	商户类企业
1196	埃斯蒂贸易（杭州）有限公司	商户类企业
1197	杭州全佩贸易有限公司	商户类企业
1198	杭州福江塑胶有限公司	商户类企业
1199	杭州欧帅贸易有限公司	商户类企业
1200	桐庐好望针纺织有限公司	商户类企业
1201	建德市方园家纺有限责任公司	商户类企业
1202	杭州泓翎家纺有限公司	商户类企业
1203	杭州冠雁汽车零部件实业有限公司	商户类企业
1204	杭州回圭贸易有限公司	商户类企业
1205	杭州临安青龙进出口有限公司	商户类企业
1206	建德市德欣家纺有限公司	商户类企业
1207	杭州顺光进出口有限公司	商户类企业
1208	杭州利湾贸易有限公司	商户类企业
1209	杭州泰庆贸易有限公司	商户类企业
1210	杭州托尼纺织品有限公司	商户类企业
1211	杭州莫纳德布艺有限公司	商户类企业
1212	杭州中德好贝贸易有限公司	商户类企业
1213	杭州安杰拉纺织品有限公司	商户类企业
1214	运盛家用饰品（杭州）有限公司	商户类企业
1215	杭州海绚灯具有限公司	商户类企业

表2-3　续40

序号	企业名称	企业类型
1216	杭州朴嬉商贸有限公司	商户类企业
1217	杭州超力成索具有限公司	商户类企业
1218	杭州中包进出口有限公司	商户类企业
1219	杭州汉祥服饰有限公司	商户类企业
1220	杭州蔓秀时装有限公司	商户类企业
1221	杭州优威贸易有限公司	商户类企业
1222	杭州蕾涵丝绸家纺有限公司	商户类企业
1223	杭州晶达进出口贸易有限公司	商户类企业
1224	杭州德都贸易有限公司	商户类企业
1225	杭州汉尼森进出口有限公司	商户类企业
1226	杭州悦峥进出口有限公司	商户类企业
1227	杭州瑞创服饰有限公司	商户类企业
1228	桐庐中良针纺织有限公司	商户类企业
1229	杭州耀江贸易有限公司	商户类企业
1230	杭州宏烨纺织品有限公司	商户类企业
1231	杭州加达贸易有限公司	商户类企业
1232	杭州天展商贸有限公司	商户类企业
1233	杭州优轩家居用品有限公司	商户类企业
1234	杭州竞群贸易有限公司	商户类企业
1235	杭州昱尔贸易有限公司	商户类企业
1236	杭州昶辰实业有限公司	商户类企业
1237	杭州迈钜健身器材有限公司	商户类企业
1238	杭州嘉卓贸易有限公司	商户类企业
1239	杭州舜茂进出口有限公司	商户类企业
1240	杭州安迪实业有限公司	商户类企业
1241	杭州冠隆服饰有限公司	商户类企业
1242	杭州童润贸易有限公司	商户类企业
1243	桐庐丝凯服饰有限公司	商户类企业
1244	杭州天艺工贸有限公司	商户类企业
1245	杭州泱海纺织品进出口有限公司	商户类企业
1246	菲利克斯服装（杭州）有限公司	商户类企业

表2-3 续41

序号	企业名称	企业类型
1247	杭州罗锦贸易有限公司	商户类企业
1248	杭州星魂贸易有限公司	商户类企业
1249	杭州金爵实业有限公司	商户类企业
1250	杭州奇想贸易有限公司	商户类企业
1251	杭州欣塘进出口有限公司	商户类企业
1252	杭州尕询进出口有限公司	商户类企业
1253	杭州卓音特进出口有限公司	商户类企业
1254	杭州妍帛时装有限公司	商户类企业
1255	杭州尚界服饰有限公司	商户类企业
1256	桐庐凯奇针织服饰有限公司	商户类企业
1257	杭州优元进出口有限公司	商户类企业
1258	杭州佳昊达纺织科技有限公司	商户类企业
1259	杭州明成制衣有限公司	商户类企业
1260	杭州楚帛时装有限公司	商户类企业
1261	杭州诚果服饰有限公司	商户类企业
1262	杭州福尔尼工艺品有限公司	商户类企业
1263	杭州加贸运动器材有限公司	商户类企业
1264	杭州松尚进出口有限公司	商户类企业
1265	冠腾贸易（杭州）有限公司	商户类企业
1266	杭州信易国际贸易有限公司	商户类企业
1267	杭州锐沃科技有限公司	商户类企业
1268	杭州本润贸易有限公司	商户类企业
1269	杭州胜辉纺织品有限公司	商户类企业
1270	杭州翼丹进出口有限公司	商户类企业
1271	浙江鎏卓百货有限公司	商户类企业
1272	杭州轩策贸易有限公司	商户类企业
1273	杭州洛斯贸易有限公司	商户类企业
1274	杭州航哲贸易有限公司	商户类企业
1275	杭州维勒维纺织有限公司	商户类企业
1276	杭州巧伦贸易有限公司	商户类企业
1277	杭州皓泰贸易有限公司	商户类企业

表2-3　续42

序号	企业名称	企业类型
1278	杭州万杰减速机有限公司	商户类企业
1279	杭州天元纺织有限公司	商户类企业
1280	建德市晨羽纺织品有限公司	商户类企业
1281	杭州智信科技有限公司	商户类企业
1282	杭州蜜衣纺织品有限公司	商户类企业
1283	杭州博沣进出口有限公司	商户类企业
1284	杭州蕾妮进出口有限公司	商户类企业
1285	杭州瑞晁纺织有限公司	商户类企业
1286	杭州诺瓦贸易有限公司	商户类企业
1287	浙江益铭商贸有限公司	商户类企业
1288	浙江宝卓利家居有限公司	商户类企业
1289	建德市成鸣家纺有限公司	商户类企业
1290	杭州众孚贸易有限公司	商户类企业
1291	建德市淇瑞纺织品有限公司	商户类企业
1292	杭州艾莉丝时装有限公司	商户类企业
1293	杭州园瑞纺织品有限公司	商户类企业
1294	杭州铭捷机械设备有限公司	商户类企业
1295	杭州骏煌进出口有限公司	商户类企业
1296	杭州灏祥建材有限公司	商户类企业
1297	杭州显喆贸易有限公司	商户类企业
1298	杭州景顺旅游用品有限公司	商户类企业
1299	杭州新社贸易有限公司	商户类企业
1300	杭州欧缇诗菠丹妮贸易有限公司	商户类企业
1301	杭州琴侣高新技术有限公司	商户类企业
1302	杭州希蓝进出口贸易有限公司	商户类企业
1303	杭州晴美进出口有限公司	商户类企业
1304	桐庐宝恒针纺有限公司	商户类企业
1305	浙江先辰进出口贸易有限公司	商户类企业
1306	杭州胜元贸易有限公司	商户类企业
1307	杭州亦莉贸易有限公司	商户类企业
1308	杭州伊兰特服饰有限公司	商户类企业

表2-3 续43

序号	企业名称	企业类型
1309	杭州相圆进出口有限公司	商户类企业
1310	杭州建锦贸易有限公司	商户类企业
1311	杭州蓝果文具礼品有限公司	商户类企业
1312	杭州波谢儿贸易有限公司	商户类企业
1313	杭州珺升服饰有限公司	商户类企业
1314	杭州地座进出口有限公司	商户类企业
1315	杭州欧骑贸易有限公司	商户类企业
1316	杭州荣坤进出口贸易有限公司	商户类企业
1317	藤挂贸易（杭州）有限公司	商户类企业
1318	杭州三蓝纺织有限公司	商户类企业
1319	杭州珀莱美进出口有限公司	商户类企业
1320	杭州瑞可纺织品有限公司	商户类企业
1321	杭州特帮实业有限公司	商户类企业
1322	杭州汇家厨卫用品有限公司	商户类企业
1323	杭州新美艺制衣有限公司	商户类企业
1324	杭州华恩进出口有限公司	商户类企业
1325	杭州夸克化纤有限公司	商户类企业
1326	杭州恒润贸易有限公司	商户类企业
1327	杭州祥融纺织品有限公司	商户类企业
1328	杭州吉义贵纺织有限公司	商户类企业
1329	杭州恒江丝绸有限公司	商户类企业
1330	杭州迁旅贸易有限公司	商户类企业
1331	杭州高萃进出口有限公司	商户类企业
1332	杭州拓龙贸易有限公司	商户类企业
1333	杭州冠图纺织有限公司	商户类企业
1334	杭州绿家食品有限公司	商户类企业
1335	杭州湛青文具礼品有限公司	商户类企业
1336	杭州魅狐网络技术有限公司	商户类企业
1337	杭州昌泽贸易有限公司	商户类企业
1338	杭州转塘科技经济开发有限公司	商户类企业
1339	杭州易达工具	商户类企业

表2-3 续44

序号	企业名称	企业类型
1340	杭州仁凤电子商务有限公司	商户类企业
1341	杭州途高电器有限公司	商户类企业
1342	杭州汉工供应链服务有限公司	商户类企业
1343	杭州璧久电子商务有限公司	商户类企业
1344	杭州泰诺电子科技有限公司	商户类企业
1345	杭州佛蒙特家居建材有限公司	商户类企业
1346	杭州水月科技有限公司	商户类企业
1347	杭州昊宜互联网科技有限公司	商户类企业
1348	山臣家居（浙江）有限公司	商户类企业
1349	杭州瑞勃特科技有限公司	商户类企业
1350	杭州纳可贸易有限公司	商户类企业
1351	杭州日乐电子商务有限公司	商户类企业
1352	杭州世翔电气有限公司	商户类企业
1353	杭州信天游实业有限公司	商户类企业
1354	杭州尔仑机电科技有限公司	商户类企业
1355	杭州 合纵进出口有限公司	商户类企业
1356	杭州安旭科技有限公司	商户类企业
1357	杭州美时达电器有限公司	商户类企业
1358	杭州格里德酒店设备有限公司	商户类企业
1359	浙江省永康市顶级进出口有限公司杭州分公司	商户类企业
1360	青蓝科创	商户类企业
1361	杭州杭普国际货运代理有限公司	商户类企业
1362	杭州富轮进出口有限公司	商户类企业
1363	杭州爱远供应链管理有限公司	商户类、仓储企业
1364	杭州睿远包装制品有限公司	商户类企业
1365	杭州厚宽贸易有限公司	商户类企业
1366	桐庐宏悦进出口有限公司	商户类企业
1367	杭州时泰进出口有限公司	商户类企业
1368	杭州依帕商贸有限公司	商户类企业
1369	杭州联途贸易有限公司	商户类企业
1370	杭州普吉奥葡萄酒有限公司	商户类企业

表2-3 续45

序号	企业名称	企业类型
1371	杭州安途斯贸易有限公司	商户类企业
1372	杭州迪高贸易有限公司	商户类企业
1373	杭州诺爵贸易有限公司	商户类企业
1374	杭州索珀斯科技有限公司	商户类企业
1375	杭州汇恒贸易有限公司	商户类企业
1376	杭州拉凡德尔进出口有限公司	商户类企业
1377	杭州天地进出口有限公司	商户类企业
1378	杭州百信电器有限公司	商户类企业
1379	杭州璞荧贸易有限公司	商户类企业
1380	杭州日商进出口有限公司	商户类企业
1381	杭州平辉体育用品有限公司	商户类企业
1382	杭州文诺服饰有限公司	商户类企业
1383	杭州崇本进出口有限公司	商户类企业
1384	杭州艾高控股有限公司	商户类企业
1385	杭州威玛进出口有限公司	商户类企业
1386	杭州卓贝贸易有限公司	商户类企业
1387	杭州翾扬进出口有限公司	商户类企业
1388	杭州坤泰贸易有限公司	商户类企业
1389	杭州晓方贸易有限公司	商户类企业
1390	杭州鼎辉服饰有限公司	商户类企业
1391	杭州富阳黑石体育用品有限公司	商户类企业
1392	杭州达闰贸易有限公司	商户类企业
1393	杭州歌宝高尔夫用品有限公司	商户类企业
1394	杭州千上贸易有限公司	商户类企业
1395	桐庐春蕾针纺织有限公司	商户类企业
1396	杭州利莲贸易有限公司	商户类企业
1397	杭州思雄贸易有限公司	商户类企业
1398	建德市金马汽车用品厂	商户类企业
1399	桐庐弘昌服饰有限公司	商户类企业
1400	杭州巨星谢菲德贸易有限公司	商户类企业
1401	杭州东锦进出口有限公司	商户类企业

表2-3 续46

序号	企业名称	企业类型
1402	悦芙媞（杭州）化妆品有限公司	商户类企业
1403	建德市玉晨纺织品有限公司	商户类企业
1404	杭州晏孜纺织品有限公司	商户类企业
1405	杭州赋秋家纺有限公司	商户类企业
1406	杭州环宇企业	商户类企业
1407	桐庐丹妮斯服饰有限公司	商户类企业
1408	杭州熙尔贸易有限公司	商户类企业
1409	杭州俞亚企贸易有限公司	商户类企业
1410	浙江健业家居用品有限公司	商户类企业
1411	杭州中冠纺织品有限公司	商户类企业
1412	杭州昌逸体育用品有限公司	商户类企业
1413	杭州新诺服饰有限公司	商户类企业
1414	杭州舜斓贸易有限公司	商户类企业
1415	杭州日奔源贸易有限公司	商户类企业
1416	杭州帕蒂乐贸易有限公司	商户类企业
1417	杭州威凯尔斯进出口有限公司	商户类企业
1418	杭州恒伦进出口有限公司	商户类企业
1419	杭州富阳维克鞋业有限公司	商户类企业
1420	杭州羽嬉贸易有限公司	商户类企业
1421	杭州六彩贸易有限公司	商户类企业
1422	桐庐意杉进出口有限公司	商户类企业
1423	杭州诺润服饰有限公司	商户类企业
1424	杭州鼎盈进出口有限公司	商户类企业
1425	杭州艾灵芳进出口有限公司	商户类企业
1426	杭州震星丝绸贸易有限公司	商户类企业
1427	杭州福阁贸易有限公司	商户类企业
1428	建德市陶普纺织品有限公司	商户类企业
1429	杭州瑞坤时装有限公司	商户类企业
1430	杭州意孚纺织服装有限公司	商户类企业
1431	建德市远帆进出口有限公司	商户类企业
1432	杭州沁美休闲用品有限公司	商户类企业

表2-3 续47

序号	企业名称	企业类型
1433	杭州澳羽进出口有限公司	商户类企业
1434	杭州时尚艺绣有限公司	商户类企业
1435	杭州南博贸易有限公司	商户类企业
1436	杭州简得贸易有限公司	商户类企业
1437	杭州明吉家居用品有限公司	商户类企业
1438	杭州锦圣进出口有限公司	商户类企业
1439	建德市超翔家居有限公司	商户类企业
1440	杭州铭筱贸易有限公司	商户类企业
1441	杭州久积科技实业有限公司	商户类企业
1442	杭州山欢贸易有限公司	商户类企业
1443	杭州致宏进出口有限公司	商户类企业
1444	杭州晟帆贸易有限公司	商户类企业
1445	杭州聚艺创贸易有限公司	商户类企业
1446	杭州卡森信息技术有限公司	商户类企业
1447	杭州舜龙进出口贸易有限公司	商户类企业
1448	杭州锦隆丝绸有限公司	商户类企业
1449	杭州楚登进出口有限公司	商户类企业
1450	杭州越盛实业有限公司	商户类企业
1451	浙江中大新纺进出口有限公司	商户类企业
1452	杭州盛和贸易有限公司	商户类企业
1453	杭州久昌进出口有限公司	商户类企业
1454	杭州贝安达制衣有限公司	商户类企业
1455	杭州京大工贸有限公司	商户类企业
1456	杭州代塔供应链管理有限公司	商户类企业
1457	杭州宏太家居用品有限公司	商户类企业
1458	杭州霍普曼服饰有限公司	商户类企业
1459	杭州诚希进出口有限公司	商户类企业
1460	杭州娟泰纺织品有限公司	商户类企业
1461	建德市富源家纺有限公司	商户类企业
1462	杭州泱华贸易有限公司	商户类企业
1463	杭州黛蒂贸易有限公司	商户类企业

表2-3 续48

序号	企业名称	企业类型
1464	杭州采迪进出口有限公司	商户类企业
1465	杭州泽琰进出口有限公司	商户类企业
1466	桐庐利瑞针织有限公司	商户类企业
1467	杭州富牛鞋业有限公司	商户类企业
1468	杭州至尚五金有限公司	商户类企业
1469	桐庐美乐服饰有限公司	商户类企业
1470	杭州正天实业有限公司	商户类企业
1471	杭州布恩进出口有限公司	商户类企业
1472	杭州鹰岭贸易有限公司	商户类企业
1473	杭州天爵贸易有限公司	商户类企业
1474	杭州东山进出口有限公司	商户类企业
1475	杭州戈瑞家具有限公司	商户类企业
1476	杭州盈进贸易有限公司	商户类企业
1477	杭州丝道纺织品有限公司	商户类企业
1478	杭州双佳线业有限公司	商户类企业
1479	杭州贝色服饰有限公司	商户类企业
1480	建德市鑫达金属工艺有限公司	商户类企业
1481	杭州向辉服饰有限公司	商户类企业
1482	杭州飞泰服饰有限公司	商户类企业
1483	杭州禧瑞蓓贸易有限公司	商户类企业
1484	安美西石贸易（浙江）有限公司	商户类企业
1485	杭州乔润进出口有限公司	商户类企业
1486	杭州鼎轩进出口有限公司	商户类企业
1487	杭州聪聪科技有限公司	商户类企业
1488	杭州友洲进出口有限公司	商户类企业
1489	杭州屹琛贸易有限公司	商户类企业
1490	杭州欧力工具有限公司	商户类企业
1491	杭州轩锦进出口有限公司	商户类企业
1492	杭州派龙花边有限公司	商户类企业
1493	杭州芳于兰服饰有限公司	商户类企业
1494	杭州翡得妮咔服饰贸易有限公司	商户类企业

表2-3 续49

序号	企业名称	企业类型
1495	浙江金利发羽绒制品有限公司	商户类企业
1496	浙江蓝鱼进出口有限公司	商户类企业
1497	杭州双满纺织有限公司	商户类企业
1498	杭州天瑞印染有限公司	商户类企业
1499	杭州萧山益中纺织有限公司	商户类企业
1500	杭州炫丽家纺有限公司	商户类企业
1501	杭州天绫家纺有限公司	商户类企业
1502	杭州婉饰琳纺织品有限公司	商户类企业
1503	杭州优琪实业有限公司	商户类企业
1504	杭州帅帛纺织有限公司	商户类企业
1505	杭州康佳乐旅游用品有限公司	商户类企业
1506	杭州菱岛服饰有限公司	商户类企业
1507	杭州欧渊贸易有限公司	商户类企业
1508	杭州泰浦进出口有限公司	商户类企业
1509	杭州吉村商工进出口贸易有限公司	商户类企业
1510	杭州方翔羽绒制品有限公司	商户类企业
1511	杭州恩保瑞化工有限公司	商户类企业
1512	杭州艾帷达纺织品有限公司	商户类企业
1513	杭州慕泰实业有限公司	商户类企业
1514	杭州泰泉纺织有限公司	商户类企业
1515	杭州杉霖进出口有限公司	商户类企业
1516	杭州翔成纺织品进出口有限公司	商户类企业
1517	杭州凯腾进出口有限公司	商户类企业
1518	杭州法克特贸易有限公司	商户类企业
1519	杭州蓝钻进出口有限公司	商户类企业
1520	杭州宽明纺织有限公司	商户类企业
1521	杭州泛普禄进出口有限公司	商户类企业
1522	杭州美客居家纺有限公司	商户类企业
1523	杭州法帛纺织品有限公司	商户类企业
1524	杭州堡康服装有限公司	商户类企业
1525	杭州亿丽多进出口有限公司	商户类企业

表2-3 续50

序号	企业名称	企业类型
1526	杭州罗漫诺詹贸易有限公司	商户类企业
1527	杭州易维特进出口有限公司	商户类企业
1528	杭州柏音贸易有限公司	商户类企业
1529	杭州沃升机电设备有限公司	商户类企业
1530	杭州众逸布业有限公司	商户类企业
1531	浙江金农进出口有限公司	商户类企业
1532	杭州红艮时装有限公司	商户类企业
1533	杭州豪仕诺迈纺织有限公司	商户类企业
1534	杭州易耀贸易有限公司	商户类企业
1535	杭州雅鸿纺织品有限公司	商户类企业
1536	杭州悦研贸易有限公司	商户类企业
1537	杭州诚欣丰行工贸有限公司	商户类企业
1538	杭州安扣五金有限公司	商户类企业
1539	杭州捷园纺织品有限公司	商户类企业
1540	杭州凌子箱包皮具有限公司	商户类企业
1541	杭州恒贵进出口有限公司	商户类企业
1542	杭州大器婴童用品有限公司	商户类企业
1543	杭州肯迪纽贸易有限公司	商户类企业
1544	杭州诺誉纺织有限公司	商户类企业
1545	杭州九闰服饰有限公司	商户类企业
1546	杭州日螺纸工艺有限公司	商户类企业
1547	杭州麦之贝服饰有限公司	商户类企业
1548	浙江美映华纺织有限公司	商户类企业
1549	杭州莫弗进出口有限公司	商户类企业
1550	杭州余宏卫生用品有限公司	商户类企业
1551	杭州永润日用品有限公司	商户类企业
1552	杭州伟强进出口有限公司	商户类企业
1553	杭州艺贝家具制造有限公司	商户类企业
1554	杭州优欢照明电器有限公司	商户类企业
1555	杭州依侬贸易有限公司	商户类企业
1556	辰鼎时装（杭州）有限公司	商户类企业

表2-3 续51

序号	企业名称	企业类型
1557	杭州苏彼尔贸易有限公司	商户类企业
1558	浙江华通绒毛制品有限责任公司	商户类企业
1559	浙江华鼎集团有限责任公司	商户类企业
1560	杭州凯普曼休闲用品有限公司	商户类企业
1561	杭州余杭高升丝绸有限公司	商户类企业
1562	杭州深亿达进出口贸易有限公司	商户类企业
1563	杭州丝宏乔斯服装有限公司	商户类企业
1564	浙江中博光电科技有限公司	商户类企业
1565	杭州富泰贸易有限公司	商户类企业
1566	杭州碧雅布业有限公司	商户类企业
1567	杭州余杭玉鑫纺织有限公司	商户类企业
1568	浙江华励时装有限公司	商户类企业
1569	杭州帅凡纺织服饰有限公司	商户类企业
1570	杭州朴源时装有限公司	商户类企业
1571	杭州驰飞超声波设备有限公司	商户类企业
1572	杭州皇创实业有限公司	商户类企业
1573	杭州金弘三鸟羽绒制品有限公司	商户类企业
1574	杭州赫纶进出口有限公司	商户类企业
1575	杭州钱塘江纺织有限公司	商户类企业
1576	杭州萧山凤凰实业有限公司	商户类企业
1577	杭州思维特服饰有限公司	商户类企业
1578	杭州多韵家纺有限公司	商户类企业
1579	杭州九信户外用品有限公司	商户类企业
1580	浙江柳桥家纺有限公司	商户类企业
1581	杭州千田贸易有限公司	商户类企业
1582	杭州舒意达户外用品有限公司	商户类企业
1583	杭州凯纳佛服饰有限公司	商户类企业
1584	杭州创先家纺有限公司	商户类企业
1585	杭州杰美艾进出口有限公司	商户类企业
1586	杭州慧康实业有限公司	商户类企业
1587	杭州美慧和贸易有限公司	商户类企业

表2-3　续52

序号	企业名称	企业类型
1588	杭州世御科技有限公司	商户类企业
1589	杭州杭迪纺织有限公司	商户类企业
1590	杭州洛怡进出口有限公司	商户类企业
1591	杭州楠润家纺有限公司	商户类企业
1592	杭州飞纳达纺织品有限公司	商户类企业
1593	杭州欧耐斯贸易有限公司	商户类企业
1594	桐庐君江纺织有限公司	商户类企业
1595	杭州惠吉服饰有限公司	商户类企业
1596	杭州歌林高进出口有限公司	商户类企业
1597	杭州海蒂进出口有限公司	商户类企业
1598	浙江依都锦进出口有限公司	商户类企业
1599	杭州华谊服装有限公司	商户类企业
1600	杭州赛锦贸易有限公司	商户类企业
1601	杭州欣超针纺有限公司	商户类企业
1602	杭州优布坊纺织科技有限公司	商户类企业
1603	杭州绿隆进出口有限公司	商户类企业
1604	杭州五洲羽绒制品有限公司	商户类企业
1605	杭州尚杰进出口贸易有限公司	商户类企业
1606	杭州吉亨纺织品有限公司	商户类企业
1607	杭州崇昱纺织品有限公司	商户类企业
1608	杭州莱慕纺织品有限公司	商户类企业
1609	杭州康纯进出口贸易有限公司	商户类企业
1610	杭州唐美家纺有限公司	商户类企业
1611	杭州熙合制衣有限公司	商户类企业
1612	杭州添宇照明科技有限公司	商户类企业
1613	临安欧卡照明电器有限公司	商户类企业
1614	杭州临安普利尔电子有限公司	商户类企业
1615	杭州临安兴伦照明电器有限公司	商户类企业
1616	杭州鲲鹏橡塑制品有限公司	商户类企业
1617	杭州皓普照明电器有限公司	商户类企业
1618	杭州临安衡美照明电器有限公司	商户类企业

表2-3 续53

序号	企业名称	企业类型
1619	杭州沃任科技有限公司	商户类企业
1620	杭州临安华乐纺织品有限公司	商户类企业
1621	临安绫然纺织品有限公司	商户类企业
1622	杭州越华服装有限公司	商户类企业
1623	杭州临安明锋电器配件有限公司	商户类企业
1624	临安九正照明电器有限公司	商户类企业
1625	杭州创美实业有限公司	商户类企业
1626	临安希越电子有限公司	商户类企业
1627	杭州临安宏宇印刷纸业有限公司	商户类企业
1628	杭州临安贝格进出口有限公司	商户类企业
1629	临安合泰带业有限公司	商户类企业
1630	杭州玄匠工艺品有限公司	商户类企业
1631	临安高乐电子电器有限公司	商户类企业
1632	杭州秉冠纺织品有限公司	商户类企业
1633	杭州南马纺织品有限公司	商户类企业
1634	浙江省纺织品进出口江南有限公司	商户类企业
1635	杭州唯可曼家居布艺有限公司	商户类企业
1636	杭州晟阔进出口有限公司	商户类企业
1637	杭州妮莎进出口有限公司	商户类企业
1638	杭州彬尚进出口有限公司	商户类企业
1639	杭州聚卿针纺有限公司	商户类企业
1640	杭州南蒙服饰有限公司	商户类企业
1641	杭州同业针织有限公司	商户类企业
1642	浙江君悦旅行用品有限公司	商户类企业
1643	杭州博帆纺织品有限公司	商户类企业
1644	杭州韵墨贸易有限公司	商户类企业
1645	杭州布三司纺织有限公司	商户类企业
1646	杭州天羿纺织有限公司	商户类企业
1647	浙江卡德瑞服饰有限公司	商户类企业
1648	杭州迈博贸易有限公司	商户类企业
1649	杭州东孚纺织有限公司	商户类企业

表2-3　续54

序号	企业名称	企业类型
1650	杭州瑞居贸易有限公司	商户类企业
1651	杭州鑫怡实业有限公司	商户类企业
1652	杭州赛固迈纺织有限公司	商户类企业
1653	杭州索亚电器有限公司	商户类企业
1654	杭州维韵进出口有限公司	商户类企业
1655	杭州亿安轻纺有限公司	商户类企业
1656	杭州三月纺织品有限公司	商户类企业
1657	杭州通运鞋业有限公司	商户类企业
1658	杭州澳其澳纺织品有限公司	商户类企业
1659	杭州妮蓉服饰有限公司	商户类企业
1660	杭州梵歌装饰布艺有限公司	商户类企业
1661	杭州泰罗进出口贸易有限公司	商户类企业
1662	杭州思玛纺织品有限公司	商户类企业
1663	杭州梦之迪装饰品有限公司	商户类企业
1664	杭州艺高纺织有限公司	商户类企业
1665	杭州杭润布艺有限公司	商户类企业
1666	杭州欧司克纺织贸易有限公司	商户类企业
1667	杭州乔恩贸易有限公司	商户类企业
1668	杭州耐盛纺织有限公司	商户类企业
1669	杭州密巢食品贸易有限公司	商户类企业
1670	杭州康鹏贸易有限公司	商户类企业
1671	杭州铼特进出口有限公司	商户类企业
1672	杭州万朗贸易有限公司	商户类企业
1673	杭州瑞高家用纺织品有限公司	商户类企业
1674	杭州玛太可斯工贸有限公司	商户类企业
1675	杭州云速进出口有限公司	商户类企业
1676	浙江冠臣家具制造有限公司	商户类企业
1677	菲妮迪国际时装有限公司	商户类企业
1678	杭州珑高服装有限公司	商户类企业
1679	杭州珀来能源科技有限公司	商户类企业
1680	杭州缔雅纺织品有限公司	商户类企业

表2-3 续55

序号	企业名称	企业类型
1681	杭州亚周服饰有限公司	商户类企业
1682	杭州德亿灯具有限公司	商户类企业
1683	杭州绘绚贸易有限公司	商户类企业
1684	杭州武航工贸有限公司	商户类企业
1685	杭州冉牡仕纺织品有限公司	商户类企业
1686	杭州琪瑶纺织有限公司	商户类企业
1687	杭州华升服装有限公司	商户类企业
1688	杭州德祺实业有限公司	商户类企业
1689	杭州广茂户外用品有限公司	商户类企业
1690	杭州华鼎西服时装有限公司	商户类企业
1691	杭州绽帛服饰有限公司	商户类企业
1692	杭州杰丰服装有限公司	商户类企业
1693	杭州牛利儿贸易有限公司	商户类企业
1694	杭州赛久纺织品有限公司	商户类企业
1695	杭州新概念纺织品有限公司	商户类企业
1696	杭州美鑫捷服装辅料有限公司	商户类企业
1697	杭州捷豪机电设备有限公司	商户类企业
1698	杭州富龙布艺有限公司	商户类企业
1699	杭州慕枫纺织品有限公司	商户类企业
1700	杭州秋可贸易有限公司	商户类企业
1701	杭州中达针织有限公司	商户类企业
1702	杭州厚源箱包有限公司	商户类企业
1703	杭州富得益纺织品有限公司	商户类企业
1704	杭州宝力服饰有限公司	商户类企业
1705	杭州佑骏工艺品有限公司	商户类企业
1706	杭州朗和纺织品有限公司	商户类企业
1707	杭州太平针织时装有限公司	商户类企业
1708	杭州妙善商贸有限公司	商户类企业
1709	杭州汉默进出口有限公司	商户类企业
1710	杭州普热进出口有限公司	商户类企业
1711	杭州华满盈进出口有限公司	商户类企业

表2-3　续56

序号	企业名称	企业类型
1712	杭州嘉溢进出口有限公司	商户类企业
1713	杭州嘉溢制衣有限公司	商户类企业
1714	杭州悦卉服饰有限公司	商户类企业
1715	杭州临鼎纺织品有限公司	商户类企业
1716	杭州凡邦装饰品有限公司	商户类企业
1717	杭州欧锦纺织进出口有限公司	商户类企业
1718	浙江基诺纺织品有限公司	商户类企业
1719	杭州火石照明有限公司	商户类企业
1720	杭州康勒富家纺有限公司	商户类企业
1721	杭州捷科节能科技有限公司	商户类企业
1722	浙江绿健体育休闲用品有限公司	商户类企业
1723	杭州东勋服装有限公司	商户类企业
1724	杭州思美服饰有限公司	商户类企业
1725	杭州华成丝绸时装有限公司	商户类企业
1726	杭州联升行旅行用品有限公司	商户类企业
1727	杭州塔塔布艺有限公司	商户类企业
1728	杭州壮维进出口有限公司	商户类企业
1729	杭州泰辰新材料科技有限公司	商户类企业
1730	杭州旺连福服装有限公司	商户类企业
1731	杭州源币进出口有限公司	商户类企业
1732	杭州日鼎贸易有限公司	商户类企业
1733	杭州花睿纺织品有限公司	商户类企业
1734	杭州念家家纺有限公司	商户类企业
1735	富春制衣（杭州）有限公司	商户类企业
1736	杭州华易鞋业有限公司	商户类企业
1737	杭州万花筒纺织品进出口有限公司	商户类企业
1738	杭州珂瑞特机械制造有限公司	商户类企业
1739	杭州奥宏家居有限公司	商户类企业
1740	杭州大蓝时装有限公司	商户类企业
1741	杭州灿邦进出口有限公司	商户类企业
1742	杭州润喆贸易有限公司	商户类企业

表2-3 续57

序号	企业名称	企业类型
1743	杭州美帛每刻电子商务有限公司	商户类企业
1744	杭州云岳实业有限公司	商户类企业
1745	杭州衣迷诺贸易有限公司	商户类企业
1746	杭州特祺渔具有限公司	商户类企业
1747	杭州星媛纸塑制品有限公司	商户类企业
1748	杭州如歌服装有限公司	商户类企业
1749	杭州田森纺织品有限公司	商户类企业
1750	杭州新灿贸易有限公司	商户类企业
1751	浙江及天进出口有限公司	商户类企业
1752	杭州杰希居纺织品股份有限公司	商户类企业
1753	杭州高石布艺有限公司	商户类企业
1754	杭州康泰纺织品有限公司	商户类企业
1755	杭州帆昵进出口有限公司	商户类企业
1756	杭州凯辉纺织有限公司	商户类企业
1757	杭州柯力达家纺有限公司	商户类企业
1758	品嘉品牌管理（杭州）有限公司	商户类企业
1759	杭州圣隆纺织有限公司	商户类企业
1760	杭州崇杰纺织品有限公司	商户类企业
1761	杭州善轩家具制造有限公司	商户类企业
1762	杭州米乐科技开发有限公司	商户类企业
1763	杭州蕾圣纺织有限公司	商户类企业
1764	杭州长冠实业有限公司	商户类企业
1765	杭州专实贸易有限公司	商户类企业
1766	杭州盛千鑫服饰有限公司	商户类企业
1767	杭州微风服饰有限公司	商户类企业
1768	杭州慕莎贸易有限公司	商户类企业
1769	杭州韦彤贸易有限公司	商户类企业
1770	杭州佳昶实业有限公司	商户类企业
1771	杭州龙席网络科技股份有限公司	商户类企业
1772	杭州朗悦实业有限公司	商户类企业
1773	杭州立山皮件有限公司	商户类企业

表2-3　续58

序号	企业名称	企业类型
1774	浙江开元光电照明科技有限公司	商户类企业
1775	杭州浦萝施特进出口有限公司	商户类企业
1776	杭州水户进出口贸易有限公司	商户类企业
1777	杭州川樱进出口有限公司	商户类企业
1778	杭州升禾服饰有限公司	商户类企业
1779	杭州富阳博德机械有限公司	商户类企业
1780	杭州力高旅游用品有限公司	商户类企业
1781	杭州海煜机械有限公司	商户类企业
1782	杭州优途汽车用品有限公司	商户类企业
1783	杭州星冠机械科技有限公司	商户类企业
1784	桐庐康尔医疗器械有限公司	商户类企业
1785	上海左森智能科技有限公司	商户类企业
1786	杭州派浪体育用品有限公司	商户类企业
1787	桐庐耀晨针纺织厂	商户类企业
1788	桐庐星路服饰有限公司	商户类企业
1789	桐庐好特文具有限公司	商户类企业
1790	桐庐利森文具礼品有限公司	商户类企业
1791	杭州锦华气体设备有限公司	商户类企业
1792	建德江与海电子商务有限公司	商户类企业
1793	杭州乔艾思家用纺织品有限公司	商户类企业
1794	杭州鸿旺宠物用品有限公司	商户类企业
1795	杭州飞扬机电有限公司	商户类企业
1796	爱德纺织（杭州）有限公司	商户类企业
1797	杭州汉彩化工有限公司	商户类企业
1798	杭州精诚三和定时器实业有限公司	商户类企业
1799	杭州联测自动化技术有限公司	商户类企业
1800	杭州米科传感技术有限公司	商户类企业
1801	杭州淳颛贸易有限公司	商户类企业
1802	杭州捷创进出口有限公司	商户类企业
1803	杭州古力园林机械有限公司	商户类企业
1804	杭州伟峰电子有限公司	商户类企业

表2-3 续59

序号	企业名称	企业类型
1805	杭州美仪自动化有限公司	商户类企业
1806	杭州新港石油化工有限公司	商户类企业
1807	杭州卜凡电子商务有限公司·	商户类企业
1808	杭州维怡科技有限公司	商户类企业
1809	杭州航安纺织品有限公司	商户类企业
1810	杭州凯然科技有限公司	商户类企业
1811	杭州国能进出口有限公司	商户类企业
1812	杭州绿伦生物科技有限公司	商户类企业
1813	杭州飞华照明电器有限公司	商户类企业
1814	杭州安盛箱包有限公司	商户类企业
1815	银都餐饮设备股份有限公司	商户类企业
1816	杭州悠扬互联网科技有限公司	商户类企业
1817	杭州泛亚卫浴股份有限公司	商户类企业
1818	杭州力鑫展示制品有限公司	商户类企业
1819	浙江达峰科技有限公司	商户类企业
1820	浙江万胜运河钢缆有限公司	商户类企业
1821	杭州杰电电子有限公司	商户类企业
1822	浙江美术地毯制造有限公司	商户类企业
1823	浙江同泰制衣有限公司	商户类企业
1824	桐庐禾汇进出口有限公司	商户类企业
1825	临安市华星紧固件有限公司	商户类企业
1826	杭州亿达照明电器有限公司	商户类企业
1827	杭州矽泰粘合剂有限公司	商户类企业
1828	杭州余杭远大实业有限公司	商户类企业
1829	杭州自强链传动有限公司	商户类企业
1830	桐庐钰涵商贸有限公司	商户类企业
1831	杭州凤凰针织有限公司	商户类企业
1832	杭州季丰实业有限公司	商户类企业
1833	杭州奥兰特羽绒有限公司	商户类企业
1834	浙江新迪嘉禾食品有限公司	商户类企业
1835	杭州劳埃德实业有限公司	商户类企业

表2-3 续60

序号	企业名称	企业类型
1836	南方中金环境股份有限公司	商户类企业
1837	浙江铁流离合器股份有限公司	商户类企业
1838	杭州持正科技股份有限公司	商户类企业
1839	杭州臻元休闲用品有限公司	商户类企业
1840	万通智控科技股份有限公司	商户类企业
1841	杭州立昌工具有限公司	商户类企业
1842	浙江特发金属制品有限公司	商户类企业
1843	杭州科博纸业有限责任公司	商户类企业
1844	杭州拓源生物科技有限公司	商户类企业
1845	杭州斯沃德电梯有限公司	商户类企业
1846	浙江迪欧达实业有限公司	商户类企业
1847	浙江麦迪制冷科技股份有限公司	商户类企业
1848	杭州维多利机械有限公司	商户类企业
1849	杭州恒尚逸品家居有限公司	商户类企业
1850	诺艾娃服饰（杭州）有限公司	商户类企业
1851	杭州舒普文具礼品有限公司	商户类企业
1852	浙江金帆达进出口贸易有限公司	商户类企业
1853	杭州源景链传动有限公司	商户类企业
1854	杭州伊丝顿布艺有限公司	商户类企业
1855	杭州旭凡进出口有限公司	商户类企业
1856	杭州鼎胜进出口有限公司	商户类企业
1857	杭州亿乔进出口有限公司	商户类企业
1858	浙江春风动力股份有限公司	商户类企业
1859	唐山市启明贸易有限公司	商户类企业
1860	杭州中彩特种纤维有限公司	商户类企业
1861	浙江中星进出口有限公司	商户类企业
1862	杭州稳健钙业有限公司	商户类企业
1863	杭州好思未进出口有限公司	商户类企业
1864	浙江物产电子商务有限公司	商户类企业
1865	杭州绿韵体育用品有限公司	商户类企业
1866	杭州国利进出口有限公司	商户类企业

表2-3 续61

序号	企业名称	企业类型
1867	杭州森伟电子有限公司	商户类企业
1868	杭州同富日用品有限公司	商户类企业
1869	杭州数豪投资有限公司	商户类企业
1870	杭州信诚服装有限公司	商户类企业
1871	杭州味全生技食品有限公司	商户类企业
1872	唯客乐化妆品（杭州）有限公司	商户类企业
1873	松下电化住宅设备机器（杭州）有限公司	商户类企业
1874	杭州市桐庐远成制笔有限公司	商户类企业
1875	玫琳凯（中国）化妆品有限公司	商户类企业
1876	杭州斯莱特泵业有限公司	商户类企业
1877	浙江东方百富袜业制造有限公司	商户类企业
1878	杭州喵君电子商务有限公司	商户类企业
1879	杭州佑特进出口有限公司	商户类企业
1880	浙江永杰铝业有限公司	商户类企业
1881	杭州电缆股份有限公司	商户类企业
1882	浙江西域户外用品有限公司	商户类企业
1883	浙江大华技术股份有限公司	商户类企业
1884	浙江华银非织造布有限公司	商户类企业
1885	杭州安费诺飞凤通信部品有限公司	商户类企业
1886	杭州震宇金属家具有限公司	商户类企业
1887	浙江保宏境通供应链管理有限公司	商户类、外贸代理企业
1888	杭州初灵信息技术股份有限公司	商户类企业
1889	杭州坎璞尔机械有限公司	商户类企业
1890	杭州贝豪婴童用品有限公司	商户类企业
1891	德施曼机电（中国）有限公司	商户类企业
1892	建德市摩根运动器材有限公司	商户类企业
1893	浙江盾安供应链管理有限公司	商户类企业
1894	杭州博日科技有限公司	商户类企业
1895	紧商科技股份有限公司	商户类企业
1896	桐庐万禾医疗器械有限公司	商户类企业
1897	杭州临安三海电缆材料厂	商户类企业

表2-3 续62

序号	企业名称	企业类型
1898	桐庐爱多进出口有限公司	商户类企业
1899	杭州临安万隆线缆有限公司	商户类企业
1900	杭州新富进出口有限公司	商户类企业
1901	临安通达装饰材料有限公司	商户类企业
1902	桐庐奋飞实业有限公司	商户类企业
1903	杭州瑞马地毯有限公司	商户类企业
1904	杭州日铁住金排气装置有限公司	商户类企业
1905	桐庐东方彩印针织有限公司	商户类企业
1906	杭州固创化纤有限公司	商户类企业
1907	杭州勤路软件有限公司	商户类企业
1908	杭州春禾服饰有限公司	商户类企业
1909	杭州恒达海绵有限公司	商户类企业
1910	临安文驿进出口有限公司	商户类企业
1911	杭州新邮路网络技术有限公司	商户类企业
1912	桐庐思格诺进出口有限公司	商户类企业
1913	杭州众远户外用品有限公司	商户类企业
1914	浙江经协工贸有限公司	商户类企业
1915	浙江桐庐中艺礼品厂	商户类企业
1916	浙江普林艾尔电器工业有限公司	商户类企业
1917	杭州舒源进出口有限公司	商户类企业
1918	杭州舒源进出有限公司	商户类企业
1919	杭州樱花线业有限公司	商户类企业
1920	杭州得润宝油脂股份有限公司	商户类企业
1921	杭州广德贸易有限公司	商户类企业
1922	临安德顺电子有限公司	商户类企业
1923	淳安千岛湖波菲特电子科技有限公司	商户类企业
1924	杭州爱尔科电子有限公司	商户类企业
1925	杭州勤日汽车部件有限公司	商户类企业
1926	杭州赛可品服饰有限公司	商户类企业
1927	杭州萧山国际机场航空物流有限公司	商户类企业
1928	浙江万翔寝具制品有限公司	商户类企业

表2-3　续63

序号	企业名称	企业类型
1929	浙江柳桥实业有限公司	商户类企业
1930	浙江安联贸易有限公司	商户类企业
1931	松冈机电（中国）有限公司	商户类企业
1932	杭州海迪斯新材料有限公司	商户类企业
1933	杭州宏鹏实业有限公司	商户类企业
1934	浙江铭洋照明科技股份有限公司	商户类企业
1935	杭州奥纳实业有限公司	商户类企业
1936	杭州丰贝厨卫科技有限公司	商户类企业
1937	浙江品尚品展示用品有限公司	商户类企业
1938	杭州窗之盛五金有限公司	商户类企业
1939	杭州雷迪克节能科技股份有限公司	商户类企业
1940	杭州珠格莱镜艺有限公司	商户类企业
1941	杭州新世纪万向节有限公司	商户类企业
1942	浙江日星标准件有限公司	商户类企业
1943	奥展实业有限公司	商户类企业
1944	杭州江南弹簧有限公司	商户类企业
1945	建德市星明特种铸造有限责任公司	商户类企业
1946	爱克斯精密钢球（杭州）有限公司	商户类企业
1947	杭州弹簧垫圈有限公司	商户类企业
1948	建德市浩然工艺品有限公司	商户类企业
1949	杭州龙宇五金机械有限公司	商户类企业
1950	杭州奥华纺织有限公司	商户类企业
1951	建德市华胜经贸有限公司	商户类企业
1952	杭州萧山力源工具厂	商户类企业
1953	杭州南方尼龙粘扣有限公司	商户类企业
1954	浙江正凯化纤有限公司	商户类企业
1955	杭州凯利化纤有限公司	商户类企业
1956	杭州恒越体育用品有限公司	商户类企业
1957	浙江健盛集团股份有限公司	商户类企业
1958	杭州黑马拉链有限公司	商户类企业
1959	杭州恒明体育用品有限公司	商户类企业

表2-3　续64

序号	企业名称	企业类型
1960	浙江致中和实业有限公司	商户类企业
1961	杭州永盛海一差别化纤维织物有限公司	商户类企业
1962	杭州浙中链条有限公司	商户类企业
1963	杭州集嘉纺织有限公司	商户类企业
1964	杭州萧山合和纺织有限公司	商户类企业
1965	建德市通宇电器工具制造厂	商户类企业
1966	杭州万雄工具制造有限公司	商户类企业
1967	杭州新光塑料有限公司	商户类企业
1968	杭州昌达制罐工具有限公司	商户类企业
1969	杭州超星进出口有限公司	商户类企业
1970	杭州钱江变压器组件有限公司	商户类企业
1971	杭州力强索具有限公司	商户类企业
1972	汉阳（杭州）电缆有限公司	商户类企业
1973	杭州和泰机电工业有限公司	商户类企业
1974	杭州康利达卫浴有限公司	商户类企业
1975	杭州海尔希畜牧科技有限公司	商户类企业
1976	杭州萧山华丰羽绒制品有限公司	商户类企业
1977	杭州庄宜家具有限公司	商户类企业
1978	杭州奇观机电有限公司	商户类企业
1979	杭州亚太埃伯恩汽车部件有限公司	商户类企业
1980	杭州禹神减速机有限公司	商户类企业
1981	杭州三森五金机械有限公司	商户类企业
1982	杭州百分比公共艺术工程有限公司	商户类企业
1983	建德市律成家纺有限公司	商户类企业
1984	杭州普天乐电缆有限公司	商户类企业
1985	杭州中天模型有限公司	商户类企业
1986	杭州美第意户外用品设计有限公司	商户类企业
1987	桐庐优瑞进出口有限公司	商户类企业
1988	杭州群利明胶化工有限公司	商户类企业
1989	杭州琪英纺织服装有限公司	商户类企业
1990	杭州英能机械有限公司	商户类企业

表2-3 续65

序号	企业名称	企业类型
1991	杭州玺匠文化创意股份有限公司	商户类企业
1992	杭州新富文具制造有限公司	商户类企业
1993	杭州澳创贸易有限公司	商户类企业
1994	杭州汉翔机械有限公司	商户类企业
1995	杭州中软塑胶有限公司	商户类企业
1996	浙江金火机床有限公司	商户类企业
1997	杭州海硕网络科技有限公司	商户类企业
1998	杭州咔莎伊塔莲纳跨境电子商务有限公司	商户类企业
1999	宁波弗劳恩物流科技有限公司	商户类企业
2000	杭州创梦谷电子商务有限公司	商户类企业
2001	杭州速邮达电子商务有限公司	商户类企业
2002	浙江远大纸业有限公司	商户类企业
2003	杭州爱诗路电器有限公司	商户类企业
2004	杭州翔鹭贸易有限公司	商户类企业
2005	浙江中宸能源电子商务有限公司	商户类企业
2006	杭州多宝电子有限公司	商户类企业
2007	杭州跨盛进出口贸易有限公司	商户类企业
2008	杭州巧凯贸易有限公司	商户类企业
2009	杭州澳创网络科技有限公司	商户类企业
2010	杭州天荷丝绸有限公司	商户类企业
2011	浙江跨境通网络科技有限公司	商户类企业
2012	杭州德勒机电有限公司	商户类企业
2013	杭州德勒机电有限公司	商户类企业
2014	桐庐奥尔文具有限公司	商户类企业
2015	杭州富阳麦博球拍有限公司	商户类企业
2016	杭州富阳中荷电子有限公司	商户类企业
2017	桐庐百特文化用品有限公司	商户类企业
2018	桐庐百合笔业有限公司	商户类企业
2019	桐庐正华文化用品有限公司	商户类企业
2020	杭州长命电池有限公司	商户类企业
2021	杭州麦喜思日用品有限公司	商户类企业

表2-3　续66

序号	企业名称	企业类型
2022	杭州天厨蜜源保健品有限公司	商户类企业
2023	杭州富阳亿源实业有限公司	商户类企业
2024	杭州欧赛笔业有限公司	商户类企业
2025	浙江吴越电缆有限公司	商户类企业
2026	杭州巨峰科技有限公司	商户类企业
2027	杭州雄迈贸易有限公司	商户类企业
2028	杭州康华船艇有限公司	商户类企业
2029	杭州祥茂医疗用品有限公司	商户类企业
2030	杭州凯艺家居有限公司	商户类企业
2031	杭州富阳美丽华洁具有限公司	商户类企业
2032	杭州三星纸业有限公司	商户类企业
2033	浙江天石纳米科技股份有限公司	商户类企业
2034	浙江保利电梯导轨制造有限公司	商户类企业
2035	建德市欣阳进出口有限公司	商户类企业
2036	杭州富阳新南进出口有限公司	商户类企业
2037	富阳通力机械制造有限公司	商户类企业
2038	桐庐忠行贸易有限公司	商户类企业
2039	建德市乐仕线带厂	商户类企业
2040	杭州富阳金桥赛艇厂	商户类企业
2041	杭州宏都纺织工业有限公司	商户类企业
2042	杭州快乐女孩卫生用品有限公司	商户类企业
2043	桐庐彼岸医疗器械有限公司	商户类企业
2044	桐庐永信阀门有限公司	商户类企业
2045	浙江春江轻纺集团有限责任公司	商户类企业
2046	杭州富阳普来思实业有限公司	商户类企业
2047	杭州勇华车业有限公司	商户类企业
2048	杭州康生医疗器械有限公司	商户类企业
2049	杭州鸿乐钢业有限公司	商户类企业
2050	杭州富阳正辉进出口有限公司	商户类企业
2051	杭州维彬科技有限公司	商户类企业
2052	杭州特君进出口有限公司	商户类企业

表2-3 续67

序号	企业名称	企业类型
2053	浙江永盛科技股份有限公司	商户类企业
2054	杭州宏海纺织有限公司	商户类企业
2055	浙江鼎能进出口有限公司	商户类企业
2056	杭州创思博贸易有限公司	商户类企业
2057	杭州洲风纺织有限公司	商户类企业
2058	杭州誉球机械有限公司	商户类企业
2059	杭州富阳东山塑料机械有限公司	商户类企业
2060	浙江通兴铁塔有限公司	商户类企业
2061	杭州卓阳进出口有限公司	商户类企业
2062	杭州彩诗纺织有限公司	商户类企业
2063	杭州鹏图化纤有限公司	商户类企业
2064	杭州纱农纺织有限公司	商户类企业
2065	电联工程技术股份有限公司	商户类企业
2066	杭州万事利丝绸科技有限公司	商户类企业
2067	杭州伟盛实业有限公司	商户类企业
2068	杭州前进科技有限公司	商户类企业
2069	浙锚科技股份有限公司	商户类企业
2070	众望控股集团有限公司	商户类企业
2071	浙江侨丰家居有限公司	商户类企业
2072	杭州红妍国际贸易有限公司	商户类企业
2073	杭州中策清泉实业有限公司	商户类企业
2074	杭州成功超声设备有限公司	商户类企业
2075	杭州金竺机械有限公司	商户类企业
2076	杭州余杭东兴制衣有限公司	商户类企业
2077	杭州美宝炉窑工程有限公司	商户类企业
2078	杭州大钟纺织有限公司	商户类企业
2079	杭州富阳唐艺实业有限公司	商户类企业
2080	杭州港宇卫生用品有限公司	商户类企业
2081	杭州中达卫浴有限公司	商户类企业
2082	杭州富阳精诚化工有限公司	商户类企业
2083	浙江富冶集团有限公司	商户类企业

表2-3 续68

序号	企业名称	企业类型
2084	浙江南杰实业有限公司	商户类企业
2085	杭州方圆塑机股份有限公司	商户类企业
2086	日松工艺品（杭州）有限公司	商户类企业
2087	杭州乔通贸易有限公司	商户类企业
2088	杭州振浩纺织品有限公司	商户类企业
2089	杭州邦鲁机械有限公司	商户类企业
2090	杭州爱慧科技有限公司	商户类企业
2091	杭州华惠阀门有限公司	商户类企业
2092	杭州余杭五杭五金工具厂	商户类企业
2093	浙江劳武工具有限公司	商户类企业
2094	浙江华辰新材股份有限公司	商户类企业
2095	杭州昕地贸易有限公司	商户类企业
2096	杭州余杭五杰钢制品有限公司	商户类企业
2097	杭州茗宝食品有限公司	商户类企业
2098	杭州凯撒纺织有限公司	商户类企业
2099	杭州醍�实业有限公司	商户类企业
2100	杭州海得龙塑胶新材料有限公司	商户类企业
2101	宁波保税区捷达报关有限公司	商户类企业
2102	杭州法尔乐建材有限公司	商户类企业
2103	杭州赛微电机有限公司	商户类企业
2104	杭州华联纺织品有限公司	商户类企业
2105	杭州谱声电子有限公司	商户类企业
2106	杭州智阁进出口有限公司	商户类企业
2107	杭州钜澄电子科技有限公司	商户类企业
2108	杭州洲钜电子科技有限公司	商户类企业
2109	浙江丁丁包装彩印有限公司	商户类企业
2110	浙江楠宋瓷业有限公司	商户类企业
2111	杭州迪马电子有限公司	商户类企业
2112	杭州奇单网络科技有限公司	商户类、外贸代理企业
2113	杭州双成遮阳制品有限公司	商户类企业
2114	杭州豪盛机电工贸有限公司	商户类企业

表2-3　续69

序号	企业名称	企业类型
2115	杭州三园工具有限公司	商户类企业
2116	浙江德裕科技有限公司	商户类企业
2117	杭州中天染织有限公司	商户类企业
2118	宝鼎科技股份有限公司	商户类企业
2119	杭州宝晶生物股份有限公司	商户类企业
2120	杭州中合电子商务有限责任公司	商户类企业
2121	杭州顿力进出口有限公司	商户类企业
2122	杭州威仕达机电科技有限公司	商户类企业
2123	杭州汽轮铸锻有限公司	商户类企业
2124	杭州范优奇家具制造有限公司	商户类企业
2125	杭州正诚文化创意有限公司	商户类企业
2126	杭州晶赞电子商务有限公司	商户类企业
2127	浙江恒逸石化有限公司	商户类企业
2128	杭州云霄制衣有限公司	商户类企业
2129	浙江威尔达化工有限公司	商户类企业
2130	杭州超峰布艺有限公司	商户类企业
2131	杭州杭忠塑胶有限公司	商户类企业
2132	杭州加艺钢构有限公司	商户类企业
2133	杭州捷驱机械制造有限公司	商户类企业
2134	杭州米克史食品机械有限公司	商户类企业
2135	浙江美威进出口贸易有限公司	商户类企业
2136	杭州权港进出口有限公司	商户类企业
2137	杭州倍西科技有限公司	商户类企业
2138	杭州金翔镜业有限公司	商户类企业
2139	杭州恺宸实业有限公司	商户类企业
2140	杭州德万得科技有限公司	商户类企业
2141	杭州溢达机电制造有限公司	商户类企业
2142	浙江经协国际经贸有限公司	商户类企业
2143	建德市梅城镇宏立五金工具厂	商户类企业
2144	杭州嘉和材料科技有限公司	商户类企业
2145	建德市振杰五金工具有限公司	商户类企业

表2-3 续70

序号	企业名称	企业类型
2146	建德市云峰碳酸钙有限公司	商户类企业
2147	浙江华正新材料股份有限公司	商户类企业
2148	杭州伟都钢构有限公司	商户类企业
2149	杭州奥亿佰思克贸易有限公司	商户类企业
2150	杭州颐德福贸易有限公司	商户类企业
2151	杭州迦南纸制品有限公司	商户类企业
2152	浙江正北实业有限公司	商户类企业
2153	杭州铄高贸易有限公司	商户类企业
2154	杭州天迈纺织电子科技有限公司	商户类企业
2155	浙江一达通企业	商户类、外贸代理企业
2156	杭州南江服饰有限公司	商户类企业
2157	杭州亚贤科技有限公司	商户类企业
2158	杭州联池科技有限公司	商户类企业
2159	杭州未若进出口有限公司	商户类企业
2160	杭州柯享日用品有限公司	商户类企业
2161	杭州德安奇生物工程有限公司	商户类企业
2162	杭州君熹进出口有限公司	商户类企业
2163	杭州海茂休闲用品有限公司	商户类企业
2164	杭州索乐光电有限公司	商户类企业
2165	杭州森巴克车业有限公司	商户类企业
2166	临安亮华照明电器有限公司	商户类企业
2167	临安茂禾户外用品有限公司	商户类企业
2168	杭州乐圣户外用品有限公司	商户类企业
2169	杭州日乾纺织品有限公司	商户类企业
2170	杭州锐龙船艇有限公司	商户类企业
2171	杭州阿奔电子商务有限公司	商户类企业
2172	杭州钱钢工程机械制造有限公司	商户类企业
2173	杭州煜驰贸易有限公司	商户类企业
2174	杭州德福线缆有限公司	商户类企业
2175	淳安宏盛进出口贸易有限公司	商户类企业
2176	杭州阳晨聚氨酯制品有限公司	商户类企业

表2-3 续71

序号	企业名称	企业类型
2177	杭州金昱泰进出口有限公司	商户类企业
2178	杭州跨狐信息技术有限公司	商户类企业
2179	杭州汉邦化纤有限公司	商户类企业
2180	杭州临安琳俐进出口有限公司	商户类企业
2181	杭州恒浈澄实业有限公司	商户类企业
2182	淳安千岛湖节能机电厂	商户类企业
2183	临安市昕茂电子科技有限公司	商户类企业
2184	杭州康力食品有限公司	商户类企业
2185	杭州富阳富春轮胎有限公司	商户类企业
2186	杭州东众商贸有限公司	商户类企业
2187	临安市笑娃玩具有限公司	商户类企业
2188	杭州渊腾贸易有限公司	商户类企业
2189	临安杜马斯商贸有限公司	商户类企业
2190	临安华能交通电子厂	商户类企业
2191	酷漫进出口有限公司	商户类企业
2192	杭州临安华杰线缆有限公司	商户类企业
2193	杭州宏达文体用品有限公司	商户类企业
2194	临安千峰玻璃瓶有限公司	商户类企业
2195	临安彩旺照明电器有限公司	商户类企业
2196	临安艾博电子有限公司	商户类企业
2197	杭州华勋科技有限公司	商户类企业
2198	临安创投机械有限公司	商户类企业
2199	杭州乐暖科技有限公司	商户类企业
2200	杭州萧山杭华车业有限公司	商户类企业
2201	杭州八荒地贸易有限公司	商户类企业
2202	杭州力展五金有限公司	商户类企业
2203	杭州晶泰电子商务有限公司	商户类、物流企业
2204	杭州千芝雅卫生用品有限公司	商户类企业
2205	许昌县丽恩发制品有限公司	商户类企业
2206	许昌瑞宇商贸有限公司	商户类企业
2207	杭州爱思特线缆有限公司	商户类企业

表2-3 续72

序号	企业名称	企业类型
2208	建德市应佳电器工具有限公司	商户类企业
2209	杭州东鲲科技有限公司	商户类企业
2210	杭州龙运金属筛网有限公司	商户类企业
2211	杭州临安新声材料科技有限公司	商户类企业
2212	杭州一展宠物用品有限公司	商户类企业
2213	桐庐珠丽皮革制品厂	商户类企业
2214	临安亚光照明有限公司	商户类企业
2215	杭州海际进出口有限公司	商户类企业
2216	杭州易维特电器有限公司	商户类企业
2217	绍兴上虞佳妮家居用品有限公司	商户类企业
2218	杭州凯浓化工有限公司	商户类企业
2219	临安锦泓工艺礼品有限公司	商户类企业
2220	杭州萧山维美德洁具有限公司	商户类企业
2221	杭州晨逸休闲用品有限公司	商户类企业
2222	桐庐岚枫进出口有限公司	商户类企业
2223	浙江正基塑业有限公司	商户类企业
2224	廷镁（杭州）国际贸易有限公司	商户类企业
2225	杭州华森装饰材料有限公司	商户类企业
2226	杭州采沃纺织品有限公司	商户类企业
2227	杭州拓菲科技有限公司	商户类企业
2228	杭州倍力绣品有限公司	商户类企业
2229	临安欧尚纺织有限公司	商户类企业
2230	杭州尧晨商贸有限公司	商户类企业
2231	杭州励航社进出口贸易有限公司	商户类企业
2232	杭州万邑通信息科技有限公司	商户类企业
2233	杭州缔联客跨境科技有限公司	商户类、物流企业
2234	杭州爱宇实业有限公司	商户类企业
2235	杭州麦劳特进出口有限公司	商户类企业
2236	杭州汉超科技有限公司	商户类企业
2237	杭州震威轴承有限公司	商户类企业
2238	杭州润珀贸易有限公司	商户类企业

表2-3 续73

序号	企业名称	企业类型
2239	杭州德兰家纺有限公司	商户类企业
2240	杭州步升科技有限公司	商户类企业
2241	杭州荣青衣架有限公司	商户类企业
2242	杭州创派贸易有限公司	商户类企业
2243	浙江尚易家具有限公司	商户类企业
2244	杭州赋涵服装辅料有限公司	商户类企业
2245	杭州萧雅集成房屋有限公司	商户类企业
2246	杭州高新国际货运有限公司	商户类企业
2247	浙江中远国际航空货运代理有限公司杭州分公司	商户类、物流企业
2248	杭州迎客帮跨境电子商务服务有限公司	商户类企业
2249	杭州高每贸易有限公司	商户类企业
2250	杭州盛通科技有限公司	商户类企业
2251	杭州宝顺鹰绣品有限公司	商户类企业
2252	许昌娜美美发饰品有限公司	商户类企业
2253	杭州迪凡进出口有限公司	商户类企业
2254	杭州拜宜化工有限公司	商户类企业
2255	杭州运成磁材有限公司	商户类企业
2256	杭州布览德进出口有限公司	商户类企业
2257	杭州凯丰洁具有限公司	商户类企业
2258	杭州奥化网络科技有限公司	商户类企业
2259	杭州可思美包装材料有限公司	商户类企业
2260	浙江杉迪进出口股份有限公司	商户类企业
2261	杭州羽繁贸易有限公司	商户类企业
2262	杭州永超机械有限公司	商户类企业
2263	杭州萧山凤凰纺织有限公司	商户类企业
2264	浙江拓本贸易有限公司	商户类企业
2265	杭州唐能能源科技有限公司	商户类企业
2266	杭州拓派进出口有限公司	商户类企业
2267	杭州乐链网络科技有限公司	商户类、外贸代理企业
2268	杭州三达鞋业有限公司	商户类企业
2269	杭州潇盛卫浴有限公司	商户类企业

表2-3 续74

序号	企业名称	企业类型
2270	杭州成功鞋业有限公司	商户类企业
2271	杭州帕丽思贸易有限公司	商户类企业
2272	杭州博策汽车零部件有限公司	商户类企业
2273	杭州驿栈贸易有限公司	商户类企业
2274	浙江多美绣品有限公司	商户类企业
2275	杭州盛嘉贸易有限公司	商户类企业
2276	杭州海谷心燃国际商贸有限公司	商户类企业
2277	达利（中国）有限公司	商户类企业
2278	杭州骏易翔进出口有限公司	商户类企业
2279	杭州君利莱实业有限公司	商户类企业
2280	杭州世创五金工具有限公司	商户类企业
2281	杭州纪森川贸易有限公司	商户类企业
2282	杭州瑞孚贸易有限公司	商户类企业
2283	杭州诺维奇运动器材有限公司	商户类企业
2284	杭州班固供应链管理有限公司	商户类企业
2285	杭州彼爱琪电器有限公司	商户类企业
2286	建德市十硕贸易有限公司	商户类企业
2287	杭州瀚拓进出口有限公司	商户类企业
2288	杭州芬尼贸易有限公司	商户类企业
2289	杭州金鹊家居用品有限公司	商户类企业
2290	杭州瑞奔汽车配件有限公司	商户类企业
2291	杭州宏艺金属制品有限公司	商户类企业
2292	杭州普诺帆迅工具有限公司	商户类企业
2293	杭州儒画布艺有限公司	商户类企业
2294	建德市佑河商贸有限公司	商户类企业
2295	建德盛菲利商贸有限公司	商户类企业
2296	杭州怡田工具制造有限公司	商户类企业
2297	杭州鸿迪卫浴有限公司	商户类企业
2298	杭州只二网络科技有限公司	商户类企业
2299	杭州前橙国际贸易有限公司	商户类企业
2300	杭州逻辑科技有限公司	商户类企业

表2-3　续75

序号	企业名称	企业类型
2301	杭州迈肯机械有限公司	商户类企业
2302	杭州易龙纺织品有限公司	商户类企业
2303	杭州团美贸易有限公司	商户类企业
2304	杭州依赖科技有限公司	商户类企业
2305	杭州易光科技有限公司	商户类企业
2306	杭州米睿可进出口有限公司	商户类企业
2307	杭州信效煌进出口有限公司	商户类企业
2308	杭州泰盈金属制品有限公司	商户类企业
2309	杭州明众电子商务有限公司	商户类企业
2310	杭州依航纺织有限公司	商户类企业
2311	浙江云道电子商务有限公司	商户类企业
2312	杭州旅鸽电子商务有限公司	商户类企业
2313	杭州匠奇贸易有限公司	商户类企业
2314	杭州灵迪贸易有限公司	商户类企业
2315	杭州创阳化工有限公司	商户类企业
2316	杭州信天翁电子商务有限公司	商户类企业
2317	杭州明月精细化工有限公司	商户类企业
2318	浙江天松医疗器械股份有限公司	商户类企业
2319	杭州钱江干燥设备有限公司	商户类企业
2320	杭州百钨进出口有限公司	商户类企业
2321	杭州小畅快进出口有限公司	商户类企业
2322	杭州聚星新材料科技有限公司	商户类企业
2323	杭州蜂派科技股份有限公司	商户类企业
2324	杭州通普机电科技有限公司	商户类企业
2325	杭州蓝莓通信设备有限公司	商户类企业
2326	杭州心物同流进出口有限公司	商户类企业
2327	杭州卡罗弗喷涂设备有限公司	商户类企业
2328	杭州品库工艺品有限公司	商户类企业
2329	杭州莱曼贸易有限公司	商户类企业
2330	建德市恒力电器有限公司	商户类企业
2331	杭州皓坤贸易有限公司	商户类企业

表2-3 续76

序号	企业名称	企业类型
2332	杭州南时羽贸易有限公司	商户类企业
2333	杭州泰玺贸易有限公司	商户类企业
2334	杭州跃科仪器有限公司	商户类企业
2335	杭州天湃网络科技有限公司	商户类企业
2336	杭州索夫凯贸易有限公司	商户类企业
2337	杭州今骄贸易有限公司	商户类企业
2338	杭州纽恒贸易有限公司	商户类企业
2339	杭州云伞贸易有限公司	商户类企业
2340	杭州校厚贸易有限公司	商户类企业
2341	浙江中南建设集团钢结构有限公司	商户类企业
2342	杭州赛加得传感器有限公司	商户类企业
2343	杭州赛珀斯节能设备有限公司	商户类企业
2344	杭州益邦氨纶有限公司	商户类企业
2345	浙江炊上农业科技有限公司	商户类企业
2346	杭州鼓博机电技术有限公司	商户类企业
2347	浙江丙辰科技有限公司	商户类企业
2348	杭州懒洋洋科技有限公司	商户类企业
2349	杭州浅田贸易有限公司	商户类企业
2350	杭州吾思智能科技有限公司	商户类企业
2351	杭州快驰贸易有限公司	商户类企业
2352	九胜电子商务（杭州）有限公司	商户类企业
2353	杭州新袖服装有限公司	商户类企业
2354	杭州米若秀服饰有限公司	商户类企业
2355	杭州沃薪科技有限公司	商户类企业
2356	杭州双陆科技有限公司	商户类企业
2357	杭州钛拓机电设备有限公司	商户类企业
2358	义乌市泛隆服装辅料有限公司	商户类企业
2359	杭州瑞联纺织科技有限公司	商户类企业
2360	杭州美跃通信科技有限公司	商户类企业
2361	杭州启域信息技术有限公司	商户类企业
2362	杭州皓泉进出口有限公司	商户类企业

表2-3 续77

序号	企业名称	企业类型
2363	杭州皓泉文化创意有限公司	商户类企业
2364	杭州杭宣文化创意有限公司	商户类企业
2365	杭州江东花边服饰有限公司	商户类企业
2366	杭州临港卫浴有限公司	商户类企业
2367	杭州致兴工具有限公司	商户类企业
2368	杭州晨星电力科技有限公司	商户类企业
2369	杭州富阳康华制药机械有限公司	商户类企业
2370	杭州亿凡进出口有限公司	商户类企业
2371	杭州手趣科技有限公司	商户类企业
2372	杭州康鑫汽车销售服务有限公司	商户类企业
2373	杭州富阳吉通实业有限公司	商户类企业
2374	建德市华辉家纺有限公司	商户类企业
2375	杭州周哲科技有限公司	商户类企业
2376	杭州赫铭贸易有限公司	商户类企业
2377	杭州隅融实业有限公司	商户类企业
2378	杭州探清电子科技有限公司	商户类企业
2379	广州宝妍珠宝首饰有限公司	商户类企业
2380	杭州锦汉贸易有限公司	商户类企业
2381	杭州利界贸易有限公司	商户类企业
2382	杭州富源华彩钢有限公司	商户类企业
2383	杭州绿飞诗贸易有限公司	商户类企业
2384	浙江泰德汽车零部件有限公司	商户类企业
2385	柯迈（杭州）起重机械有限公司	商户类企业
2386	杭州富阳迈启进出口有限公司	商户类企业
2387	杭州亿达色浆有限公司	商户类企业
2388	杭州依思家进出口有限公司	商户类企业
2389	杭州余杭树澜得贸易有限公司	商户类企业
2390	数源科技股份有限公司	商户类企业
2391	建德市龙马国际贸易有限公司	商户类企业
2392	浙江春风盛帛服饰有限公司	商户类企业
2393	杭州金士顿实业有限公司	商户类企业

表2-3　续78

序号	企业名称	企业类型
2394	杭州益奇卫浴有限公司	商户类企业
2395	富阳市横山复合材料有限公司	商户类企业
2396	杭州烽瑞光电设备有限公司	商户类企业
2397	建德市合力美寝具有限公司	商户类企业
2398	杭州思诺凡实业有限公司	商户类企业
2399	建德市万盈五金工具有限公司	商户类企业
2400	杭州雷恩液压设备制造有限公司	商户类企业
2401	杭州火心科技有限公司	商户类企业
2402	杭州隆光包装材料有限公司	商户类企业
2403	杭州谷南科技有限公司	商户类企业
2404	杭州亿宾箱包有限公司	商户类企业
2405	杭州动联网络科技有限公司	商户类企业
2406	杭州漫彩纺织品有限公司	商户类企业
2407	南珀湾（杭州）饮水设备有限公司	商户类企业
2408	杭州菲柏进出口有限公司	商户类企业
2409	杭州港力液压机械有限公司	商户类企业
2410	杭州万兴减速机有限公司	商户类企业
2411	杭州华元宠物用品有限公司	商户类企业
2412	建德市威格工具有限公司	商户类企业
2413	杭州荣平屋面瓦业有限公司	商户类企业
2414	杭州富阳科艺家私有限公司	商户类企业
2415	杭州利丰进出口有限公司	商户类企业
2416	杭州柏年智能光电子股份有限公司	商户类企业
2417	杭州成求梓网络科技有限公司	商户类企业
2418	杭州富阳五豪办公设备制造有限公司	商户类企业
2419	杭州大和热磁电子有限公司	商户类企业
2420	浙江尤恩叉车股份有限公司	商户类企业
2421	桐庐优视医疗器械有限公司	商户类企业
2422	建德市康华医疗器材有限公司	商户类企业
2423	建德岳鑫电子商务有限公司	商户类企业
2424	杭州方大丝绸有限公司	商户类企业

表2-3 续79

序号	企业名称	企业类型
2425	杭州汉世商贸有限公司	商户类企业
2426	建德市森蓝电子商务有限公司	商户类企业
2427	杭州富春江进出口有限公司	商户类企业
2428	东方通信股份有限公司	商户类企业
2429	杭州阳拓进出口有限公司	商户类企业
2430	杭州朗宾服饰有限公司	商户类企业
2431	杭州法埃姆斯钢构有限公司	商户类企业
2432	杭州智拓窗饰有限公司	商户类企业
2433	杭州达兹进出口有限公司	商户类企业
2434	杭州曼戈进出口有限公司	商户类企业
2435	杭州金尔太化工有限公司	商户类企业
2436	建德新安江绿帆达食品有限公司	商户类企业
2437	杭州大同日用品有限公司	商户类企业
2438	杭州苏珀曼智能科技有限公司	商户类企业
2439	杭州嘉实进出口贸易有限公司	商户类企业
2440	杭州永鸿昌进出口有限公司	商户类企业
2441	杭州凯的园进出口有限公司	商户类企业
2442	杭州卫然机械有限公司	商户类企业
2443	杭州富阳三江文体用品有限公司	商户类企业
2444	杭州越进新材料有限公司	商户类企业
2445	杭州普威实业有限公司	商户类企业
2446	杭州法信贸易有限公司	商户类企业
2447	科蓝纳尔（杭州）空气净化技术有限公司	商户类企业
2448	杭州比洋服饰有限公司	商户类企业
2449	杭州阿吉普进出口有限公司	商户类企业
2450	杭州美控自动化技术有限公司	商户类企业
2451	金斯兰蒂商贸（杭州）有限公司	商户类企业
2452	杭州秋蝶服装辅料有限公司	商户类企业
2453	杭州神宇五金工艺有限公司	商户类企业
2454	娇时日化（杭州）股份有限公司	商户类企业
2455	杭州绿辉照明科技有限公司	商户类企业

表2-3 续80

序号	企业名称	企业类型
2456	杭州精诚自控工程有限公司	商户类企业
2457	浙江杉杉茶叶有限公司	商户类企业
2458	杭州益特机械有限公司	商户类企业
2459	杭州 富阳圣莎进出口有限公司	商户类企业
2460	浙江苏泊尔家电制造有限公司	商户类企业
2461	杭州波特曼检测技术服务有限公司	商户类企业
2462	杭州雪霓进出口有限公司	商户类企业
2463	杭州顺天贸易有限公司	商户类企业
2464	杭州创生实业有限公司	商户类企业
2465	杭州美佳工艺品有限公司	商户类企业
2466	杭州耀凯进出口有限公司	商户类企业
2467	耐米客服装（杭州）有限公司	商户类企业
2468	杭州新致科技有限公司	商户类企业
2469	浙江沁歌服饰有限公司	商户类企业
2470	爱思德（杭州）珠宝有限公司	商户类企业
2471	杭州泰而恒商贸有限公司	商户类企业
2472	如东日之升劳保用品有限公司	商户类企业
2473	杭州新世纪进出口有限公司	商户类企业
2474	杭州市飞腾针纺有限公司	商户类企业
2475	杭州派泽科技有限公司	商户类企业
2476	杭州正泽家具有限公司	商户类企业
2477	杭州宝源进出口有限公司	商户类企业
2478	杭州兴意金属制造有限公司	商户类企业
2479	浙江罗森百货有限公司	商户类企业
2480	杭州埃尔环保科技有限公司	商户类企业
2481	杭州雨鼎工贸有限公司	商户类企业
2482	浙江欧特服装有限公司	商户类企业
2483	杭州四方医疗器械有限公司	商户类企业
2484	杭州广旭数控设备有限公司	商户类企业
2485	雷得服装（杭州）有限公司	商户类企业
2486	杭州瑞度速传动设备有限公司	商户类企业

表2-3 续81

序号	企业名称	企业类型
2487	杭州专用汽车有限公司	商户类企业
2488	杭州名诚贸易有限公司	商户类企业
2489	杭州华尊照明有限公司	商户类企业
2490	浙江佰仕泰贸易有限公司	商户类企业
2491	杭州双顺进出口有限公司	商户类企业
2492	杭州腾飞缝制机械有限公司	商户类企业
2493	杭州全灵标准件有限公司	商户类企业
2494	杭州正电科技有限公司	商户类企业
2495	浙江重洋经贸发展有限公司	商户类企业
2496	杭州勃然进出口有限公司	商户类企业
2497	杭州威驰贸易有限公司	商户类企业
2498	浙江众融企业	商户类企业
2499	杭州梁荣进出口有限公司	商户类企业
2500	杭州嘉中贸易有限公司	商户类企业
2501	杭州奥伽纺织品有限公司	商户类企业
2502	杭州川越丝绸进出口有限公司	商户类企业
2503	杭州泽瑞厨具制造有限公司	商户类企业
2504	杭州米拉电子商务有限公司	商户类企业
2505	杭州泽通贸易有限公司	商户类企业
2506	杭州维艾娜家纺有限公司	商户类企业
2507	杭州康基医疗器械有限公司	商户类企业
2508	杭州杰西亚家居有限公司	商户类企业
2509	杭州优提安开密卡新能源有限公司	商户类企业
2510	诺华（杭州）纺织有限公司	商户类企业
2511	杭州闲林振中机械厂	商户类企业
2512	杭州易膜环保科技有限公司	商户类企业
2513	桐庐森莱特水晶有限公司	商户类企业
2514	杭州卓瑞进出口有限公司	商户类企业
2515	桐庐靓雅化妆品有限公司	商户类企业
2516	浙江圣兰德厨卫有限公司	商户类企业
2517	杭州富阳黎明实业有限公司	商户类企业

表2-3 续82

序号	企业名称	企业类型
2518	富阳创红进出口有限公司	商户类企业
2519	杭州众诚制衣有限公司	商户类企业
2520	杭州士兰微电子股份有限公司	商户类企业
2521	高碑店市空中鸟皮具有限公司	商户类企业
2522	杭州兴辰贸易有限公司	商户类企业
2523	桐庐诗曼进出口有限公司	商户类企业
2524	浙江春风珍妮针织品有限公司	商户类企业
2525	杭州诗曼文具有限公司	商户类企业
2526	杭州叙强贸易有限公司	商户类企业
2527	浙江美舒源纸塑有限公司	商户类企业
2528	浙江大铭新材料股份有限公司	商户类企业
2529	杭州富阳绫丰进出口有限公司	商户类企业
2530	桐庐安普诺进出口有限公司	商户类企业
2531	杭州嘉宁实业有限公司	商户类企业
2532	杭州汉驭网架有限公司	商户类企业
2533	桐庐立强制衣有限公司	商户类企业
2534	杭州迈尼科机械有限公司	商户类企业
2535	浙江三庸蜂业科技有限公司	商户类企业
2536	浙江展荣贸易有限公司	商户类企业
2537	杭州日新进出口股份有限公司	商户类企业
2538	桐庐诗奇实业有限公司	商户类企业
2539	杭州欧浪卫浴设备有限公司	商户类企业
2540	杭州瑞豪纺织品有限公司	商户类企业
2541	杭州锦惠贸易有限公司	商户类企业
2542	杭州拓乐实业有限公司	商户类企业
2543	杭州天鹄进出口有限公司	商户类企业
2544	桐庐文诺进出口有限公司	商户类企业
2545	杭州春江阀门有限公司	商户类企业
2546	桐庐朋多进出口有限公司	商户类企业
2547	杭州天辉针织有限公司	商户类企业
2548	杭州厚源包装有限公司	商户类企业

表2-3　续83

序号	企业名称	企业类型
2549	杭州柏益实业有限公司	商户类企业
2550	杭州镭速清洗设备有限公司	商户类企业
2551	杭州凯绮丝绸有限公司	商户类企业
2552	杭州天隆生物科技有限公司	商户类企业
2553	杭州盘古自动化系统有限公司	商户类企业
2554	杭州奎瑞进出口有限公司	商户类企业
2555	杭州露依尔进出口有限公司	商户类企业
2556	杭州臻蕾贸易有限公司	商户类企业
2557	桐庐金尚文化用品有限公司	商户类企业
2558	桐庐杨帆针织有限公司	商户类企业
2559	杭州高远印务有限公司	商户类企业
2560	杭州爱科科技有限公司	商户类企业
2561	杭州华耀通信设备有限公司	商户类企业
2562	桐庐华钏制笔厂	商户类企业
2563	杭州桐庐时空候医疗器械有限公司总裁	商户类企业
2564	桐庐聚优进出口有限公司	商户类企业
2565	杭州友达实业有限公司	商户类企业
2566	杭州蓝圣阀门有限公司	商户类企业
2567	杭州威德医疗科技有限公司	商户类企业
2568	浙江奥灵格建材系统有限公司	商户类企业
2569	杭州清新饰品有限公司	商户类企业
2570	杭州桐庐天诚针织有限公司	商户类企业
2571	杭州龙谭科技有限公司	商户类企业
2572	临安永锋工具有限公司	商户类企业
2573	杭州高威纺织品进出口有限公司	商户类企业
2574	杭州露依尔纺织有限公司	商户类企业
2575	杭州富杰户外用品有限公司	商户类企业
2576	杭州启钧贸易有限公司	商户类企业
2577	杭州意仕腾电子有限公司	商户类企业
2578	浙江申达斯奥医疗器械有限公司	商户类企业
2579	杭州耿阳化工材料有限公司	商户类企业

表2-3 续84

序号	企业名称	企业类型
2580	杭州君冠建筑装饰材料有限公司	商户类企业
2581	建德市万达闸器厂	商户类企业
2582	杭州瑞历磁性材料有限公司	商户类企业
2583	杭州钮创贸易有限公司	商户类企业
2584	杭州泰姆电气有限公司	商户类企业
2585	杭州莱嘉莱竹木制品有限公司	商户类企业
2586	临安晨逸纺织涂层有限公司	商户类企业
2587	杭州泱泓生物工程有限公司	商户类企业
2588	杭州豪芊进出口有限公司	商户类企业
2589	杭州商泰服饰有限公司	商户类企业
2590	杭州宏捷光电设备有限公司	商户类企业
2591	浙江康百欣新材料有限公司	商户类企业
2592	杭州甫迈纺织品有限公司	商户类企业
2593	杭州邦美展览器材有限公司	商户类企业
2594	杭州永德电气有限公司	商户类企业
2595	杭州泛亚休闲用品有限公司	商户类企业
2596	临安彼得照明电器有限公司	商户类企业
2597	杭州米格电机有限公司	商户类企业
2598	杭州信睿恒汽车零部件有限公司	商户类企业
2599	杭州萧然进出口有限公司	商户类企业
2600	杭州翰烁医疗器械有限公司	商户类企业
2601	长兴永顺纺织有限公司	商户类企业
2602	杭州华隆羽绒制品有限公司	商户类企业
2603	杭州市萧山进出口贸易有限公司	商户类企业
2604	汉帛（中国）有限公司	商户类企业
2605	浙江金迪门业有限公司	商户类企业
2606	杭州梦舟服饰有限公司	商户类企业
2607	杭州鑫鸿森纺织有限公司	商户类企业
2608	浙江胜利羽绒制品有限公司	商户类企业
2609	杭州天龙钢瓶有限公司	商户类企业
2610	杭州舒园进出口有限公司	商户类企业

表2-3 续85

序号	企业名称	企业类型
2611	杭州瑞景包装有限公司	商户类企业
2612	杭州瑞航实业有限公司	商户类企业
2613	杭州百濠羊绒有限公司	商户类企业
2614	杭州荣大医药化工有限公司	商户类企业
2615	丹阳明镜光学眼镜进出口有限公司	商户类企业
2616	夜草科技（杭州）有限公司	商户类企业
2617	浙江健拓医疗仪器科技有限公司	商户类企业
2618	杭州临安思迪科技有限公司	商户类企业
2619	杭州百尊五金制造有限公司	商户类企业
2620	杭州安佩电器有限公司	商户类企业
2621	杭州萧山百合五金制品厂	商户类企业
2622	杭州辰睿空分设备制造有限公司	商户类企业
2623	杭州锡安通讯有限公司	商户类企业
2624	杭州月丰进出口有限公司	商户类企业
2625	杭州一抹金纺织品有限公司	商户类企业
2626	杭州赛贝进出口有限公司	商户类企业
2627	杭州红缘坊纺织有限公司	商户类企业
2628	杭州精益化工有限公司	商户类企业
2629	杭州宝丰电子机械制造有限公司	商户类企业
2630	杭州陌上花电脑针织有限公司	商户类企业
2631	杭州临安联峰电器有限公司	商户类企业
2632	杭州增辉进出口有限公司	商户类企业
2633	浙江金迪控股集团有限公司	商户类企业
2634	杭州隆宁贸易有限公司	商户类企业
2635	杭州青山寝具有限公司	商户类企业
2636	杭州金益丝绸有限公司	商户类企业
2637	浙江华立国际发展有限公司	商户类企业
2638	杭州中力摩擦器材有限公司	商户类企业
2639	杭州华裕机械有限公司	商户类企业
2640	杭州维高生物科技有限公司	商户类企业
2641	杭州兰湖进出口贸易有限公司	商户类企业

表2-3 续86

序号	企业名称	企业类型
2642	杭州拓金金属制品有限公司	商户类企业
2643	杭州汉界科技有限公司	商户类企业
2644	杭州永新机械设备有限公司	商户类企业
2645	中国诚通国际贸易有限公司	商户类企业
2646	杭州欧雅实业有限公司	商户类企业
2647	杭州东华链条集团有限公司	商户类企业
2648	杭州凰顺实业有限公司	商户类企业
2649	杭州汉海纸业有限公司	商户类企业
2650	鹰潭纽福克斯新能源有限公司	商户类企业
2651	杭州德昌视讯科技有限公司	商户类企业
2652	杭州泰格电子电器有限公司	商户类企业
2653	杭州鸿世电器有限公司	商户类企业
2654	杭州巨道进出口有限公司	商户类企业
2655	杭州宇中高虹照明电器有限公司	商户类企业
2656	杭州瑞途机械有限公司	商户类企业
2657	杭州戴唯斯进出口有限公司	商户类企业
2658	杭州中亚布艺有限公司	商户类企业
2659	浙江大洋生物科技集团股份有限公司	商户类企业
2660	杭州斯爵思机械设备有限公司	商户类企业
2661	杭州胜奇纺塑有限公司	商户类企业
2662	杭州圣菲丹纺织品有限公司	商户类企业
2663	临安裕宏电线电缆有限公司	商户类企业
2664	临安市家美汇清洁用品有限公司	商户类企业
2665	杭州一楠五金工具有限公司	商户类企业
2666	杭州羲众服饰有限公司	商户类企业
2667	杭州森瑟丁科技有限公司	商户类企业
2668	杭州中艺实业股份有限公司	商户类企业
2669	浙江通九州网络科技有限公司	商户类企业
2670	杭州艾尔柯制冷剂科技有限公司	商户类企业
2671	杭州华深金属制品有限公司	商户类企业
2672	杭州盼得照明电器有限公司	商户类企业

表2-3 续87

序号	企业名称	企业类型
2673	杭州永利摩擦材料有限公司	商户类企业
2674	临安市贝贝家纺织品有限公司	商户类企业
2675	杭州炫漫曲丝绸贸易有限公司	商户类企业
2676	杭州飞达电子照明有限公司	商户类企业
2677	建德市大洋家用设备有限公司	商户类企业
2678	建德市万家电器电缆有限公司	商户类企业
2679	杭州临安三鑫清洁用品有限公司	商户类企业
2680	杭州余杭对外贸易有限公司	商户类企业
2681	连云港市英普石英有限公司	商户类企业
2682	东莞市海霞包装制品有限公司	商户类企业
2683	杭州路翔机械有限公司	商户类企业
2684	杭州余杭轻工进出口有限公司	商户类企业
2685	杭州萧山国际经济技术合作有限公司	商户类企业
2686	杭州中纺进出口有限公司	商户类企业
2687	杭州伟尔盛文体用品有限公司	商户类企业
2688	杭州圆成贸易有限公司	商户类企业
2689	杭州伊萨卡纸制品有限公司	商户类企业
2690	杭州万轮进出口有限公司	商户类企业
2691	杭州市粮油食品土畜产进出口有限公司	商户类企业
2692	浙江中杰进出口有限公司	商户类企业
2693	杭州佰业贸易有限公司	商户类企业
2694	广州市凯毅服装有限公司	商户类企业
2695	上虞市平安制伞有限公司	商户类企业
2696	万事达（杭州）咖啡机有限公司	商户类企业
2697	杭州通宁贸易有限公司	商户类企业
2698	杭州睿宁贸易有限公司	商户类企业
2699	浙江春风羊绒有限公司	商户类企业
2700	杭州欧歌电器有限公司	商户类企业
2701	浙江乐恒动力科技股份有限公司	商户类企业
2702	浙江盛合贸易有限公司	商户类企业
2703	杭州子杰运动船桨有限公司	商户类企业

表2-3 续88

序号	企业名称	企业类型
2704	杭州熙利工贸有限公司	商户类企业
2705	浙江新安化工集团股份有限公司	商户类企业
2706	杭州樱太电器有限公司	商户类企业
2707	浙江潇汕进出口有限公司	商户类企业
2708	杭州美连网络科技有限公司	商户类企业
2709	杭州艺佳纺织品有限公司	商户类企业
2710	杭州晶映进出口有限公司	商户类企业
2711	杭州欧莱迅进出口有限公司	商户类企业
2712	杭州源源数码喷绘材料有限公司	商户类企业
2713	杭州科昂电力电器有限公司	商户类企业
2714	广州四喜人玩具有限公司	商户类企业
2715	杭州伊群服饰有限公司	商户类企业
2716	杭州骐瑞机电设备有限公司	商户类企业
2717	建德市通达椅业有限公司	商户类企业
2718	杭州儒客贸易有限公司	商户类企业
2719	临安市贝园工艺品厂	商户类企业
2720	杭州瑞裕实业有限公司	商户类企业
2721	杭州道然进出口有限公司	商户类企业
2722	杭州觅林进出口有限公司	商户类企业
2723	杭州派特服饰有限公司	商户类企业
2724	杭州南特机械设备有限公司	商户类企业
2725	杭州四海传动件有限公司	商户类企业
2726	杭州亨特电气有限公司	商户类企业
2727	杭州雅利德橡塑制品有限公司	商户类企业
2728	浙江耐隆纤维有限公司	商户类企业
2729	浙江大华科技有限公司	商户类企业
2730	杭州富阳惠宝汉威贸易有限公司	商户类企业
2731	杭州昊达进出口有限公司	商户类企业
2732	杭州宇恒进出口有限公司	商户类企业
2733	杭州创远电缆有限公司	商户类企业
2734	杭州林金户外用品有限公司	商户类企业

表2-3 续89

序号	企业名称	企业类型
2735	杭州泰富纺织化纤有限公司	商户类企业
2736	杭州锐进进出口有限公司	商户类企业
2737	杭州炫恩科技有限公司	商户类企业
2738	杭州观盛进出口有限公司	商户类企业
2739	浙江百得利制革有限公司	商户类企业
2740	杭州奥拓莱贸易有限公司	商户类企业
2741	临安力拓电子有限公司	商户类企业
2742	杭州临安远洋电缆有限公司	商户类企业
2743	浙江永昌进出口有限公司	商户类企业
2744	浙江春风服装集团有限公司	商户类企业
2745	佑昌乐万利（杭州）金属制品有限公司	商户类企业
2746	杭州拓沃进出口有限公司	商户类企业
2747	杭州德塔工艺灯饰电器有限公司	商户类企业
2748	浙江万邦贸易有限责任公司	商户类企业
2749	杭州翰都实业有限公司	商户类企业
2750	杭州骏澜贸易有限公司	商户类企业
2751	建德市博乐纺织品有限公司	商户类企业
2752	杭州科龙电器工具股份有限公司	商户类企业
2753	永杰新材料股份有限公司	商户类企业
2754	杭州超义实业有限公司	商户类企业
2755	杭州喜天奇电子有限公司	商户类企业
2756	建德市新帛家纺有限公司	商户类企业
2757	杭州晶鑫镀膜包装有限公司	商户类企业
2758	杭州廷镁家居服饰有限公司	商户类企业
2759	杭州华日电冰箱股份有限公司	商户类企业
2760	杭州茂拓进出口有限公司	商户类企业
2761	杭州浦森进出口有限公司	商户类企业
2762	杭州欧邦机械有限公司	商户类企业
2763	易东机电制造（杭州）有限公司	商户类企业
2764	杭州美胜实业有限公司	商户类企业
2765	浙江春风欣盛服饰有限公司	商户类企业

表2-3 续90

序号	企业名称	企业类型
2766	绍兴宏法针织有限公司	商户类企业
2767	杭州泽远进出口有限公司	商户类企业
2768	杭州天创进出口有限公司	商户类企业
2769	浙江锦盛控股集团有限公司	商户类企业
2770	建德市宇天进出口有限公司	商户类企业
2771	杭州沈氏节能科技股份有限公司	商户类企业
2772	杭州中迪贸易有限公司	商户类企业
2773	杭州恒柏减速机有限公司	商户类企业
2774	思创医惠科技股份有限公司	商户类企业
2775	杭州有朋进出口有限公司	商户类企业
2776	建德市友联电器有限公司	商户类企业
2777	杭州安杰诺经贸有限公司	商户类企业
2778	杭州领创纺织品有限公司	商户类企业
2779	建德市艾格电器有限公司	商户类企业
2780	浙江英凯莫实业有限公司	商户类企业
2781	杭州帆客进出口有限公司	商户类企业
2782	杭州康斯达卫浴有限公司	商户类企业
2783	杭州易叠贸易有限公司	商户类企业
2784	建德市欧雅光电工艺制品厂	商户类企业
2785	杭州镇涵运动器材有限公司	商户类企业
2786	杭州奥陆贸易有限公司	商户类企业
2787	建德市朗格电器有限公司	商户类企业
2788	杭州乐仕丽容实业有限公司	商户类企业
2789	建德市贝贝猫家纺有限公司	商户类企业
2790	杭州俊佳家居用品有限公司	商户类企业
2791	杭州航特贸易有限公司	商户类企业
2792	建德市维佳进出口有限公司	商户类企业
2793	杭州福光工贸有限公司	商户类企业
2794	杭州琨展科技有限公司	商户类企业
2795	临安明普照明电器有限公司	商户类企业
2796	建德市延升电器有限公司	商户类企业

表2-3　续91

序号	企业名称	企业类型
2797	临安华江商贸有限公司	商户类企业
2798	杭州德泰服饰有限公司	商户类企业
2799	杭州临安露华实业有限公司	商户类企业
2800	杭州鹏硕进出口有限公司	商户类企业
2801	浙江宏都寝具有限公司	商户类企业
2802	临安大拇指清洁用品有限公司	商户类企业
2803	建德市昌宏电线电缆有限公司	商户类企业
2804	临安市洁诺无纺布制品厂（普通合伙）	商户类企业
2805	杭州希尔维亚进出口有限公司	商户类企业
2806	临安欧博照明电器有限公司	商户类企业
2807	浙江亿邦通信科技股份有限公司	商户类企业
2808	建德市美艾纺织品有限公司	商户类企业
2809	杭州久诚电子有限公司	商户类企业
2810	杭州临安华睿服饰有限公司	商户类企业
2811	建德市三元伞业有限公司	商户类企业
2812	杭州广安汽车电器有限公司	商户类企业
2813	桐庐绫慧针织有限公司	商户类企业
2814	杭州同富跨境电子商务有限公司	商户类企业
2815	杭州子秋机械有限公司	商户类企业
2816	杭州艾维嘉洁具有限公司	商户类企业
2817	杭州中隽贸易有限公司	商户类企业
2818	杭州鹏曜科技有限公司	商户类企业
2819	杭州新旭纺织品有限公司	商户类企业
2820	杭州聚光进出口有限公司	商户类企业
2821	杭州凯特电器有限公司	商户类企业
2822	杭州皇冠卫浴洁具有限公司	商户类企业
2823	杭州鼎岳空分设备有限公司	商户类企业
2824	杭州泛美工贸有限公司	商户类企业
2825	富阳山瑞机械有限公司	商户类企业
2826	杭州誉煌传动设备有限公司	商户类企业
2827	杭州蓝天安全玻璃有限公司	商户类企业

表2-3 续92

序号	企业名称	企业类型
2828	杭州喆隆供应链管理有限公司	商户类企业
2829	杭州东江摩擦材料有限公司	商户类企业
2830	桐庐书香门第文具有限公司	商户类企业
2831	杭州利通国际货运代理有限公司	商户类企业
2832	杭州永创智能设备股份有限公司	商户类企业
2833	浙江博上光电有限公司	商户类企业
2834	杭州兴发传输设备有限公司	商户类企业
2835	杭州富阳思高办公用品有限公司	商户类企业
2836	杭州速普商用机器有限公司	商户类企业
2837	桐庐孔惠纺织有限公司	商户类企业
2838	杭州冠科进出口有限公司	商户类企业
2839	杭州优尔生物科技有限公司	商户类企业
2840	杭州宝山电光源有限公司	商户类企业
2841	杭州欣太进出口有限公司	商户类企业
2842	杭州宏峰电缆有限公司	商户类企业
2843	杭州可靠护理用品股份有限公司	商户类企业
2844	杭州飞燕氟塑制品有限公司	商户类企业
2845	临安霍夫瑞汽车维修设备有限公司	商户类企业
2846	杭州富善医疗器械有限公司	商户类企业
2847	浙江省淳安县对外贸易有限公司	商户类企业
2848	杭州亿港机械有限公司	商户类企业
2849	杭州富轮进出口贸易有限公司	商户类企业
2850	杭州亮亮电子照明有限公司	商户类企业
2851	杭州汇同对外贸易有限公司	商户类企业
2852	临安海航贸易有限公司	商户类企业
2853	杭州博罗进出口有限公司	商户类企业
2854	杭州新万利电子有限公司	商户类企业
2855	浙江贝达管业有限公司	商户类企业
2856	浙江启益进出口有限公司	商户类企业
2857	杭州康榕进出口有限公司	商户类企业
2858	杭州维那贸易有限公司	商户类企业

表2-3 续93

序号	企业名称	企业类型
2859	杭州皓宁建材有限公司	商户类企业
2860	航天通信控股集团股份有限公司	商户类企业
2861	杭州庄诚进出口有限公司	商户类企业
2862	杭州叶拉进出口有限公司	商户类企业
2863	杭州瑞球恩服饰有限公司	商户类企业
2864	浙江贝欧复合材料制造有限公司	商户类企业
2865	杭州能派电池有限公司	商户类企业
2866	杭州萨祺进出口有限公司	商户类企业
2867	建德温建贸易有限公司	商户类企业
2868	杭州富阳泰铭制衣有限公司	商户类企业
2869	杭州沃昌进出口有限公司	商户类企业
2870	建德市九天进出口贸易有限公司	商户类企业
2871	杭州凯诚进出口有限公司	商户类企业
2872	杭州富阳大天工贸有限公司	商户类企业
2873	杭州旗奥实业有限公司	商户类企业
2874	杭州裕蚕行纺织品有限公司	商户类企业
2875	杭州五洲进出口有限公司	商户类企业
2876	杭州德乐仕贸易有限公司	商户类企业
2877	杭州富阳诚磊贸易有限公司	商户类企业
2878	杭州海顺制药机械有限公司	商户类企业
2879	杭州卓茂贸易有限公司	商户类企业
2880	杭州星羽捷贸易有限公司	商户类企业
2881	江西华君进出口有限公司	商户类企业
2882	杭州佳园彩色印刷有限公司	商户类企业
2883	建德晨宇电子商务有限公司	商户类企业
2884	杭州和讯实业有限公司	商户类企业
2885	桐庐森龙浩工艺品有限公司	商户类企业
2886	杭州首诺贸易有限公司	商户类企业
2887	杭州绿洋纸塑制品有限公司	商户类企业
2888	浙江新大富春服饰有限公司	商户类企业
2889	杭州海兰科技有限公司	商户类企业

表2-3 续94

序号	企业名称	企业类型
2890	杭州西畔服饰有限公司	商户类企业
2891	浙江汉德邦建材有限公司	商户类企业
2892	杭州富春食品添加剂有限公司	商户类企业
2893	杭州派舜橡塑有限公司	商户类企业
2894	杭州朗鸿科技股份有限公司	商户类企业
2895	杭州名轩卫生用品有限公司	商户类企业
2896	杭州佳瑞五金制品有限公司	商户类企业
2897	浦江县一览水晶有限公司	商户类企业
2898	杭州热威机电有限公司	商户类企业
2899	杭州河合电器股份有限公司	商户类企业
2900	浙江启扬智能科技有限公司	商户类企业
2901	杭州中集电子进出口有限公司	商户类企业
2902	杭州琅旭服饰有限公司	商户类企业
2903	杭州永业进出口有限公司	商户类企业
2904	浙江双乐休闲用品有限公司	商户类企业
2905	杭州思佰特贸易有限公司	商户类企业
2906	聚光科技（杭州）股份有限公司	商户类企业
2907	杭州邦良日化有限公司	商户类企业
2908	杭州富光科技有限公司	商户类企业
2909	杭州百福德园艺用品有限公司	商户类企业
2910	杭州新乐仕颜料有限公司	商户类企业
2911	杭州昌睦服饰有限公司	商户类企业
2912	杭州森炬休闲用品有限公司	商户类企业
2913	杭州科晟纺织有限公司	商户类企业
2914	杭州桑尼能源科技股份有限公司	商户类企业
2915	浙江春风纺织集团有限公司	商户类企业
2916	杭州优派克化工有限公司	商户类企业
2917	杭州大唐进出口有限公司	商户类企业
2918	杭州祥瑞进出口有限公司	商户类企业
2919	杭州启诚贸易有限公司	商户类企业
2920	杭州万凯贸易有限公司	商户类企业

表2-3 续95

序号	企业名称	企业类型
2921	杭州耀通进出口有限公司	商户类企业
2922	浙江易舱科技有限公司	商户类企业
2923	杭州宝牛科技有限公司	商户类企业
2924	杭州军桥汽配有限公司	商户类企业
2925	浙江咸亨国际通用设备有限公司	商户类企业
2926	杭州诺平生物技术有限公司	商户类企业
2927	浙江新洲国际贸易有限公司	商户类企业
2928	杭州东源进出口贸易有限公司	商户类企业
2929	浙江中锦纺织科技有限公司	商户类企业
2930	杭州米渡进出口有限公司	商户类企业
2931	浙江丰洋进出口有限公司	商户类企业
2932	杭州依曼进出口有限公司	商户类企业
2933	杭州扬仕贸易有限公司	商户类企业
2934	杭州赛珂飒丝服饰有限公司	商户类企业
2935	杭州久祥进出口有限公司	商户类企业
2936	杭州智迈贸易有限公司	商户类企业
2937	临安华尚电器有限公司	商户类企业
2938	杭州亚源机电设备有限公司	商户类企业
2939	杭州久祺工贸有限公司	商户类企业
2940	杭州凯胜化工有限公司	商户类企业
2941	杭州恒阳贸易有限公司	商户类企业
2942	桐庐富春江织造集团有限公司	商户类企业
2943	杭州湛恩进出口有限公司	商户类企业
2944	杭州日扬进出口有限公司	商户类企业
2945	杭州法玛化学品有限公司	商户类企业
2946	杭州千骏轴承有限公司	商户类企业
2947	杭州捷生进出口有限公司	商户类企业
2948	杭州张氏通和鞋业有限公司	商户类企业
2949	杭州新威医药化工有限公司	商户类企业
2950	杭州琵玛贸易有限公司	商户类企业
2951	杭州国轩进出口有限公司	商户类企业

表2-3　续96

序号	企业名称	企业类型
2952	杭州华飞化工有限公司	商户类企业
2953	杭州正通贸易有限公司	商户类企业
2954	浙江盛名实业有限公司	商户类企业
2955	杭州新晨进出口有限公司	商户类企业
2956	杭州海阔橡塑制品有限公司	商户类企业
2957	杭州恩呃力机械设备有限公司	商户类企业
2958	杭州中家尚实业有限公司	商户类企业
2959	杭州喆朋进出口有限公司	商户类企业
2960	桐庐欧美工艺品有限公司	商户类企业
2961	杭州诺沃进出口贸易有限公司	商户类企业
2962	杭州有为进出口有限公司	商户类企业
2963	杭州富尔顿实业有限公司	商户类企业
2964	杭州慕欧服饰有限公司	商户类企业
2965	杭州伊索弗科技有限公司	商户类企业
2966	杭州华塑加达网络科技有限公司	商户类企业
2967	杭州英诺进出口有限公司	商户类企业
2968	杭州亿豪进出口有限公司	商户类企业
2969	杭州其顺进出口有限公司	商户类企业
2970	杭州澳普斯农业机械有限公司	商户类企业
2971	杭州瑞江化工有限公司	商户类企业
2972	杭州申古科技有限公司	商户类企业
2973	杭州卡朋特贸易有限公司	商户类企业
2974	杭州莱宝汽车零配件有限公司	商户类企业
2975	杭州水晶运动机械股份有限公司	商户类企业
2976	杭州诺诚贸易有限公司	商户类企业
2977	杭州亘荣化工有限公司	商户类企业
2978	杭州兆世进出口有限公司	商户类企业
2979	浙江文华服饰有限公司	商户类企业
2980	杭州方祥医疗器械有限公司	商户类企业
2981	浙江至优环保科技有限公司	商户类企业
2982	杭州同普贸易有限公司	商户类企业

表2-3 续97

序号	企业名称	企业类型
2983	杭州曼诺休闲用品有限公司	商户类企业
2984	惠多利农资有限公司	商户类企业
2985	杭州易斯百电子商务有限公司	商户类企业
2986	杭州智艺家居有限公司	商户类企业
2987	杭州腾百实业有限公司	商户类企业
2988	英飞特电子（杭州）股份有限公司	商户类企业
2989	浙江惠茂电子商务有限公司	商户类企业
2990	杭州中昌贸易有限公司	商户类企业
2991	杭州中维新材料科技有限公司	商户类企业
2992	临安龙上包装材料有限公司	商户类企业
2993	浙江融易通进出口有限公司	商户类、外贸代理企业
2994	杭州喆隆实业有限公司	商户类企业
2995	杭州日晟国际货运代理有限公司	商户类、物流企业
2996	杭州谷优进出口有限公司	商户类企业
2997	浙江速通天呈商务服务股份有限公司	商户类、外贸代理企业
2998	浙江裕和贸易有限公司	商户类企业
2999	浙江东方海纳电子商务有限公司	商户类企业
3000	浙江集九电子商务有限公司	商户类企业
3001	杭州有棵树科技有限公司	商户类、平台类企业
3002	杭州昶胜电子商务有限公司	商户类企业
3003	杭州中梦食品有限公司	商户类企业
3004	杭州环宇文化创意有限公司	商户类、平台类企业
3005	网易宝有限公司	支付企业
3006	商盟商务服务有限公司	支付企业
3007	中国建设银行股份有限公司浙江省分行	支付企业
3008	聚美支付	支付企业
3009	杭州市民卡有限公司	支付企业
3010	中国工商银行股份有限公司	支付企业
3011	浙江贝付科技有限公司	支付企业
3012	通联支付网络服务股份有限公司浙江分公司	支付企业
3013	招商银行股份有限公司杭州分行	支付企业

表2-3 续98

序号	企业名称	企业类型
3014	支付宝（中国）网络技术有限公司	支付企业
3015	兴业银行股份有限公司杭州分行	支付企业
3016	中国农业银行股份有限公司浙江省分行	支付企业
3017	天天快递有限公司	物流企业
3018	杭州普讯科技有限公司	物流企业
3019	中国邮政速递物流股份有限公司浙江省分公司	物流企业
3020	中国邮政速递物流股份有限公司杭州市分公司	物流企业
3021	浙江顺丰速运有限公司	物流企业
3022	浙江中外运有限公司杭州物流分公司	商户类、物流企业
3023	杭州民生汽车运输有限公司	物流企业
3024	杭州多拉供应链有限公司	物流企业
3025	北京燕文物流有限公司杭州分公司	物流企业
3026	杭州文轩物流信息咨询有限公司	物流企业
3027	杭州楷达供应链管理有限公司	物流企业
3028	赛诚（杭州）国际物流有限公司	物流企业
3029	杭州龙猫供应链管理有限公司	物流企业
3030	天津泰达阿尔卑斯物流有限公司杭州分公司	物流企业
3031	杭州天越供应链有限公司	物流企业
3032	杭州德邦货运代理有限公司	物流企业
3033	杭州秀富实业国际物流有限公司下沙分公司	物流企业
3034	杭州佳成股份有限公司	物流企业
3035	杭州灵灵鼠供应链管理有限公司	物流企业
3036	杭州思代宝快递有限公司	物流企业
3037	浙江天天快递有限公司	物流企业
3038	杭州全一峰物流信息咨询有限公司	物流企业
3039	杭州星缘网络科技有限公司	物流企业
3040	优速快递	物流企业
3041	中国邮政集团公司杭州市分公司	商户类、物流企业
3042	杭州郡仓供应链管理有限公司	物流企业
3043	杭州天翔东捷运物流有限公司	物流企业
3044	杭州百世网络技术有限公司	物流企业

表2-3 续99

序号	企业名称	企业类型
3045	杭州航帆物流有限公司	物流企业
3046	杭州风帆物流有限公司	物流企业
3047	港中旅华贸股份有限公司杭州分公司	物流企业
3048	浙江芝麻开门供应链管理有限公司	物流企业
3049	杭州百福东方国际货运代理有限公司	物流企业
3050	杭州爱彼西商务配送有限公司	物流企业
3051	杭州易派供应链管理有限公司	物流企业
3052	杭州泛远股份有限公司	物流企业
3053	浙江大田国际货运有限公司	物流企业
3054	浙江奥睿德国际货运代理有限公司	物流企业
3055	宁波路易通电子商务有限公司杭州分公司	物流企业
3056	航都（厦门）国际货运代理有限公司杭州分公司	物流企业
3057	浙江圆通速递有限公司	物流企业
3058	杭州博奥国际货运代理有限公司	物流企业
3059	杭州递途西供应链管理有限公司	物流企业
3060	杭州牵趣物流有限公司	物流企业
3061	杭州望恒物流有限公司	物流企业
3062	杭州富垣昌供应链管理有限公司	物流企业
3063	杭州傲鹏物流有限公司	物流企业
3064	浙江顺路物流有限公司	物流企业
3065	申通快递有限公司	物流企业
3066	浙江申通快递有限公司	物流企业
3067	杭州升信供应链管理有限公司	物流企业
3068	浙江胜马国际货运代理有限公司	物流企业
3069	杭州七逸国际货运代理有限公司	物流企业
3070	民航快递有限责任公司杭州分公司	物流企业
3071	杭州旭泽报关有限公司	物流企业
3072	杭州网途供应链管理有限公司	物流企业
3073	杭州欣良仓储服务有限公司	物流企业
3074	杭州双宇物流有限公司	物流企业
3075	中国邮政集团公司杭州市萧山区分公司	物流企业

表2-3 续100

序号	企业名称	企业类型
3076	浙江菜鸟供应链管理有限公司	物流企业
3077	浙江达缘供应链管理有限公司冠邦冷链物流分公司	物流企业
3078	杭州菜鸟供应链管理有限公司	物流企业
3079	杭州韵建速递有限公司	物流企业
3080	杭州环宇国际货运有限公司	物流企业
3081	杭州优鲜渡供应链有限公司	物流企业
3082	杭州优先投国际货运代理有限公司	物流企业
3083	浙江杭州出口加工区有限公司	物流企业
3084	杭州百德福供应链有限公司	物流企业
3085	杭州佳成国际货运代理有限公司	物流企业
3086	浙江越海通关服务公司	物流企业
3087	杭州捷翔报关代理有限公司	物流企业
3088	杭州桥宇国际货运代理有限公司	物流企业
3089	杭州乐仓电子商务有限公司	物流企业
3090	中外运空运发展股份有限公司浙江分公司	物流企业
3091	杭州瑞帆进出口有限公司	物流企业
3092	浙江中远国际航空货运代理有限公司	物流企业
3093	杭州天捷报关有限公司	物流企业
3094	杭州推点科技发展有限公司	外贸代理企业
3095	杭州保正跨境电子商务有限公司	外贸代理企业
3096	浙江圣云通网络科技有限公司	商户类、外贸代理企业
3097	杭州贵康供应链有限公司	外贸代理企业
3098	桐庐口岸物流有限公司	商户类、外贸代理企业
3099	浙江丝路通供应链服务有限公司	商户类、外贸代理企业
3100	浙江跨贸小镇企业	外贸代理企业
3101	浙江融易通企业	商户类、外贸代理企业
3102	浙江国贸云商企业	商户类、外贸代理企业
3103	杭州但丁电子商务有限公司	仓储企业
3104	杭州松下住宅电器设备（出口加工区）有限公司	仓储企业
3105	杭州心怡仓储服务有限公司	仓储企业
3106	杭州世贸供应链管理有限公司	仓储企业

表2-3 续101

序号	企业名称	企业类型
3107	杭州跨贸商务供应链管理有限公司	仓储企业
3108	杭州之聪电子商务有限公司	仓储企业
3109	杭州和佳仓储服务有限公司	商户类、仓储企业
3110	皆柏贸易（杭州）有限公司	仓储企业
3111	杭州下城科技经济建设有限公司	仓储企业
3112	杭州通隆国际货运代理有限公司	仓储企业
3113	杭州艾远供应链管理有限公司	仓储企业
3114	杭州西狗物流有限公司	仓储企业
3115	杭州易斯百供应链管理有限公司	仓储企业
3116	杭州浙保物流有限公司	仓储企业

统计数据

2017年杭州跨境电商进出口总额99.36亿美元，同比增长22.49%；出口70.22亿美元，同比增长15.87%；进口29.14亿美元，同比增长42.03%。

大事记

2017年1月6日，杭州启动跨境电子商务进出口货物统计试点工作。

2017年1月13日，市人大常委会发布78号公告，公布《杭州市跨境电子商务促进条例》。

2017年2月28日至3月1日，第五次中欧联合海关合作委员会指导小组会议在杭州召开。

2017年3月6日，杭州综试区会同市人大常委会法工委联合召开《杭州市跨境电子商务促进条例》解读会。

2017年3月6日，杭州综试区举行两周年跨境电子商务生态圆桌会，共谋新发展。

2017年3月7日，杭州综试区开展“跨境日”主体宣传系列活动。

2017年3月30日，由Wish中国主办、杭州综试区特别支持的“Wish星耀2017春季卖家峰会”在杭州召开。

2017年4月7日，市商务委、市综试办、浙江工商大学联合发布《2016年度杭州跨境电子商务指数发展报告》。

2017年4月18日，超过1 000家的海内外知名商家齐聚杭州综试区，参加天猫国际全球品牌商大会，共商全球化新零售发展大计。

2017年4月21日，杭州综试区举行“E揽全球”跨境电子商务创新项目征选发布会，整合全球网络贸易发展资源，构建以杭州为中心，服务全球的国际网络贸易新枢纽。

2017年5月2日，中国（杭州）跨境电子商务综合试验区建设领导小组召开第三次全体会议。

2017年5月12日，省委书记车俊会见来访的马来西亚总理纳吉布，并共同见证了杭州市政府、阿里巴巴集团和马来西亚数字经济发展局签署三方合作备忘录。

2017年5月24日，跨境电子商务商品质量安全风险国家监测中心与贝贝网签署跨境电子商务产品质量共治合作备忘录。

2017年6月8日，杭州“Google AdWords体验中心”正式启用。

2017年6月23日，全球领先的移动端跨境电子商务平台Wish中国项目正式落户杭州综试区。

2017年6月29日，全球第三大电子钱包、印度最大的移动支付和电子商务平台Paytm将Paytm Mall中国总部入驻杭州综试区。

2017年7月5日，杭州综试区举行百万创新服务行动推进大会暨“E揽全球”跨境电子商务创新项目展示对接会。同时，杭州综试区“E揽全球”创新项目服务平台（e-Box）平台正式上线。

2017年7月5日，“一带一路”中国杭州·芬兰新地省对话论坛暨芬兰新地省芬中贸易平台与杭州跨贸小镇战略合作签约仪式在杭举行，芬兰国家馆落户下城区跨贸小镇。

2017年7月26日，阿里巴巴成立下沙跨境电子商务服务中心。

2017年8月11日，杭州—俄罗斯新西伯利亚全货机航线正式开通。

2017年8月18日，杭州综试区大数据平台项目通过初验，完成电商信用、风险防控、智能物流、金融服务、信息共享、大数据实验室等模块开发，投入试运行。

2017年8月23日，第一届中国（杭州）跨境宠物产业高峰论坛暨中国出入境检验检疫协会跨境宠物产业联盟成立大会在杭举行。

2017年8月28日，杭州综试区制定出台《杭州跨境电子商务标杆产业园创建指标体系》。

2017年8月30日，杭州综试区与中国检验认证（集团）签订战略合作协议，共同探索跨境电子商务领域的国际互认、预检、采信、追溯等机制。

2017年9月20日，李克强总理主持召开国务院常务会议，研究部署跨境电子商务工作，推广杭州“六体系两平台”经验。

2017年9月20日，“2017浙江台湾合作周”专场活动——跨境电子商务交流合作推进会在杭举行，两岸企业家和学者共同探讨两岸跨境电子商务的发展。

2017年9月21日，由市综试办、江干区政府和亚马逊“全球开店”主办的“为优而来——亚马逊全球开店大卖家制造商对接大会”在杭成功举行。

2017年9月22日，市委全面深化改革领导小组第十次会议审议通过《eWTP杭州实验区建设方案》。

2017年10月13日，由杭州综试区、海邑海外仓、海商圈共同举办的SCPE海商圈跨境电子商务选品大会在杭州举行。

2017年10月26日~27日，潮起钱塘·第二届全球跨境电子商务峰会在杭州举办。

2017年10月26日~10月29日，杭州综试区成功举办第一届跨境电子商务进口博览会。

2017年10月26日，亚马逊全球开店“杭州跨境电商园”正式宣布落户杭州。

2017年11月3日，阿里巴巴首个海外eWTP试验区——马来西亚数字自由贸易区在吉隆坡全面启用运营。

2017年11月23日，杭州综试区最大跨境电子商务零售进口平台之一——天猫国际联合全球品牌代表及CCIC、海关、检验检疫等政府部门发布全球原产地溯源计划。

2017年11月24日，杭州市综试区与浙江工商大学举行战略合作签约仪式，中国（杭州）跨境电商学院同时揭牌成立。

2017年11月28日，商务部在杭召开2017年全国跨境电子商务综合试验区工作推进会。

2017年11月29日，第四届世界浙商大会跨境电商综试区项目推介会在杭州国际博览中心举行。

2017年12月12日，在阿根廷布宜诺斯艾利斯举行的世界贸易组织第11次部长级会议上，世界电子贸易平台（eWTP）与世界贸易组织（WTO）、世界经济论坛（也被称为达沃斯）共同宣布了一项主题为“赋能电子商务”的合作机制。

2017年12月26日，网易考拉海购在杭州首次发布网易考拉海购·全球工厂店项目。

宁波地区

2017年，宁波跨境电子商务综试区（以下简称综试区）紧紧依托“港口、产业、开放”三大优势，着力构建跨境电子商务综合信息、园区、物流平台三大平台，以及信息共享、风险防控、金融支撑、企业孵化、人才建设五大体系，打造“一区多园”的跨境电子商务发展空间格局。经过近两年的努力，宁波综试区建设取得了较好进展。据统计，2017年，全市实现跨境电子商务进出口额93.86亿美元，超额完成年度任务指标17.32%，同比上年增长1.36倍，占全市外贸进出口总额的8.37%，拉动全市外贸增长6.27个百分点，增速高于全市外贸进出口114.3个百分点。其中，进口额11.84亿美元，占全市外贸进口总额的3.07%，同比增长49.65%，全国1 298.6万人次购买了宁波跨境进口商品；出口额82.02亿美元，占全市外贸出口总额的11.16%，同比增长1.57倍，增速高于全市外贸出口142.6个百分点。

发展现状

一、企业齐聚、区域集聚之态势初步形成

（一）龙头企业纷纷汇聚

得益于宁波的天然良港、完善的运输体系，以及长三角地区发达的消费群体，宁波已成为跨境电子商务企业布局的首选之地。天猫国际、网易考拉、京东全球购、小红书、唯品会、一达通，以及第三方支付、金融、仓储物流等国内跨境电子商务龙头企业已齐聚甬城；eBay、亚马逊等全球知名企业先后与宁波综试区签订战略合作协议，举办全球开店卖家峰会，联袂推动宁波企业发展跨境电子商务；银亿集团、宁兴集团等本地强企参与跨境电子商务发展；淘淘羊、正正电商等企业先后挂牌“新三板”，跨境电子商务企业集聚态势十分良好。

（二）多元格局初具雏形

综试区第一、二批12个线下园区先后设立，初步形成“进出口并举、多区域并行”的跨境电子商务发展新格局。以宁波保税区为核心，以慈溪出口加工区、机场与空港物流园区、栎社保税物流中心（B）型、梅山保税港区为支撑的“一点多极”的跨境电子商务进口发展格局基本形成，覆盖“网购保税进口”“直购进口”和“一般进口”三种进口模式，实现了跨境电子商务进口业务的几何式增长，2017年的“6·18”“9·9”“双11”“双12”大促销宁波均名列全国之首。2017年11月11日当天，宁波“跨境购”平台放行跨境电子商务进口单量突破600万单，占海关总署总放行单量的近四成，遥居全国榜首。

一批以跨境电子商务为主导的园区也崭露头角，如宁波保税区获批全国首个“跨境电子商务产业知名品牌创建示范区”，鄞州区认定了6个跨境电子商务产业园，北仑区致力打造跨境B2C出口和跨境B2B冷链物流两个线下园区，宁波电商经济创新园区打造的“前洋E商小镇”已引进跨境电子商务企业和项目近百家，慈溪宁波（中东欧）邮政跨境电子商务创新园开园等，产业集群与跨境电子商务的融合发展不断加快。

二、企业触网、谋求转型成效逐渐显现

综试区抢抓历史机遇，背靠核心制造能力，创新贸易形态，以国际主流大平台、外贸综合服务平台为依托，引导支持制造企业、传统外贸企业、小微企业发展跨境电子商务，通过自建海外仓或公共海外仓，开展B2B、B2C、M2C等多种模式出口业务，培育出口自有品牌，拓展海外分销渠道，抢占终端消费市场，夺取国际贸易竞争主动权。

（一）制造企业嫁接跨境电子商务

传统制造企业通过植入跨境电子商务基因，建立自有品牌，依托海外仓，实现

产品直销，走出一条“研、产、销”一体化转型发展之路。如乐歌人体工学股份公司通过发展跨境电子商务，已成为显示设备承载装置这个细分行业里的“单打冠军”，是全球前三大电视及电脑显示器承载装置供应商，产品畅销 75 个国家，进入 22 个国际连锁超市机构，累计销售产品4 900万套，全球有近1 500万户家庭使用，超过 100 个国家和地区都在使用他们生产的显示器支架，其自有品牌的出口量全国第一。在近期举行的 2017 年亚马逊全球卖家峰会上，乐歌和方太两家公司被共同授予了“品牌出海—亚马逊转型先锋”奖。

（二）外贸企业谋求转型

众多外贸企业适应经济发展新常态，以积极姿态拥抱跨境电子商务，摸索发展新模式，挖掘外贸新增长点。宁波传统外贸企业豪雅集团于 2012 年开始转型发展跨境电子商务，目前跨境电子商务业务已占企业业务的 70%，为全球1 000多家进口商、批发商、零售商，以及连锁超市提供服务，客户遍布欧美、澳洲等 150 多个国家和地区，并拥有自己的零售批发平台，在海外拥有 12 万平方米的海外仓，跨境电子商务年交易额达 4 亿美金。萌恒集团公司旗下的遨森电子商务股份有限公司，于 2013 年起步发展跨境电子商务，已设有美、加、英、德、法、意、西等七国全资子公司，除自有 B2C 遨森官网外，还涉 Amazon、eBay、Walmart 等多个著名第三方国际平台及 Cdiscount 等海外当地知名电商平台，业务覆盖欧美 10 多个发达国家，自建有九个海外仓近 10 万平方米的专业仓储中心，销售额逐年成倍增长，2017 年实现了近 2 亿美元的终端销售额。中基汇通、宁兴云、世贸通、一达通等外贸综合服务企业也不断延伸和完善在线信保、供应链金融、海外分销等平台增值服务功能，为中小企业拓展海外市场提供平台支撑，激发跨境贸易增长潜力。

（三）中小企业“借鸡生蛋”

跨境电子商务已逐渐成为“大众创业、万众创新”的新渠道，不少中小企业依托亚马逊、eBay、速卖通等国际国内大型平台开展跨境出口业务，成绩斐然。2016 年，全市跨境电子商务直接带动宁波小微外贸企业出口额达到 545.5 亿元，为全省最高。成立于 2015 年的宁波天齐电子商务有限公司，经过两年发展，2017 年已拥有员工近 150 人，实现海外销售 3 亿多元，一跃成为 Wish 平台 TOP50 的大卖家。由 2 名大学生创业成立的宁波众心电子科技有限公司，成立于 2010 年，着眼于汽车售后改装市场，不仅拥有多个海外仓，且拥有自主品牌，兼营跨境电子商务 B2B、B2C，年交易额达2 500万美元。

三、协同创新、良性互动之生态圈日渐完善

自获批综试区以来，宁波积极加强顶层设计，从物流、跨境仓、海外仓、人才等多方面着手，通过制度创新、管理创新、服务创新，突破瓶颈制约，打造跨境电子商务完整生态圈，构建完整的跨境电子商务供应链。

（一）跨境电子商务物流功能不断提升

2016 年 6 月 28 日，宁波国际邮件互

换局正式运营，意味着宁波在海、陆、空港之后又补齐了邮路口岸的短板，实现了全口岸开放。2017年，宁波国际邮件互换局进出境邮件逾1 300万件，单日邮件峰值近10万件。自2016年6月28日宁波邮件互换局开通运营以来，已累计监管邮件1 700万件，达1 739.43万件，邮件监管量突破10万、100万、500万、1 000万和1 500万件，用时分别为12天、2个月、8个月和17个月，业务运行增量提速成效显著。其中，出口邮件占总量的96.2%，目的地覆盖全球100多个国家和地区。

2017年6月底，宁波国际邮件交换站业务又在宁波机场开通运行，已通过宁波机场直运出境国际邮件39.4万件。同时，为切实解决互换局一期场地受限，无法满足现有业务发展需求等瓶颈问题，又开展了互换局二期建设的调研和统筹协调工作。目前，已确定国际邮件互换局二期意向地块和初步规划，基本确定二期4万平方米的意向地块，投资估算约3.8亿元，设计日处理邮件将达到30万件。DHL、联邦、顺丰等大型快递企业已在宁波设立分公司，顺丰快递在宁波投资建设了占地约3.3万平方米的储存中转场。

（二）跨境仓、海外仓居全国之首

2017年，知名跨境电子商务企业天猫国际、小红书分别在我市建设了5万平方米跨境仓，全市跨境进口仓面积突破55万平方米，居全国之首。海外仓及海外分销体系不断拓展，据不完全统计，宁波近三成的制造企业已经或正在规划使用海外仓开展跨境电子商务业务，已建设海外仓总面积近80万平方米，覆盖全球主要国家和区域，成为宁波制造企业或外贸公司转型发展的重要平台，也是宁波跨境电子商务发展的最大亮点。

（三）监管服务创新步伐不断

2016年，宁波综试区推出58条创新举措，重点在跨境电子商务模式创新、监管创新、税汇便利化管理创新、生态圈建设创新、海外分销渠道创新、产业联动机制创新等六大创新方向寻求突破，海关、国税、外管等监管部门摸索出一系列“进得来、管得住、放得快”的跨境电子商务创新和服务举措，实现管理重心下移、监管节点前移，为全市跨境电子商务发展营造了良好的营商环境。

综试区跨境电子商务“单一窗口”上线，实现与海关、国检等监管系统，以及跨境电子商务企业、支付机构、物流企业、外贸综合服务平台系统对接，实现“一点接入”、企业一次申报，关检部门集中查验、联合放行，可为企业提供“申报、备案、海外仓、无水港、商务信息、物流信息”等10方面、150多项服务。海关、检验检疫部门加快推进跨境贸易便利化举措，实施全年365天无休审核和“集中查验、分散仓储、多点放行”等监管新模式，实现关检“三互”合作，实现监管全程电子化、信息化，在宁波保税区打造了全国首个“跨境电子商务产业知名品牌创建示范区”“跨境电商质量检测无费区”，成立首个以跨境电子商务命名的保险机构；市国税局实施企业分类管理，实行退税无纸化；宁波人行简化收结汇流程，解决轻资产电商企业融资难问题；市场监管部门建立跨境消费维权机制，落实跨境交易7天无理由退货制度，建立跨境产品质量追溯机制，宁波跨境电子商务的品牌价值与影响力在不断提升。

（四）校政企合作破人才难题

综试办联合市教育局、市商务委、在我市高校及阿里巴巴等大型平台企业，在浙江万里学院成立了跨境电子商务学院，在浙江工商职业技术学院成立了全国首个跨境电子商务产教联盟，推动高职院校参加教育部跨境电子商务专业创新顶层设计；与eBay、亚马逊开展订单式培训，不断深化政校企合作和人才智库建设，走出了一条校政企三方共建跨境电子商务人才体系的新路子。

配套文件

关于印发中国（宁波）跨境电子商务综合试验区2017年重点任务及分工方案的通知

（甬跨境综试办〔2017〕1号）

各区县（市）人民政府，市直及部省属驻甬各有关单位：

根据市政府印发的《中国（宁波）跨境电子商务综合试验区建设任务分解方案（2016~2018）》（甬政办发〔2016〕143号）文件精神，为确保2017年度各项工作有序推进，现印发《中国（宁波）跨境电子商务综合试验区2017年重点任务及分工方案》，请结合各自实际，认真贯彻执行。

中国（宁波）跨境电子商务综合试验区管理办公室

2017年3月17日

中国（宁波）跨境电子商务综合试验区2017年重点任务及分工方案

为贯彻落实《中国（宁波）跨境电子商务综合试验区建设任务分解方案（2016~2018）》（甬政办发〔2016〕143号）文件精神，明确建设目标，强化部门协作，确保年度各项工作有序推进，经研究，特制订本方案。

1. 积极落实跨境电商年度目标。各区县（市）、重点开发园区做好跨境电商氛围营造工作，引导企业嫁接跨境电商，推动转型升级；加大工作推进力度，制定年度工作方案，组织开展招商引资、人才引进、业务培训和线下园区建设等工作；按照《区县（市）、重点开发园区跨境出口目标分解表》（附件1）《重点开发园区跨境进口目标分解表》（附件2）制定考核方案，配套出台区域扶持政策，确保各项指标完成。（牵头单位：市口岸打私办，责任单位：各区县（市）政府、各重点开发园区管委会）

2. 加快推进跨境电商“单一窗口”平台建设。完善“单一窗口”平台建设，实现海关、检验检疫相关信息与“单一窗口”平台对接；推进国税、外汇管理、市场监管、质量监督、邮政等多部门间的数据互通。（牵头单位：市口岸打私办，参加单位：市商务委、市市场监管局、市质监局、宁波海关、宁波检验检疫局、市国税局、人行市中心支行、市邮政管理局、宁波国际物流发展股份有限公司、中国邮政速递物流股份有限公司宁波市分公司）

3. 加快推进跨境电商商务信息平台建设。在外贸代理、品牌管理、法律服务、创意设计、海外分销等领域，筛选跨境电商商务信息平台承建主体，累计落实平台示范应用企业6家，累计平台用户总数超过6 000个。（牵头单位：市口岸打私办、市商务委，参加单位：市发改委、市经信委、市市场监管局、宁波国际物流发展股份有限公司）

4. 加快推进跨境电商物流信息平台建设。加强规划政策引导，在仓储、运输、保税物流、国际货代、多式联运、海外仓等领域，坚持以市场为主导，培育各类型跨境电商物流信息平台。累计落实平台示范应用企业6家，累计平台用户总数超过600个，累计日交换数据量达到60万条。（牵头单位：市发改委、市口岸打私办，参加单位：市经信委、市交通委、市商务委、市市场监管局、宁波舟山港集团、宁波国际物流发展股份有限公司、宁波航运交易所）

5. 加快推进跨境电商产业园区建设。出台市级跨境电商产业园区认定标准，各区县（市）、重点开发园区建成1个以上市级跨境电商产业园。加快推进国家级电子商务示范基地、省级电子商务示范园区创建工作，新增省级和市级特色小镇2个。（牵头单位：市商务委、市发改委、市口岸打私办，参加单位：市经信委、市财政局、市规划局、各区县（市）政府、各重点开发园区管委会）

6. 加快推进跨境电商创业孵化空间建设。推动创业孵化载体与跨境电商产业园区的深度对接合作，累计培育众创空间、创客咖啡、创业学院等跨境电商创业孵化载体6家，累计孵化跨境电商创业主体300家。（牵头单位：市科技局，参加单位：市经信委、市教育局、市财政局、市商务委、市口岸打私办、团市委、各区县（市）政府、各重点开发园区管委会）

7. 加快推进跨境电商公共服务体系建设。完成市级线上跨境电商公共服务平台建设。在跨境电商产业园、产业集群、外贸转型升级示范基地等区域设立跨境电商公共服务中心5个。（牵头单位：市商务委、市口岸打私办，参加单位：市经信委、市财政局、各区县（市）政府、各重点开发园区管委会、宁波国际物流发展股份有限公司）

8. 加快推进跨境电商物流通道建设。拓展国际客货运航线，新增国际航线2条以上。积极对接“义新欧”等国际铁路集装箱班列，新增宁波至腹地城市的海铁联运集装箱班列2条以上。筹建宁波中东欧邮件快件集散中心。（牵头单位：市交通委，参加单位：市发改委、市经信委、市财政局、市商务委、市口岸打私办、市邮政管理局、宁波舟山港集团、各区县（市）政府、各重点开发园区管委会、中国邮政速递物流股份有限公司宁波市分公司）

9. 加快推进跨境电商物流园区建设。

推进各区域物流中心建设，推广智慧港口、智能仓储、智能集装箱等智慧物流技术示范应用。推进跨境快递专业园区建设，年内完成国际邮件互换局二期选址规划。推进符合条件的、具有跨境电商物流服务功能的口岸型物流园区申报省级和国家级示范物流园区，建成跨境电商物流园区5个，评选一批园区示范企业。（牵头单位：市发改委、市邮政管理局，参加单位：市经信委、市财政局、市商务委、市口岸打私办、宁波海关、宁波检验检疫局、市国家安全局、宁波舟山港集团、各区县（市）政府、各重点开发园区管委会、中国邮政速递物流股份有限公司宁波市分公司）

10. 加快推进跨境电商诚信管理体系建设。推动“单一窗口”平台与宁波市公共信用信息服务平台、宁波口岸领域企业诚信建设平台的数据对接。推动授权具备资质条件的第三方机构开展《良好电子商务规范》认证试点工作。启动网络市场监管与服务示范区建设。（牵头单位：市口岸打私办、市发改委、宁波检验检疫局、市市场监管局，参加单位：市商务委、宁波海关、市国税局、人行市中心支行、宁波国际物流发展股份有限公司）

11. 加快推进跨境电商品牌管理体系建设。推动国家跨境电子商务质量安全风险监测宁波中心建设，推进宁波保税区打造全国跨境电子商务产业知名品牌创建示范区。（牵头单位：宁波检验检疫局、市口岸打私办、市质监局，参加单位：市商务委、市市场监管局、宁波海关、宁波保税区管委会）

12. 加快推进跨境电商海外仓建设。完善海外仓建设投融资与风险保障机制，累计培育海外仓20个，建成海外仓综合服务中心2个，并实现与“单一窗口”平台对接。（牵头单位：市口岸打私办、市商务委，参加单位：市发改委、市经信委、市财政局、各区县（市）政府、各重点开发园区管委会、宁波国际物流发展股份有限公司、中国邮政速递物流股份有限公司宁波市分公司）

13. 加快构建跨境电商统计监测体系。规范跨境电商数据采集与统计标准，构建跨境电商数据监测制度，定期发布各类跨境电商行业性数据报告。（牵头单位：市口岸打私办，参加单位：市经信委、市商务委、市统计局、宁波海关、宁波检验检疫局、市国税局、人行市中心支行、各区县（市）政府、各重点开发园区管委会、宁波国际物流发展股份有限公司）

14. 加快构建跨境电商金融支撑体系。推进新型跨境电商投融资机制建设，鼓励银行、保险等金融机构为跨境电商提供保障。继续推动跨境电商企业挂牌、上市。（牵头单位：市金融办、市口岸打私办，参加单位：市发改委、市经信委、市财政局、市商务委、人行市中心支行、宁波银监局、宁波证监局、宁波保监局、中国出口信用保险公司宁波分公司）

15. 加快推进跨境电商主体培育体系建设。支持有条件的企业培育自有品牌、自建电商平台、拓展境外营销渠道。推进跨境电商一般出口模式试点工作，扩大试点企业范围。组织跨境电商海外推介会1次；累计培育本地跨境电商平台企业6家，累计引进知名跨境电商平台企业4家；累计培育和引进跨境电商贸易企业1 000家，其中交易额过亿元的企业60家；累计培育和引进跨境电商服务企业60家，其中营业额过亿元的企业6家。（牵头单位：市商务委、市口岸打私办，参加单位：市发改委、市经信委、市财政局、市市场监管局、各区县（市）政府、各重点开发园区管委会）

16. 加快完善跨境电商人才培育体系。完成跨境电商智库组建工作。组织跨境电商人才对接会、跨境电商职业技能大赛。累计培训跨境电商从业人员6 000人次，累计招募高端实用跨境电商人才20名。（牵头单位：市教育局、市人力社保局，参加单位：市科技局、市商务委、市口岸打私办、团市委、各在甬高校）

17. 加快推动跨境电商海关监管制度创新。将适用通关作业无纸化企业范围扩大到所有信用等级企业。支持海外仓备货出口、外贸综合服务平台等模式创新，优化跨境电商监管流程，完善跨境电商监管模式。优化跨境出口商品退货流程等监管机制。（牵头单位：宁波海关，参加单位：市口岸打私办、宁波检验检疫局、宁波国际物流发展股份有限公司）

18. 加快推动跨境电商检验检疫制度创新。建立跨境电商便利转关、转检机制，推进宁波与杭州、上海等跨境电商综合试验区间的通关一体化和检验检疫一体化；建立跨境电商进口商品全过程质量责任追溯制度，推进跨境消费维权便利化。对接质检总局跨境电商企业和商品备案系统，实现检验检疫“一地备案，全国共享”。（牵头单位：宁波检验检疫局，参加单位：市口岸打私办、宁波海关、宁波国际物流发展股份有限公司）

19. 加快推动跨境电商出口退（免）税制度创新。逐步扩大出口退（免）税无纸化管理试点范围，对符合条件的综试区跨境电商出口企业，试点实行出口退（免）税无纸化管理。积极向财政部、国家税务总局争取政策，对综试区跨境电商企业通过宁波国际邮件互换局（交换站）出口零售货物中，无法取得合法有效进货凭证的，探索试点增值税免税。（牵头单位：市国税局，参加单位：宁波海关、市邮政管理局、中国邮政速递物流股份有限公司宁波市分公司、宁波国际物流发展股份有限公司）

20. 加快推动跨境电商外汇管理制度创新。简化跨境电商企业境外直接投资外汇登记手续，支持跨境电商企业通过境外直接投资建设海外仓。推动跨境电商利用跨境贷款、境外并购等外汇试点政策开展进出口贸易及海外项目建设运营。鼓励跨境电子商务活动使用人民币计价结算，支持银行业金融机构与支付机构开展业务合作，提供优质跨境人民币结算服务。（牵头单位：人行市中心支行，参加单位：市口岸打私办、宁波国际物流发展股份有限公司）

21. 加快推动跨境电商产业联动机制创新。引导外贸企业和专业市场利用各类跨境电商平台开展对外贸易，实现宁波产业集群与海外市场的连接。推进省级产业集群发展跨境电商试点示范创建工作，累计培育7个省级跨境电商产业集群；规上工业企业跨境电商应用普及率累计达到10%，外贸企业跨境电商应用普及率累计达到30%。（牵头单位：市商务委，参加单位：市发改委、市经信委、市市场监管局、市口岸打私办、市金融办、各区县（市）政府、各重点开发园区管委会）

22. 积极推动跨境电商区域联动机制创新。推进综试区无水港、海外仓的物流协同，探索前置跨境电商服务窗口。建成无水港和海外仓前置跨境电商服务窗口4个。（牵头单位：市商务委、市发改委、宁波舟山港集团，参加单位：市交通委、市口岸打私办、宁波海关、宁波检验检疫局、市国税局、人行市中心支行）

附件1 区县（市）、重点开发园区跨境出口目标分解表

附件2 重点开发园区跨境进口目标分解表

附件1

区县（市）、重点开发园区跨境出口目标分解表

单位：亿美元

序号	区县（市）重点开发园区	2017年目标
1	海曙区	6.15
2	江北区	4.27
3	镇海区	1.58
4	北仑区（含梅山）	15.87
5	鄞州区	8.81
6	奉化区	2.29
7	余姚市	3.61
8	慈溪市	5.21
9	宁海县	2.14
10	象山县	1.21
11	宁波杭州湾新区	2.26
12	宁波保税区	12.33
13	大榭开发区	3.51
14	宁波国家高新区	0.84
	合计	70

注：1. 根据《浙江省人民政府关于调整宁波市部分行政区划的通知》（浙政发〔2016〕36号）文件精神，结合《中国宁波跨境电子商务综合试验区建设任务分解方案（2016-2018）》（甬政办发〔2016〕143号）文件内容及各区县（市）、重点开发园区2016年目标完成情况，对2017年目标进行调整。

2. 2017年宁波综试区将筛选若干跨境电商商务信息平台。平台数据中，宁波区域内企业数据还原至各区县（市），非宁波区域企业数据统计至平台注册地所在区域。

附件 2

重点开发园区跨境进口目标分解表

单位：亿美元

序号	重点开发园区	2017 年目标
1	宁波杭州湾新区	0.13
2	宁波保税区	7.79
3	梅山保税港区	0.32
4	宁波机场与物流园区	0.29
5	宁波栎社保税物流中心（B 型）	1.47
	合计	10

注：根据《浙江省人民政府关于调整宁波市部分行政区划的通知》（浙政发〔2016〕36 号）文件精神，结合《中国宁波跨境电子商务综合试验区建设任务分解方案（2016-2018）》（甬政办发〔2016〕143 号）文件内容及各区县（市）、重点开发园区 2016 年目标完成情况，对 2017 年目标进行调整。

关于 2017 年度中国（宁波）跨境电子商务综合试验区建设目标管理考核的通知

（甬跨境综试办〔2017〕2 号）

各区县（市）人民政府、重点开发区域管委会，市直及部省属驻甬各单位：

为全面推进中国（宁波）跨境电子商务综合试验区建设，根据《宁波市目标管理考核领导小组办公室关于制定 2017 年度全市目标管理考核实施办法的通知》（甬考办〔2017〕3 号）精神，特制定中国（宁波）跨境电子商务综合试验区建设目标管理考核办法。现就有关事项通知如下：

一、区县（市）、重点开发区域考核对象

考核对象为各区县（市）人民政府；保税区、大榭开发区、国家高新区、杭州湾新区、机场与物流园区等重点开发区域。其中，北仑区本级含宁波经济技术开发区、梅山保税港区，不含大榭开发区、保税区；慈溪市本级不含杭州湾新区。

二、市级机关（单位）（含部省属驻甬单位）考核对象

市发改委、市经信委、市教育局、市科技局、市财政局、市人力社保局、市规划局、市交通委、市商务委、市统计局、市市场监管局、市质监局、市金融办、团市委、宁波海关、宁波检验检疫局、市国家安全局、市国税局、人行市中心支行、宁波银监局、宁波证监局、宁波保监局、市邮政管理局。

三、考核内容

按照《关于印发中国（宁波）跨境电子商务综合试验区2017年重点任务及分工方案》（甬跨境综试办〔2017〕1号，以下简称《2017重点任务》）文件要求，考核各区县（市）、重点开发区域以及市级机关（单位）贯彻推进中国（宁波）跨境电子商务综合试验区建设的情况（具体考核内容详见附件1、2）。

四、考核方式

考核工作由中国（宁波）跨境电子商务综合试验区管理办公室（宁波市人民政府口岸与打击走私办公室，以下简称“市综试办”）组织实施。各区县（市）人民政府、重点开发区域管委会以及市直及部省属驻甬各单位根据推进综试区建设实际情况，对照考核内容（详见附件1、2）所设项目指标、各项分值与评分标准进行自评赋分并提供相关依据，满分为100分，各区县（市）人民政府、重点开发区域管委会视完成情况最高可加分至130分。市综试办组织开展综合考评工作，并提出测评意见，报市目标管理考核领导小组办公室审核。按照全市目标管理考核实施办法有关要求，再折算成年度目标管理分。

五、考核工作安排

考核工作于今年12月开始，各区县（市）人民政府、重点开发区域管委会以及市直及部省属驻甬各单位在今年12月15日前完成自评工作，将工作总结和相关材料报送市口岸打私办。市综试办组织开展综合考评工作，并提出测评意见，报市目标管理考核领导小组办公室审核。

附件1　2017年区县（市）、重点开发区域目标管理考核指标及评分标准

附件2　2017年市级机关（单位）目标管理考核指标及评分标准

附件3　2017年区县（市）、重点开发区域跨境进出口目标分解表

中国（宁波）跨境电子商务综合试验区管理办公室
宁波市目标管理考核领导办公室
2017年6月30日

附件 1

2017 年区县（市）、重点开发区域目标管理考核指标及评分标准

考核项目	考核指标	指标	分值	评分标准	备注
机制建设	领导机制建设	贯彻落实全市跨境电子商务综合试验区建设工作推进会会议精神，将跨境电商工作纳入政府工作议程，制定年度工作方案。	5	跨境电商工作未列入政府工作议程的不得分。	提供相关证明文件或材料
	工作机制建设	地方党委政府切实重视跨境电商发展，建立健全跨境电商领导工作机制。	5	未建立跨境电商领导机制，扣 3 分；责任单位和工作机制未建立，扣 2 分。	提供相关证明文件或材料
	建立扶持政策	加大财政扶持力度，出台跨境电商扶持政策，设立专项扶持资金。	10	有跨境电商扶持办法或政策的，得 5 分；有专项扶持资金的，得 5 分。	提供相关证明文件或材料
发展指标	进出口年度指标完成情况	完成市综试办下达的区县（市）、重点开发区域进出口指标任务（详见附件 3）。	40~60	完成年度指标任务的，得 40 分；完成年度指标 80% 以上的，得 30 分；完成年度指标在 60%～80% 之间的，得 20 分；低于 60%的，不得分；超额完成年度指标的可加分，每增加 1% 加 1 分，最高加分不超过 20 分。	核查相关数据
重点工作	线下园区建设	各区县（市）、重点开发区域建成一个以上市级跨境电商产业园。	10	未完成任务指标的不得分。	提供相关证明文件或材料
	推动企业“触网”跨境电商	各地要积极做好跨境电商招商引资工作，引大引强；做好跨境电商氛围营造和主体培育工作，引导企业转型升级，培育本土跨境电商企业。	20	各地开展各类跨境电商招商引资或专题论坛类活动，得 5 分；各地在综试区“单一窗口”每新增备案的跨境电商企业 2 家得 1 分，最高不超过 15 分。	提供相关证明文件或材料
	人才培训	各地要加强跨境电商人才培训工作，年度培训人数不少于 200 人。	10~20	未开展人才培训工作的，不得分；培训人数不到 200 人的，扣 5 分；培训人数超过 200 人可加分，每增加 50 人，得 1 人，最高加分不超过 10 分；	提供相关证明文件或材料

附件 2

2017 年市级机关（单位）目标管理考核指标及评分标准

考核项目	考核指标	具体指标	评分单位	分值	依据
基础推进（共 50 分）	领导重视	贯彻落实全市跨境电子商务综合试验区建设工作推进会会议精神；以“大脚板走一线、小分队破难题”抓落实专项行动为抓手，主要领导亲自部署安排，分管领导负责督办落实。	所有考核单位	5 分	提供自评依据
	工作机制	建立明确的跨境电商工作机制，确立分管领导、责任处室和联络员；制定跨境电商年度工作方案并加以推进；落实“大脚板走一线、小分队破难题”抓落实专项行动联络人、定期研究工作进展。	所有考核单位	10 分	提供自评依据
	配合保障	积极配合综试区建设和“大脚板走一线、小分队破难题”抓落实专项行动工作，协助解决综试区建设过程中的困难和问题，在资金、土地及审批等方面予以优先保障；积极参加综试区工作会议并建言献策；在本单位宣讲普及跨境电商知识；推广宣传宁波综试区建设。	所有考核单位	20 分	提供自评依据
	文字材料	及时向市综试办报送跨境电商工作信息，重点报送“大脚板走一线、小分队破难题”抓落实专项行动相关情况；及时向市综试办提交半年和年度工作报告。	所有考核单位	15 分	提供自评依据

续表1

考核项目	考核指标	具体指标	评分单位	分值	依据
重点攻坚（共40分）	加快推进跨境电商“单一窗口”平台建设	详见《2017重点任务》第2点	第2点所列牵头单位及参加单位	牵头单位：5分 参加单位：2分	提供相关证明文件或文字材料
	加快推进跨境电商商务信息平台建设	详见《2017重点任务》第3点	第3点所列牵头单位及参加单位	牵头单位：5分 参加单位：2分	提供相关证明文件或文字材料
	加快推进跨境电商物流信息平台建设	详见《2017重点任务》第4点	第4点所列牵头单位及参加单位	牵头单位：5分 参加单位：2分	提供相关证明文件或文字材料
	加快推进跨境电商产业园区建设	详见《2017重点任务》第5点	第5点所列牵头单位及参加单位	牵头单位：5分 参加单位：2分	提供相关证明文件或文字材料
	加快推进跨境电商创业孵化空间建设	详见《2017重点任务》第6点	第6点所列牵头单位及参加单位	牵头单位：5分 参加单位：2分	提供相关证明文件或文字材料
	加快推进跨境电商公共服务体系建设	详见《2017重点任务》第7点	第7点所列牵头单位及参加单位	牵头单位：5分 参加单位：2分	提供相关证明文件或文字材料
	加快推进跨境电商物流通道建设	详见《2017重点任务》第8点	第8点所列牵头单位及参加单位	牵头单位：5分 参加单位：2分	提供相关证明文件或文字材料
	加快推进跨境电商物流园区建设	详见《2017重点任务》第9点	第9点所列牵头单位及参加单位	牵头单位：5分 参加单位：2分	提供相关证明文件或文字材料
	加快推进跨境电商诚信管理体系建设	详见《2017重点任务》第10点	第10点所列牵头单位及参加单位	牵头单位：5分 参加单位：2分	提供相关证明文件或文字材料
	加快推进跨境电商品牌管理体系建设	详见《2017重点任务》第11点	第11点所列牵头单位及参加单位	牵头单位：5分 参加单位：2分	提供相关证明文件或文字材料
	加快推进跨境电商海外仓建设	详见《2017重点任务》第12点	第12点所列牵头单位及参加单位	牵头单位：5分 参加单位：2分	提供相关证明文件或文字材料
	加快构建跨境电商统计监测体系	详见《2017重点任务》第13点	第13点所列牵头单位及参加单位	牵头单位：5分 参加单位：2分	提供相关证明文件或文字材料

续表2

考核项目	考核指标	具体指标	评分单位	分值	依据
重点攻坚（共40分）	加快构建跨境电商金融支撑体系	详见《2017重点任务》第14点	第14点所列牵头单位及参加单位	牵头单位：5分 参加单位：2分	提供相关证明文件或文字材料
	加快推进跨境电商主体培育体系建设	详见《2017重点任务》第15点	第15点所列牵头单位及参加单位	牵头单位：5分 参加单位：2分	提供相关证明文件或文字材料
	加快完善跨境电商人才培育体系	详见《2017重点任务》第16点	第16点所列牵头单位及参加单位	牵头单位：5分 参加单位：2分	提供相关证明文件或文字材料
	加快推动跨境电商海关监管制度创新	详见《2017重点任务》第17点	第17点所列牵头单位及参加单位	牵头单位：5分 参加单位：2分	提供相关证明文件或文字材料
	加快推动跨境电商检验检疫制度创新	详见《2017重点任务》第18点	第18点所列牵头单位及参加单位	牵头单位：5分 参加单位：2分	提供相关证明文件或文字材料
	加快推动跨境电商出口退（免）税制度创新	详见《2017重点任务》第19点	第19点所列牵头单位及参加单位	牵头单位：5分 参加单位：2分	提供相关证明文件或文字材料
重点攻坚（共40分）	加快推动跨境电商外汇管理制度创新	详见《2017重点任务》第20点	第20点所列牵头单位及参加单位	牵头单位：5分 参加单位：2分	提供相关证明文件或文字材料
	加快推动跨境电商产业联动机制创新	详见《2017重点任务》第21点	第21点所列牵头单位及参加单位	牵头单位：5分 参加单位：2分	提供相关证明文件或文字材料
创新突破（共10分）	创新工作	本年度内对照《中国（宁波）跨境电子商务综合试验区创新清单》落实的制度创新。	《创新清单》中所列责任单位和主管部门	每列一项3分（内容不能与重点攻坚重复）	提供相关证明文件或文字材料
		本年度内落实的其他工作创新。	所有考核单位	每列一项1分（内容不能与重点攻坚重复）	提供相关证明文件或文字材料

说明：

1. 重点攻坚部分计分最高40分。
2. 创新突破部分计分最高10分。
3. 《中国（宁波）跨境电子商务综合试验区创新清单》将另行发文。

附件 3

2017 年区县（市）、重点开发区域跨境进出口目标分解表

单位：亿美元

序号	区域	出口额	进口额
1	海曙区	6.15	1.47
2	江北区	4.27	
3	镇海区	1.58	
4	北仑区（含梅山）	15.87	0.32
5	鄞州区	8.81	
6	奉化区	2.29	
7	余姚市	3.61	
8	慈溪市	5.21	
9	宁海县	2.14	
10	象山县	1.21	
11	宁波杭州湾新区	2.26	0.13
12	宁波保税区	12.33	7.79
13	大榭开发区	3.51	
14	宁波国家高新区	0.84	
15	宁波机场与物流园区		0.29
	合计	70	10

企业名录

截至 2017 年 12 月 31 日，在宁波跨境综合服务平台上注册，并实际展开业务的企业名录见表 2-4。

表 2-4　宁波跨境电子商务企业名录

序号	企业名称	企业类型
1	宁波立得购电子商务有限公司	电商、仓储企业
2	宁波保税区宁兴优贝国际贸易有限公司	电商、仓储企业
3	宁波保税区涌优贸易有限公司	电商、仓储企业

表2-4 续1

序号	企业名称	企业类型
4	宁波优买电子商务有限公司	电商、仓储企业
5	广州唯品会信息科技有限公司	电商企业
6	行吟信息科技（宁波）有限公司	电商、仓储企业
7	百世物流科技（宁波保税区）有限公司	电商、仓储企业
8	宁波保税区正正电子商务股份有限公司	电商、仓储企业
9	宁波保税区嘉里大通物流有限公司	电商、仓储企业
10	宁波井贝电子商务有限公司	电商企业
11	宁波富邦电子商务发展有限公司	电商企业
12	宁波鑫海通达贸易有限公司	电商、仓储企业
13	宁波蜜芽宝贝国际贸易有限公司	电商、仓储企业
14	宁波美囤妈妈电子商务有限公司	电商、仓储企业
15	舶乐蜜电子商务（上海）有限公司	电商企业
16	宁波畅购天下电子商务有限公司	电商、仓储企业
17	宁波贝猫电子商务有限公司	电商、仓储企业
18	宁波海分宝电子商务有限公司	电商企业
19	宁波保税区淘淘羊电子商务有限公司	电商企业
20	广州美快软件开发有限公司	电商企业
21	好市多（上海）商业有限公司	电商企业
22	宁波鑫海通达供应链管理有限公司	电商、仓储企业
23	宁波辉煌十月网络科技有限公司	电商、仓储企业
24	宁波聚美优品网络科技有限公司	电商、仓储企业
25	宁波环球淘电子商务有限公司	电商企业
26	宁波保达电子商务有限公司	电商企业
27	重庆佳购科技有限公司	电商企业
28	复乾国际贸易（上海）有限公司	电商企业
29	浙江臻品悦动网络科技有限公司	电商企业
30	宁波弗劳恩物流科技有限公司	电商、仓储企业
31	宁波丫丫趣购电子商务有限公司	电商、仓储企业
32	宁波亿皇国际贸易有限公司	电商、仓储企业
33	宁波海狗电子商务有限公司	电商企业
34	宁波丫丫趣购物流科技有限公司	电商、仓储企业

表2-4　续2

序号	企业名称	企业类型
35	宁波双行线国际贸易有限公司	电商企业
36	宁波圆通中柏进出口有限公司	电商、仓储企业
37	梅熙（中国）商贸有限公司	电商企业
38	宁波速美得贸易有限公司	电商企业
39	宁波博洋通汇跨境电子商务有限公司	电商、仓储企业
40	宁波保税区三叶草进出口有限公司	电商企业
41	宁波融智电子商务有限公司	电商企业
42	自然阳光（上海）日用品有限公司	电商企业
43	海航国际贸易（宁波）有限公司	电商、仓储企业
44	宁波保税区金球购电子商务有限公司	电商企业
45	宁波九樱良品电子商务有限公司	电商企业
46	宁波锦伯国际贸易有限公司	电商企业
47	宁波新慈通雅国际贸易有限公司	电商企业
48	宁波又一猫国际贸易有限公司	电商企业
49	宁波保税区尚轩电子商务有限公司	电商企业
50	象山涵泰商贸有限公司	电商企业
51	宁波中和富时进出口有限公司	电商企业
52	宁波保税区迈可适国际贸易有限公司	电商企业
53	青岛铭扬新世界电子商务有限公司	电商企业
54	上海轩郁商贸有限公司	电商企业
55	宁波保税区优泊莱国际贸易有限公司	电商、仓储企业
56	宁波保税区壹玖捌叁商贸有限公司	电商企业
57	宁波保税区爱优比电子商务有限公司	电商企业
58	上海百品汇电子商务有限公司	电商企业
59	北京金泰鼎盛商贸有限公司	电商企业
60	中铁互联（宁波）进出口有限公司	电商、仓储企业
61	宁波保税区海品猫国际贸易有限公司	电商企业
62	宁波爱迪东方跨境电子商务有限公司	电商企业
63	北京当当科文电子商务有限公司	电商企业
64	台汇淘电子商务南京有限公司	电商企业
65	宁波保税区锡通国际贸易有限公司	电商企业

表2-4 续3

序号	企业名称	企业类型
66	宁波邻邻贸易有限公司	电商、仓储企业
67	宁波之聪国际贸易有限公司	电商企业
68	厦门优朝惠贸易有限公司	电商企业
69	兖矿澳斯达（宁波）商贸有限公司	电商企业
70	连云港润天进出口贸易有限公司	电商企业
71	苍南县志盛食品有限公司	电商企业
72	宁波奥汀电器有限公司	电商企业
73	宁波保税区丸和贸易有限公司	电商企业
74	宁波保税区艾购国际贸易有限公司	电商企业
75	宁波阿梵达电子商务有限公司	电商企业
76	宁波全球邻物联科技有限公司	电商、仓储企业
77	宁波红蚂蚁电子商务有限公司	电商企业
78	浙江八鲜网络科技有限公司	电商、仓储企业
79	上海乐丽电子商务服务有限公司	电商企业
80	宁波保税区大田费舍尔供应链服务有限公司	电商企业
81	宁波罗斯曼信息科技有限公司	电商企业
82	浙江蚂蚁宝宝电子商务有限公司	电商企业
83	宁波江北区琦华电国际贸易有限公司	电商企业
84	宁波保税区金考拉国际贸易有限公司	电商企业
85	宁波酷乐生活商业投资有限公司	电商企业
86	宁波丽美健国际贸易有限公司	电商企业
87	宁波保税区瑞购电子商务有限公司	电商企业
88	上海京聿电子商务有限公司	电商企业
89	杭州我来寄电子商务有限公司	电商企业
90	宁波牧之贸易有限公司	电商企业
91	宁波保税区时尚美罗全球购贸易有限公司	电商企业
92	宁波爱淘客贸易有限公司	电商企业
93	汇立控股有限公司	电商企业
94	青岛开瑞供应链有限公司	电商企业
95	宁波中宏电子商务有限公司	电商企业
96	江苏云畅淘电子商务有限公司	电商企业

表2-4 续4

序号	企业名称	企业类型
97	宁波常森进出口有限公司	电商企业
98	宁波米到仓供应链管理有限公司	电商企业
99	宁波倍滋氏健康管理有限公司	电商企业
100	宁波金光海贸易有限公司	电商企业
101	国美在线电子商务有限公司	电商企业
102	上海银发无忧科技发展有限公司	电商企业
103	宁波孚沃达进出口有限公司	电商企业
104	Iherb. Inc	电商企业
105	宁波世纪美淘贸易有限公司	电商企业
106	宁波立享堂国际贸易有限公司	电商企业
107	上海方携提营销策划有限公司	电商企业
108	宁波京琼进出口有限公司	电商企业
109	宁波爱品宝电子商务有限公司	电商企业
110	宁波洋兜兜电子商务有限公司	电商企业
111	宁波珍妮优选贸易有限公司	电商企业
112	上海微藻国际贸易有限公司	电商企业
113	泉州暖洋洋贸易有限责任公司	电商企业
114	酷姆乐（上海）实业有限公司	电商企业
115	宁波蜥瓦纳电子商务有限公司	电商企业
116	宁波尚芽电子商务有限公司	电商企业
117	宁波荣诺商贸有限公司	电商企业
118	宁波大韩家进出口有限公司	电商企业
119	宁波澳纽之窗国际贸易有限公司	电商企业
120	宁波保税区观止电子商务有限公司	电商企业
121	宁波市航都电子商务有限公司	电商企业
122	宁波首座电子商务有限公司	电商企业
123	上海马珂博逻电子商务有限公司	电商企业
124	连云港瑞捷物流有限公司	电商企业
125	临沂郡洺贸易有限公司	电商企业
126	宁波希言国际贸易有限公司	电商企业
127	宁波保税区臻品汇电子商务有限公司	电商企业

表2-4 续5

序号	企业名称	企业类型
128	宁波易步达信息科技服务有限公司	电商企业
129	郑氏实业有限公司	电商企业
130	祐护（上海）实业有限公司	电商企业
131	宁波妈妈购网络科技有限公司	电商企业
132	宁波藤之美贸易有限公司	电商企业
133	上海酷丹网络科技有限公司	电商企业
134	宁波海猫电子商务有限公司	电商企业
135	宁波者也电子商务有限公司	电商企业
136	宁波新丝道国际贸易有限公司	电商企业
137	扬州欧佩电子商务有限公司	电商企业
138	复乾国际贸易（上海）有限公司	电商企业
139	宁波路易通电子商务有限公司	电商、仓储企业
140	福州爱诗普霖水处理设备有限公司	电商企业
141	宁波贝网国际贸易有限公司	电商企业
142	福州古夏商贸有限公司	电商企业
143	宁波亿伟锋国际贸易有限公司	电商企业
144	宁波三国城贸易有限公司	电商企业
145	深圳市普卡兰家具有限公司	电商企业
146	外轮猫供应链（深圳）有限公司	电商企业
147	牵趣进出口有限公司	电商企业
148	宁波思八达国际贸易有限公司	电商企业
149	宁波优正进出口有限公司	电商企业
150	宁波保税区大丰车国际贸易有限公司	电商企业
151	北京汇智知行教育咨询有限公司	电商企业
152	越承贸易公司	电商企业
153	Chalerm Thai International Co., Ltd.	电商企业
154	世纪都华国际有限公司	电商企业
155	深圳市前海攀达体育有限公司	电商企业
156	宁波高攀达进出口有限公司	电商企业
157	广州笠丰贸易有限公司	电商企业
158	合驿（苏州）供应链管理有限公司	电商企业

表2-4 续6

序号	企业名称	企业类型
159	广州礼愫食品有限公司	电商企业
160	KING POWER INTERNATIONAL CO., LTD	电商企业
161	自然阳光（上海）日用品有限公司	电商企业
162	宁波欧乐美贸易有限公司	电商企业
163	乐利数字科技股份有限公司	电商企业
164	宁波保税区几维国际贸易有限公司	电商企业
165	上海牵趣网络科技有限公司	电商企业
166	美合国际实业股份有限公司	电商企业
167	宁波保税区环辰国际贸易有限公司	电商企业
168	欧莱德化妆品（上海）有限公司	电商企业
169	宁波宁兴优贝物流有限公司	电商、仓储企业
170	跨境易购国际贸易有限公司	电商企业
171	宁波外代新扬船务有限公司	仓储企业
172	宁波泰丰合达物流有限公司	仓储企业
173	上海东航快递有限公司	仓储企业
174	宁波保税区涌创智联供应链管理有限公司	仓储企业
175	宁波众鑫环球供应链管理有限公司	仓储企业
176	宁波富连昌供应链管理有限公司	仓储企业
177	宁波聚美优品网络有限公司	仓储企业
178	宁波汇方达网络科技服务有限公司	仓储企业
179	宁波保税区无尾熊电子商务有限公司	仓储企业
180	宁波保税区航虹发展公司	仓储企业
181	宁波富立物流有限公司	仓储企业
182	宁波保税区高新跨境供应链管理有限公司	仓储企业
183	宁波顺丰速运有限公司	仓储企业
184	宁波云仓物流有限公司	仓储企业
185	宁波万迅物流有限公司	仓储企业
186	上海义达国际物流有限公司	仓储企业
187	宁波保税区迅诚物流有限公司	仓储企业
188	宁波万通安达供应链管理有限公司	仓储企业
189	梅山圆速	快递企业

表2-4 续7

序号	企业名称	企业类型
190	深圳路易通物流有限公司	快递企业
191	顺丰速运	快递企业
192	圆通速递	快递企业
193	宁波北仑洪璟物流有限公司	快递企业
194	中国邮政速递物流	快递企业
195	上海韵达速递（物流）有限公司	快递企业
196	上海航虹托运部	快递企业
197	品骏控股有限公司	快递企业
198	梅山龙驰	快递企业
199	宁波市北仑军通速递有限公司	快递企业
200	天天快递有限公司	快递企业
201	中通速递股份有限公司	快递企业
202	东方航空物流	快递企业
203	上海义达国际物流有限公司	快递企业
204	宁波德邦	快递企业
205	浙江芝麻开门供应链管理有限公司	快递企业
206	百世物流科技（中国）有限公司	快递企业
207	申通快递有限公司	快递企业
208	慈溪全通速递服务有限公司	快递企业
209	易宝支付	支付企业
210	重庆易极付科技有限公司	支付企业
211	首信易支付	支付企业
212	通联支付网络服务股份有限公司	支付企业
213	开联通网络服务股份有限公司	支付企业
214	宝付支付	支付企业
215	国际支付宝	支付企业
216	百度钱包	支付企业
217	浙江唯品会支付服务有限公司	支付企业
218	中国工商银行	支付企业
219	广州银联网络支付有限公司	支付企业
220	浙江银商信息技术有限公司	支付企业

表2-4 续8

序号	企业名称	企业类型
221	网易宝	支付企业
222	支付宝（中国）网络技术有限公司	支付企业
223	中国银联	支付企业
224	盛付通	支付企业
225	中国建设银行	支付企业
226	易付宝	支付企业
227	京东网银在线	支付企业
228	上海富友金融网络技术有限公司	支付企业
229	财付通	支付企业
230	中国银行	支付企业
231	银盈通支付	支付企业

统计数据

一、宁波跨境电子商务服务试点进口业务报表

宁波跨境电子商务服务试点进口业务报表见表2-5。

表 2–5　宁波跨境电子商务服务试点进口业务报表

（2017 年 1 月 1 日 ~2017 年 12 月 31 日）

区域	时间	验放清单（万票）	消费者（人）	货值（万元）	增长率（%）	税款（万元）	上线商品种类（个）	商品种类（进口量前五位）	备案电商企业（个）	上线企业（个）
宁波保税区	2017 年	3 061. 123 7	8 518 396	543 096. 802 9	30. 604	60 927. 750 31	651	纸尿裤、其他编号未列名的食品、护肤品、奶粉、其他面包，糕点，饼干及烘焙糕饼	38	14
栎社保税物流中心（B）型	2017 年	386. 856 8	925 581	70 868. 464 53	−14. 758	7 793. 383 619	322	纸尿裤、护肤品、其他编号未列名的食品、洗发水、奶粉	22	7
宁波栎社机场	2017 年	55. 868 1	164 262	15 851. 806 29	−15. 583	1 710. 672 815	679	其他编号未列名的食品、纸尿裤、其他棉制针织或钩编男式 T 恤衫、纺织材料制鞋面胶底的其他鞋靴、其他棉制男式衬衫	18	23
梅山保税港区	2017 年	204. 281 6	746 885	27 436. 954 04	95. 911	3 003. 246 996	169	纸尿裤、护肤品、其他编号未列名的食品、奶粉、洗发水	3	1
慈溪出口加工区	2017 年	896. 393 5	2 630 952	145 557. 194	2 989. 3	18 038. 918 53	311	护肤品、其他编号未列名的食品、洗发水、纸尿裤、其他牙膏	2	1
全市	2017 年	4 604. 52	12 986 076	802 811. 22	49. 65	91 473. 97	2 132	—	83	46
	试点以来	8 995. 46	29 717 934	1 668 484. 07	—	138 362. 28	3 330	—	909	341

二、宁波跨境电子商务服务试点分税号商品出入境统计（部分）

宁波跨境电子商务服务试点分税号商品出入境统计（部分）见表2-6。

表2-6　宁波跨境电子商务服务试点分税号商品出入境统计（部分）

（2017年1月1日~2017年12月31日）

序号	出/入境	业务模式	HS税号/行邮税号	商品品类	包裹量（单）	金额（元）	备注
1	进口	网购保税进口	9619001000/9619001100	供婴儿使用的尿裤及尿布	18 215 854	1 467 409 110	
2	进口	网购保税进口	3304990011/3304990012/3304990013/3304990019	护肤品（包括防晒油或晒黑油，但药品除外）	11 978 619	638 981 453.80	
3	进口	网购保税进口	2106909090	其他编号未列名的食品	10 755 270	1 109 588 501.00	
4	进口	网购保税进口	1901101000	供婴幼儿食用的零售包装配方奶粉	3 542 689	478 098 088.80	
5	进口	网购保税进口	1905900000	其他面包 糕点 饼干及烘焙糕饼	2 640 563	54 531 091.30	
6	进口	网购保税进口	1904100000	膨化或烘炒谷物制成的食品	1 974 000	85 085 407.32	
7	进口	网购保税进口	2202990099	其他包装无酒精饮料	1 681 548	121 467 001.50	
8	进口	网购保税进口	3305100090	其他洗发剂（香波）	1 574 846	65 329 503.55	
9	进口	网购保税进口	402290000	脂肪量>1.5%的加糖固状乳及奶油	1 471 073	74 062 771.00	
10	进口	网购保税进口	1901109000	其他供婴幼儿食用的零售包装食品	1 459 468	45 977 319.91	
11	进口	网购保税进口	3403990000	其他润滑剂（含油<70%）	1 164 752	92 253 646.77	
12	进口	网购保税进口	3306101090	其他牙膏	1 025 462	21 166 114.76	
13	进口	网购保税进口	3305900000	其他护发品	903 932	40 130 637.09	
14	进口	网购保税进口	3401110000	盥洗用皂及有机表面活性产品	901 437	19 186 588.38	
15	进口	网购保税进口	401200000	1%<脂肪含量≤6%的未浓缩的乳及奶油	864 139	5 578 251.306	
16	进口	网购保税进口	2106909090	其他编号未列名的食品	50 436	8 154 079.718	
17	进口	网购保税进口	9619001100	供婴儿使用的尿裤及尿布	46 753	4 313 575.189	

表2-6　续1

序号	出/入境	业务模式	HS 税号/行邮税号	商品品类	包裹量（单）	金额（元）	备注
18	进口	网购保税进口	6109100021	其他棉制针织或钩编男式T恤衫	36 950	6 565 438.951	
19	进口	网购保税进口	6404199000	纺织材料制鞋面胶底的其他鞋靴	28 886	7 754 429.31	
20	进口	网购保税进口	6205200099	其他棉制男式衬衫	25 001	8 417 115.164	

说明：业务模式按一般出口、特殊区域出口、直购进口、网购保税进口等模式填写。

三、宁波市跨境电子商务服务试点分地区消费分布统计

宁波市跨境电子商务服务试点分地区消费分布统计见表 2-7。

表 2-7　分地区消费分布统计

（2017 年 1 月 1 日~2017 年 12 月 31 日）

序号	进/出口	地区	数量（包）	金额（元）	消费者数量（人）	主要商品（前五种）	备注
1	进口	浙江省	5 368 778	1 118 574 294.00	1 396 211	供婴儿使用的尿裤及尿布、护肤品、其他编号未列名的食品、其他护发品、香浴盐及其他沐浴用制剂	
2	进口	江苏省	5 276 370	1 024 103 794.00	1 412 234	供婴儿使用的尿裤及尿布、护肤品、其他编号未列名的食品、其他护发品、香浴盐及其他沐浴用制剂	
3	进口	广东省	5 086 110	916 101 031.10	1 620 497	供婴儿使用的尿裤及尿布、护肤品、其他编号未列名的食品、其他护发品、香浴盐及其他沐浴用制剂	
4	进口	上海	4 593 143	925 599 680.70	1 129 150	供婴儿使用的尿裤及尿布、护肤品、其他编号未列名的食品、其他护发品、香浴盐及其他沐浴用制剂	
5	进口	北京	2 725 304	510 086 901.80	896 711	供婴儿使用的尿裤及尿布、护肤品、其他编号未列名的食品、其他护发品、香浴盐及其他沐浴用制剂	

表2-7 续1

序号	进/出口	地区	数量（包）	金额（元）	消费者数量（人）	主要商品（前五种）	备注
6	进口	其他省份	23 014 389	4 046 427 372.00	7 399 295	供婴儿使用的尿裤及尿布、护肤品、其他编号未列名的食品、其他护发品、香浴盐及其他沐浴用制剂	
7	合计	—	46 064 094	8 540 893 073.60	13 854 098		

说明：地区栏，进口显示国内省份，出口显示国家或地区。

大事记

2017年1月6日，宁波跨境电子商务综试区与eBay签订战略合作协议。

2017年3月17日，宁波市委、宁波市人民政府召开中国（宁波）跨境电子商务综合试验区建设工作推进会，唐一军书记、裘东耀市长等市领导出席会议。

2017年6月18日，“6·18”大促首日宁波跨境电子商务进口零售交易量突破百万单，达到109万单，交易额达到2.07亿元，交易量、交易额均位居全国首位。

2017年6月28日，宁波国际邮件交换站在宁波机场正式运营。

2017年7月6日，亚马逊中国与中国（宁波）跨境电子商务综合试验区签署合作备忘录。

2017年11月11日，“双11”大促当天宁波关区共验放跨境电子商务进口申报单601万票，约占全国单量的四分之一，货值9.7亿元，同比增长近7.82倍，居全国首位，再次创下销售纪录。

2017年11月29日，由杭州、宁波综试区联合承办的第四届世界浙商大会跨境电子商务综试区项目推介会在杭州国际博览中心举行。

郑州地区

目前，郑州综试区建设工作总体推进顺利，本土跨境电子商务企业迅速发展壮大，跨境电子商务补链、强链、延链招商力度不断加大，国家、省、市、县（区）四级示范联创有序展开，50个跨境电子商务重点项目扎实推进，跨境电子商务发展氛围愈加浓厚。郑州正朝着朝着“买全球、卖全球”的目标迈进。郑州市现有国家级电子商务示范基地2个、国家级电子商务示范企业7家、省级跨境电子商务示范园区7家、省级跨境电子商务人才培养暨企业孵化平台5家。2017年1~12月，全市跨境电子商务交易额达到69.07亿美元。

发展现状

一、郑州跨境电子商务发展的现状

近年来，郑州市充分发挥区域加交通的比较优势，不断加强与“一带一路”沿线国家地区的合作交流，强化东西合作互补。集聚高端要素，国内外知名电商企业纷纷落户郑州，郑州跨境电子商务呈现出爆发式增长的迅猛态势。

（一）打造综试区“三平台七体系”，构建综合配套的要素支撑系统

1. 信息化综合服务降本增效

经开综保区跨境贸易电子商务服务试点信息化平台为跨境电子商务企业提供“一站式”通关服务，日均处理能力峰值可达500万包，通关速度每秒100单。航空港实验区“空港外贸综合服务平台”、国际陆港“中欧国际多式联运综合服务信息平台”实现跨境电子商务关检无纸化一体化作业。全球智能物流综合服务中心实现终端分拣和派送多家物流公司的集成作业，分拨时效提高24小时。“买卖全球网”“贸易单一窗口”平台等的互联互通和信息共享，实现公路、铁路、海港等运输方式与国际航空、境外陆运等各运输环节的有效衔接，为跨境电子商务企业提供最优解决方案，实现“一单到底、货通全球”贸易便利化。

2. 跨境电子商务综合园区形成新业态示范

持续优化跨境电子商务产业链形态，全市建成电子商务园区20个，其中省级跨境电子商务示范园区7个，通过强化线下园区综合服务功能，集聚电商平台企业、外贸综合服务企业、电商专业人才、电商专业服务等，提供通关、物流、金融、人才等一站式服务。形成第三方平台和自营平台同步推进，境内外电商共同参与，进出口并重、多模式并存、线上线下有序结合的跨境电子商务发展格局。

3. 电商金融、信保、培训等服务助力企业成长

一是建行、中行、工行、平安等金融机构已围绕跨境电子商务开展国际金融服务业务，支持跨境电子商务活动使用人民币计价结算，简化跨境电子商务企业收汇和结汇手续。中启金服通过整合海关、中国银行、企业三方数据，搭建的“秒贷”系统已正式上线，为跨境电子商务企业提供便利化线上融资业务。二是海关部门把在郑州开办跨境电子商务进出口零售企业注册备案模式简化为信息登记模式，对开展跨境电子商务零售进出口业务的无报关权企业进行简单的信息登记，即可开办业务。三是支持政、校、会、企合作共建实用型人才培训基地。

（二）推进跨境电子商务全产业链布局，构建互融共生的生态系统

1. 加强跨境电子商务补链、强链、延链招商

加快跨境出口平台招商谈判，推动跨境电子商务项目落地。有针对性地开展多

形式、专业化招商活动，强力助推郑州跨境电子商务产业发展，提升跨境电子商务整体实力。

2. 引导传统产业上线触网

支持企业开展跨境电子商务业务，郑州人民电缆、郑州锅炉、新密耐火材料从面临生存困境到产品出口多个国家，企业业绩快速增长；郑州智欧、伊赛尔、钟桦电商打造多个国外品牌，将对讲机、小型家具、家用饰品出口欧美多个国家，实现亿元以上成交。传统产业商品出口规模不断扩大，荣盛耐材、郑州锅炉、大汇恒兴、国立进出口等企业所经营的耐火材料、锅炉、箱包、建筑机械等跨境电子商务销售额年均增长超过50%。

3. 提升跨境电子商务主体服务能力

引进培育外贸综合服务企业，支持跨境电子商务综合服务企业做大做强，鼓励采购、第三方平台、摄影、代运营、创意、推广、培训等跨境电子商务产业相关专业配套服务业发展。

（三）全面推进“放管服”改革，构建高效透明的政务服务系统

1. 深化商事制度改革

一是推进一次办妥“四个一”。以“应进全进、能办快办、办好办优”为标准，梳理并向社会公布一批“一次办妥”和“全程网办”事项清单，优化一窗受理、一个标准、一张网络、一次办理“四个一”基础工程，进一步提高政务服务效率。二是进一步深化商事制度登记改革。启动“三十五证合一”，积极推进商事登记全程电子化，郑州片区企业获颁全省首张电子营业执照；启动政银合作直通车，试行由银行网点代办商事登记等业务。三是加快推进投资体制改革。开展企业投资项目承诺制改革，印发项目承诺制实施办法和事中事后监管办法，筛选E贸易综合服务平台冷链项目等进行试点。

2. 强化产业政策支持

在跨境电子商务的强化应用、完善服务体系、加快物流建设、发展经营主体等方面给予重点政策扶持。开展国家、省、市、县区电子商务示范体系四级联创，扩大示范范围，加强示范引领。

3. 引进培育领军人才

实施“智汇郑州·1125聚才计划”，整合资金力量，把支持政策放在创新创业一线、布局在人才最集中的地方。采取“人才+产业”“人才+项目+平台”等方式历练人才、激活人才。不仅在资金、项目等方面给予扶持，还提供孵化场地、住房保障、安家落户、医疗保健、保险接续、子女入学等全套政策保障。

4. 提供公平阳光的法治环境

建立健全联合惩戒机制，加大对失信市场主体的惩治力度，对具有不良信用记录的失信市场主体，在多方面、多范围、多领域依法予以限制或禁止，使失信企业“一处违法、处处受限”。

（四）对接全球规则流程模式，建立适应新业态的创新发展机制

1. 监管制度创新

海关部门积极探索依据企业信用分级，国检部门对跨境电子商务进口商品和电商企业“双分级”，实行差别化的分类监管，把控信用风险和推进信息资源共享，推动贸易便利化，做大做强跨境电子

商务业务规模和质量。

2. 业务流程创新

率先采用交易信息、支付信息、物流信息“三单比对”方式，推动通关作业无纸化。“简化申报、清单核放”、抽查制度“双随机”“7×24”小时无休作业、通关“三个一”等多项改革措施，使跨境商品通关更加高效便捷，98%以上的单证实现自动审核，确保24小时内完成通关作业并放行。

3. 商业模式创新

创新跨境零售商品展示展销政策，支持在流程可追溯、风险可控的前提下，开展“一馆多模式”“一馆多业态”的跨境电子商务O2O新零售商业模式，允许保税状态商品担保出区，通过“秒通关和前店后仓”，实现跨境商品“现场下单、现场提货”，便利消费体验，引导消费回流。

二、跨境电子商务园区发展情况

（一）中国中部电子商务港（总部基地）建设情况

中国中部电子商务港（总部基地）自开园以来，投入培训经费500万元，定期邀请国内知名电商大咖来园区现场授课，积极推动河南省跨境电子商务企业应用水平提升。共举办交流培训活动60余次，服务人数26 000人次，有力地促进了河南跨境电子商务产业快速发展；校企合作的大学生实习点10个，接纳大学生实习600人次；带动就业1 600人，引进归国电子商务高端人才5人，在全国塑造了河南良好的电子商务产业环境形象。2017年总交易额14亿人民币，出口市场遍布世界各地。中国中部电子商务港（总部基地）于2017年初更是获得了河南省电子商务示范基地和河南省跨境电子商务示范园区认定。

（二）郑州华南城跨境电子商务产业园建设情况

郑州华南城位于新郑市龙湖镇郑新快速路与双湖大道交汇处，毗邻郑州航空港经济综合实验区，电商产业园区营业面积26 000平方米，入驻企业100多家。其中，一期项目于2014年8月28日正式投入运营，吸引了中国电信、京东中国特产·新郑馆、酷众电商、霸王电商等一批知名企业；二期在2017年初投入使用，截至目前，已陆续入驻华顺共享经济产业园、港阳电商实训中心、辉煌货架等，以及正在洽谈中的四通一达、58同城、赶集网等涵盖电商培训、优质货源、快递物流、信息咨询、公共服务等机构。

2017年，共引进创业型企业62家、创业项目5个，均已开展运营，开业面积8 524平方米。与优客尚品、中国邮政、合创盈行等10多家公司初步达成合作意向，销售渠道包含线上、线下、农村等河南18个地市，全力帮助企业对接货源，销售产品。

（三）郑州邮政圃田跨境电子商务产业园建设情况

郑州邮政圃田跨境电子商务产业园占地面积1.5万平方米，位于国家郑州经济技术开发区东北部。目前入驻跨境电子商务企业有河南安德在线电子科技有限公司、郑州飞驰电子商务等数十家跨境电子商务企业及个体。园区为入驻企业提供办公、仓储、客服、现场操作、物流中转等综合服务。

2017年，郑州市邮政国际小包业务量实现发寄1 324万件，日均3.6万票，包裹量占郑州跨境电子商务市场B2C出口的80%以上。国际小包业务规模在全国仅次于北、上、广、江、浙、闽六个国际业务大省的重点城市。

三、郑州招商引资条件

（一）基础设施

1. 城市交通设施

城市公交：2017年全年郑州市新开公交线路42条，更新、增加公交车辆600辆，年末实有公交汽（电）车6230辆，城市公交客运量达9.1亿人次。

城际铁路：建成后的城际铁路将最终形成以郑州为中心、洛阳为副中心，以京广、陇海为主轴，连接中原城市群地区的“‘十’字加半环线”网络构架，覆盖中原城市群的“一小时交通圈”。

机场：新郑州机场是我国重要的干线机场、国家一类航空口岸。机场一期占地约493万平方米，飞行区技术等级4E；机场二期于2015年12月建成投运，新建4F级跑道和滑行道系统，有79个机位的客机坪，4个机位的货机坪。

2. 水电设施

供电：2017年郑州全社会供电量502.9亿千瓦时，同比增长0.5%。

供水：2017年郑州全社会供水量3.7亿立方米，日供水能力190.9万立方米。城市新铺设自来水供水管道59.3千米。

燃气：2017年郑州城市居民燃气化率达92%。

供热：市内建筑均采用室内采暖设施，采暖期一般为每年11月15日至翌年3月15日，共计120天。

3. 通讯设施

郑州是国内六大通讯枢纽城市之一。以郑州为中心搭建的京汉广光缆骨干网和陇海光缆骨干网是全国最重要的通讯十字网。郑州是仅次于北京、上海的全国第三大邮政电信枢纽，邮政电信业务量居全国前列。郑州拥有多种通讯方式可供选择。电话业务包括固定电话、移动电话和IP电话。互联网接入方式除普通拨号上网外，还可以使用DDN、LAN和ADSL连接上网。

（二）经营要素

1. 人力资源

2017年末，郑州市总人口988.1万人，城镇人口713.7万人，从业人员共计589.9万。郑州市共有研究生培养单位12个，在校研究生2.6万余人；郑州市普通本专科学校58所，在校学生93.5万人，郑州大学是国家“211工程”重点建设高校；郑州市有中等职业技术教育学校123所，在校学生30.3万人；普通高中122所，在校学生19.2万人；普通初中320所，在校学生37万人；全市共有专任教师17万人。

2. 科技创新

2017年郑州市申请专利50544件，授权专利21249件。共组织实施科技项目1228项，其中省级以上项目303项，市级项目925项。共签订技术合同6013份，技术合同成交金额达162亿元，荣获国家促进科技和金融结合试点城市，主导的20个创新创业综合体建成527.6万平米，全市孵化器、众创空间达到151家。

3. 金融资本

2017年末全市金融机构各项存款余额20349.6亿元，金融机构各项贷款余额17992.4亿元。郑州商品交易所是经国务院批准成立的我国首家期货市场试点单位，是中国目前四大期货交易所之一，2017年郑州商品交易所累计交易额达21.4万亿元，“郑州价格”已被纳入全球报价体系。

4. 商务运营

郑州会展业素有中国“流动展摇篮”之美誉，拥有郑州国际会展中心、中原国际博览中心等大型展览设施，已形成了以全国性市场为龙头、区域性市场为骨干、地方性市场为基础的不同层次、不同类别的商品交易市场体系。2017年郑州市共举办展会237个，展览面积258.37万平方米。实际经济社会效益约300亿元，会展业主要指标居全国会展城市前列。

（三）人居环境

1. 城市环境

郑州市区面积约1010.3平方千米，山地面积约2377平方千米，水面面积约11.4平方千米。全市人均公园绿地面积7.6平方米，建成区绿化覆盖率40.4%。公园达到94个。郑州市共有A级景区41处，其中5A级景区1家、4A级景区11家、3A级景区16家、2A级景区8家。

2. 生活设施

文体娱乐设施：2017年末全市共有公共图书馆17个，群众艺术馆、文化馆14个，博物馆38个，综合档案馆13个；广播电台2座，电视台2座。全市广播、电视人口覆盖率达100%。

购物休闲场所：郑州是全国著名的商业城市，许多跨国大型连锁超市，如沃尔玛、家乐福、麦德龙、卜蜂莲花等均已入驻郑州。

医疗疾控设施：2017年末全市共有卫生机构4426个，疾病预防控制中心、防疫站15个，专科疾病防治医院2个，卫生监督检验机构16个。

（四）人文底蕴

悠久的历史积淀了灿烂的文明，禅宗祖庭少林寺、道教圣地中岳庙、宋代四大书院之一的嵩阳书院、中国最古老的登封观星台都是中华文明史上的璀璨明珠。全市拥有商城遗址、裴李岗遗址、北宋皇陵、轩辕黄帝故里、杜甫故里、潘安故里等历史名胜和文化古迹，各类文物古迹达10000余处，其中，世界文化遗产1处，国家级重点文物保护单位38处43项，省级重点文物保护单位128处，市级重点文物保护单位269处，文物数量和规模居全国城市前列。

配套文件

郑州市人民政府办公厅关于印发郑州市2017年跨境电商综试区建设实施方案的通知

（郑政办〔2017〕32号）

各县（市、区）人民政府，市人民政府有关部门，各有关单位：

《郑州市2017年跨境电商综试区建设实施方案》已经市政府研究同意，现印发给你们，请认真贯彻执行。

2017年3月13日

郑州市2017年跨境电商综试区建设实施方案

一、总体思路

认真执行国家发展战略，全面落实省委、省政府关于中国（郑州）跨境电子商务综合试验区建设的重大决策部署，按照“立足郑州，服务全省”的发展要求，秉承创新、协调、绿色、开放、共享发展理念，统筹谋划，精心组织，发挥跨境电子商务作为外贸发展新引擎、产业转型新动力、对外开放新窗口的重大作用，打造跨境电子商务完整的产业链和生态圈，实现外贸优进优出，扩大国际国内合作，推动全市、全省产业转型升级，激发“大众创业、万众创新”活力，塑造内陆开放型经济新模式，加速郑州国家中心城市建设。

二、发展目标

以B2B模式为发展重点，以四港联动多式联运的国际物流体系和各类功能性口岸为支撑，以金融、商贸、物流等现代服务业为依托，以制度创新为引领，通过综合试验，培育完善的跨境电子商务产业体系，持续扩大出口、做强进口，促进产业转型升级，加快跨境电商综试区“三中心一高地”建设。2017年，力争实现全市跨境电子商务年交易额增长25%，培育10家省级跨境电子商务园区，100家跨境电子商务重点企业，设立5家公共海外仓。

三、重点工作

（一）推进跨境电子商务产业快速发展

1. 完善全市跨境电商综试区产业规划、空间布局，鼓励、支持各地突出特色、错位发展。建设一批特色鲜明、功能完备、产业集聚、富有活力的跨境电子商务综合园区，形成完善的跨境电子商务产业链，有效承接跨境电商线上综合信息服务平台功能，实现线上线下融合发展。（市商务局）

2. 开展郑州市跨境电子商务示范园区

培育认定工作，综合产业规模、集聚程度、服务体系等因素，培育跨境电商示范园区。（市商务局、各县（市、区）人民政府、各开发区管委会）

3. 开展跨境电商产业链补链、延链、强链招商，支持国内外龙头电子商务企业在我市设立跨境电子商务总部或区域性、功能性总部。加强与国内外知名电商企业的合作，完善跨境电子商务配套产业链。（市商务局、各县（市、区）人民政府、各开发区管委会）

4. 大力引进、培育外贸综合服务企业，积极引导和支持快递企业向外贸综合服务企业转型，为跨境电商企业提供通关、物流、仓储、融资、检验检测认证等全方位服务，提升跨境电子商务产业综合服务水平。鼓励采购、第三方平台、摄影、代运营、创意、推广、培训等跨境电子商务产业相关专业配套服务业发展。（市商务局、市邮政管理局、各县（市、区）人民政府、各开发区管委会）

5. 支持工业企业开展跨境电子商务业务，依托工业企业与电商企业对接活动，鼓励工业企业与跨境电子商务平台、境外企业合作，拓展产品境外营销渠道。（市工信委、市商务局）

6. 探索"互联网+农村"发展模式，引导企业结合我市农业产业特点开展跨境电子商务业务，鼓励快递企业结合我市农业产业特点参与农村跨境电子商务平台和线下集配中心建设，扩大农产品出口。（市农委、市邮政管理局）

（二）积极实施创新驱动战略

1. 丰富完善跨境电子商务线上综合信息服务平台功能，探索建立跨境电子商务信息共享机制，统一信息的标准规范、备案认证和管理服务，为监管部门和企业提供备案管理、统计监测、电商信用、风险预警、质量追溯等服务。（市口岸办、跨境电商综试区领导小组各成员单位）

2. 协调推进提高通关效率，推动建立货物贸易与服务贸易、进口与出口的标准化监管流程，支持 B2B、B2C 等不同种类业务模式的商品便捷通关。探索建立适合跨境电子商务的转关、转检和物流方式，研究跨境电商全国通关一体化，为跨境电子商务提供通关一体化和检验检疫一体化服务。（市口岸办、郑州经济开发区管委会、郑州航空港经济综合实验区管委会）

3. 创新"特种商品口岸+跨境电商"业务模式，完善粮食、汽车、水果、肉类、冰鲜水产品等指定进口口岸功能，开展相关跨境电商 B2B 进口业务。（市口岸办、郑州经济开发区管委会、郑州航空港经济综合实验区管委会）

4. 争取上级部门向跨境电子商务线上综合信息服务平台开放企业主体信息和企业信用信息公示系统数据接口，提供企业主体信息和企业信用信息查询服务，满足加强企业信用管理需要。（市工商局、市口岸办、市数字办）

5. 加强网络与信息安全平台建设，深化电子认证技术应用，推进数字证书的统一认证，实现一证多用和不同认证技术交叉互认，形成集身份认证、授权管理、责任认定一体的跨境电子商务网络信任体系。（市工信委、市数字办）

6. 协调推动跨境电子商务线上融资及担保方式创新试点开展。在风险可控的前提下，积极探索线上融资、担保、保险等互联网金融产品和服务，扩大出口信用保

险覆盖面，鼓励保险机构创新研发适应跨境电子商务的新型险种，开展出口信用保险保单融资业务。（市金融办）

7. 推动有条件的县（市、区）、开发区建设跨境电子商务仓储物流中心。鼓励国际物流、快递企业与跨境电子商务物流仓储中心对接，支持跨境电子商务平台与国家交通运输物流公共信息平台对接，鼓励快递、物流企业开展跨境电子商务服务业务。同时，加强快递末端配送能力建设，着力解决快递配送最后一公里问题。（市商务局、市交通委、市邮政管理局）

8. 支持企业建立海外营销渠道，创立自有品牌，通过跨境 B2B、海外 O2O、跨境 B2C 模式，设立海外仓、体验店、展览展示中心等，融入境外销售体系。支持有实力的企业在主要出口市场设立公共海外仓，为跨境电子商务企业提供贸易、仓储、配送和售后等一站式服务。积极探索海外仓建设中的融资、风险保障机制。（市商务局）

9. 支持郑州新郑国际机场开辟新的国际航线、加密航班，重点开通全货机货运航班，增强货运直航能力。提高郑州新郑国际机场航空运能，建设国际航空货运枢纽和物流中心，并不断提升航空货运能力。（市枢纽办、郑州航空港经济综合实验区管委会）

10. 依托郑州铁路一类口岸，探索“中欧班列（郑州）+跨境电商”模式，支持中欧班列（郑州）带运国际邮件，鼓励我市跨境电子商务企业通过中欧班列（郑州）等方式开展货物运输，进一步提升郑州国际陆港集疏能力和中欧班列（郑州）辐射能力，形成内陆地区与欧洲发展跨境电子商务的通道优势。（市口岸办、郑州经济开发区管委会、郑州国际陆港公司）

11. 开展跨境电子商务统计试点，探索建立跨境电子商务统计制度，逐步形成跨境电子商务综合指数体系并定期发布。（市商务局、市统计局）

12. 实施“三证合一、一照一码”和“五证合一、一照一码”登记制度，落实“先照后证”改革任务，推进全程电子化登记和电子营业执照应用。结合实际放宽新注册企业场所登记条件限制，推动“一址多照”、集群注册等住所登记改革，为创业创新提供便利的工商登记服务。（市工商局、市国税局）

13. 在航空港实验区探索开展“跨境电商出口退税资金池”试点。（郑州航空港经济综合实验区管委会）

（三）促进跨境电商领域创新创业

1. 瞄准市场需求，采取定向培养的方式，开展政府、高校、协会、企业合作，建设一批跨境电商人才培养基地，重点支持省级、国家级示范基地（中心）建设，服务跨境电子商务企业发展。（市商务局、市财政局、市人社局、市教育局）

2. 实施跨境电商人才计划，吸引省外豫籍电子商务高层次人才和优秀应用人才在郑发展，并按现行政策规定给予奖励和生活补贴。（市人社局、市财政局）

3. 鼓励跨境电子商务领域创业，为创业人员提供场地、人才、技术、资金支持和创业平台孵化服务。支持发展创业创新区域平台，加快推动跨境电子商务众创、众包、众扶、众筹等新模式发展，鼓励线上虚拟众创空间发展。（市科技局、市人社局、市财政局）

四、强化保障措施

（一）研究成立郑州市综试区建设工作

管理办公室，负责全市综试区建设工作的具体开展和实施。（市编办）

（二）建立联动机制。加强与省、国家有关部门协调配合，形成三级联动推进机制，形成工作责任制，促进创新举措落到实处。（跨境电商综试区领导小组各成员单位）

（三）加强综试区建设的智力支撑。成立郑州市跨境电子商务专家委员会，共建郑州市跨境电子商务研究中心。对跨境电商企业进行常态化调研，加强跨境电子商务政策研究，为政府决策提供参考依据。（市商务局）

（四）推动成立区域性跨境电子商务行业组织。发挥行业组织在政府与企业间的桥梁作用，引导企业公平竞争、守法经营。加强与国内外相关行业组织的交流合作，支持跨境电子商务企业在境外举办实体展会，建立营销网络。（市商务局、市民管办）

（五）加大财政扶持力度。建立2017年跨境电子商务企业库和项目库，制定专项扶持政策，支持跨境电子商务产业链优化完善、跨境电子商务园区建设、重点企业和关键人才引进等。（市商务局、市财政局）

河南省财政厅、河南省商务厅关于印发河南自由贸易试验区和跨境电子商务综合试验区省级专项资金管理暂行办法的通知

（豫财贸〔2017〕70号）

各省辖市、省直管县（市）和有关县（市）财政局、商务局，中国（河南）自由贸易试验区郑州、开封、洛阳片区管委会，省直有关单位：

为加快我省自由贸易试验区和跨境电子商务综合试验区建设，提高财政资金使用效益，我们制定了《河南自由贸易试验区和跨境电子商务综合试验区省级专项资金管理暂行办法》。现印发给你们，请遵照执行。

附件 河南自由贸易试验区和跨境电子商务综合试验区省级专项资金管理暂行办法

河南省财政厅
河南省商务厅
2017年7月31日

河南自由贸易试验区和跨境电子商务综合试验区省级专项资金管理暂行办法

第一章 总 则

第一条 为规范和加强财政资金管理，促进我省自由贸易试验区和跨境电子商务综合试验区建设，根据《河南省人民政府关于印发中国（河南）自由贸易试验区建设实施方案的通知》（豫政〔2017〕12号）、《河南省人民政府关于印发中国（郑州）跨境电子商务综合试验区建设实施方案的通知》（豫政〔2016〕28号）和《河南省省级财政专项资金管理办法》（豫政〔2014〕16号）等有关政策规定，特制定本办法。

第二条 本办法所称河南自由贸易试

验区和跨境电子商务综合试验区省级专项资金（以下简称“专项资金”），是指省级财政统筹安排的、专项用于促进我省自由贸易试验区（以下简称“自贸区”）和跨境电子商务综合试验区（以下简称“跨境电商综试区”）建设的资金。执行期限为2017-2019年。

第三条 专项资金遵循“公开透明、突出重点、专款专用、注重绩效”的原则管理使用，接受有关部门和社会监督。

第二章 专项资金管理

第四条 专项资金由省财政厅、省商务厅共同管理，专款专用。省财政厅和省商务厅分别履行下列管理职责：

（一）省财政厅负责专项资金的预算管理；会同省商务厅制定专项资金管理制度；审核省商务厅提出的资金支持方案并拨付资金；对资金的使用情况进行绩效再评价。

（二）省商务厅根据事业发展需要，建立健全滚动管理的备选项目库；提出专项资金的支持重点和资金额度；会同省财政厅制定具体业务管理制度；会同省财政厅组织项目申报和评审，提出资金支持方案；对项目实施情况进行绩效评价和监督。

第五条 按照分工协作的原则，市、县财政部门负责辖区内资金拨付，确保专款专用；市、县商务部门负责组织项目库建设，会同财政部门负责项目申报、对专项资金使用情况进行监督检查，年终将总结报告及时上报省商务厅、省财政厅。

第三章 扶持范围、方式和标准

第六条 专项资金采取补助、贴息、以奖代补等扶持方式，对符合要求的项目予以支持。

同一项目仅限申报一种扶持方式，获得其他中央和省级财政资金的项目不予扶持。

第七条 自贸区扶持范围、方式和标准

（一）财政补助类

1. 综合服务中心、展示大厅等项目。主要扶持公共服务设施、信息系统研发、软硬件改造及相关升级等投入，片区改革成果采集及更新等。

2. 平台类建设项目。自贸区贸易和服务平台建设项目；片区电子围网建设项目；联动联勤平台和网上执法办案系统、境外投资促进平台、境外融资综合服务平台等项目。

3. 扶持培育新产业和新业态项目。支持自贸区内企业发展离岸贸易、离岸服务、融资租赁、期货保税交割、跨境电子商务等新型贸易业务；支持国内企业国际化战略，鼓励境外直接投资、兼并收购等；支持服务业扩大开放和对外文化贸易发展。

4. 规划编制、规则制定、专题评估、宣传推介、课题研究、专题培训等。

（二）以奖代补类

1. 总部经济发展项目。经省自贸区办公室审核认定后，按照项目投资规模，对新设立跨国公司总部企业给予不超过2 000万元的奖励，其中：3亿元以下的项目奖励不超过500万元；3亿元至10亿元的项目奖励500万元-1 000万元；10亿元以上的项目奖励1 000万元-2 000万元。对新落户的国内500强企业（不含连锁餐饮娱乐、百货超市）和境外世界500强企业，

分别给予不超过 300 万元、500 万元的奖励。

2. 参与多式联运业务的物流集成商、外贸综合服务等企业，给予不超过 100 万元的奖励。

（三）经省政府确定的其他项目。

第八条 跨境电商综试区扶持范围、方式和标准

（一）财政补助类

1. 综合行政服务大厅、“单一窗口”综合服务平台、公共服务云平台建设项目，主要扶持场地建设、设备购置、信息系统建设、软件开发和硬件升级等。

2. 跨境电子商务相关监管部门建设信息共享系统项目，主要扶持设备购置及更新、配套服务设施、系统改造和升级、风险监测、网络舆情监控、技术标准、数据信息统计分析等。

3. 宣传推介、课题研究、专题培训、专题评估等。

4. 跨境电商零售进口商品质量安全风险监测和突发事件信息监测系统建设项目，主要扶持配套服务设施等。

（二）以奖代补类

1. 经跨境电商综试区办公室认定的跨境电商示范园区，给予不超过 500 万元的奖励；经认定的跨境电子商务人才培养暨企业孵化平台建设项目，给予不超过2 000万元的奖励。主要扶持设备购置及更新、配套服务设施、软硬件升级、对外招商、人才培训、企业孵化等。

2. 为跨境电商交易平台及企业提供集货、仓储服务，仓储使用面积规模以上的企业，给予不超过 200 万元的奖励。

3. 开设国际物流专线每周不少于 1 班次、连续运行 6 个月以上的企业，给予运营企业不超过 100 万元的奖励。

4. 开展国际物流业务的货运代理企业，给予不超过 100 万元的奖励。

5. 跨境电子商务相关监管部门信用信息数据库、分类分级监管系统建设项目，给予不超过1 000万元的奖励。

6. 企业自建、运营跨境电子商务第三方信用服务机构，给予不超过 50 万元的奖励。

7. 跨境电商企业开展市场营销、创意推广、人才培训、自建展览展示中心、第三方平台建设，以及提供通关、物流仓储、海外仓、检验检测认证及金融和信用评价服务等，给予不超过 500 万元的奖励。

8. 年支付国际物流费用 200 万元以上的跨境电子商务企业，按其国际物流费用给予 30%以内、不超过 100 万元的补助。

（三）财政贴息类

经认定备案并获得融资贷款的跨境电商企业，给予不超过人民银行一年期同期贷款基准利率 30%、最高不超过 100 万元的贴息，鼓励金融机构、第三方支付等机构为跨境电商企业提供风险可控的一站式金融服务。

（四）经省政府确定的其他项目。

第四章　申报和评审程序

第九条 专项资金申报条件：

（一）河南省境内依法登记注册、具有独立法人资格的企业；为自贸区和跨境电商综试区建设提供公共服务的中央驻豫、省级单位、非营利性社会团体法人。

（二）过去 3 年（设立未满 3 年企业自设立之日起）无严重违规违法行为，未拖欠应缴还的财政性资金，未纳入财政资金负面清单。

（三）项目申请单位必须与资金使用单位一致，且须具有从事该项目的专业人员和实施条件，具有健全的内部财务管理制度。

（四）积极配合相关部门完成行业统计监测、行业预警、信息咨询、宣传培训等。

（五）按规定应满足的其他条件。

第十条 申报程序：

省商务厅会同省财政厅根据本办法规定，结合年度工作重点、项目库及预算安排，在每年6月份，制定印发下一年度项目申报指南或申报通知，明确下一年度资金支持重点、方向及有关具体要求。同时向社会发布，组织项目申报。对各地申报项目纳入项目库管理。

第十一条 各县（市）商务局（含自贸区片区管委会，下同）要对本地申报材料进行全面审查，确保申报项目真实、有效，会同同级财政部门对项目申报材料进行审查汇总后逐级报送至省辖市商务、财政部门。省辖市商务、财政部门对项目申报材料审核汇总后报送至省商务厅、省财政厅。省直管县、省级企业项目直接报送省商务厅、省财政厅。

第十二条 省商务厅要在7月底前，对各地申报材料进行全面审查，重点审查申报材料合规性、项目实施可行性、绩效目标管理等方面，要做到申报项目真实、有效。8月底前统一从省财政厅和省商务厅建立的专家库中随机抽取专家，并吸收监督检查机构参与，组成专家组进行评审。

第十三条 9月底前，省商务厅会同省财政厅提出资金安排意见。对确定支持的项目，省商务厅和省财政厅提前通知项目资金使用计划。待下一预算年度开始后，省财政厅按程序拨付资金。

第十四条 各部门不得从专项资金中安排工作经费。除国家有明确规定外，项目实施单位原则上不得从专项资金中计提项目管理费。专项资金项目管理所需经费纳入部门预算。

第五章 绩效管理和监督检查

第十五条 省商务厅、省自贸办应当建立项目资金绩效评价制度，加强资金使用效益评估。年度结束后，省商务厅、省自贸办编制绩效报告，报送省财政厅备案。省财政厅对重点项目实施绩效再评价。

第十六条 省商务厅要建立专项资金使用管理公开公示制度。相关制度文件、项目安排情况要在网上公示，接受社会监督。

第十七条 项目单位要自觉接受财政、审计、监察等部门监督检查，按照国家政策进行财务处理，严格按照规定使用资金，妥善保存项目申报原始票据及凭证等档案资料。

第十八条 对存在弄虚作假骗取资金的，计入信用负面清单，向社会公告，并按照《预算法》、《财政违法行为处罚处分条例》等规定追究相关单位和个人的责任。构成犯罪的，依法移送司法机关追究刑事责任。

各级财政、商务部门及相关单位、相关工作人员，在专项资金审批过程中，违反规定分配资金、向不符合条件的单位或项目分配资金、超出规定范围或标准分配专项资金，以及其他滥用职权、玩忽职守、徇私舞弊等违法违纪行为的，依照

《预算法》、《财政违法行为处罚处分条例》等国家有关规定和职责分工追究相应责任；涉嫌犯罪的，依法移送司法机关处理。

第六章　附　则

第十九条　本办法由省财政厅、省商务厅负责解释。

第二十条　本办法自发布之日起施行。

企业名录

截至2017年12月31日，在郑州跨境综合服务平台上注册，并实际展开业务的企业名录见表2-8。

表2-8　郑州跨境电子商务企业名录

序号	企业名称	企业类型
1	郑州鸿贝科技股份有限公司	电商企业
2	河南国立进出口有限公司	电商企业
3	郑州艾瑞奇商贸有限公司	电商企业
4	郑州莫高信息技术有限公司	电商企业
5	郑州致欧网络科技有限公司	电商企业
6	郑州威顺游乐设备有限公司	电商企业
7	河南驰蓝进出口贸易有限公司	电商企业
8	河南道生机械设备有限公司	电商企业
9	河南林德国际物流有限公司	物流企业
10	河南省远泰起重机械进出口有限公司	电商企业
11	河南威特进出口有限公司	电商企业
12	郑州大予机械设备有限公司	电商企业
13	郑州德舫实业有限公司	电商企业
14	郑州市拓宇进出口贸易有限公司	电商企业
15	郑州顺梅壁纸有限公司	电商企业
16	郑州索维尔科技有限公司	电商企业
17	郑州真乖电子商务有限公司	电商企业

表2-8 续1

序号	企业名称	企业类型
18	郑州钟铧电子商务有限公司	电商企业
19	郑州宇通客车股份有限公司	电商企业
20	河南百特机械设备有限公司	电商企业
21	郑州恒度保税国际进出口贸易有限公司	电商企业
22	河南妙奇商贸有限公司	电商企业
23	郑州乐橙网络科技有限公司	电商企业
24	河南图拉朵电子商务有限公司	电商企业
25	河南鹏升实业集团有限公司	电商企业
26	郑州市郑蝶阀门有限公司	电商企业
27	郑州长城科工贸有限公司	电商企业
28	郑州万谷机械股份有限公司	电商企业
29	郑州市豫立实业有限公司	电商企业
30	圣戈班陶瓷材料（郑州）有限公司	电商企业
31	新密市万力实业发展有限公司	电商企业
32	河南梦祥纯银制品有限公司	电商企业
33	郑州荣盛窑炉耐火材料有限公司	电商企业
34	郑粮雏鹰粮油食品有限公司	电商企业
35	郑州中嘉重工有限公司	电商企业
36	郑州中豫游乐设备有限公司	电商企业
37	郑州市神龙泵业有限公司	电商企业
38	郑州神龙动漫游艺游乐设备有限公司	电商企业
39	河南恒纯农业科技有限公司	电商企业
40	郑州一帆机械设备有限公司	电商企业
41	河南明泰铝业股份有限公司	物流企业
42	河南万达铝业有限公司	物流企业
43	河南恒星科技股份有限公司	电商企业
44	人民电缆集团有限公司	电商企业
45	河南电子口岸有限公司	电商企业
46	河南中兴供应链有限公司	电商企业
47	河南集成供应链管理有限公司	电商企业
48	郑州九号店保税进出口贸易有限公司	电商企业

表2-8　续2

序号	企业名称	企业类型
49	郑州妙洋供应链管理有限公司	电商企业
50	郑州航空港区奥莱国际供应链管理有限公司	电商企业
51	河南航投物流有限公司	物流企业
52	郑州诺威传世航空服务有限公司	物流企业
53	河南世航之窗供应链有限公司	电商企业
54	河南海赢电子商务有限公司	电商企业
55	河南淘钢电子商务有限公司	电商企业
56	河南新驰国际贸易有限公司	电商企业
57	河南西航国际货运代理有限公司	物流企业
58	河南慕之垚进出口贸易有限公司	电商企业
59	郑州药素电子商务有限公司	电商企业
60	河南嵩云网络科技有限公司	电商企业
61	郑州枫美泊悦进出口贸易有限公司	电商企业
62	河南爱佰利电子商务有限公司	电商企业
63	河南爱便利信息技术有限公司	电商企业
64	河南利之珂电子商务有限公司	电商企业
65	河南纵横进出口贸易有限公司	电商企业
66	河南纵横经贸有限公司	电商企业
67	河南童派信息技术有限公司	电商企业
68	郑州悉知信息科技股份有限公司	电商企业
69	郑州品正科技有限公司	电商企业
70	河南黎明重工科技股份有限公司	电商企业
71	河南云和数据信息技术有限公司	电商企业
72	郑州百维进出口有限公司	电商企业
73	郑州锅炉股份有限公司	电商企业
74	郑州鼎力新能源技术有限公司	电商企业
75	郑州明泰实业有限公司	电商企业
76	河南迦菩电缆有限公司	电商企业
77	郑州科佳电炉有限公司	电商企业
78	河南省新华书店发行集团有限公司	电商企业
79	郑州维纳斯信息科技有限公司	电商企业

表2-8 续3

序号	企业名称	企业类型
80	河南豫满全球跨境电商发展有限公司	电商企业
81	郑州宇通重工有限公司	电商企业
82	河南比邻跨境科技有限公司	电商企业
83	河南省进口物资公共保税中心集团有限公司	电商企业
84	郑州自贸达供应链管理有限公司	电商企业
85	河南富雷格进出口贸易有限公司	电商企业
86	河南省中大门网络科技有限公司	电商企业
87	河南恒盈进出口贸易有限公司	电商企业
88	河南乐橙网络技术有限公司	电商企业
89	河南安德在线电子科技有限公司	电商企业
90	郑州国际陆港开发建设有限公司	电商企业
91	河南广电发射塔管理有限公司	电商企业
92	河南广电通通优品电子商务有限公司	电商企业
93	郑州万国优品保税进出口有限公司	电商企业
94	河南汉悦网络科技有限公司经开分公司	电商企业
95	河南福塔易购跨境贸易有限公司	电商企业

统计数据

一、本地区概况

2017 年 1 月至 12 月，郑州市跨境电子商务进出口总额 69.07 亿美元，同比增长 31.17%。

二、郑州市跨境电子商务服务试点进口业务报表

郑州市跨境电子商务服务试点进口业务报表见表 2-9。

表 2-9　郑州市跨境电子商务服务试点进口业务报表
（2017 年 1 月 1 日~2017 年 12 月 31 日 ）

区域	验放清单（万票）	消费者（人）	货值（万元）	增长率（%）	税款（万元）	上线商品种类（个）	商品种类（进口量前五位）	备案电商企业（个）	上线企业（个）
河南保税物流中心	7 058.46	23 390 222	994 679.08	31.88%	126 005.19	58 753	化妆品、奶粉、食品、保健品、杂项生活用品、纸尿裤、服装、纺织品	36	52
河南电子口岸有限公司	267.43	1 935 273	56 960.60	—	—	1 393	预包装食品；乳制品；化妆品；洗护用品；箱包	107	—

三、郑州市跨境电子商务服务试点出口业务报表

郑州市跨境电子商务服务试点出口业务报表见表 2-10。

表 2-10　郑州市跨境电子商务服务试点出口业务报表
（2017 年 1 月 1 日~2017 年 12 月 31 日 ）

区域	报关清单（万票）	货值（万美元）	主要商品
河南保税物流中心	407.48	2 211.09	衣服/小玩具/帽子/眼镜/包等、固态硬盘/机械键盘/芯片等、假发
河南电子口岸有限公司	1 347.16	67 371.34	衣服；饰品；箱包；玩具；手工艺品

四、郑州市跨境电子商务分税号商品出入境统计

郑州市跨境电子商务分税号商品出入境统计见表 2-11。

表 2-11 郑州市跨境电子商务分税号商品出入境统计
（2017 年 1 月 1 日~2017 年 12 月 31 日）

序号	出/入境	业务模式	HS 税号/行邮税号	商品品类	包裹量	金额（万元）
1	进口	保税备货	3304990012	化妆品	377 916	3 708. 171 573
2	进口	直购进口	1901101000	奶粉	349 406	19 206. 72 248
3	进口	保税备货	2106 909 090	预包装食品	311 457	7 126. 579 728
4	进口	保税备货	3304990013	化妆品	266 705	2 987. 848 354
5	进口	保税备货	3304990019	化妆品	187 521	1 297. 583 759
6	进口	保税备货	9619 001100	纸尿裤	161 585	3 228. 785 397

大事记

2017 年 3 月 20 日，由商务部牵头，商务部、发改委、财政部、海关总署、税务总局、质检总局、食药监总局七部委组成的跨境电子商务零售进口监管工作调研组到郑州进行实地调研。此次调研旨在听取跨境电子商务平台和电商企业对政策的建议，进一步优化完善监管措施，做好质量安全风险防控，同时采取措施严格监管，更好的推动行业发展。

2017 年 6 月 23 日，海关总署署长于广洲在河南省副省长舒庆的陪同下，到郑州进行调研，主要调研郑州跨境电子商务综试区通关便利化、跨境电子商务税负水平等。

2017 年 7 月 28 日，全球跨境电子商务大会在郑州国际会展中心成功举办。来自亚马逊、eBay、阿里巴巴等国内外知名跨境电子商务平台、供应链、物流、金融服务、外贸综合服务等企业高管和代表参与此次大会。大会在积极引领制定跨境电子商务规则体系，积极推动跨境电子商务联动发展、创新发展，积极搭建跨境电子商务交流合作平台等方面形成了“郑州共识”。这次跨境电子商务的专题盛会，不仅有利于进一步巩固提升郑州跨境电子商务先发优势，还将有利于加强产业交流合作，探索有关新经验、新模式，共享全球贸易新机遇。

2017 年 9 月 8 日，EWTO 核心功能集聚区建设启动活动在郑州举行，省委常委、常务副省长翁杰明，省委常委、郑州市委书记马懿，中国普天集团董事长、EWTO 研究院名誉院长邢炜，中国国际经济交流中心副理事长兼秘书长、EWTO 研究院学术委员会主任张大卫出席。EWTO 核心功能集聚区的启动，对于河南自贸试验区的建设、跨境电子商务的长足发展、郑州国际商都的打造，也对我国在全面参与全球治理并且在重要的领域引领全球贸易规则制定等方面，具有重要的意义。

2017 年 9 月 28 日，在瑞士日内瓦世界贸易组织（WTO）总部，河南保税集团副总裁张明星受邀作了《郑州模式：E 国际贸易——中国解决方案》报告，报告针对全球跨境电子商务发展中企业、政府、消费者等面临的诸多难题给出了中国方案。

重庆地区

围绕打造跨境电子商务产业链、构建跨境电子商务综合服务体系两大核心任务，中国（重庆）跨境电子商务综合试验区建设工作坚持创新发展，坚持有序推进，坚持促进形成适应跨境电子商务发展的体制机制和综合保障体系，成为推动内陆开放型经济发展的有效载体和持续动力。积极探索创新跨境电子商务监管模式，切实增强改革创新的使命感和紧迫感，聚焦产业发展的难点、痛点，切实增强电子商务企业和人民群众的获得感。

市商务委牵头建立工作协作机制，加大对有关部门和单位工作的统筹协调，组织有关部门及时研究解决跨境电子商务出口业务发展滞后等问题。建立综合试验区工作例会制度、部门联络员制度和月报制度。根据《重庆市创新跨境电子商务监管服务工作方案》（渝府办发〔2017〕126号），按照职能分工，进一步细化任务，制定具体工作计划。积极对接国家有关部委，争取国家层面的政策支持和指导，梳理出台支持跨境电子商务综合试验区建设的具体创新政策举措。

发展现状

一、跨境电子商务发展城市的现状

重庆国际贸易“单一窗口”正式上线运行，实现汇集共享 57 个类别的 368 万条信息，打通国际贸易链条各环节信息堵点，有力推动水运、航空、铁路口岸贸易环节优化，成功申请全国首票标准版原产地证书。重庆口岸通关环节将优化 30%以上，通关时间将缩短 10%以上，企业成本将下降 10%以上；建成全市统一的跨境电子商务数据交换系统，实现企业信息多部门共享和商品信息多主体共享，为管理服务提供数据和技术支撑。实施跨境电子商务进口免于强制性认证特殊监测监管措施，帮助保税备货模式跨境电子商务产品市场准入成本降低 90%以上，准入时限从 2 到 3 个月，缩短至 2 到 5 个工作日。拟定出台《重庆市支持跨境电商发展政策措施》，调动市区两级政策资金2 000万元以上，促进产业发展，同步完善各类配套制度，积极研究制定《重庆市跨境电商发展规划》。

二、发展目标及取得的成果

全市跨境电子商务备案企业超过 500 家，蜜芽宝贝、唯品会等 200 家大中型跨境电子商务平台陆续落户重庆。敦煌网“中国—土耳其跨境电子商务平台”项目实现运营，助推以重庆为“一带一路”联结点打造网上丝绸之路；阿里巴巴、蚂蚁金服同重庆市政府签订战略合作协议，在 2016、2017 两年以一达通为代表的跨境电子商务基础服务企业蓬勃发展，打破了中小企业对外贸易的诸多壁垒，重庆一达通项目作为阿里巴巴一达通中西部的核心运营平台，年均出口金额成倍增长；大龙离岸数字集采中心的模式依托“网上产业带”提供跨境 B2B 电商化、数据化的系统解决方案，帮助中小企业快速融入全球数字化贸易竞争促进国内优质产能的品牌化与品牌输出；重庆渝欧跨境电子商务有限公司与全球知名婴幼儿食品集团达成战略合作协议，授权渝欧公司为品牌婴幼儿配方奶粉在中国内地及香港地区的独家供应链服务商，年销售规模预计突破 6 亿元人民币；重庆保税港区重点推动跨境电子商务发展，搭建政府主导的“零审批、零收费”的跨境电子商务线上服务平台，阿里巴巴菜鸟、网易考拉、唯品会均已入驻并实现常态化运营；引入嘉民冷链流通基地项目，拟建面积约 12 万平方米，打造国际冷链物流基地和跨境商贸电子商务物流运营平台；西永综合保税区打造跨境电子商务平台与实体零售店面在商业维度上的优化升级，形成集批发、零售、观光、线上交易于一体的欧洲进口商品消费体验中心，已建成 7.4 万平方米的商业综合体，预计明年将实现 3 亿元营收；京东“全球购”物流园项目开仓运营，为“全球购”平台的电商企业提供理货、仓储、分拣、包装、报关报检、配送等跨境电子商务综合服务；支持第三方支付牌照企业易极付与 13 地异地海关系统实现对接，累计对接异地商户 214 家，进一步扩大跨境支付异地结算范围。

积极发展“保税平台+跨境电子商务”“线上线下+社区店”商业形态，两路寸滩保税港区设立保税商品展示交易中心，布局 3 个核心商圈延展平台。永辉超市“全球购”体验专区、世纪 SHOW 跨境保税名品体验店等陆续开业并运营良好。探索交易中心“保税+国别馆”“保税+专业市场”模式；跨境电子商务 CBT 跨境宝、“西港全球购”宝妈时光、洋展购等线下体验店超过1 000家，覆盖四川、山东等 29 个省市，总共引进 157 个品牌，婴幼儿配方奶粉、进口肉类等数量和货值同比均实现大幅增长。探索（重庆）班列与跨境电子商务联动机制，推动网易考拉海购中欧（重庆）专列运行，实现国内跨境电子商务行业首次以铁路专列形式完成进口贸易物流，预计今年将利用中欧（重庆）班列进口超过 3 亿元人民币的跨境电子商务商品。

积极探索与跨境电子商务新型贸易相适应的监管措施，严格执行正面清单和负面清单，实施“绿色通道”“直通放行”“集中查验”等优惠措施进一步促进通关效率。建立跨境电子商务不合格商品追溯平台和质量安全风险监测平台，已有 360 家重庆市跨境电子商务企业入驻。在“企业全备案、商品全申报、风险可监测、质量可追溯”的机制上按照个人自用物品监管，同时加强后续监督，开展专项抽查，引导电商企业强化质量安全主体责任意识，及时将经营中产生的过期产品、残次品和风险监测中发现的不合格产品集中销毁，保障跨境电子商务产品质量，杜绝存在风险的商品流入市场，保障国内消费者权益。

三、平台建设情况

（一）跨境电子商务智能公共监管仓公共服务平台

项目实施单位：联集信息产业发展有限公司

项目基本情况：重庆联集信息产业发展有限公司系重庆铁路口岸物流开发有限责任公司旗下全资子公司，注册资本金10 000万元，在职员工 6 人。重庆铁路保税物流中心跨境电子商务公共服务平台，是依托重庆铁路口岸和保税物流中心建设的集保税仓储、物流、分拨、网上支付、跨境交易的公共综合服务平台，为重庆市乃至全国的外贸企业及最终消费者提供便利的跨境进口商品采购、分销，充分发掘重庆作为“一带一路”重要支点的优势，进一步完善重庆铁路口岸保税物流中心服务配套，提升铁路口岸作为内陆地区第一个临时开放口岸的影响力和知名度。

本项目使用重庆铁路保税物流中心（B 型）2 层夹层自建机房，并进行装饰装修，作为四海汇跨境电子商务公共交易平台的中心机房，通过引入海关、国检对进口商品的查验及专业的防伪溯源系统，实现了商品查验的及时性和原产地、进口流程的可追溯。

线下公共智能监管仓，总面积 1.5 万平方米，使用业内最先进的灯光拣选技术，最高可支持每日100 000单，设置 X 光机检测设备，可实现海关、国检对出库商品的的联合查验，保证了跨境商品的品质，配合实时的全方位摄像头机位，满足海关、国检对 B 保监管的要求。

2017年，该项目实现进口商品货值达7 000万元，同比增长30%。该项目作为重庆内陆依托铁路发展跨境电子商务的尝试，为了更好的吸引客户，目前对签约客户采取了一定的免费及部分收费的优惠政策。

（二）云仓跨境电子商务公共智能仓

项目实施单位：重庆云仓跨境物流有限公司

项目基本情况：云仓跨境物流有限公司由重庆渝欧跨境电子商务有限公司、江苏新宁现代物流股份有限公司和北京迈仕特科技有限公司合资组建，注册资本金1 000万元，在职员工5人。公司为中小型跨境电子商务企业提供一站式保税物流服务，是西永综合保税区重点引进的企业。公司构建的“云仓跨境物流公共职能监管仓”被列为重庆市外经贸委重点扶持的项目。项目于2015年筹建，2016年4月正式投入第一阶段的运营。2017年，云仓跨境物流公共职能监管仓共完成跨境电子商务交易额吞吐5.4亿元，包裹吞吐20万个，共计服务国内外跨境电子商务企业10余家，实现月订单吞吐能力30万单。

（三）OSELL跨境B2B电子商务公共营销平台

项目实施单位：重庆网贸会跨境电子商务有限公司

项目基本情况：重庆网贸会跨境电子商务有限公司，注册资本金3 500万元，在职员工432人。“OSELL网贸会”是网贸会公司在“一带一路”等国家级倡议指引下，借力渝新欧新丝绸之路中重庆出口贸易核心区位，以大龙网跨境电子商务数年沉淀为基石，大力打造的中国互联网出口贸易电商品牌。“OSELL网贸会”是跨境贸易O2O创新商业模式，其本质是移动电子商务时代的广交会。

网贸会通过线上移动APP社交工具（OSELL）与线下中国精品体验馆联动（O2O），用移动跨境O2O模式做B2B贸易。网贸会发展战略目标是建立覆盖国内主要产业带城市和“一带一路”沿线各国的中国精品体验馆，创新对“中国制造”的推介和展示，最终实现“一带一路、百城百联”战略布局，让更多海外零售商与国内各地供应商之间进行直接交流及交易，加快扩大对外贸易规模。建成后，2017年平台交易流水总额超过1亿人民币；平台B类注册用户（指中小批发商、零售商、专业买手、网商、供应商等）达到5万个。总建设周期16个月（2015年11月至2017年2月）。

（四）渝新汇商城公共交易平台

项目实施单位：重庆前锋科技有限公司

项目基本情况：重庆前锋科技有限公司，注册资本金1 000万元，在职员工48人。在2015年11月，重庆前锋科技有限公司进口跨境商城——“渝新汇”（以下简称“前锋跨境”）商城正式上线运营，同年12月正式落户于高新区火炬互联网产业园，是重庆市高新技术开发区政府重点扶持的跨境电子商务企业之一，通过重庆海关、重庆出入境检验检疫局、西永综合保税区的企业审核，正式获得跨境电子商务业务经营许可资质，成为首个入驻重庆高新技术产业开发区的跨境电子商务企业。前锋跨境致力于成为国际品牌进入中国零售市场的桥梁和门户，公司现有商品以母婴用品为主。前锋跨境商城于2015年10月上线运营2个月完成销售额接近2 000万元。2016年截至8月销售额已完成9 000万元；平台上线至今累计完成销售额1.1亿元。2016年根据重庆海关统计数据显示，前锋在本土跨境电子商务企业排名第二，综合排名第四。同时前锋跨境以全新的商业模式，将产品入驻各大、中、小型平台。现有合作平台包括：一通百、海拍客、海带网、京东、天猫等。从目前合作平台的数量看现已呈现稳步增长的态势，到2016年底，前锋跨境合作平台数量在现有基础上将增加2 000个，合作商家300个。后期将对运营的模式进行调整，不再只采取B2C模式而是结合国家的相关政策，采取B2B、BB2、M2C等模式，以确保平台的稳定发展和市场占有率。2017年完成销售额2.2亿元，服务商家3 000个。

（五）海悦汇—小欧家跨境电子商务公共展示及营销平台

项目实施单位：重庆瑞乾科技有限公司

项目基本情况：重庆瑞乾科技有限公司，注册资本金1 000万元，在职员工90人。海悦汇—小欧家平台经营来自欧洲的奢侈品（箱包、皮具、钻石等高端品牌）、母婴用品、服装服饰、厨卫电器、生活日用品、食品、酒水饮料、药妆等，满足国内消费者日常生活所需。

线上项目建设情况：海悦汇—小欧家跨境电子商务交易平台“www. haiyuehui. com”（渝ICP备14009307号）PC端、APP端、WAP端的1.0版本完成建设，接洽欧洲商家并吸引商家入驻平台，搭建欧洲直采产业链，国内保税仓建成。

线下体验店建设情况：海悦汇—小欧家旗下跨境电子商务连锁品牌旗舰店于2017年元月开业运营，位于西永保税区B区旁欧洲购物公园内，实际使用总面积10 000平方米。预期目标：打造一个为欧洲供应商提供专业销售的服务平台，引进50家欧洲企业入驻平台，扩大跨境电子商务公司在国内外的影响力。

海悦汇—小欧家跨境电子商务平台建成并正式上线运行，截至2017年12月平台B2B、B2C交易量达到3 000万元，注册用户数20万。

四、各园区的对比发展情况

（一）两路寸滩保税港区

两路寸滩保税港区借助水港、空港优势，充分利用贸易多元化试点政策，助力“保税+”业态多点开花。培育整车进口企业16家，实现整车进口1 200辆，其中通过“渝新欧”铁路进口超40%。跨境电子商务交易额13.44亿元，同比增长约1.38倍。探索“分拨中心+直营销售”模式，推进进口商品分销体系建设，55家企业经营20个国家3万种品类。2017年12月底率先开展首单飞机融资租赁业务。获批进口粮食指定口岸，金伯利指定口岸，进口肉类、水果指定口岸实现货值2 500万美元。

（二）西永综合保税区

西永综合保税区在提升加工贸易质量

基础上，创新“保税+文化”贸易模式，率先开展艺术品保税贸易业务，引进泓艺九洲公司建成全国第三个国际艺术品交易平台，实现外贸进出口值765万美元。引进华科融资租赁公司完成首单保税融资租赁业务，首台波音737飞行模拟训练器设备货值915万美元。跨境电子商务实现交易量18.29亿元，增长24%。进口汽车贸易报关2 006台、清关1 200台。总部贸易及非笔电加工贸易进出口值18亿美元，增长19%。

（三）团结村保税物流中心

团结村保税物流中心（B型）继续培育“渝新欧”班列品牌，加大货源组织，扩大适载货源种类和辐射范围，新开3个进出境口岸，集结点和分拨点增加到10余个国家30多个城市，新增国际运邮、大型成套设备、药品、木材等业务，全年开行663班（去程406班、回程257班）、增长58%。新开辟“渝桂新”铁海联运物流新通道，常态化开行48班列，“渝满俄”通道11列。植物种苗、木材、肉类、水果等指定口岸建设有序推进，开展跨境出口邮包业务70万件，实现整车进口3 288辆、增长60.8%。

（四）南彭公路保税物流中心

南彭公路保税物流中心（B型）发展沿线物流分拨中心，重庆至东盟（广西凭祥—越南河内）“五定”（定点、定线、定时、定价、定车次）公路货运班车共发车137车次，总货值1.4亿元，还实现了与“渝新欧”铁路联运无缝对接，促进“重庆造”进入东盟市场和东盟优势产品入渝转欧。

五、招商引资条件

两路寸滩新引进企业317家，累计落户1 849家，引进各类特色项目，完成投资45亿元。西永组建50余人招商团队，新签约86个，累计引进企业近2 000家，其中世界500强9家。西部物流园引进40个项目，协议投资135亿元，新注册企业504户、增长255%。南彭公路B保入驻7家，运营企业近20家。

市政府建立了分管领导为组长的全市综合保税区建设协调小组，统筹协调综保区（含保税物流中心）建设和发展，多次率队赴京争取政策资源，深入各平台指导和协调工作。确定了江津综保区管理体制、财税政策，协调申报涪陵综保区，争取并获得了启运港退税政策，争取设立果园保税物流中心（B型）现已上报，推动果园港开放口岸、多式联运。市商务委切实履行牵头作用，推进以保税功能为主的开放平台协同发展。除此之外，市级相关部门还积极支持各平台建设和发展，尤其在政策和制度创新方面给予指导和支持，推动国际贸易“单一窗口”建设并上线运行。关检密切关注全国通关一体化改革及其对我市开放型经济发展的影响，开展对策研究，组织政策宣讲和业务培训，推行贸易便利化措施，实行7×24小时通关制度，不断优化监管流程和通关流程，提高口岸通关效率和贸易物流便利化水平。

两路寸滩持续强化基础支撑，全方位做好综合服务保障，解决智能终端企业用工短缺问题；启动“智慧城市”建设，不断拓展骨干网络覆盖。西永综保区建立“保姆式”服务机制，首推“3C免办”监管模式，完成首单“单一窗口”标准版原产地证书申报，增值税一般纳税人资格和选择性征税“双试点”政策有效降低企业税负，定期帮助企业解决生产经营实际困难。西部物流园建立“一窗式”高效行政审批窗口，发展物流供应链金融，发展内外贸融合。

配套文件

重庆市人民政府办公厅关于印发重庆市创新跨境电子商务监管服务工作方案的通知

（渝府办发〔2017〕126 号）

各区县（自治县）人民政府，市政府有关部门，有关单位：

《重庆市创新跨境电子商务监管服务工作方案》已经市政府同意，现印发给你们，请认真贯彻执行。

重庆市人民政府办公厅

2017 年 8 月 17 日

重庆市创新跨境电子商务监管服务工作方案

为充分发挥中国（重庆）跨境电子商务综合试验区的辐射带动作用，推动我市跨境电子商务产业规模化、通关便利化、监管智能化和服务标准化，逐渐形成一套适应和引领跨境电子商务发展的管理制度，按照商务部、中央网信办、国家发展改革委《关于印发〈电子商务“十三五”发展规划〉的通知》（商电发〔2016〕482 号）要求，特制定本方案。

一、工作目标

借鉴跨境电子商务首批试点城市经验，充分利用我市政策、区位、物流、仓储成本优势，抓住发展机遇，释放改革红利，增强发展动力，着力破解我市跨境电子商务产业发展中深层次矛盾和体制性难题，全力促进模式创新、制度创新、管理创新、服务创新和协同发展。积极引进大型企业、扶持出口业务发展，促进我市跨境电子商务产业规模化、集约化发展，助推重庆跨境电子商务保税仓打造为覆盖中西部地区的中心物流配送基地。

二、工作内容

（一）加快创新跨境电子商务监管模式

1.创新数据直通模式。重庆海关对高资信电子商务企业和已经实现购买人身份 100%实名认证的平台企业，建立身份比对环节数据直通模式，简化申报流转环节，减少数据传输节点，提供便利化监管服务。（牵头单位：重庆海关；协办单位：市商务委、市政府口岸办、重庆检验检疫局；完成时限：2017 年 10 月底）

2.创新出区通关模式。在总结前期试

点经验的基础上，进一步优化网购保税进口业务的监管流程和系统逻辑，为放行包裹提供7×24小时通关保障。（牵头单位：重庆海关；协办单位：市政府口岸办、重庆检验检疫局；完成时限：2017年8月底）

3.创新联合查验模式。建立和完善关检联合查验机制，在跨境电子商务现场分拣线推行关检“一机两屏”作业模式，通过推行联合查验，优化通关环境，提升查验效率。（牵头单位：市政府口岸办；协办单位：重庆海关、重庆检验检疫局、保税港区管委会、西永综合保税区管委会；完成时限：2017年8月底）

4.创新操作流程模式。争取海关总署尽早在跨境电子商务进口全国统一版系统中开发退货功能模块，出台退货关检联合管理制度和操作流程，允许电子商务企业或其代理人申请退货；针对部分企业“先理货、后报关”特殊需求，明确该方式适用条件和范围，提高物流效率和申报规范率。研究优化公共服务平台出入境检验检疫端商品备案环节，实现正面清单加负面清单的双清单管控，实现一地备案、全国共享，促进申报便利。（牵头单位：重庆海关、重庆检验检疫局；协办单位：市政府口岸办；完成时限：2017年12月底）

5.创新风险监管模式。充分运用跨境电子商务安全风险监测管理综合服务平台，对跨境电子商务商品加贴“跨境电子商务溯源服务码”，实现质量溯源风险可控、质量可溯、产品可召。启动风险监测功能，对监测的商品进行质量安全验证，收集、整理并发布有关跨境电子商务的政策、法律法规和风险预警。实现跨境电子商务商品在线报验检测功能，节约进口成本、缩短通关时间。（牵头单位：重庆检验检疫局；协办单位：市政府口岸办；完成时限：2017年12月底）

（二）形成服务跨境电子商务发展合力

1.强化资源平台整合力度。整合“渝新欧”国际铁路联运大通道、航空运输等国际物流通道，开展跨境电子商务业务，降低物流成本，提升跨境电子商务物流核心竞争力。（牵头单位：市经济信息委；协办单位：西部物流园管委会、渝新欧［重庆］物流有限公司；完成时限：2017年9月底）

2.强化技术环境运维保障。增设跨境电子商务专用服务器，设立服务响应中心，规范技术服务商行为，提高系统设备运维和管理水平，加大信息化硬件保障力度。尽快完善公共服务平台和账册管理系统功能，满足跨境电子商务日益多样的发展需求。（牵头单位：市政府口岸办；协办单位：市商务委、市公安局、重庆海关、重庆检验检疫局；完成时限：2017年10月底）

3.强化企业信用管理实效。以企业诚信管理为基础，依托国家企业信用信息公示系统（重庆），全面落实企业信用信息监管，深入推进电子商务可信交易环境建设试点工作在跨境电子商务领域的应用，落实网络经营企业信用信息公示、经营异常名录、严重违法企业名单等机制和制度。加强部门间信息共享，强化网络经营企业信息公示责任，及时向社会公示违法处罚信息，实现“一处违法，处处受限”，有效发挥失信惩戒机制在跨境电子商务市场监管中的作用。（牵头单位：市工商局；协办单位：市商务委、市经济信息委、市

政府口岸办、重庆海关、重庆检验检疫局；完成时限：2017 年 12 月底）

4.强化风险防控联动机制。加强跨境电子商务产品质量、安全管控，完善食品安全准入标准，建立健全突发事件应急处理机制。（牵头单位：重庆检验检疫局；协办单位：市商务委、市工商局、市政府口岸办、市食品药品监管局、重庆海关；完成时限：2017 年 12 月底）

三、工作要求

（一）高度重视

市政府有关部门和单位要高度重视我市跨境电子商务产业发展政策边际效应衰减、监管服务效能提升缓慢等问题，切实增强改革创新的使命感和紧迫感，聚焦产业发展的难点、痛点，把各项任务落到实处，切实增强电子商务企业和人民群众的获得感。

（二）明确职责

市商务委牵头制定重庆市跨境电子商务产业发展指导意见，协调重庆海关、重庆检验检疫局、市国税局、重庆外汇管理部等单位出台支持措施，明确监管内容，为创新跨境电子商务监管服务提供支撑。重庆海关牵头，重庆检验检疫局、重庆外汇管理部、市国税局配合，积极探索创新跨境电子商务监管模式。市政府有关部门和单位要紧盯目标任务，完善配套支持措施，各司其职，主动作为，确保如期完成各项工作任务；主要负责人要亲自负责，全力以赴落实各项任务要求。

（三）加强协作

市商务委牵头建立工作协作机制，加大对有关部门和单位工作的统筹协调，组织有关部门及时研究解决跨境电子商务出口业务发展滞后等问题，尽快出台跨境电子商务出口业务通关、报检、退税、结汇等扶持措施，确保支持政策同步、同质、同效。

企业名录

截至 2017 年 12 月 31 日，在重庆跨境综合服务台上注册，并实际展开业务的企业名录，见表 2-12。

表 2-12 重庆市跨境电子商务企业名称

序号	企业名称	企业类型
1	重庆辣妈帮科技有限公司	电商企业
2	重庆港腾供应链管理有限公司	仓储企业
3	西部怡亚通供应链管理（重庆）有限公司	仓储企业
4	重庆融彩科技有限公司	平台商企业
5	中外运空运发展股份有限公司重庆分公司	物流企业
6	顺丰速运重庆有限公司	物流企业
7	中国银行股份有限公司重庆市分行	支付企业
8	中国民生银行股份有限公司重庆分行	支付企业
9	中国工商银行股份有限公司重庆市分行	支付企业
10	重庆保税港区进出口商品贸易有限公司	电商企业
11	交通银行股份有限公司重庆市分行	支付企业
12	重庆嘉铂国际物流有限公司	仓储企业
13	中国邮政速递物流股份有限公司重庆市分公司	物流企业
14	重庆万国玛特进出口有限公司	电商企业
15	重庆易极付科技有限公司	支付企业
16	重庆及时达国际物流有限公司	仓储企业
17	重庆安捷国际运输代理有限公司	物流企业
18	重庆农村商业银行股份有限公司	支付企业
19	重庆卓益网络科技有限公司	电商企业
20	重庆和平药房连锁有限责任公司	电商企业
21	重庆渝欧跨境电子商务有限公司	电商企业
22	财付通支付科技有限公司	支付企业
23	重庆菲仕兰进出口贸易有限公司	电商企业
24	中国农业银行股份有限公司重庆市分行	支付企业
25	重庆凯丽雅进出口贸易有限公司	电商企业
26	重庆乐享澳美电子商务有限公司	电商企业
27	白玛斯德国际贸易重庆有限公司	电商企业
28	重庆驭风博物电子商务有限公司	电商企业
29	重庆恒巨洋电子商务有限公司	电商企业
30	重庆几何纹电子商务有限公司	电商企业

表2-12 续1

序号	企业名称	企业类型
31	重庆川兴国际贸易有限公司	电商企业
32	重庆申重速递有限公司	物流企业
33	重庆云计算投资运营有限公司	平台商企业
34	重庆商社电子商务有限公司	电商企业
35	重庆嘉创优联供应链管理有限公司	仓储企业
36	中信银行股份有限公司重庆分行	支付企业
37	中国建设银行股份有限公司重庆市分行	支付企业
38	上海银联电子支付服务有限公司	支付企业
39	招商银行股份有限公司重庆分行	支付企业
40	重庆海选电子商务有限公司	电商企业
41	重庆粟帛进出口贸易有限公司	电商企业
42	重庆诺信对外贸易发展有限公司	电商企业
43	重庆华唐盛世电子商务有限公司	电商企业
44	重庆健康优选电子商务有限公司	电商企业
45	重庆博克思科技有限责任公司	电商企业
46	连连银通电子支付有限公司	支付企业
47	上海富友支付服务有限公司	支付企业
48	太原晋军科技发展有限公司	电商企业
49	重庆中环国际货运代理有限公司	物流企业
50	通联支付网络服务股份有限公司	支付企业
51	重庆豆乐电子商务有限公司	电商企业
52	西昌市合昌实业有限公司	电商企业
53	易联支付有限公司	支付企业
54	重庆艾买网络技术有限公司	电商企业
55	北京德尔美国际健康科技有限公司	电商企业
56	支付宝（中国）网络技术有限公司	支付企业
57	重庆贝臣贸易有限公司	电商企业
58	重庆开承实业有限公司	电商企业
59	重庆重视渝家时尚购物有限公司	电商企业
60	重庆美联非图斯国际货运代理有限公司	仓储企业
61	重庆奔城国际物流有限公司	电商企业

表2-12　续2

序号	企业名称	企业类型
62	重庆上宝力进出口贸易有限公司	电商企业
63	浙江贝付科技有限公司	支付企业
64	重庆佰富士科技有限公司	电商企业
65	重庆乐得购国际贸易有限公司	电商企业
66	重庆两江新区金袋鼠贸易有限公司	电商企业
67	重庆火蚁供应链管理有限公司	电商企业
68	重庆密燕堂国际贸易有限公司	电商企业
69	重庆澳星渝进出口贸易有限公司	电商企业
70	重庆市沙坪坝区易麦通国际贸易有限公司	电商企业
71	重庆妙睿可进出口贸易有限公司	电商企业
72	重庆丰天下贸易有限公司	电商企业
73	重庆三峡银行股份有限公司	支付企业
74	重庆蒂卡尔科技有限公司	电商企业
75	重庆汉旅科技有限公司	电商企业
76	重庆国博展贸商业有限公司	电商企业
77	重庆罗素网络科技有限公司	电商企业
78	重庆和乐电子商务有限公司	电商企业
79	重庆金多多进出口有限公司	电商企业
80	中国光大银行股份有限公司重庆分行	支付企业
81	重庆优乐汇贸易发展有限公司	电商企业
82	重庆宗壹科技有限公司	电商企业
83	重庆贝康特贸易有限公司	电商企业
84	山东朗泰克食品科技有限公司	电商企业
85	美丽说（北京）网络科技有限公司	平台商企业
86	重庆德协保税电子商务有限公司	电商企业
87	重庆敏泽澳贸易有限公司	电商企业
88	重庆洋萌国际贸易有限公司	电商企业
89	御好國際貿易（上海）有限公司	电商企业
90	资溪县宝优商贸有限公司	电商企业
91	重庆易硕贸易有限公司	电商企业
92	平安银行股份有限公司重庆分行	支付企业

表2-12　续3

序号	企业名称	企业类型
93	成都摩宝网络科技有限公司	支付企业
94	北京爱农驿站科技服务有限公司	支付企业
95	重庆千牛国际贸易有限公司	电商、平台商企业
96	深圳市海豚跨境科技有限公司	电商企业
97	重庆伊派进出口贸易有限公司	电商企业
98	重庆品质生活电子商务有限公司	电商企业
99	重庆贝宠进出口贸易有限公司	电商企业
100	重庆吾空网络股份有限公司	电商、平台商企业
101	重庆瑞乾物流有限公司	仓储企业
102	重庆德庄电子商务有限公司	电商企业
103	杭州橙登贸易有限公司	电商企业
104	重庆天静鸿荣电子商务有限公司	电商企业
105	重庆欧品天下电子商务有限公司	电商企业
106	重庆悠游星保健食品有限责任公司	电商企业
107	易宝支付有限公司	支付企业
108	重庆奥购商贸有限公司	电商企业
109	重庆海淘国际贸易有限公司	电商企业
110	重庆大龙网科技有限公司	电商企业
111	重庆施塔特科技有限公司	电商企业
112	火星兄弟网络科技有限公司	电商企业
113	重庆美月淘电子商务有限公司	电商企业
114	重庆西外商贸有限公司	电商企业
115	江苏先声再康医药有限公司	电商企业
116	重庆辣妈优选电子商务有限公司	电商企业
117	重庆公路物流基地建设有限公司	仓储企业
118	上海致君商贸有限公司	电商企业
119	深圳市钱宝科技服务有限公司	支付企业
120	广州银联网络支付有限公司	支付企业
121	重庆最派客商贸有限公司	电商企业
122	网银在线（北京）科技有限公司	支付企业
123	拉卡拉支付有限公司	支付企业

表2-12 续4

序号	企业名称	企业类型
124	重庆欧乐购供应链管理有限公司	电商企业
125	重庆布莱芙进出口贸易有限公司	电商企业
126	重庆中德灵科贸易有限公司	电商企业
127	上海同欧贸易有限公司	电商企业
128	永安市小奶牛宝贝保健品店	电商企业
129	来此购（重庆）供应链管理有限公司	电商企业
130	重庆川欧国际贸易有限公司	电商企业
131	重庆象米供应链管理有限公司	仓储企业
132	北京钱袋宝支付技术有限公司	支付企业
133	重庆飘洋电子商务有限公司	电商企业
134	重庆四季物语进出口贸易有限公司	电商企业
135	重庆迦美国际贸易有限公司	电商企业
136	重庆思睿佳进出口贸易有限公司	电商企业
137	重庆澳善鼎电子商务有限公司	电商企业
138	重庆英新达电子商务有限公司	电商企业
139	重庆新美易国际贸易有限公司	电商企业
140	重庆拓扬供应链管理有限公司	仓储企业
141	重庆北斗星国际贸易有限公司	电商企业
142	重庆比奇迎龙食品有限公司	电商企业
143	重庆福欢达国际贸易有限公司	电商企业
144	光彩国际重庆电子商务有限公司	电商企业
145	重庆格罗姆电子商务有限公司	电商企业
146	重庆艾诺希尔进出口贸易有限公司	仓储企业
147	重庆海集汇电子商务有限公司	电商企业
148	重庆藿芙蔓国际贸易有限公司	电商企业
149	重庆丝路广序国际物流有限公司	仓储企业
150	重庆莞璘进出口贸易有限公司	电商企业
151	重庆澳盛优国际贸易有限公司	电商企业
152	重庆斯诺宝电子商务有限公司	电商企业
153	渝新欧（重庆）国际贸易有限公司	电商企业
154	重庆中德恒信国际贸易有限公司	电商企业

表2-12 续5

序号	企业名称	企业类型
155	重庆渝荷电子商务有限公司	电商企业
156	重庆裕昌行贸易有限公司	电商企业
157	重庆欧美保电子商务有限公司	电商企业
158	嘉里大通物流有限公司重庆分公司	物流企业
159	重庆佳鑫科技有限公司	电商企业
160	易智付科技（北京）有限公司	支付企业
161	重庆勤驿达进出口有限责任公司	电商企业
162	广州唯品会信息科技有限公司	电商企业
163	重庆捷若电子商务有限公司	电商企业
164	重庆欧莉莎电子商务有限公司	电商企业
165	重庆米提供应链管理有限公司	仓储企业
166	重庆中邻州贸易有限公司	电商企业
167	亿赞普国际电子商务有限公司	电商企业
168	重庆由田甲国际贸易有限公司	电商企业
169	重庆渭鹏速递有限公司	物流企业
170	重庆市云穰科技有限公司	电商企业
171	重庆爱海狗电子商务有限公司	电商企业
172	重庆苏马实业有限公司	电商企业
173	重庆市博丰电子商务有限公司	电商企业
174	重庆海品汇国际贸易有限公司	电商企业
175	重庆爱如宝电子商务有限公司	电商企业
176	北京银联商务有限公司	支付企业
177	安徽省超瀚电子商务有限责任公司	电商企业
178	重庆飞力达供应链管理有限公司	仓储企业
179	重庆旁海电子商务有限公司	电商企业
180	重庆勉励进出口贸易有限公司	电商企业
181	重庆拓赛网络科技有限公司	电商企业
182	深圳市世纪环球科技开发有限公司	电商企业
183	重庆德庄博思特进出口贸易有限公司	电商企业
184	重庆水林商贸有限公司	电商企业
185	上海艾售电子商务有限公司	电商企业

表2-12 续6

序号	企业名称	企业类型
186	瑞安市鼎鑫贸易有限公司	电商企业
187	北京乐享欧美商贸有限公司	电商企业
188	北京格兰德万商贸有限公司	电商企业
189	智付电子支付有限公司	支付企业
190	深圳市叮叮电子商务有限公司	平台商企业
191	重庆速弓科技发展有限公司	电商企业
192	重庆力拓必拓供应链管理有限公司	电商企业
193	重庆华宇物流有限公司	物流企业
194	重庆百思优选电子商务有限公司	电商企业
195	重庆澳億嘉贸易有限公司	电商企业
196	重庆洋萌物流有限公司	仓储企业
197	重庆无尾熊电子商务有限公司	电商企业
198	广州澳曦健进出口贸易有限公司	电商企业
199	武汉莱茵塔尔国际贸易有限公司	电商企业
200	重庆旭驿时代科技有限公司	电商企业
201	深圳市君美瑞信息科技有限公司	电商企业
202	深圳市前海海淘城电子商务有限公司	电商企业
203	重庆邮鸽供应链管理有限公司	电商企业
204	重庆市新汉商电子商务有限公司	电商企业
205	北京利往商贸有限公司	电商企业
206	重庆寰熙贸易有限公司	电商企业
207	沃得优地（上海）电子商务有限公司	电商企业
208	尚购（苏州）供应链管理有限公司	电商企业
209	长乐锦辉婴童用品有限公司	电商企业
210	重庆喜帆电子商务有限公司	电商企业
211	重庆宝诺希贸易有限公司	电商企业
212	上海虎桥进出口有限公司	电商企业
213	上海苏三贸易有限公司	电商企业
214	重庆象米电子商务有限公司	电商企业
215	重庆瑞可思贸易有限公司	电商企业
216	重庆通康商贸有限公司	电商企业

表2-12 续7

序号	企业名称	企业类型
217	重庆顶冠投资有限公司	电商企业
218	重庆泰若商贸易有限公司	电商企业
219	重庆澳麦加进出口有限公司	电商企业
220	上海啄米贸易有限公司	电商企业
221	郑州万国优品保税进出口有限公司	电商企业
222	太原格幕电子商务有限公司	电商企业
223	重庆美购科技有限公司	电商企业
224	成都中欧灵科国际贸易有限公司	电商企业
225	苏州洋贝贸易有限公司	电商企业
226	重庆布尔特进出口贸易有限公司	电商企业
227	上海浦东发展银行股份有限公司重庆分行	支付企业
228	重庆普乐菲进出口有限公司	电商企业
229	重庆鸿洋溢智商贸有限公司	电商企业
230	重庆普莱玛国际贸易有限公司	电商企业
231	重庆格吕克信息科技有限公司	电商企业
232	重庆菜鸟进出口贸易有限公司	电商企业
233	重庆智汇优联供应链管理有限公司	仓储企业
234	重庆洽谊嘉国际贸易有限公司	电商企业
235	淘宝（中国）软件有限公司	平台商企业
236	上海申诺伟国际采购有限公司	电商企业
237	重庆优舶品进出口有限责任公司	电商企业
238	重庆西霆进出口贸易有限公司	电商企业
239	重庆贝思特进出口贸易有限公司	电商企业
240	成都翼都商贸有限公司	电商企业
241	成都丽耀贸易有限公司	电商企业
242	重庆聚奥佳进出口贸易有限责任公司	电商企业
243	南京小精豆生物科技有限公司	电商企业
244	浙江荷华贸易有限公司	电商企业
245	重庆中外运电子商务有限公司	电商企业
246	金华优海贸易有限公司	电商企业
247	深圳市无国界贸易有限公司	电商企业

表2-12　续8

序号	企业名称	企业类型
248	重庆郡悦阔电子商务有限公司	电商企业
249	重庆市洋展购网络科技有限公司	电商企业
250	北京百付宝科技有限公司	支付企业
251	北京日胜国际商贸有限公司	电商企业
252	重庆中科云康养老产业有限公司	电商企业
253	重庆洋玩易国际贸易有限公司	电商企业
254	重庆大易麒灵电子商务有限公司	电商企业
255	北京卓姿佳和商贸有限公司	电商企业
256	重庆禾顺行进口贸易有限公司	电商企业
257	宁波保税区宁兴优贝国际贸易有限公司	电商企业
258	重庆诺依亨特贸易有限公司	电商企业
259	厦门市辰夏贸易有限公司	电商企业
260	苏州圣岚得商贸有限公司	电商企业
261	重庆朗硕进出口贸易有限公司	电商企业
262	重庆中速物流有限公司	物流企业
263	重庆圆通快递有限公司	物流企业
264	重庆跨世进出口贸易有限公司	电商企业
265	重庆阿扎里亚科技有限公司	电商企业
266	大连骏宸商贸有限公司	电商企业
267	深圳前海世界购电子商务有限公司	电商企业
268	天天快递有限公司	物流企业
269	重庆耶购电子商务有限公司	电商企业
270	重庆斯麦威国际贸易有限公司	电商企业
271	重庆银悦西进出口贸易有限公司	电商企业
272	联动优势电子商务有限公司	支付企业
273	重庆德品供应链管理有限公司	电商企业
274	北京千康健科技有限公司	电商企业
275	深圳高朗科技有限公司	电商企业
276	重庆银行股份有限公司	支付企业
277	江苏苏宁易购电子商务有限公司	电商企业
278	南京糖糖屋零食物语食品有限公司	电商企业

表2-12　续9

序号	企业名称	企业类型
279	北京京东叁佰陆拾度电子商务有限公司	平台商企业
280	宁波贝咪国际贸易有限公司	电商企业
281	重庆鲸歌国际贸易有限公司	电商企业
282	宁波沃枫国际贸易有限公司	电商企业
283	重庆澳满购进出口有限公司	电商企业
284	重庆乐海仕国际贸易有限公司	电商企业
285	北京钱袋支付技术有限公司	支付企业
286	重庆申洋进出口贸易有限公司	电商企业
287	福建随易电子商务有限公司	电商企业
288	重庆皇古头电子商务有限公司	电商企业
289	重庆米提电子商务有限公司	电商企业
290	苏州乳优母婴用品有限公司	电商企业
291	重庆亿威国际贸易有限公司	电商企业
292	重庆贝莱优品国际贸易有限公司	电商企业
293	重庆铭汉贸易有限公司	电商企业
294	重庆贝购网络科技有限公司	电商企业
295	沈阳卉荷雪商贸有限公司	电商企业
296	重庆市丰意得电子商务有限公司	电商企业
297	重庆悦色进出口有限公司	电商企业
298	深圳市华润万家电子商务有限公司	电商企业
299	北京京邦达贸易有限公司	物流企业
300	上海韵达货运有限公司	物流企业
301	中山市汇羽冷冻食品有限公司	电商企业
302	成都搜多客科技有限公司	电商企业
303	摩登大道时尚电子商务有限公司	电商企业
304	重庆欧源境通国际贸易有限公司	电商企业
305	重庆优悦淘贸易有限公司	电商企业
306	四川艾妍儿进出口贸易有限公司	电商企业
307	上海有糖道网络科技有限公司	电商企业
308	重庆阿尔斯特国际贸易有限公司	电商企业
309	上海蓄香科技发展有限公司	电商企业

表2-12 续10

序号	企业名称	企业类型
310	重庆云明时泰科技发展有限公司	电商企业
311	重庆瑞乾科技有限公司	电商企业
312	重庆市百年远洋供应链管理有限公司	电商企业
313	青岛朗乐国际贸易有限公司	电商企业
314	宁波弗劳恩物流科技有限公司	电商企业
315	重庆帕萨庭娜网络科技有限公司	电商企业
316	重庆跨境宝电子商务服务有限公司	平台商企业
317	重庆香满园农产品有限公司	电商企业
318	重庆布拉邦国际贸易有限公司	电商企业
319	重庆润正铭供应链管理有限公司	仓储企业
320	瑞金麟（北京）电子商务有限公司	电商企业
321	贝欧（天津）商贸有限公司	电商企业
322	重庆亨斯迈国际贸易有限公司	电商企业
323	重庆玛斯特供应链管理有限公司	仓储企业
324	重庆顺银对外贸易有限公司	电商企业
325	贵州生活方式贸易有限公司	电商企业
326	杭州诚联科技有限公司	平台商企业
327	重庆日淘电子商务有限公司	电商企业
328	新希望云优选（重庆）电子商务有限公司	电商企业
329	重庆澳莱特进出口贸易有限公司	电商企业
330	重庆佰弗德贸易有限公司	电商企业
331	重庆沃特曼进出口贸易有限公司	电商企业
332	杭州旋龙贸易有限公司	电商企业
333	北京汤团宝贝商贸有限公司	电商企业
334	重庆新捷供应链管理有限公司	仓储企业
335	重庆丝路广序电子商务有限公司	电商企业
336	重庆联集信息产业发展有限公司	电商企业
337	上海盛付通电子支付服务有限公司	支付企业
338	广州市汇聚支付电子科技有限公司	支付企业
339	重庆百嘉原网络科技股份有限公司	电商企业
340	重庆龙江科技有限公司	电商企业

表2-12 续11

序号	企业名称	企业类型
341	上海寸诚国际贸易有限公司	电商企业
342	河源市麦麦新代贸易有限公司	电商企业
343	广州市安盈贸易有限公司	电商企业
344	重庆即辰信科技有限公司	电商企业
345	重庆麦乐购供应链管理有限公司	电商企业
346	重庆弘创优联供应链管理有限公司	电商企业
347	迅付信息科技有限公司	支付企业
348	北京鑫世界电子商务有限公司	平台商企业
349	开联通支付服务有限公司	支付企业
350	贵阳星力网电子商务有限公司	平台商企业
351	北京高汇通商业管理有限公司	支付企业
352	重庆市新版纳科技有限公司	电商企业
353	重庆贝贝诺电子商务有限公司	电商企业
354	宝阳信息科技（上海）有限公司	电商企业
355	海宁晨升贸易有限公司	电商企业
356	重庆沃尔德供应链管理有限公司	仓储企业
357	盐城市巴伦贝亚进出口有限公司	电商企业
358	重庆新广维科技有限公司	电商企业
359	重庆浩尔诺电子商务有限公司	电商企业
360	重庆海易购商贸有限公司	电商企业
361	重庆前锋科技有限公司	电商企业
362	重庆挚信堂进出口贸易有限公司	电商企业
363	重庆家乐淘科技有限公司	电商企业
364	重庆海鲨创业投资股份有限公司	电商企业
365	四川萃趣在线国际贸易股份有限公司	电商企业
366	青岛康乐猫电子商务有限公司	电商企业
367	重庆杭联供应链管理有限公司	电商企业
368	重庆跨境桥电子商务服务有限公司	电商企业
369	重庆云仓跨境物流有限公司	仓储企业
370	重庆源购优品电子商务有限公司	电商企业
371	重庆集货汇网络科技有限公司	电商企业

表2-12　续12

序号	企业名称	企业类型
372	杭州海蜜电子商务有限公司	电商企业
373	重庆友淘供应链管理有限公司	电商企业
374	证联支付有限责任公司	支付企业
375	海航国际贸易（宁波）有限公司	电商企业
376	上海荣沐国际贸易有限公司	电商企业
377	澳士福网络科技（重庆）有限公司	电商企业
378	广州蔓蒽施贸易有限公司	电商企业
379	北京万众凯旋互联网科技股份有限公司	电商企业
380	东莞市纽凌电子商务有限公司	电商企业
381	重庆悠活科技有限公司	电商企业
382	重庆洋兜兜国际贸易有限公司	电商企业
383	重庆纵深线网络科技有限公司	电商企业
384	重庆市艾优卡电子商务有限公司	电商企业
385	重庆倍赞电子商务有限公司	电商企业
386	天津美佳美国际贸易有限公司	电商企业
387	上海巡舟贸易有限公司	电商企业
388	唐山乐健商贸有限公司	电商企业
389	杭州欧轩贸易有限公司	电商企业
390	武汉易购欧亚贸易有限公司	电商企业
391	重庆迈可丽儿母婴用品跨境电子商务有限公司	电商企业
392	北京心宝一百科技发展有限公司	电商企业
393	重庆能容鑫通仓储服务有限公司	仓储企业
394	重庆欧联购科技有限公司	电商企业
395	上海牵趣网络科技有限公司	电商企业
396	重庆界丰贞电子商务有限公司	电商企业
397	南通贝迪龙电子商务有限公司	电商企业
398	宁夏中德广益电子商务有限公司	电商企业
399	重庆麦德森进出口有限公司	电商企业
400	上海孙周贸易有限公司	电商企业
401	泸州玲佩商贸有限公司	电商企业
402	重庆海娜峰景进出口贸易有限公司	电商企业

表2-12 续13

序号	企业名称	企业类型
403	广西快乐翼佰电子商务有限公司	电商企业
404	重庆联付通网络结算科技有限责任公司	支付企业
405	重庆市美快电子商务有限公司	电商企业
406	重庆易欧蓉国际贸易有限公司	电商企业
407	江西健途生物科技有限公司	电商企业
408	重庆顶吉科技有限公司	电商企业
409	重庆家有一淘电子商务有限公司	电商企业
410	广州美快软件开发有限公司	电商企业
411	重庆德之彩电子商务有限公司	电商企业
412	胡萝卜重庆保税贸易有限公司	电商企业
413	深圳西尔维娅贸易有限公司	电商企业
414	重庆唯品会供应链管理有限公司	电商企业
415	重庆知予进出口贸易有限公司	电商企业
416	重庆中境达进出口贸易有限公司	电商企业
417	苏州易达捷进出口贸易有限公司	电商企业
418	深圳市天行云供应链有限公司	电商企业
419	重庆清大实业股份有限公司	电商企业
420	重庆芮杰斯电子商务有限公司	电商企业
421	杭州一丈青信息技术有限公司	电商企业
422	温州荷里妈妈电子商务有限公司	电商企业
423	重庆纽易网络科技有限公司	电商企业
424	上海芷源贸易有限公司	电商企业
425	重庆诺森比亚进出口贸易有限公司	电商企业
426	重庆优鲜码头电子商务有限公司	电商企业
427	重庆桔普娜电子商务有限公司	电商企业
428	唐山嘉铭家用电器销售有限公司	电商企业
429	重庆海龟奶爸电子商务有限公司	电商企业
430	重庆连运进出口有限公司	电商企业
431	重庆心蜜蜂电子商务有限公司	电商企业
432	重庆润之宜时尚电子商务有限公司	电商企业
433	重庆斯帝亚进出口贸易有限公司	电商企业

表2-12 续14

序号	企业名称	企业类型
434	浙江天猫技术有限公司	电商企业
435	上海笠班进出口有限公司	电商企业
436	重庆娜梵俪电子商务有限公司	电商企业
437	重庆鑫拓扬国际贸易有限公司	电商企业
438	舶乐蜜电子商务（上海）有限公司	电商企业
439	天津纳欧国际贸易有限公司	电商企业
440	重庆晨照商贸有限公司	电商企业
441	杭州金果进出口有限公司	电商企业
442	重庆百年巧信息技术有限公司	电商企业
443	重庆墨志电子商务有限公司	电商企业
444	重庆市悦想悦购进出口有限公司	电商企业
445	重庆荐外科技有限公司	电商企业
446	成都青电汇智跨境电子商务产业园有限公司	电商企业
447	跨境鸟（苏州）电子商务有限公司	电商企业
448	重庆丹璎电子商务有限公司	电商企业
449	重庆鑫海盛汇供应链管理有限公司	电商企业
450	重庆乐康多健康管理有限公司	电商企业
451	重庆市有机岛电子商务有限公司	电商企业
452	重庆瑞益信息科技有限公司	电商企业
453	重庆小红唇电子商务有限责任公司	电商企业
454	美睿健康产业（重庆）有限公司	电商企业
455	重庆一通百惠进出口贸易有限公司	电商企业
456	深圳市海安普科技有限公司	电商企业
457	青岛澳西卡网络科技有限公司	电商企业
458	重庆欧新驿进出口贸易有限公司	电商企业
459	重庆锦熠沣国际贸易有限公司	电商企业
460	上海荷轩贸易有限公司	电商企业
461	重庆德邦物流有限公司	物流企业

统计数据

2017年，据重庆海关统计，重庆跨境电子商务订单量达1 500万单，进出口贸易值达33亿元，同比分别增长63%、60%，其中订单量位居全国第六。全市跨境电子商务进出口及结算171亿元，同比增长13.9%。

2017年及2018年上半年，西永综合保税区仓储企业跨境贸易量见表2-13。

表2-13 西永综合保税区仓储企业跨境贸易量

仓储企业	2017年进口额（亿元）	2018年上半年进口额（亿元）	目前入驻商家（个）
重庆嘉铂国际物流有限公司	3.4	1.58	15
重庆玛斯特供应链管理有限公司	2.6	0.5997	40
重庆米提供应链管理有限公司	3.58	1.4	1
重庆瑞乾物流有限公司	0.0016	0	1
重庆丝路广序国际物流有限公司	2.94	1.65	55
重庆拓扬供应链管理有限公司	0.0252	0.01	1
重庆象米供应链管理有限公司	0.13	0.19	1
重庆云仓跨境物流有限公司	5.714	3.278	20
合计	18.3908	8.7077	134

大事记

2017年，唯品会跨境电子商务西南运营总部的仓库处理订单量已超过185万单，同比增长约480%。重庆是唯品会跨境电子商务的战略要地，其跨境电子商务西南运营总部项目落户两路寸滩保税港区，对唯品会发展跨境业务有着重大的战略意义。与此同时，唯品会的落户也积极地带动了本地区的经济发展，推动了重庆保税港区物流、电商的发展，为重庆乃至西南地区的会员提供了“海外直采、全程监管、正品溯源”的一站式服务，使“全球买、全球卖”更加便捷。

2017年9月26日，首趟跨境电子商务中欧专列抵达重庆，这是跨境电子商务行业内首次以铁路专列形式完成进口物流贸易。与一般跨境电子商务货物走海运、空运相比，货物搭载中欧班列（重庆），一趟只需花费14天，比传统海运缩短了30天，且运费仅有空运的1/5，货运量却比空运大十几倍。数据显示，截至2018年

1月底，网易考拉海购通过中欧班列（重庆）已进口了超过100个集装箱的电商货品，货值近1亿元人民币。重庆正发挥水、陆、空综合物流优势，面向欧美、东盟等市场的物流通道，构建物流仓储、监测认证、支付结算等全方位的跨境电子商务发展生态体系，打造西部最大的跨境电子商务物流基地和进出口商品集散中心。

2017年，重庆市政府发布《重庆市创新跨境电子商务监管服务工作方案》（渝府办发〔2017〕126号），要求加快创新跨境电子商务监管模式，形成服务跨境电子商务发展合力，促进重庆跨境电子商务产业规模化、集约化发展，助推重庆跨境电子商务保税仓打造为覆盖中西部地区的中心物流配送基地。

2017年3月，重庆跨境电子商务企业"大龙网"，在海外12个国家完成布局。大龙网在国内外完成了一系列资本并购，打造了全新的大龙网集团，并对集团业务进行了全面梳理，确定了国内龙工场、海外渠道通两大主打产品。大龙网加速了在海外全国本土化渠道网络的搭建，目前，已在俄罗斯、波兰、加拿大、阿联酋、越南、巴林、印尼、阿曼、肯尼亚、沙特阿拉伯等12个国家完成布局，铺设渠道数量近万家，通过线上APP、线下海外本土化团队拓展开发加盟合作的方式，将细分产业全球海外大市场、中小批发商、零售商、专业买手等通过渠道通产品体系整合和吸附，通过互联网与大数据进行资源匹配。

广州地区

据海关统计，2017 年广州市跨境电子商务进出口总值 227.7 亿元，同比增长 55.1%，占全国比重为 25.2%，位列全国首位。其中，出口总值 75.8 亿元，减少 12.3%，占全国比重为 22.5%，全国排名第二；进口总值 151.9 亿元，增长 1.5 倍，占全国比重为 26.8%，位列全国首位。

发展现状

一、发展概述

跨境电子商务被誉为拉动外贸的新引擎，2013年9月，广州市积极申报成为全国第一批七个跨境电子商务试点城市之一，在跨境电子商务试点工作中得到海关总署和国家相关部委的充分肯定。2016年1月，国务院又批复广州市成为第二批国家跨境电子商务综合试验区城市，5月份广东省政府印发了《中国（广州）跨境电子商务综合试验区实施方案》，为广州市在简政放权、优化服务、大胆探索、创新发展中赢得了先机。

广州跨境电子商务综试区获批以来，尽快建立工作机制，推进管理，创新服务。成立了由市政府主要领导担任组长、分管副市长担任副组长、各有关部门主要领导作为成员的工作领导小组，加强对综试区的组织领导和统筹协调；制定了综试区细化实施方案和政策创新清单，明确构建“四平台、六体系”（“一带一路”倡议服务平台、粤港澳深度合作先行先试平台、线上“单一窗口”综合服务平台、线下“综合园区平台”和跨境电子商务信息共享体系、金融服务体系、智能物流体系、电商信用体系、统计监测体系、风险防范体系）的顶层设计框架，有序推进六项重点任务和十一项重点工作。

2017年，在广州注册开展跨境电子商务业务的企业约1 500家，主要业务包括B2B2C（网购保税进口）、B2C（直购进口）和B2C（一般出口）等类型。

网购保税进口业务是广州已经开展的比较成熟的业务之一，主要在南沙保税区、机场综保区和广州保税区开展。2017年，广州网购保税进口总值为84.1亿元，同比增长87.7%。

直购进口已经较为成熟，在广州的几个主要跨境电子商务区域都有开展。据海关统计，2017全年直购进口总值为67.7亿元，较去年增长3.36倍。

一般出口业务也是广州跨境电子商务较成熟的一种业务模式。2017全年一般出口业务总值为75.8亿元，同比下降12.3%。

二、发展目标

（一）打造参与“一带一路”倡议服务平台

将跨境电子商务作为与“一带一路”沿线国家深化经贸合作的重要内容，在经贸推介、投资洽谈等方面加强跨境电子商务领域合作。对符合条件的跨境电子商务企业“走出去”重点项目予以资金支持。扩大企业和个人对外投资，完善“走出去”政策，促进、服务保障和风险防控体系。

（二）构建粤港澳跨境电子商务合作平台

发挥粤港、粤澳合作联席会议及穗港、穗澳合作专责小组等机制作用，深化与港澳在跨境电子商务领域的合作。开展跨境电子商务领域数字认证互认，打造网上贸易便利化平台。创新穗港澳口岸通关模式，推进建设统一高效、与港澳联动的口岸监管机制，加强穗港澳产品检验检测技术和标准研究合作。探索香港企业在穗港两地建立销售端与仓储端，开展“前店后仓”的特色营运模式。

（三）建设跨境电子商务聚集区

发挥海关特殊监管区域的功能作用，叠加政策辐射效应，打造“海、陆、空”门类齐全的跨境电子商务集中监管园区。引导广州市各区结合产业发展情况，建设各具特色、错位发展的跨境电子商务产业园区，加快完善软件、硬件设施建设，扶持和培育跨境电子商务发展新平台，推动跨境电子商务企业集聚发展。

（四）支持外贸企业转型升级

鼓励传统外贸企业利用跨境电子商务拓展进出口。组织跨境电子商务物流企业、支付企业和外贸综合服务企业对接广州市专业市场经营主体，引导专业市场经营者及商户通过自建平台或利用第三方平台扩大进出口。鼓励传统外贸企业利用国内外大型跨境电子商务平台拓展国际市场。推进生产厂家—经销商—消费者（M2B2C）跨境电子商务分销创新模式的发展，借助跨境企业—消费者（B2C）卖家分销渠道，拓展海外终端网络。

（五）优化跨境电子商务产业链

推广全流程的企业—企业（B2B）跨境电子商务服务平台模式，整合金融、通关、退税、外汇、销售、物流、售后服务等环节，结合海外仓和海外营销网络，为企业提供全球营销推广、出口代理、物流运输等服务。以B2B方式为重点，大力支持企业利用自建平台或与境内外电子商务企业合作，通过跨境电子商务促进自主品牌出口。逐步规范各类业务模式的通关、检验检疫、退税、结汇操作流程和细则，支持更多经营主体开展跨境电子商务。创新跨境电子商务发展模式，完善相应通关监管措施。

（六）加快线上线下融合发展

支持传统零售主体及跨境电子商务主体开设线下实体展示店、体验店，提供线下展示、维修及其他售后服务。结合国内贸易流通体制改革发展综合试点，构建跨境电子商务“互联网+现代物流”配送体系。推进跨境电子商务技术创新，鼓励和支持企业为跨境电子商务提供大数据、云平台、智能物流、支付手段和交易保障等技术支撑。对在广州综试区内设立从事经营类电子商务的外商合资或独资企业，积极向国家部委争取逐步放宽对外资经营基础电信业务或增值电信业务的要求。

三、取得的成果

（一）产业发展迈上新台阶

据海关统计，从2014年“跨境电子商务元年”开始，广州市近四年跨境电子商务进出口一直保持高速增长态势。从2014年的14.6亿元人民币到2015年的67.5亿元、2016年的146.8亿元，再到2017年的227.7亿元，持续领跑全国。

（二）制度创新取得新突破

通过持续大力推进综试区建设，广州市在全国率先切换跨境电子商务零售进口总署统一版通关系统，广州标准成为全国标准；率先推出以“智检口岸”为核心的商品溯源体系；率先探索一机双屏、关检协作的新型监管方式；率先开通“微警认证”消费者身份信息验证功能。在关、检、税、汇等部门的通力合作下，研究出台支持广州市跨境电子商务综试区建设的26条政策措施，为全国跨境电子商务综试区创建探索了可复制推广的经验。

（三）发展环境得到新提升

线上“单一窗口”平台的建设、线下跨境电子商务园区的布局和建设、跨境电子商务企业的引进和培育，跨境电子商务人才的培养、产业链的不断集聚和完善，以及管理、服务方面的创新等，营造了综试区跨境电子商务产业的良好发展环境。截至2017年，可通过广州市进境的跨境电子商务商品备案项数超过10万项。

四、平台建设情况

2013年底，广州市开始着手建设跨境电子商务线上综合服务平台，经过四年多的实践和不断完善，平台已经完成跨境直购进口通关服务、跨境保税进口通关服务、跨境零售出口通关服务、跨境B2B通关服务、监管园区物流信息管理、跨境商品溯源跟踪管理、消费者服务、平台监控、身份认证、跨境大数据分析等十大功能板块的建设，在全国各综试区平台建设水平中处于前列。

广州跨境电子商务线上综合服务平台按照“一个窗口、一个标准、一次递交”的理念进行规划和建设。由关、检、税、汇等部门形成集中工作组，制订出地方单一窗口跨境数据接口标准，为企业提供统一接入技术，让企业只需要发送一次数据，就能实现海关、检验检疫等多个单位。2017年，平台已经对接海关总署、广州海关、黄埔海关、省市检验检疫局、市国税、公安等部门，且实现了部门信息共享。同时广泛服务于电商企业、电商平台企业、物流企业、园区服务企业、理货企业及外贸综合服务企业等多类跨境电子商务相关企业。

2017年，广州跨境电子商务线上综合服务平台已开展的业务包括直购进口、保税进口、零售出口等业务，其中保税出口已完成测试。服务范围覆盖广州全部口岸，同时还为佛山、东莞、清远、韶关、河源等周边城市的企业提供服务。日均业务量超过14万单。2017年全年总申报单量近3 800万单。

配套文件

广州市商务委关于印发广州市跨境电子商务产业园区认定办法（试行）的通知

（穗商务规字〔2017〕7号）

各区商务主管部门：

现将《广州市跨境电子商务产业园区认定办法（试行）》印发给你们，请遵照执行。执行中遇到问题，请向我委（电商物流处）反映。

广州市商务委

2017年6月26日

广州市跨境电子商务园区认定办法（试行）

第一章　总　则

第一条　为推动中国（广州）跨境电子商务综合试验区建设，加快我市跨境电子商务产业集聚，营造良好发展环境，促进广州跨境电子商务健康快速发展，特制定本办法。

第二条　广州市跨境电子商务产业园区是指聚集一定数量跨境电子商务企业、跨境电子商务业务发展特色明显、以发展跨境电子商务产业为主导、具有明确的经营管理机构，能够提供相应的基础设施保障和公共服务的区域。其表现形式可以为园区、商务楼宇或产业集聚区等。

第三条　市商务委负责全市跨境电子商务产业园区的审核认定工作。各区商务主管部门负责本行政区域内跨境电子商务产业园区的申报预审和推荐工作。

第二章　认定标准

第四条　申请认定广州市跨境电子商务产业园区需符合下列条件：

（一）开展跨境电商进出口业务的园区，需符合海关、检验检疫等监管部门的有关要求。

（二）园区符合当地经济社会发展的总体规划，且有较为完备的建设发展规划，产业布局合理。

（三）园区建有完善的基础设施和良好的发展环境，具备一定的发展空间和产业规模，入驻的各类跨境电商企业在20家以上。跨境电商企业是指从事跨境电商经营或者提供相关服务的企业，包括跨境电商经营企业、跨境电商平台企业、跨境电商支付企业、跨境电商物流供应链企业等各类型企业。

（四）园区具有明确的经营管理机构和运营机制，经营管理机构在广州依法注册。

（五）园区建有功能完善的公共服务支撑体系（平台），能为跨境电商企业提供各类公共配套服务。

第三章　申报和认定程序

第五条　广州市跨境电子商务产业园区的申报主体为园区的经营管理机构。

第六条　广州市跨境电子商务产业园区采取主体申报、区商务主管部门推荐、市商务委审核认定的程序，具体如下：

（一）通知。由市商务委发布申报通知，组织申报。

（二）申报。各申报主体按照有关要求提供申报材料，上报各区商务主管部门。申报材料包括：

1. 申报主体的申请报告（原件，需加盖单位公章）；

2. 广州市跨境电子商务产业园区申报表；

3. 统一社会信用代码证等相关证件（复印件）；

4. 地方政府关于批准园区建设的相关文件（复印件）；

5. 园区规模（建筑面积、楼宇数量、工作人员等）证明文件、发展规划；

6. 已入驻跨境电子商务企业、单位名单及经营情况一览表；

7. 其他有关证明材料。

（三）推荐。各区商务主管部门根据申报情况，认真查验相关材料，加具推荐意见后，报送市商务委。

（四）审核。市商务委根据申报情况，组织专家评审或委托第三方机构开展评审。根据评审意见提出拟认定名单。

（五）公示。对拟认定的产业园区由市商务委在政务网站上予以 5 个工作日公示。对在公示期间产生异议的，必要时由市商务委组织进行调查复审，对异议成立的，不予认定。

（六）认定。对在公示期间无异议或者异议不成立的产业园区，正式认定为广州市跨境电子商务产业园区，予以授牌。

第四章　管　理

第七条　经认定的广州市跨境电子商务产业园区，符合国家、省、市、区相关资金扶持条件的，可予以相应支持。

第八条　广州市跨境电子商务产业园区认定工作两年一次。认定有效期为三年，期满后需重新认定。已获认定的广州市跨境电子商务产业园区，如有违反国家法律法规并受处罚的，撤销其称号。

第九条　产业园区应建立业务统计监测体系，定期向市商务委报送相关数据和园区发展情况。

第五章　附　则

第十条　本认定办法实施期间，如国家、省、市相关政策发生调整，则从国家、省、市政策。

第十一条　本认定办法自发布之日起试行，有效期三年。有关政策法律依据变化或有效期届满，根据情况依法修订。

广州市人民政府办公厅关于印发加快广州跨境电子商务发展若干措施（试行）的通知

（穗府办〔2017〕36号）

各区人民政府，市政府各部门、各直属机构：

《加快广州跨境电子商务发展若干措施（试行）》已经市人民政府同意，现印发给你们，请遵照执行。执行过程中遇到的问题，请径向市商务委反映。

广州市人民政府办公厅
2017年9月9日

加快广州跨境电子商务发展若干措施（试行）

为贯彻落实《国务院办公厅关于促进跨境电子商务健康快速发展的指导意见》（国办发〔2015〕46号）、《广东省人民政府办公厅关于促进跨境电子商务健康快速发展的实施意见》（粤府办〔2016〕24号）和《广东省人民政府关于印发中国（广州）、中国（深圳）跨境电子商务综合试验区实施方案的通知》（粤府函〔2016〕119号）精神，推进中国（广州）跨境电子商务综合试验区建设，加快我市跨境电子商务发展，促进外贸经济转型升级，结合我市实际，现提出以下措施：

一、打造全国跨境电子商务中心城市

以落实广州市国民经济和社会发展“十三五”规划为总领，以“一带一路”建设为契机，依托中国（广州）跨境电子商务综合试验区建设，在巩固传统优势的基础上，积极培育竞争新优势，发展外贸新业态，通过综合改革、集成创新，推动跨境电子商务公共服务平台和各类特色试点园区融合发展，推进“关、检、汇、税、商、物、融”一体化，形成适应跨境电子商务发展的新型监管服务模式和制度体系，为全国跨境电子商务发展提供更多可复制推广经验。（市商务委牵头，中国（广州）跨境电子商务综合试验区领导小组成员单位配合）

二、引进和培育跨境电子商务主体

（一）引进一批国内外知名跨境电子商务龙头企业。重点引进跨境电子商务交易平台、物流供应链、支付结汇、海外仓等服务企业，促进我市传统外贸转型升级，创新发展。在广州设立综合型、职能型或地区总部的跨境电子商务企业，符合市总部企业认定条件和标准的，可享受总部政策。符合电子商务、物流、信息等产业扶持政策的跨境电子商务企业，可享受有关政策。（各区政府负责，市发展改革委、商务委、财政局配合）

（二）培育一批本土跨境电子商务龙头企业。结合市电子商务示范企业认定，认定一批跨境电子商务示范企业。对经认定的示范企业，海关可优先培育、认证为高级认证企业。对成为海关高级认证企业

的，优先办理货物申报、查验、放行、加急通关手续，对其进出口货物实行较低的查验率；检验检疫部门在其原管理分类上提高一级管理，在监管频率和抽检批次上给予便利；国税部门优先办理出口退（免）税，将其纳入无纸化管理。依据《广州市人民政府办公厅关于印发加快电子商务发展实施方案的通知》（穗府办〔2014〕54号），对认定为市电子商务示范企业的跨境电子商务龙头企业，按规定给予奖励。（市商务委牵头；市财政局、国税局，广州海关，黄埔海关，广州检验检疫局配合）

（三）鼓励各类经营主体开展跨境电子商务业务。支持传统外贸企业、生产企业、专业市场等通过跨境电子商务融入境外销售渠道，通过海关特殊监管区域或“海外仓”开展B2B2C（供应商对企业、企业对消费者）、B2B（企业对企业）、B2C（企业对消费者）等跨境电子商务业务，拓展国际市场。引导和帮助实体零售企业开展跨境电子商务零售进口业务，扶持各类外贸综合服务企业、综合型或垂直型电商平台拓展跨境电商业务，鼓励各种商业模式创新。鼓励跨境电子商务企业引入合格评定机制，建立和完善内部管理体系，增强自身质量管控能力，提高商品和服务质量。对开展跨境电子商务业务的各类经营主体，按当年经营业绩给予奖励。（市商务委牵头，市财政局、广州海关、黄埔海关、广州检验检疫局、各区政府配合）

（四）扶持发展一批提供交易、物流、仓储、通关、支付、结汇、退税等专项或综合服务的跨境电子商务服务平台。优先推荐各类跨境电子商务服务平台申报上级财政资金或荣誉认定，并依据相关规定给予多种政策扶持（市商务委牵头；市工业和信息化委、财政局、交委、国税局、邮政管理局，广州海关，黄埔海关，广州检验检疫局，外汇管理局广东省分局配合）。帮助跨境电子商务服务平台企业申报现有的扶持信息技术、中小企业发展、总部经济及外经贸发展等专项资金；鼓励跨境电商平台企业利用市场采购贸易试点政策开展跨境B2B等业务；鼓励和支持具备条件的跨境电子商务经营主体申报高新技术企业、技术先进型服务企业。（各区政府负责，市商务委、工业和信息化委、科技创新委、财政局、国税局、邮政管理局配合）

三、建设跨境电子商务园区

（一）建设一批特色综合园区。发挥广东自贸试验区和海关特殊监管区域的作用，建设门类齐全、贸易功能多元化的海、陆、空跨境电子商务集中监管园区。发挥毗临港澳优势，在南沙探索建立穗港澳跨境电子商务合作共建园区。以白云机场综合保税区、南沙保税港区、广州保税区为试点，探索打造生鲜、冷链产品跨境电子商务进口枢纽。支持和鼓励园区创新开展B2B业务，推进线下园区智能卡口建设，实现跨境电子商务转运商品便捷、规范出入。（广州空港经济区管委会、南沙开发区管委会、广州开发区管委会牵头，广州海关、黄埔海关、广州检验检疫局配合）

（二）鼓励各区结合实际建设各具特色、错位发展的跨境电子商务产业园区或产业带。支持花都皮革皮具市场利用市场采购贸易试点政策优势，建设成为特色跨境电子商务产业园；出台企业入驻、人才集聚、融资便利等扶持政策，鼓励园区建设贸易、仓储、配送售后等综合服务体系；支持各类市场主体建设跨境电子商务产业孵化器，建设O2O（线上到线下）体验区，推动O2O模式多元化发展（各区政府牵头，市商务委、广州海关、黄埔海关、广州检验检疫局配合）。创建跨境电子商务质量安全示范区，实施检验检疫监管便利措施。（市商务委、广州检验检疫局牵头，广州海关、黄埔海关、各区政府配合）

（三）出台市级跨境电子商务产业园认定办法，认定一批市级跨境电子商务产业园。对认定的产业园由市财政给予一次性财政资金奖励扶持，并优先推荐申报国家、省、市电子商务示范基地。创建一批B2B示范区、O2O体验示范区和质量安全示范区。对获得示范基地称号的园区给予奖励。（市商务委牵头，市财政局、各区政府配合）

四、打造跨境电子商务公共服务平台

（一）完善跨境电子商务公共服务平台。创新开展跨境电子商务公共服务平台消费者身份信息认证业务，完善公共服务平台企业接入功能模块。对与跨境电子商务公共服务平台对接应用的跨境电子商务企业，在系统对接设备建设上给予适当财政扶持和通关通检、融资、结汇、退税等便利。推动公共服务平台各部门相关业务数据对接，按照国家、省、市有关政策扶持各类跨境电子商务政务服务公共服务平台发展。（市商务委牵头；市财政局、国税局、口岸办、公安局，广州海关，黄埔海关，广州检验检疫局，外汇管理局广东省分局，市电子口岸公司配合）

（二）实现信息共享和协同管理。优化拓展“单一窗口”跨境电商功能，推进跨境电子商务领域“信息互换、监管互认、执法互助”（市口岸办牵头，“单一窗口”建设成员单位配合）。推进粤港澳认证及相关检测业务互认制度在跨境电子商务领域落地，实现“一次认证、一次检测、三地通行”；探索建立适合跨境电子商务发展的国际通用规则，对开展相关课题研究、标准制定的机构和个人给予财政支持；适时推动航空快件国际和台港澳中转集拼业务在跨境电子商务领域应用。（市商务委牵头；市口岸办、财政局、港澳办、质监局，广州海关，黄埔海关，广州检验检疫局，市邮政管理局配合）

五、加快跨境电子商务物流发展

（一）完善物流基础建设。在符合土地利用总体规划和城乡规划前提下，优先保障安排跨境电子商务物流仓储项目用地（市国土规划委负责）。增加保税仓供给，加快推进白云机场综保区红线调整，加快启动土地储备、规划设计和实质性建设工作。加快推进南沙保税港区的仓库建设。盘活广州保税区、出口加工区保税仓资源，提升利用效率。（广州空港经济区管委会、南沙开发区管委会、广州开发区管委会牵头，广州海关、黄埔海关配合）

（二）降低仓储物流经营成本。支持电商、物流企业参与旧厂房、旧仓库改造，建设用于跨境电子商务的保税仓库、分拨中心等物流设施；鼓励属地政府、国有企业建设国有产权的保税仓库。对通过城市更新改造方案审批的跨境电子商务物流项目，按照市城市更新政策给予支持；

支持各区制定出台政策，对租用仓库开展跨境电子商务业务的企业，予以租金定额扶持（各区政府、市城市更新局牵头，市商务委、财政局、交委配合）。进一步规范整顿进出口环节经营性服务和收费，切实为企业减负。（市发展改革委负责）

（三）鼓励企业建设“海外仓”设施。引导跨境电子商务企业规划建设“海外仓”，支持电商企业通过“海外仓”等规范模式健全供应链管理体系，提高进出口货物配送效率，加快融入境外零售体系。支持有实力的企业租建公共“海外仓”，引导企业发展基于“海外仓”的跨境电子商务报关、物流供应链及金融创新等服务。对列入国家和省级跨境电子商务“海外仓”建设项目的企业，给予资金扶持。（市商务委牵头；市财政局、交委，广州海关，黄埔海关配合）

（四）支持建立全球物流供应链和境外物流服务体系。鼓励跨境电子商务企业与国际电商平台、物流企业结盟合作，支持跨境电子商务企业运用大数据、云计算、物联网等互联网技术与物流业、快递业联动，实现跨境电子商务境内外物流无缝对接。支持拓建经我市口岸进出口的跨境电子商务通道，对新增的海运、空运、陆运国家货运航线和专列，依据有关政策落实补贴或奖励。（市发展改革委、广州空港经济区管委会牵头；市交委、工业和信息化委、财政局、商务委，有关区政府配合）

六、创新跨境电子商务金融服务体系

（一）运用股权投资方式支持跨境电子商务企业发展。整合电子商务发展资金，引导社会资本设立电子商务产业发展基金，发挥财政资金引导放大作用，将跨境电子商务作为重点投资领域，发展产业供应链金融、在线金融、在线保险等。（市金融局牵头，市发展改革委、财政局、商务委配合）

（二）缓解跨境电子商务企业融资难问题。鼓励金融机构创新推出适合跨境电子商务发展需要的金融产品和服务。对信用担保机构给予我市跨境电子商务企业的信用担保，按我市中小企业信用担保机构风险补偿政策予以支持。支持银行金融机构与取得互联网支付业务许可的支付机构，为外贸企业和个人跨境交易提供人民币结算服务。（市金融局牵头，市商务委配合）

七、加快跨境电子商务人才引进培养

（一）加强人才引进和培养。将电子商务领域产业人才列入《广州市人才引进紧缺工种（职业）目录》，实施跨境电子商务产业人才培育计划，培育和扶持有潜力的电商产业创新人才（市人力资源和社会保障局负责）。推动“三融合（课程融合、课岗融合、课赛融合）、三进阶（‘单一岗位业务员’到‘复合型业务员’到‘业务经理’）”跨境电子商务人才培养模式改革和教学资源库建设（市教育局负责）。鼓励相关商协会等中介组织及各类社会培训机构开展订单式跨境电子商务业务培训。（市人力资源和社会保障局牵头，市教育局、商务委配合）

（二）鼓励跨境电子商务专业人才来穗创业发展。建立有效的人才培养、引进和奖励机制。贯彻落实《中共广州市委广州市人民政府关于加快集聚产业领军人才的意见》（穗字〔2016〕1号）及配套文件，鼓励符合条件的电子商务人才申报羊城创新创业领军人才和产业领军人才，在项目资助、薪酬补贴、申领人才绿卡等方面为符合条件的电子商务人才提供政策扶持和优质服务。打造高端电商产业智库，集聚一批有助于电商产业发展的国内外专家学者。（市人力资源和社会保障局、科技创新委牵头，市商务委配合）

八、创新跨境电子商务监管和服务制度

（一）创新跨境电子商务通关、通检模式。贯彻落实《海关总署关于印发〈跨境电商综合试验区海关可复制推广的制度措施〉的通知》（署监函〔2016〕163号），结合海关“互联网+快备案”“互联网+易通关”等创新措施，推进海关总署“跨境电子商务进口统一版信息化管理系统”全面应用，完善和推广跨境电子商务零售出口系统和B2B出口系统应用，进一步优化通关业务流程，深化通关无纸化作业。落实国家质检总局促进跨境电子商务发展的有关便利措施，积极总结跨境电子商务发展监管新方式。支持跨境电子商务商品溯源平台建设，推广南沙建设“智检口岸”和全球商品质量溯源体系经验，构建全市跨境电子商务质量追溯体系，完善跨境电子商务风险监控体系，结合分类管理制度，营造“守信便利，失信惩戒”的通检环境。（广州海关、黄埔海关、广州检验检疫局负责）

（二）创新跨境电子商务税收管理模式。争取对在市跨境电子商务公共服务平台备案的符合条件的企业，试行跨境电子商务零售出口货物（财政部、国家税务总局明确取消出口退、免税的货物除外）免征增值税政策，深入推进出口退（免）税无纸化管理试点工作。（市国税局、财政局负责）

（三）支持跨境电子商务出口结汇模式创新。进一步提高从事跨境电子商务的个人开立外汇结算账户的便利性。邮路渠道直接寄送出口商品的中小经营主体，可通过有资质的第三方支付机构办理收结汇。通过海关集中监管、清单核放、汇总申报的经营主体，凭海关电子报关信息办理货物出口收结汇业务。（外汇管理局广东省分局牵头，市邮政管理局、广州海关、黄埔海关配合）

九、落实组织保障措施

（一）加强组织领导。发挥中国（广州）跨境电子商务综合试验区工作领导小组作用，加大领导小组办公室协调统筹工作力度，中央驻穗单位及市有关部门要大力支持跨境电子商务业务发展。各区及相关部门结合实际，完善工作机制，明确任务分工，落实专门工作人员。加强市、区与中央驻穗单位的联动。（市商务委牵头，各区政府、市直有关部门配合）

（二）加强规划引领。编制市、区两级跨境电子商务发展规划，制订跨境电子商务产业、发展用地等规划，结合各区产业发展特点形成各具特色的功能布局，实现产业合理布局，集聚发展。（市国土规划委、商务委牵头；市发展改革委、工业和信息化委，各区政府配合）

（三）优化发展环境，精简行政审批。完善“一证多照、一照多证”政策。放宽经营场所登记条件，允许使用住宅作为企业住所和经营场所，开展住经分离，降低

市场准入制度性成本。（市工商局负责）

（四）加大财政支持力度。将跨境电子商务纳入市商务发展专项资金重点扶持范围。申请中央、省专项资金支持我市跨境电子商务综合试验区建设。通过政府购买服务、仓租补助等形式，降低企业运营成本。（市商务委牵头，市财政局配合）

（五）完善统计监测体系。落实《海关总署办公厅商务部办公厅国家统计局办公室关于开展2016年跨境电子商务进出口货物统计试点工作的通知》（署办统函〔2017〕2号）要求，做好跨境电商进出口货物统计试点工作，逐步健全与跨境电商进出口货物相适应的统计制度。依托“单一窗口”跨境电子商务公共服务平台，建设跨境电子商务自主数据采集和统计分析系统，提升统计数据的应用水平，为市跨境电子商务进一步有序发展提供制度和数据支持。（广州海关，黄埔海关，市统计局、商务委牵头；市电子口岸公司配合）

（六）积极发挥中介服务机构作用。建立产业联盟，支持行业组织、第三方信用机构、仲裁机构、中介服务机构为跨境电子商务提供专业服务。推动建立跨境电子商务纠纷处置和消费争议解决机制。通过会展、论坛、会议、媒体宣传等渠道，大力宣传和推介广州跨境电子商务发展成就，营造良好环境。（市商务委牵头，市工业和信息化委、工商局、消委会配合）

企业名录

截至2017年12月31日，在广州跨境综合服务平台上注册，并实际展开业务的企业名录见表2-14。

表2-14 广州跨境电子商务企业名录

序号	企业名称	企业类型
1	Farfetch Uk Limited	电商平台企业
2	Weiph	电商平台企业
3	白富美（深圳）网络科技有限公司	电商平台企业
4	百联全球购贸易有限公司	电商平台企业
5	北京创锐文化传媒有限公司	电商平台企业
6	北京当当科文电子商务有限公司	电商平台企业
7	北京店秀信息科技有限公司	电商平台企业
8	北京海星淘科技有限公司	电商平台企业
9	北京良物珍品电子商务股份有限公司	电商平台企业

表2-14　续1

序号	企业名称	企业类型
10	北京麦乐购科技有限公司	电商平台企业
11	北京顺丰电子商务有限公司	电商平台企业
12	北京寺库商贸公司	电商平台企业
13	北京寺库商贸有限公司	电商平台企业
14	北京万国万购信息技术有限公司	电商平台企业
15	北京王府井百货集团北京网尚电子商务有限责任公司	电商平台企业
16	大连华夏丝路电子商务有限公司	电商平台企业
17	东莞市海淘网络科技有限公司	电商平台企业
18	福建海淘乐网络技术有限公司	电商平台企业
19	广东海购仓跨境电商有限公司	电商平台企业
20	广东海淘天下网络科技有限公司	电商平台企业
21	广东健客医药有限公司	电商平台企业
22	广东健药网电子商务有限公司	电商平台企业
23	广东就手电子商务有限公司	电商平台企业
24	广东跨客城信息技术有限公司	电商平台企业
25	广东洋货码头网络科技有限公司	电商平台企业
26	广州阿中企业管理有限公司	电商平台企业
27	广州八百方信息技术有限公司	电商平台企业
28	广州比呀比信息科技有限公司	电商平台企业
29	广州点购电子商务有限公司	电商平台企业
30	广州短播网络技术有限公司	电商平台企业
31	广州哈鲁信息科技有限公司	电商平台企业
32	广州海购网络科技有限公司	电商平台企业
33	广州胡萝卜炒饭网络科技有限公司	电商平台企业
34	广州跨境行信息科技有限公司	电商平台企业
35	广州跨境通电子商务有限公司	电商平台企业
36	广州来特购电子商务有限公司	电商平台企业
37	广州美快软件开发有限公司	电商平台企业、物流仓储企业
38	广州企维电子商务有限公司	电商平台企业
39	广州钱库电子商务有限公司	电商平台企业
40	广州圣地林贰林电子商务有限公司	电商平台企业

表2-14 续2

序号	企业名称	企业类型
41	广州市海淘资产管理有限公司	电商平台企业
42	广州市佳盛达电子商务有限公司	电商平台企业
43	广州市妈妈一百电子商务有限公司	电商平台企业
44	广州市耶乐游贸易有限公司	电商平台企业
45	广州唯品会信息科技有限公司	电商平台企业
46	广州洋戏台电子商务有限公司	电商平台企业
47	广州邮过来电子商务有限公司	电商平台企业
48	广州掌富易购跨境电商有限公司	电商平台企业
49	国美在线电子商务有限公司	电商平台企业
50	海优购信息科技（深圳）有限公司	电商平台企业
51	行吟信息科技（上海）有限公司	电商平台企业
52	行吟信息科技（上海）有限公司	电商平台企业
53	杭州菜鸟供应链公司	电商平台企业
54	杭州西狗国际贸易有限公司	电商平台企业
55	杭州洋东西电子商务有限公司	电商平台企业
56	河南省中大门网络科技有限公司	电商平台企业
57	惠澳科技（珠海）有限公司	电商平台企业
58	江苏苏宁易购电子商务有限公司	电商平台企业
59	京东商城	电商平台企业
60	卡卡华啦电子商务（深圳）有限公司	电商平台企业
61	跨购搜（北京）网络技术有限公司	电商平台企业
62	来店易	电商平台企业
63	美集品（广州）股份有限公司	电商平台企业、物流仓储企业
64	美囤妈妈（上海）电子商务有限公司	电商平台企业
65	摩登大道时尚电子商务有限公司	电商平台企业
66	南京金鹰购电子商务有限公司	电商平台企业
67	宁波保税区天天一族电子商务有限公司	电商平台企业
68	前海无界（深圳）跨境电子商务有限公司	电商平台企业
69	青岛百洋健康药房连锁有限公司	电商平台企业
70	青岛西海金淘跨境电子商务有限公司	电商平台企业
71	青岛邮加海邦国际贸易有限公司	电商平台企业

表2-14 续3

序号	企业名称	企业类型
72	全球购	电商平台企业
73	融 E 购商城	电商平台企业
74	厦门美图网科技有限公司	电商平台企业
75	上海艾售电子商务有限公司	电商平台企业
76	上海百联全渠道电子商务有限公司	电商平台企业
77	上海跨境通国际贸易有限公司	电商平台企业
78	上海领秀电子商务有限公司	电商平台企业
79	上海萌店信息科技有限公司	电商平台企业
80	上海牵趣网络科技有限公司	电商平台企业
81	上海寺库电子商务有限公司	电商平台企业
82	上海微盟电子商务有限公司	电商平台企业
83	上海洋码头网络技术有限公司	电商平台企业
84	上海中擎网络科技有限公司	电商平台企业
85	奢殿（上海）贸易有限公司	电商平台企业
86	深圳澳莱优品电子商务有限公司	电商平台企业
87	深圳保兴自贸通电子商务有限公司	电商平台企业
88	深圳便宜点电子商务有限公司	电商平台企业
89	深圳多宝国际供应链管理有限公司	电商平台企业
90	深圳将士电子商务有限公司	电商平台企业
91	深圳七号洋行电子商务有限公司	电商平台企业
92	深圳前海蒲公英跨境电子商务有限公司	电商平台企业
93	深圳前海千店直送网络有限公司	电商平台企业
94	深圳十三洋行电子商贸有限公司	电商平台企业
95	深圳市爱婴岛网络科技有限公司	电商平台企业
96	深圳市百年远洋电子商务有限公司	电商平台企业
97	深圳市德购商城科技有限公司	电商平台企业
98	深圳市叮叮电子商务有限公司	电商平台企业
99	深圳市富邦乐购商贸有限公司	电商平台企业
100	深圳市海购通电子商务有限公司	电商平台企业
101	深圳市海易购跨境电子商务有限公司	电商平台企业
102	深圳市华润万家电子商务有限公司	电商平台企业

表2-14 续4

序号	企业名称	企业类型
103	深圳市境外淘电子商务有限公司	电商平台企业
104	深圳市前海海淘城电子商务有限公司	电商平台企业
105	深圳市前海跨境壹号科技有限公司	电商平台企业
106	深圳市前海乐贝尔电子商务有限公司	电商平台企业
107	深圳市前海全球易供电子商务有限公	电商平台企业
108	深圳市前海全球易供电子商务有限公司	电商平台企业
109	深圳市一全通电子商务有限公司	电商平台企业
110	深圳市易思购电子商务有限公司	电商平台企业
111	台贸全球电子商务股份有限公司	电商平台企业
112	淘宝（中国）软件有限公司	电商平台企业
113	淘宝中国控股有限公司	电商平台企业
114	天虹商场股份有限公司	电商平台企业
115	天津网聚优众网络科技有限公司	电商平台企业
116	武汉奇米网络科技有限公司	电商平台企业
117	武汉屈臣氏个人用品商店有限公司	电商平台企业
118	湘西大洋龟商贸有限责任公司	电商平台企业
119	小康之家商业（广州）有限公司	电商平台企业
120	雅娜购（北京）电子商务有限公司	电商平台企业
121	亚马逊（海外）	电商平台企业
122	亚马逊卓越有限公司	电商平台企业
123	易网零售有限公司	电商平台企业
124	浙江集商网络科技有限公司	电商平台企业
125	浙江天猫技术有限公司	电商平台企业
126	浙江银泰电子商务有限公司	电商平台企业
127	重庆贝莱优品国际贸易有限公司	电商平台企业
128	重庆唯品会供应链管理有限公司	电商平台企业
129	珠海市乐活岛网络技术有限公司	电商平台企业
130	卓益信息科技有限责任公司	电商平台企业
131	A Worldwide Hong Kong Limited	电商企业
132	Alliance Time Hk Limited	电商企业
133	Anying International Trading Pty Ltd	电商企业

表2-14 续5

序号	企业名称	企业类型
134	B2Link 株式会社	电商企业
135	Belred Technology Company Limited	电商企业
136	Cs	电商企业
137	Guang Zhou Yihan Fashion Limited	电商企业
138	Haiguanceshi	电商企业
139	Health Element 2009 Limited	电商企业
140	Health Element 2009 Limited	电商企业
141	Iherb. Inc	电商企业
142	Miaoxiaojuan@ Mama100. Com	电商企业
143	Mu International Brand Management Limited	电商企业
144	Snoopby Optical Co. Ltd	电商企业
145	Stand Focus H. K. Co., Ltd	电商企业
146	Tieingl Obal Company Limited	电商企业
147	Ugg Auspecial Pty Ltd	电商企业
148	Unispeed Development Limited	电商企业
149	Xinyi	电商企业
150	Zfdj	电商企业
151	Zfdt	电商企业
152	阿锐拓（上海）国际贸易有限公司	电商企业
153	爱特	电商企业
154	安利	电商企业
155	傲松信息科技南通有限公司	电商企业
156	澳泓（上海）国际贸易有限公司	电商企业
157	澳玛家（苏州）贸易有限公司	电商企业
158	澳玛家（苏州）贸易有限公司	电商企业
159	澳玛家苏州贸易有限公司	电商企业
160	巴巴宝贝（广州）电子商务有限公司	电商企业
161	巴巴购（北京）科技有限公司	电商企业
162	邦迪坞（广州）科技有限公司	电商企业
163	宝宝空间网络科技（北京）有限公司	电商企业
164	宝贝格子（北京）科技有限公司	电商企业

表2-14 续6

序号	企业名称	企业类型
165	宝东	电商企业
166	保定市纯熙商贸有限公司	电商企业
167	北京爱农驿站科技服务有限公司	电商企业
168	北京背篓科技有限公司	电商企业
169	北京超能元泰技术有限公司	电商企业
170	北京当当科文电子商务有限公司	电商企业
171	北京德尔美国际健康科技有限公司	电商企业
172	北京高汇通商业管理有限公司	电商企业
173	北京海道商贸有限公司	电商企业
174	北京好药师大药房连锁有限公司	电商企业
175	北京恒华慧谷投资发展有限公司	电商企业
176	北京花旺在线商贸有限公司	电商企业
177	北京华网汇通技术服务有限公司	电商企业
178	北京康智乐思网络科技有限公司	电商企业
179	北京辣妈帮科技有限公司	电商企业
180	北京乐友达康科技有限公司	电商企业
181	北京良市无际科技有限公司	电商企业
182	北京普缇客科技有限公司	电商企业
183	北京睿达众远商贸有限责任公司	电商企业
184	北京森福特润商贸有限公司	电商企业
185	北京尚品百姿电子商务有限公司	电商企业
186	北京生活无界网络科技有限责任公司	电商企业
187	北京天星旺网络科技有限公司	电商企业
188	北京天智英才网络科技有限公司	电商企业
189	北京拓普天天教育科技有限责任公司	电商企业
190	北京万象新天网络科技有限公司	电商企业
191	北京薇拉莱特科技有限公司	电商企业
192	北京维亚泰克网络技术有限公司	电商企业
193	北京西边信息科技有限公司	电商企业
194	北京鲜生活电子商务有限公司	电商企业
195	北京新空气网络科技股份有限公司	电商企业

表2-14 续7

序号	企业名称	企业类型
196	北京信海科园大药房有限公司	电商企业
197	北京依蓉生物技术有限公司	电商企业
198	北京易销云盟科技服务有限公司	电商企业
199	北京优集品网络科技有限公司	电商企业
200	北京众嘉禾励科技有限公司	电商企业
201	贝恩医疗设备（广州）有限公司	电商企业
202	滨州皓宇商贸有限公司	电商企业
203	舶来尚品（深圳）科技有限公司	电商企业
204	舶乐蜜电子商务（上海）有限公司	电商企业
205	步步高电子商品有限责任公司	电商企业
206	步步高电子商务有限责任公司	电商企业
207	采伴（上海）信息科技有限公司	电商企业
208	成都理由网络技术有限公司	电商企业
209	川味有限公司	电商企业
210	大连啊门电子商务有限公司	电商企业
211	大连翱鹏国际贸易有限公司	电商企业
212	大连美缘贸易有限公司	电商企业
213	大连世原贸易有限公司	电商企业
214	大连市易思达电子商务有限公司	电商企业
215	大秦企业有限公司	电商企业
216	稻田（北京）科技有限公司	电商企业
217	德麟（深圳）跨境电子商务有限责任公司	电商企业
218	德清德欣时装贸易有限公司	电商企业
219	点点淘（深圳）商贸有限公司	电商企业
220	鼎维鑫盛商务咨询（上海）有限公司	电商企业
221	东方圣恩智能科技（大连）有限公司	电商企业
222	东莞安倍信贸易有限公司	电商企业
223	东莞光兆实业投资有限公司	电商企业
224	东莞航天电子有限公司	电商企业
225	东莞华贵供应链管理有限公司	电商企业
226	东莞极力贸易有限公司	电商企业

表2-14　续8

序号	企业名称	企业类型
227	东莞市爱贝电子商务有限公司	电商企业
228	东莞市爱地环保科技有限公司	电商企业
229	东莞市巴币电子商务有限公司	电商企业
230	东莞市光兆实业投资有限公司	电商企业、物流仓储企业
231	东莞市豪森五金首饰有限公司	电商企业
232	东莞市利淘商贸有限公司	电商企业
233	东莞市美雅汇贸易有限公司	电商企业
234	东莞市顺友进出口有限公司	电商企业
235	东莞市万唯跨境电子商务有限公司	电商企业
236	东莞市望通电子商务有限公司	电商企业
237	东莞市微格良品信息科技有限公司	电商企业
238	东莞市源和信息科技有限公司	电商企业
239	东莞市中隽贸易有限公司	电商企业
240	东莞宇丰电子商务有限公司	电商企业
241	峨眉山金威利运动用品有限公司	电商企业
242	丰稷食品有限公司	电商企业
243	佛山大洋季风科技有限公司	电商企业
244	佛山登宇通网络科技有限公司	电商企业
245	佛山佳品佳源商业有限公司	电商企业
246	佛山飘洋购海商贸有限公司	电商企业
247	佛山普立华科技有限公司	电商企业
248	佛山千藏贸易有限公司	电商企业
249	佛山市百百购信息科技有限公司	电商企业
250	佛山市宝诺贸易有限公司	电商企业
251	佛山市便利电子商务有限公司	电商企业
252	佛山市禅伦贸易有限公司	电商企业
253	佛山市钜铭商务资讯服务有限公司	电商企业
254	佛山市快达利进出口有限公司	电商企业
255	佛山市立展进出口有限公司	电商企业
256	佛山市麦浪电子商务有限公司	电商企业
257	佛山市萨哇哩商业有限公司	电商企业

表2-14　续9

序号	企业名称	企业类型
258	佛山市顺德区安爱工业有限公司	电商企业
259	佛山市顺德区恒立电子商务有限公司	电商企业
260	佛山市顺德区跨贸电子商务有限公司	电商企业
261	佛山市顺德区绿尖机电有限公司	电商企业
262	佛山市松崎科技有限公司	电商企业
263	佛山市天耀绿畅生活用品有限公司	电商企业
264	佛山市迅传电子商务有限公司	电商企业
265	佛山市银浠汇电子商务有限公司	电商企业
266	佛山市粤快贸易有限公司	电商企业
267	佛山市纵纬跨境电商服务有限公司	电商企业、物流仓储企业
268	福建超大全求吃科技有限公司	电商企业
269	福建巨源鑫国际贸易有限公司	电商企业
270	福建聚易国际贸易有限公司	电商企业
271	福建利嘉众和商业有限公司	电商企业
272	福建贸鸿电子商务有限公司	电商企业
273	福建如易淘电子商务有限公司	电商企业
274	福建省中冠联合电子商务有限公司	电商企业
275	福建一番街电子商务有限公司	电商企业
276	福建洲际农产品电子商务有限公司	电商企业
277	福州思薇蔻贸易有限公司	电商企业
278	复贝（上海）贸易有限公司	电商企业
279	富吉特（福州）半导体有限公司	电商企业
280	富美斯（广州）电子有限公司	电商企业
281	富美斯（广州）电子有限公司	电商企业
282	富染（上海）电子商务有限公司	电商企业
283	赣州越洋服装有限公司	电商企业
284	官燕栈国际有限公司	电商企业
285	光橙（上海）信息科技有限公司	电商企业
286	广东奥利隆跨境电商有限公司	电商企业
287	广东奥园奥买家电子商务有限公司	电商企业
288	广东百姓家网络科技股份有限公司	电商企业

表2-14 续10

序号	企业名称	企业类型
289	广东柏华包装股份有限公司	电商企业
290	广东北部湾农产品批发中心有限公司	电商企业
291	广东奔澳国际贸易有限公司	电商企业
292	广东潮臻电子商务有限公司	电商企业
293	广东德凌电子科技有限公司	电商企业
294	广东风信子网络科技有限公司	电商企业
295	广东广康生化科技股份有限公司	电商企业
296	广东广新国通达电子商务有限公司	电商企业
297	广东广新家具有限公司	电商企业
298	广东广新贸易发展有限公司	电商企业
299	广东好望谷电子商务有限公司	电商企业
300	广东合捷国际供应链有限公司	电商企业、物流仓储企业
301	广东京城进出口贸易有限公司	电商企业
302	广东井邱贸易有限公司	电商企业
303	广东跨境达商贸有限公司	电商企业
304	广东朗熹科技投资有限公司	电商企业
305	广东朗熹贸易有限公司	电商企业
306	广东乐越淘电子商务有限公司	电商企业
307	广东麦浪电子商务有限公司	电商企业
308	广东麦斯卡体育股份有限公司	电商企业
309	广东美篮子电子商务有限公司	电商企业
310	广东美球贸易有限公司	电商企业
311	广东美悦优选电子商务有限公司	电商企业
312	广东蒙娜丽莎贸易有限公司	电商企业
313	广东女皇镇信息科技有限公司	电商企业
314	广东普惠跨境电子商务有限公司	电商企业
315	广东全绿商贸有限公司	电商企业
316	广东融生进出口有限公司	电商企业
317	广东三福服装有限公司	电商企业
318	广东山姆冷链食品有限公司	电商企业
319	广东省纺织品进出口棉织品有限公司	电商企业

表2-14 续11

序号	企业名称	企业类型
320	广东省机场管理集团公司	电商企业
321	广东省机械进出口股份有限公司	电商企业
322	广东省丝丽国际集团服装有限责任公司	电商企业
323	广东省丝丽国际集团泓泰有限责任公司	电商企业
324	广东省文教体育用品进出口公司	电商企业
325	广东省邮政广告有限公司	电商企业
326	广东世婴信息科技有限公司	电商企业
327	广东首辅科技有限公司	电商企业
328	广东水灵科贸有限公司	电商企业
329	广东天河城百货有限公司	电商企业
330	广东万和电气有限公司	电商企业
331	广东沃天下供应链管理有限公司	电商企业、物流仓储企业
332	广东五合健康管理股份有限公司	电商企业
333	广东西邮寄网络科技有限公司	电商企业
334	广东新安怀电子商务有限公司	电商企业
335	广东新凯威保税咨询服务有限公司	电商企业
336	广东新银河世纪投资有限公司	电商企业
337	广东壹健康科技有限公司	电商企业
338	广东宜婴宝供应链管理有限公司	电商企业、物流仓储企业
339	广东易成信息科技有限公司	电商企业
340	广东易得电子商务有限公司	电商企业
341	广东易利供应链管理有限公司	电商企业、物流仓储企业
342	广东英派投资有限公司	电商企业
343	广东影行天下文化传播有限公司	电商企业
344	广东裕马国际贸易有限公司	电商企业
345	广东悦昊荟电子商务有限公司	电商企业
346	广东正泰通跨境电子商务有限公司	电商企业
347	广东中昊伟业跨境贸易有限公司	电商企业
348	广东中商港科技有限公司	电商企业
349	广西蚂蚁洋货供应链管理有限公司	电商企业、物流仓储企业
350	广西然润电子商务有限公司	电商企业

表2-14 续12

序号	企业名称	企业类型
351	广州爱彼家网络科技有限公司	电商企业
352	广州爱时福商品信息咨询有限公司	电商企业
353	广州安腾达化工科技有限公司	电商企业
354	广州奥帛芮进出口贸易有限公司	电商企业
355	广州澳建安酒业有限公司	电商企业
356	广州澳舜美商贸有限公司	电商企业
357	广州澳元健生物科技有限公司	电商企业
358	广州八铿贸易有限公司	电商企业
359	广州巴音商贸有限公司	电商企业
360	广州白云国际机场股份有限公司	电商企业
361	广州柏道计算机科技有限公司	电商企业
362	广州邦真贸易有限公司	电商企业
363	广州宝妈王国科技有限公司	电商企业
364	广州北方新能源技术有限公司	电商企业
365	广州贝车家贸易有限公司	电商企业
366	广州碧哎迪贸易有限公司	电商企业
367	广州波色子科技有限公司	电商企业
368	广州泊瑞塞贸易有限公司	电商企业
369	广州博道电子商务有限公司	电商企业
370	广州不二信息科技有限公司	电商企业
371	广州不莱没网络科技有限公司	电商企业
372	广州彩虹五金弹簧有限公司	电商企业
373	广州仓亿进出口贸易有限公司	电商企业
374	广州畅佰信息科技有限公司	电商企业
375	广州城市通软件有限公司	电商企业
376	广州川越体育用品有限公司	电商企业
377	广州淳再贸易有限公司	电商企业
378	广州存壕贸易有限公司	电商企业
379	广州达医安贸易有限公司	电商企业
380	广州达益皮具有限公司	电商企业
381	广州大学城一卡通有限公司	电商企业

表2-14 续13

序号	企业名称	企业类型
382	广州袋鼠互联网服务有限公司	电商企业
383	广州戴仕贝贸易有限公司	电商企业
384	广州黛阁迩实业有限公司	电商企业
385	广州迪比卡电子有限公司	电商企业
386	广州缔创进出口贸易有限公司	电商企业
387	广州电子口岸管理有限公司	电商企业
388	广州顶品信息科技有限公司	电商企业
389	广州鼎球生物科技有限公司	电商企业
390	广州敦宏进出口贸易有限公司	电商企业
391	广州恩律贸易有限公司	电商企业、物流仓储企业
392	广州珐玛珈智能设备股份有限公司	电商企业
393	广州饭特希生命科技有限公司	电商企业
394	广州丰鼎五金制品有限公司	电商企业
395	广州沣通益贸易有限公司	电商企业
396	广州芙朗氏进出口贸易有限公司	电商企业
397	广州港蕞荟电子商务有限公司	电商企业
398	广州高咖优网络有限公司	电商企业
399	广州国宗电子商务有限公司	电商企业
400	广州海狐贸易有限公司	电商企业
401	广州海猫岛电子商务有限公司	电商企业
402	广州海鸥卫浴用品股份有限公司	电商企业
403	广州海商网络科技有限公司	电商企业
404	广州海生贸易有限公司	电商企业
405	广州海穗网络信息技术有限公司	电商企业
406	广州海鹰船舶工程有限公司	电商企业
407	广州航渝垣科技有限公司	电商企业
408	广州豪敏贸易有限公司	电商企业
409	广州好耶有限公司	电商企业
410	广州浩定欣贸易有限公司	电商企业
411	广州禾农生物科技有限公司	电商企业
412	广州恒丰电子商务有限公司	电商企业

表2-14　续14

序号	企业名称	企业类型
413	广州恒亚进出口有限公司	电商企业
414	广州泓娅国际贸易有限公司	电商企业
415	广州胡萝卜村网络科技有限公司	电商企业
416	广州虎骏国际贸易有限责任公司	电商企业
417	广州华迅捷通电子商务有限公司	电商企业
418	广州华喆服饰有限公司	电商企业
419	广州荟星电子商务有限公司	电商企业、物流仓储企业
420	广州货之家仓储服务有限公司	电商企业、物流仓储企业
421	广州积神进出口贸易有限公司	电商企业
422	广州极思信息科技有限公司	电商企业
423	广州骥峦贸易有限公司	电商企业
424	广州佳兴信息科技有限公司	电商企业
425	广州迦仕誉贸易有限公司	电商企业
426	广州家颐乐国际商贸有限公司	电商企业
427	广州嘉格惠信息科技有限公司	电商企业
428	广州嘉海电子商务有限公司	电商企业
429	广州杰夫迪电子科技有限公司	电商企业
430	广州京猫电子商务有限公司	电商企业
431	广州经济技术开发区志城科技工程	电商企业
432	广州晶东贸易有限公司	电商企业
433	广州景辰电子商务有限公司	电商企业
434	广州九网教育科技有限公司	电商企业
435	广州玖宇进出口贸易有限公司	电商企业
436	广州酒饮国际贸易有限公司	电商企业
437	广州君盟信息科技有限公司	电商企业
438	广州隽雄供应链管理有限公司	电商企业
439	广州骏途信息科技有限公司	电商企业
440	广州骏烨电子商务有限公司	电商企业
441	广州可那派英皮具有限公司	电商企业
442	广州蓝色光标电子商务有限公司	电商企业
443	广州蓝幄生物科技有限公司	电商企业

表2-14 续15

序号	企业名称	企业类型
444	广州朗天信息科技有限公司	电商企业
445	广州老人佳科技文化传播有限公司	电商企业
446	广州乐威仓供应链管理有限公司	电商企业、物流仓储企业
447	广州雷鑫贸易有限公司	电商企业
448	广州哩喔电子科技有限公司	电商企业
449	广州利军达网络科技有限公司	电商企业
450	广州利众企业管理咨询有限公司	电商企业
451	广州联商晨贸易有限公司	电商企业
452	广州龙策国际贸易有限公司	电商企业
453	广州露蓓信息科技有限公司	电商企业
454	广州罗曼络互联网科技有限公司	电商企业
455	广州绿兹源国际贸易有限公司	电商企业
456	广州麦酷计算机科技有限公司	电商企业
457	广州美丽鑫达美容仪器有限公司	电商企业
458	广州美喵科技有限公司	电商企业
459	广州美事多实业有限公司	电商企业
460	广州媚发美发用品有限公司	电商企业
461	广州米国名品电子商务有限公司	电商企业
462	广州念菲国际贸易有限责任公司	电商企业
463	广州欧共优电子商务有限公司	电商企业
464	广州欧莱电子商务有限公司	电商企业
465	广州欧罗互联网科技有限公司	电商企业
466	广州欧咨通贸易有限公司	电商企业
467	广州派菲顾进出口贸易有限公司	电商企业
468	广州派拉蒙贸易有限公司	电商企业
469	广州齐骏电子有限公司	电商企业
470	广州奇略网络科技有限公司	电商企业
471	广州启昂国际贸易有限公司	电商企业
472	广州千复商贸有限公司	电商企业
473	广州轻出集团文体用品进出口有限公司	电商企业
474	广州全都网络科技有限公司	电商企业

表2-14 续16

序号	企业名称	企业类型
475	广州仁荣电子商务有限公司	电商企业
476	广州日新生物科技有限公司	电商企业
477	广州瑞藏进出口贸易有限公司	电商企业
478	广州瑞魁贸易有限公司	电商企业
479	广州瑞宇商务服务有限公司	电商企业
480	广州润云信息科技有限公司	电商企业
481	广州三友胶粘剂有限公司	电商企业
482	广州杉杉网络科技有限公司	电商企业
483	广州尚品服装辅料有限公司	电商企业
484	广州社诚供应链服务有限公司	电商企业、物流仓储企业
485	广州神爸电子商务有限公司	电商企业
486	广州省全速电子商务有限公司	电商企业
487	广州圣莎拉化妆品有限公司	电商企业
488	广州晟溢威供应链管理有限公司	电商企业
489	广州盛科信息科技有限公司	电商企业
490	广州狮都丰贸易有限公司	电商企业
491	广州拾叁贸易有限公司	电商企业
492	广州市安历氏贸易有限公司	电商企业
493	广州市安利悦享荟电子商务有限公司	电商企业
494	广州市安盈贸易有限公司	电商企业
495	广州市八叶龙供应链管理有限公司	电商企业
496	广州市白云区石井鼎艺招牌制造厂	电商企业
497	广州市佰沃贸易有限公司	电商企业
498	广州市宝视德光学仪器有限公司	电商企业
499	广州市贝霖进出口贸易有限公司	电商企业、物流仓储企业
500	广州市蓓健贸易有限公司	电商企业
501	广州市宾勒锡贸易有限公司	电商企业
502	广州市彩森商贸有限公司	电商企业
503	广州市车视帝电子科技有限公司	电商企业
504	广州市冲港贸易有限公司	电商企业
505	广州市传送门电子商务有限公司	电商企业

表2-14 续17

序号	企业名称	企业类型
506	广州市赐源机械制造有限公司	电商企业
507	广州市达瑞生物技术股份有限公司	电商企业
508	广州市德书贸易发展有限公司	电商企业
509	广州市法渥贸易有限公司	电商企业
510	广州市梵燚柏电子商务有限公司	电商企业
511	广州市富诺生物科技有限公司	电商企业
512	广州市富兴商标彩色印制有限公司	电商企业
513	广州市高裕医药科技有限公司	电商企业
514	广州市广百股份有限公司	电商企业
515	广州市海境易贸易有限公司	电商企业
516	广州市海线群淘贸易有限公司	电商企业
517	广州市昊链信息科技股份有限公司	电商企业
518	广州市恒巍进出口有限公司	电商企业
519	广州市泓淇源贸易有限公司	电商企业
520	广州市蝴蝶贸易有限公司	电商企业
521	广州市互恒进出口贸易有限公司	电商企业
522	广州市花都建中电瓷电器有限公司	电商企业
523	广州市花都区狮岭陂食贸易商行	电商企业
524	广州市花都区狮岭速双贸易商行	电商企业
525	广州市花都区狮岭镆模贸易商行	电商企业
526	广州市华葵兰进出口贸易有限公司	电商企业
527	广州市荟胜进出口贸易有限公司	电商企业
528	广州市惠德丰贸易有限公司	电商企业
529	广州市嘉利仓码有限公司	电商企业
530	广州市将来网络科技有限公司	电商企业
531	广州市晶华精密光学股份有限公司	电商企业
532	广州市钜溢钢管制造有限公司	电商企业
533	广州市骏西泰晨咨询有限公司	电商企业
534	广州市拉拉米信息科技有限公司	电商企业
535	广州市澜博贸易有限公司	电商企业
536	广州市两棵树网络科技有限公司	电商企业

表2-14 续18

序号	企业名称	企业类型
537	广州市美宏贸易有限公司	电商企业
538	广州市美康辰健康产业有限公司	电商企业
539	广州市南铭贸易有限公司	电商企业
540	广州市欧于美贸易有限公司	电商企业
541	广州市启联箱包有限公司	电商企业
542	广州市启盈信息科技有限公司	电商企业
543	广州市热诚贸易有限公司	电商企业
544	广州市日森机械股份有限公司	电商企业
545	广州市锐政浩贸易有限公司	电商企业
546	广州市瑞信皮具有限公司	电商企业
547	广州市睿博网络科技有限公司	电商企业
548	广州市桑桥贸易有限公司	电商企业
549	广州市手店电子商务有限公司	电商企业
550	广州市思托贸易有限公司	电商企业
551	广州市信贸银泰网络有限公司	电商企业
552	广州市迅传电子商务有限公司	电商企业
553	广州市雅曼珠宝有限公司	电商企业
554	广州市岩实贸易有限公司	电商企业
555	广州市伊库网络有限公司	电商企业
556	广州市伊萌美汐贸易有限公司	电商企业
557	广州市盈富电子商务有限公司	电商企业
558	广州市影匠摄影器材有限公司	电商企业
559	广州市玥萝贸易有限公司	电商企业
560	广州市昭臻贸易有限公司	电商企业
561	广州市臻贝电子商务有限公司	电商企业
562	广州市臻于至电子商务有限公司	电商企业
563	广州市中新塑料有限公司	电商企业
564	广州市卓志和发采购有限公司	电商企业
565	广州市尊穗国际贸易有限公司	电商企业
566	广州顺丰电子商务有限公司	电商企业
567	广州顺原正网络科技有限公司	电商企业

表2-14 续19

序号	企业名称	企业类型
568	广州速达电商贸易有限公司	电商企业
569	广州速道信息科技有限公司	电商企业
570	广州速龙电子商务有限公司	电商企业
571	广州泰丫迪贸易有限公司	电商企业
572	广州汤普涂料有限公司	电商企业
573	广州桃芝信息科技有限公司	电商企业
574	广州藤仓电线电装有限公司	电商企业
575	广州天电科技有限公司	电商企业
576	广州通达汽车电气股份有限公司	电商企业
577	广州通帝进出口贸易有限公司	电商企业
578	广州童阿秀跨境电子商务有限公司	电商企业
579	广州唯流传电子商务有限公司	电商企业
580	广州伟熠电子商务有限公司	电商企业
581	广州味吉友恋贸易有限公司	电商企业
582	广州无邪生物科技有限公司	电商企业
583	广州五斗米供应链管理有限公司	电商企业
584	广州纤适贸易有限公司	电商企业
585	广州贤聚投资管理有限公司	电商企业
586	广州香蕉文化发展有限公司	电商企业
587	广州翔耀耀冠信息科技有限公司	电商企业
588	广州小狗仔宠物用品有限公司	电商企业
589	广州小米信息科技有限公司	电商企业
590	广州笑青晖贸易有限公司	电商企业
591	广州芯德通信科技股份有限公司	电商企业
592	广州新菱贸易有限公司	电商企业
593	广州新妮商贸有限公司	电商企业
594	广州新饶成贸易有限公司	电商企业
595	广州鑫尼网络科技有限公司	电商企业
596	广州信天然医药科技有限公司	电商企业
597	广州信天邮电子商务有限公司	电商企业
598	广州信阳进出口有限公司	电商企业

表2-14　续20

序号	企业名称	企业类型
599	广州星景国际贸易有限公司	电商企业
600	广州星万贸易有限公司	电商企业
601	广州旭美生物科技有限公司	电商企业
602	广州烜鸾贸易有限公司	电商企业
603	广州雅拉源健康产业有限公司	电商企业
604	广州洋车站贸易有限公司	电商企业
605	广州洋珍栈贸易有限公司	电商企业
606	广州伊富互联网信息有限公司	电商企业
607	广州医药有限公司	电商企业
608	广州依宝娅电子商务有限公司	电商企业
609	广州依露美化妆品有限公司	电商企业
610	广州颐健贸易有限公司	电商企业
611	广州以琳皮具有限公司	电商企业
612	广州亿榕霖贸易有限公司	电商企业
613	广州亿山贸易有限公司	电商企业
614	广州艺翰服装有限公司	电商企业
615	广州邑诚相进出口贸易有限公司	电商企业
616	广州易代电子商务有限公司	电商企业
617	广州易江南贸易有限责任公司	电商企业
618	广州易磐电子商务有限公司	电商企业
619	广州易想电子商务有限公司	电商企业
620	广州银盟信息科技有限公司	电商企业
621	广州银浠汇电子商务有限公司	电商企业
622	广州盈戌沣贸易有限公司	电商企业
623	广州滢铭	电商企业
624	广州赢明嘉电子商务有限公司	电商企业
625	广州赢源五金在制品有限公司	电商企业
626	广州永友环保设备有限公司	电商企业
627	广州优希信息科技有限公司	电商企业
628	广州优星化妆品有限公司	电商企业
629	广州优越网络科技有限公司	电商企业

表2-14 续21

序号	企业名称	企业类型
630	广州钰洋汽车配件有限公司	电商企业
631	广州裕邦贸易有限公司	电商企业
632	广州誉源贸易有限公司	电商企业
633	广州元锐进出口贸易有限公司	电商企业
634	广州圆进出口电子商务有限公司	电商企业
635	广州源讯信息科技有限公司	电商企业
636	广州远丰进出口有限公司	电商企业
637	广州悦荞茉萱贸易有限公司	电商企业
638	广州云养邦互联科技有限公司	电商企业
639	广州运通天下信息科技有限公司	电商企业
640	广州再创电子商务有限公司	电商企业
641	广州皂语商贸有限公司	电商企业
642	广州展懋商贸有限公司	电商企业
643	广州喆威贸易有限公司	电商企业
644	广州正腾贸易有限公司	电商企业
645	广州正洋进出口贸易有限公司	电商企业
646	广州智端商贸有限公司	电商企业
647	广州珠港雷丁贸易有限公司	电商企业
648	广州状智跨境电商服务有限公司	电商企业
649	广州卓舵船舶服务有限公司	电商企业
650	广州卓修誉贸易有限公司	电商企业
651	广州紫融投资企业	电商企业
652	广州纵国商贸有限公司	电商企业
653	广洲亚宸仕进出口贸易有限公司	电商企业
654	桂林创研科技有限公司	电商企业
655	海南匠心一品科技有限公司	电商企业
656	海钥国际有限公司	电商企业
657	汉中泉源电子有限公司	电商企业
658	杭州福蝶电子商务有限公司	电商企业
659	杭州福蝶电子商务有限公司	电商企业
660	杭州福蝶电子商务有限公司	电商企业

表2-14 续22

序号	企业名称	企业类型
661	杭州后铺	电商企业
662	杭州后铺信息科技有限公司	电商企业
663	杭州伙聚网络技术有限公司	电商企业
664	杭州加中商贸有限公司	电商企业
665	杭州珺懿网络科技有限公司	电商企业
666	杭州蓝芙瑟品牌管理有限公司	电商企业
667	杭州魅俪信息技术有限公司	电商企业
668	杭州歪果桃电子商务有限公司	电商企业
669	杭州网美科技有限公司	电商企业
670	杭州洋驼网络科技有限公司	电商企业
671	杭州亦和网络技术服务有限公司	电商企业
672	杭州银淘泰淘科技有限公司	电商企业
673	杭州优买科技有限公司	电商企业
674	河南米格松贸易有限公司	电商企业
675	河南趣果企业管理咨询有限公司	电商企业
676	河南中横国际贸易有限公司	电商企业
677	河源市光纤网络科技有限公司	电商企业
678	河源市光线网络科技有限公司	电商企业
679	河源市海顺通贸易有限公司	电商企业、物流仓储企业
680	河源市年年有电子商务有限公司	电商企业
681	河源市盛通跨境电子商务有限公司	电商企业、物流仓储企业
682	河源市万隆洋葱电子商务有限公司	电商企业、物流仓储企业
683	鹤山市四通跨境电子商务有限公司	电商企业
684	鹤山市巍然贸易有限公司	电商企业
685	黑龙江澳莎进出口贸易有限公司	电商企业
686	恒立电子商务有限公司	电商企业
687	候鸟跨境科技（深圳）有限公司	电商企业
688	胡萝卜炒饭（香港）有限公司	电商企业
689	湖北景越国际贸易有限公司	电商企业
690	湖南博森投资有限公司	电商企业
691	湖南慧恩电子商务有限公司	电商企业

表2-14 续23

序号	企业名称	企业类型
692	湖南嘉德科技发展有限公司	电商企业
693	湖南鲸选电子商务有限公司	电商企业
694	湖南蓝洋电子商务科技有限公司	电商企业
695	湖南奶熙贸易有限公司	电商企业
696	湖南省弗尔斯特网络科技股份有限公司	电商企业
697	湖南维他购信息技术有限公司	电商企业
698	华润采购投资有限公司	电商企业
699	惠州酷友网络科技有限公司	电商企业
700	惠州市嘉美乐贸易公司	电商企业
701	惠州市顺通跨境电子商务有限公司	电商企业
702	惠州思琪诚心网络有限公司	电商企业
703	佳展生物科技股份有限公司	电商企业
704	家居媒体有限公司	电商企业
705	坚毅机械工程（高要）有限公司	电商企业
706	建平丽诺陶瓷有限公司	电商企业
707	健怡坊（湖南）生物科技有限公司	电商企业
708	江门市华创贸易有限公司	电商企业
709	江门市新会区嘉宝贸易有限公司	电商企业
710	江门市长隆光电科技有限公司	电商企业
711	江苏思迈斯电子商务有限公司	电商企业
712	江苏思维森网络技术有限公司	电商企业
713	江苏文啸电子商务有限公司	电商企业
714	江苏先声再康医药有限公司	电商企业
715	江苏云畅淘电子商务有限公司	电商企业
716	江西狼和医疗器械股份有限公司	电商企业
717	江西乐爱家贸易有限公司	电商企业
718	金广盛供应链管理（深圳）有限公司	电商企业、物流仓储企业
719	晶科能源有限公司	电商企业
720	精盈实业（香港）有限公司	电商企业
721	景德镇景光精盛电器有限公司	电商企业
722	九江奥泰橡塑有限公司	电商企业

表2-14 续24

序号	企业名称	企业类型
723	卡尔蔡司光学科技（广州）有限公司	电商企业
724	卡米亚有限公司	电商企业
725	科可贸易有限公司	电商企业
726	科园信海（北京）医疗用品贸易有限公司	电商企业
727	跨境国际集团有限公司	电商企业
728	昆明海派电子商务有限公司	电商企业
729	乐笑跨境商贸（深圳）有限公司	电商企业
730	礼愫有限公司	电商企业
731	利伟（中国）有限公司	电商企业
732	笠丰食品有限公司	电商企业
733	联动机票酒店测试商户	电商企业
734	链联看	电商企业
735	辽宁福生跨境电子商务有限公司	电商企业
736	零食物语电子商务有限公司	电商企业
737	龙倡（广州）花边有限公司	电商企业
738	绿之印贸易（上海）有限公司	电商企业
739	麦芽城国际贸易（上海）有限公司	电商企业
740	梅梨国际贸易（上海）有限公司	电商企业
741	梅熙（中国）商贸有限公司	电商企业
742	美合国际实业股份有限公司	电商企业
743	媚力模儿国际有限公司	电商企业
744	魅惠所贸易（上海）有限公司	电商企业
745	牧马国际健康事业有限公司	电商企业
746	纳克斯（国际）控股有限公司	电商企业
747	南京跨易电子商务有限公司	电商企业
748	南京思芙美网络科技有限公司	电商企业
749	南京淘礼满天下电子商务有限公司	电商企业
750	南京星系信息科技有限公司	电商企业
751	南宁市金海科康生物医药科技有限公司	电商企业
752	宁波保税区百配国际贸易有限公司	电商企业
753	宁波保税区保嘉国际贸易有限公司	电商企业

表2-14　续25

序号	企业名称	企业类型
754	宁波保税区三叶草进出口有限公司	电商企业
755	宁波贝猫电子商务有限公司	电商企业
756	宁波诚淘电子商务有限公司	电商企业
757	宁波富邦电子商务发展有限公司	电商企业
758	宁波海米乐淘电子商务有限公司	电商企业
759	宁波嗨购互联网科技有限公司	电商企业
760	宁波井贝电子商务有限公司	电商企业
761	宁波蓝色丝路进出口有限公司	电商企业
762	宁波通天轮贸易有限公司	电商企业
763	宁波洋萌国际贸易有限公司	电商企业
764	纽宾乐（香港）商贸有限公司	电商企业
765	欧慕国际品牌管理有限公司	电商企业
766	欧食安（厦门）跨境电商有限公司	电商企业
767	帕拉布缇（上海）国际贸易有限公司	电商企业
768	帕雅娜（深圳）贸易有限公司	电商企业
769	前海无界（深圳）	电商企业
770	青岛步炫贸易有限公司	电商企业
771	青岛康贝食品有限公司	电商企业
772	青岛康乐猫电子商务有限公司	电商企业
773	青岛珑美文化传播有限公司	电商企业
774	青岛启裕源贸易有限公司	电商企业
775	清远市慧谷网络科技有限公司	电商企业
776	清远市永航贸易有限公司	电商企业
777	趣宠（上海）宠物用品有限公司	电商企业
778	日照曜然韩品国际贸易有限公司	电商企业
779	瑞莱恩斯（北京）科技有限公司	电商企业
780	瑞佩电子（中山）有限公司	电商企业
781	莎驰五金（佛山）有限公司	电商企业
782	厦门菠萝文化咨询有限公司	电商企业
783	厦门博纳利电子商务有限公司	电商企业
784	厦门华帆科技有限公司	电商企业

表2-14 续26

序号	企业名称	企业类型
785	厦门金车头信息科技有限公司	电商企业
786	厦门金达威保健品有限公司	电商企业
787	厦门跨境网信息技术有限公司	电商企业
788	厦门市辰夏贸易有限公司	电商企业
789	厦门中宏网络科技有限公司	电商企业
790	山东堃用电子商务有限公司	电商企业
791	山东沛思进出口有限公司	电商企业
792	山姆大叔有限公司	电商企业
793	山西众合联创供应链管理有限公司	电商企业
794	汕头市瀚泽环保科技有限公司	电商企业
795	汕头市叁叁搜购电子商务有限公司	电商企业
796	汕尾市航宇电子商务有限公司	电商企业
797	上海傲松进出口有限公司	电商企业
798	上海别样秀数据科技有限公司	电商企业
799	上海寸诚国际贸易有限公司	电商企业
800	上海登潆电子商务有限公司	电商企业
801	上海东娴贸易有限公司	电商企业
802	上海国长进出口有限公司	电商企业
803	上海翰云信息技术有限公司	电商企业
804	上海和百瑞商业有限公司	电商企业
805	上海虎瑞企业管理有限公司	电商企业
806	上海康蔻园电子科技有限公司	电商企业
807	上海科赛企业发展有限公司	电商企业
808	上海酷丹网络科技有限公司	电商企业
809	上海琨铭文化传播有限公司	电商企业
810	上海靓娃国际贸易有限公司	电商企业
811	上海陆宝泰尔物资有限公司	电商企业
812	上海陆师网络科技有限公司	电商企业
813	上海马珂博逻电子商务有限公司	电商企业
814	上海麦迈国际贸易有限公司	电商企业
815	上海懋夏贸易有限公司	电商企业

表2-14 续27

序号	企业名称	企业类型
816	上海美昔贸易有限公司	电商企业
817	上海秘榕网络科技有限公司	电商企业
818	上海诺奥生物科技有限公司	电商企业
819	上海欧客贸易有限公司	电商企业
820	上海欧树信息科技有限公司	电商企业
821	上海燃卡贸易有限公司	电商企业
822	上海润国信息技术有限公司	电商企业
823	上海上实国际贸易（集团）有限公司	电商企业
824	上海申诺伟电子商务有限公司	电商企业
825	上海申诺伟国际采购有限公司	电商企业
826	上海胜仪电子商务有限公司	电商企业、物流仓储企业
827	上海市播乐网络科技有限公司	电商企业
828	上海欣港科技有限公司	电商企业
829	上海蓄香国际贸易有限公司	电商企业
830	上海寻求网络科技有限公司	电商企业
831	上海寻舜信息科技有限公司	电商企业
832	上海亚捷商贸有限公司	电商企业
833	上海野派电子商务有限公司	电商企业
834	上海一二三有限公司	电商企业
835	上海驿初网络科技有限公司	电商企业
836	上海优壹电子商务有限公司	电商企业
837	上海载和网络科技有限公司	电商企业
838	上海哲月贸易有限公司	电商企业
839	上海智奥一号店信息技术有限公司	电商企业
840	上海稚宝贸易有限公司	电商企业
841	上海珠帝网络科技有限公司	电商企业
842	深圳百川兄弟贸易有限公司	电商企业
843	深圳德锟保税电子商务有限公司	电商企业
844	深圳港漂圈文化传播有限公司	电商企业
845	深圳国免易购电子商务有限责任公司	电商企业
846	深圳海上丝路电子商务有限公司	电商企业

表2-14 续28

序号	企业名称	企业类型
847	深圳海外购电子商务科技有限公司	电商企业
848	深圳佳源优品供应链有限公司	电商企业
849	深圳快买科技有限公司	电商企业
850	深圳乐笑食品有限公司	电商企业
851	深圳联合丽格跨境电子商务有限公司	电商企业
852	深圳美峰奢侈品跨境电商有限公司	电商企业
853	深圳鹏胜凯科技有限公司	电商企业
854	深圳前海埃提科技有限公司	电商企业
855	深圳前海安捷易供应链管理有限公司	电商企业
856	深圳前海盖文跨境电商有限公司	电商企业
857	深圳前海港货网跨境电商有限公司	电商企业
858	深圳前海欧源通电商供应链管理有限公司	电商企业
859	深圳前海腾邦保税跨境电子商务有限公司	电商企业
860	深圳前海腾创跨境电子商务有限公司	电商企业
861	深圳瑞吉星跨境电子商务有限公司	电商企业
862	深圳深南大地网络科技有限公司	电商企业
863	深圳十三洋行电子商务有限公司	电商企业
864	深圳市爱果动力科技有限公司	电商企业
865	深圳市爱他美进出口有限公司	电商企业
866	深圳市安丽港跨境电商有限公司	电商企业
867	深圳市傲基电子商务股份有限公司	电商企业
868	深圳市傲石跨境电商有限公司	电商企业
869	深圳市奥思瑞科技发展有限公司	电商企业
870	深圳市澳加贝贸易发展有限公司	电商企业
871	深圳市澳莱优品电子商务有限公司	电商企业
872	深圳市百佳华网络科技有限公司	电商企业
873	深圳市百泰佳电商供应链有限公司	电商企业
874	深圳市宝骅信息科技有限公司	电商企业
875	深圳市北极熊健康产业有限公司	电商企业
876	深圳市舶来品尚有限公司	电商企业
877	深圳市彩色森林电子商务有限公司	电商企业

表2-14 续29

序号	企业名称	企业类型
878	深圳市承和润文化传播股份有限公司	电商企业
879	深圳市创久鸿贸易有限公司	电商企业
880	深圳市丰天进出口有限公司	电商企业
881	深圳市福惠来跨境电子商务有限公司	电商企业
882	深圳市高量网络科技有限公司	电商企业
883	深圳市海安普科技有限公司	电商企业
884	深圳市海猫互联网科技有限公司	电商企业
885	深圳市海淘天使科技有限公司	电商企业
886	深圳市海豚跨境科技有限公司	电商企业
887	深圳市浩蓝科技有限公司	电商企业
888	深圳市灏德美康电子商务有限公司	电商企业
889	深圳市嗨库跨境电商有限公司	电商企业
890	深圳市鸿途跨境电子商务有限公司	电商企业
891	深圳市鸿鑫天下贸易有限公司	电商企业
892	深圳市怀泰科技有限公司	电商企业
893	深圳市汇创电子商务有限公司	电商企业
894	深圳市嘉德润实业有限公司	电商企业
895	深圳市金杜娟贸易有限公司	电商企业
896	深圳市锦堂电子商务有限公司	电商企业
897	深圳市京港安科技有限公司	电商企业
898	深圳市君美瑞信息科技有限公司	电商企业
899	深圳市科可贸易有限公司	电商企业
900	深圳市朗玥科技有限公司	电商企业
901	深圳市丽尚跨境电子商务有限公司	电商企业
902	深圳市马蹄联科技有限公司	电商企业
903	深圳市麦哲伦网络技术有限公司	电商企业
904	深圳市满疆红供应链管理有限公司	电商企业
905	深圳市曼陀实业有限公司	电商企业
906	深圳市美仑跨境电子商务有限公司	电商企业
907	深圳市纳克斯珠宝有限公司	电商企业
908	深圳市念享信息科技有限公司	电商企业

表2-14 续30

序号	企业名称	企业类型
909	深圳市纽迪希亚电子商务有限公司	电商企业
910	深圳市欧泰威贸易有限公司	电商企业
911	深圳市品尚汇电子商务股份有限公司	电商企业
912	深圳市启明星电子商务有限公司	电商企业
913	深圳市前海爱库供应链管理有限公司	电商企业
914	深圳市前海攀达体育有限公司	电商企业
915	深圳市前海普路通电子商务综合服务有限公司	电商企业
916	深圳市前海天行者跨境电商科技有限公司	电商企业
917	深圳市前海新世纪电子商务有限公司	电商企业
918	深圳市前海展宇电子商务服务有限公司	电商企业
919	深圳市瑞斯克科技有限公司	电商企业
920	深圳市瑞源丰供应链管理有限公司	电商企业、物流仓储企业
921	深圳市思萨美康电子商务有限公司	电商企业
922	深圳市天成食品有限公司	电商企业
923	深圳市天狼星网络科技有限公司	电商企业
924	深圳市通源立投资发展有限公司	电商企业
925	深圳市万方升网络技术有限公司	电商企业
926	深圳市维康氏电子商务有限公司	电商企业
927	深圳市我在呀服装贸易有限公司	电商企业
928	深圳市无国界贸易有限公司	电商企业
929	深圳市熙颂电子商务有限公司	电商企业
930	深圳市信营国际电子商务有限公司	电商企业
931	深圳市兴颂电子商务有限公司	电商企业
932	深圳市雪儿百宝箱网络有限公司	电商企业
933	深圳市亚里欧斯网络科技有限公司	电商企业
934	深圳市言善科技有限公司	电商企业
935	深圳市壹海通科技有限公司	电商企业
936	深圳市易购环球商贸有限公司	电商企业
937	深圳市轶辰科技有限公司	电商企业
938	深圳市泳元商贸有限公司	电商企业
939	深圳市云客易购电子商务有限公司	电商企业

表2-14 续31

序号	企业名称	企业类型
940	深圳市中联运科技有限公司	电商企业
941	深圳泰利和进出口有限公司	电商企业
942	深圳碳原子科技有限公司	电商企业
943	深圳腾龙速科技有限公司	电商企业
944	深圳土狐狸科技有限公司	电商企业
945	深圳信营贸易有限公司	电商企业
946	深圳星合伟业贸易有限公司	电商企业
947	深圳星河云供应链有限公司	电商企业
948	深圳真品购电子商务有限公司	电商企业
949	深圳臻真网络科技有限公司	电商企业
950	深圳坐下跨境电商有限公司	电商企业
951	沈阳赛尼蒙进出口贸易有限公司	电商企业
952	圣扬伦企业有限公司	电商企业
953	世纪禾光科技发展（北京）有限公司	电商企业
954	丝路亿商信息技术有限公司	电商企业
955	四川萃趣在线国际贸易股份有限公司	电商企业
956	四川裕凯商贸有限公司	电商企业
957	寺崎（中国）电气设备有限公司	电商企业
958	苏州艾凡信息技术有限公司	电商企业
959	苏州大渡轮网络科技有限公司	电商企业
960	苏州赶洋商贸有限公司	电商企业
961	苏州科贝尔实业有限公司	电商企业
962	苏州易极云商网络科技有限公司	电商企业
963	苏州中大通信息有限公司	电商企业
964	台山市友顺化工有限公司	电商企业
965	天地高卢电子商贸（上海）有限公司	电商企业
966	天津好乐买信息技术有限公司	电商企业
967	天津纳欧国际贸易有限公司	电商企业
968	天津阳光码头互联网科技有限公司	电商企业
969	天津优时途易供应链管理有限公司	电商企业
970	天津优沃德科技发展有限公司	电商企业

表2-14 续32

序号	企业名称	企业类型
971	天向海购（大连）网络科技有限公司	电商企业
972	外轮猫供应链（深圳）有限公司	电商企业
973	万商台电子商务有限公司	电商企业
974	威亚雄宇（北京）国际贸易有限公司	电商企业
975	微际媒（上海）贸易有限公司	电商企业
976	韦韦动力电子商务（昆山）有限公司	电商企业
977	维司达（上海）食品有限公司	电商企业
978	温州荷里妈妈电子商务有限公司	电商企业
979	温州市海润进出口有限公司	电商企业
980	翁源县旭飞电子有限公司	电商企业
981	无锡三万英尺电子商务有限公司	电商企业
982	梧州市友盟焊接防护用品有限公司	电商企业
983	武汉宝迪孟和科技有限公司	电商企业
984	武汉楚天乐购贸易有限公司	电商企业
985	武汉达海联州跨境电子商务有限公司	电商企业
986	武汉汉蒙和商贸有限公司	电商企业
987	武汉永尚科技有限公司	电商企业
988	西安爱特电子商务有限责任公司	电商企业
989	西安北村精密机械有限公司	电商企业
990	西安鼎钛进出口有限公司	电商企业
991	西安界通商贸有限公司	电商企业
992	西安郎恩机电设备有限公司	电商企业
993	西安世境通电子商务有限公司	电商企业
994	西安素克生物技术有限公司	电商企业
995	西昌市合昌实业有限公司	电商企业
996	香港商元亨利贞商务科技有限公司台湾分公司	电商企业
997	小辉国际贸易有限公司	电商企业
998	小萌希奥电子商务（深圳）有限公司	电商企业
999	心天下（北京）电子商务有限公司	电商企业
1000	新塘和木集团	电商企业
1001	鑫城通供应链（深圳）有限公司	电商企业

表2-14 续33

序号	企业名称	企业类型
1002	鑫荣（连州）粉体科技有限公司	电商企业
1003	烟台启昂商贸有限公司	电商企业
1004	扬州优仁商贸有限公司	电商企业
1005	一九九全球购食品控股（广州）有限公司	电商企业
1006	怡代（上海）信息技术有限公司	电商企业
1007	贻贝购	电商企业
1008	义乌易道电子商务有限公司	电商企业
1009	易桥商贸实业有限公司	电商企业
1010	英稳洁贸易（上海）有限公司	电商企业
1011	优品发现电子商务有限公司	电商企业
1012	友近（长沙）网络科技有限公司	电商企业
1013	御好国际贸易（上海）有限公司	电商企业
1014	越承贸易公司	电商企业
1015	云戎国际贸易（上海）有限公司	电商企业
1016	造物游传（香港）有限公司	电商企业
1017	长春市泰合良瑞商贸有限公司	电商企业
1018	长春新宝进出口有限公司	电商企业
1019	肇庆市高新区睿河跨境电子商务有限公司	电商企业
1020	肇庆市卡拉苏跨境电子商务有限公司	电商企业
1021	肇庆市睿骏跨境电子商务有限公司	电商企业
1022	肇庆市天港网络服务有限公司	电商企业、物流仓储企业
1023	肇庆市天启科技有限公司	电商企业
1024	肇庆市悠遊购电子商务有限公司	电商企业
1025	肇庆市智韬网络科技有限公司	电商企业
1026	肇庆童星食品有限公司	电商企业
1027	浙江集商优选电子商务有限公司	电商企业
1028	浙江跨境通网络科技有限公司	电商企业
1029	浙江孟邦进出口有限公司	电商企业
1030	浙江妮素网络科技有限公司	电商企业
1031	郑氏实业有限公司	电商企业
1032	郑州莎莎电子商务有限公司	电商企业

表2-14　续34

序号	企业名称	企业类型
1033	郑州新势力电子商务有限公司	电商企业
1034	中国（上海）自由贸易试验区日滨路 76 号 B3 室	电商企业
1035	中国—东盟信息港股份有限公司	电商企业
1036	中科资源（天津）贸易有限公司	电商企业
1037	中免集团三亚市内免税店有限公司	电商企业
1038	中山爱科数字科技股份有限公司	电商企业
1039	中山市澳淘商贸有限公司	电商企业
1040	中山市汇羽冷冻食品有限公司	电商企业
1041	中山市世事通电子商务有限公司	电商企业
1042	中山市威顺贸易有限公司	电商企业
1043	中山市众江商贸有限公司	电商企业
1044	中山万和电器有限公司	电商企业
1045	中石化（深圳）电子商务有限公司	电商企业
1046	中威商贸（广州）有限公司	电商企业
1047	重庆贝宠进出口贸易有限公司	电商企业
1048	重庆佳购科技有限公司	电商企业
1049	重庆家有一淘电子商务有限公司	电商企业
1050	重庆辣妈优选电子商务有限公司	电商企业
1051	重庆心蜜蜂电子商务有限公司	电商企业
1052	重庆易宠科技有限公司	电商企业
1053	重庆易极淘科技有限公司	电商企业
1054	重庆悠活科技有限公司	电商企业
1055	重庆悠游星保健食品有限责任公司	电商企业
1056	重庆渝荷电子商务有限公司	电商企业
1057	珠海艾诚精密模具有限公司	电商企业
1058	珠海爱勤电子科技有限公司	电商企业
1059	珠海澳之城贸易有限公司	电商企业
1060	珠海多搜网络科技有限公司	电商企业
1061	珠海金石电子商务有限公司	电商企业
1062	珠海联臻制衣有限公司	电商企业
1063	珠海市横琴珀利华商贸有限公司	电商企业

表2-14 续35

序号	企业名称	企业类型
1064	珠海市路安科技有限公司	电商企业
1065	珠海市御星贸易有限公司	电商企业
1066	珠海唯美网络科技有限公司	电商企业
1067	珠海源泽远贸易有限公司	电商企业
1068	自贡市爱德淘贸易有限公司	电商企业
1069	左岸金典（天津）商贸有限公司	电商企业
1070	百润捷	物流仓储企业
1071	北京明邦物流股份有限公司广州分公司	物流仓储企业
1072	北京世舶汇信息技术服务有限公司	物流仓储企业
1073	北京世纪卓越快递服务有限公司	物流仓储企业
1074	出口易	物流仓储企业
1075	东莞市邦通报关服务有限公司	物流仓储企业
1076	东莞市常安国际货物运输代理有限公司	物流仓储企业
1077	东莞市常安国际货物运输代理有限公司广州分公司	物流仓储企业
1078	东莞市创运国际货运代理有限公司	物流仓储企业
1079	东莞市凡客供应链管理有限公司	物流仓储企业
1080	东莞市莞迅达国际智运有限公司	物流仓储企业
1081	东莞市吉通国际货运代理有限公司	物流仓储企业
1082	东莞市金泰辉国际货运代理有限公司	物流仓储企业
1083	东莞市南翔国际货运代理有限公司	物流仓储企业
1084	东莞市日安国际货运代理有限公司	物流仓储企业
1085	东莞市世通保税物流有限公司	物流仓储企业
1086	东莞市星卓通国际货运代理有限公司	物流仓储企业
1087	东莞市源顺报关服务有限公司	物流仓储企业
1088	东莞一辉货运服务有限公司	物流仓储企业
1089	佛山市冠鸿国际货运代理有限公司	物流仓储企业
1090	佛山市口岸报关有限公司	物流仓储企业
1091	佛山市商捷通报检有限公司	物流仓储企业
1092	佛山市顺德区顺捷报关有限公司	物流仓储企业
1093	佛山市顺德区欣鹏物流有限公司	物流仓储企业
1094	佛山市天晟报关有限公司	物流仓储企业

表2-14 续36

序号	企业名称	企业类型
1095	佛山市万利物流有限公司	物流仓储企业
1096	佛山市兆航国际货运代理有限公司	物流仓储企业
1097	佛山中外运嘉航物流有限公司	物流仓储企业
1098	佛山中外运快件管理报关有限公司	物流仓储企业
1099	佛山中新创业国际货运代理有限公司	物流仓储企业
1100	佛山中新创业国际货运代理有限公司机场分公司	物流仓储企业
1101	广东奥园跨境电商集团有限公司	物流仓储企业
1102	广东富立德供应链管理有限公司	物流仓储企业
1103	广东高捷航运物流有限公司	物流仓储企业
1104	广东高捷航运物流有限公司北京分公司	物流仓储企业
1105	广东高捷航运物流有限公司从化分公司	物流仓储企业
1106	广东高捷航运物流有限公司黄埔分公司	物流仓储企业
1107	广东高捷航运物流有限公司机场分公司	物流仓储企业
1108	广东高翔物流有限公司南沙分公司	物流仓储企业
1109	广东国通物流城有限公司	物流仓储企业
1110	广东嘉骐昊物流有限公司	物流仓储企业
1111	广东金口岸物流有限公司	物流仓储企业
1112	广东跨境易供应链管理有限公司	物流仓储企业
1113	广东诺勤物流有限公司	物流仓储企业
1114	广东省邮政速递物流有限公司江门市分公司	物流仓储企业
1115	广东顺丰速运有限公司	物流仓储企业
1116	广东腾万里供应链管理有限公司	物流仓储企业
1117	广东通达物流实业公司	物流仓储企业
1118	广东心怡供应链管理有限公司	物流仓储企业
1119	广东心怡科技物流有限公司	物流仓储企业
1120	广东信联通电商物流有限公司	物流仓储企业
1121	广东秀驿物流有限公司	物流仓储企业
1122	广东迅宇国际货运代理有限公司	物流仓储企业
1123	广东宜家通国际货运代理有限公司	物流仓储企业
1124	广东宜婴宝供应链有限公司	物流仓储企业
1125	广东永邦经贸国际货运代理有限公司	物流仓储企业

表2-14 续37

序号	企业名称	企业类型
1126	广东永邦经贸国际货运代理有限公司东莞常平分公司	物流仓储企业
1127	广东邮政邮件快件服务有限公司	物流仓储企业
1128	广东圆通速递有限公司	物流仓储企业
1129	广东粤宁苏宁物流有限公司	物流仓储企业
1130	广东中外运电子商务有限公司	物流仓储企业
1131	广东卓志跨境电商供应链服务有限公司	物流仓储企业
1132	广州安海报关有限公司	物流仓储企业
1133	广州安愉国际货运代理有限公司	物流仓储企业
1134	广州澳粤报关代理有限公司	物流仓储企业
1135	广州白云国际物流有限公司	物流仓储企业
1136	广州百汇通供应链管理有限公司	物流仓储企业
1137	广州百彗通供应链管理有限公司	物流仓储企业
1138	广州百润捷供应链管理有限公司	物流仓储企业
1139	广州百润捷货运代理有限公司	物流仓储企业
1140	广州百润捷物流有限公司	物流仓储企业
1141	广州柏川国际货运代理有限公司机场分公司	物流仓储企业
1142	广州宝力特国际货运代理有限公司	物流仓储企业
1143	广州保恒晟物流有限公司	物流仓储企业
1144	广州保税区洪翔物流有限公司	物流仓储企业
1145	广州保税区威时沛运物流有限公司	物流仓储企业
1146	广州博通国际货运代理有限公司	物流仓储企业
1147	广州博通国际物流有限公司	物流仓储企业
1148	广州常春藤货运代理有限公司	物流仓储企业
1149	广州楚运国际货运代理有限公司	物流仓储企业
1150	广州创欣国际货运代理有限公司	物流仓储企业
1151	广州大道物流有限公司	物流仓储企业
1152	广州大丰国际货运代理有限公司	物流仓储企业
1153	广州大灰狼货运代理有限公司	物流仓储企业
1154	广州大至物流供应链有限公司	物流仓储企业
1155	广州德川物流有限公司	物流仓储企业
1156	广州顶驭国际货运代理有限公司	物流仓储企业

表2-14 续38

序号	企业名称	企业类型
1157	广州恩禾物流供应链有限公司	物流仓储企业
1158	广州番禺中新国际货物运输代理有限公司	物流仓储企业
1159	广州方显货运代理有限公司	物流仓储企业
1160	广州沣裕盛保税仓储有限公司	物流仓储企业
1161	广州沣裕盛物流有限公司	物流仓储企业
1162	广州港华国际货运代理有限公司	物流仓储企业
1163	广州格林捷国际货运代理有限公司	物流仓储企业
1164	广州国贤报关报检有限公司	物流仓储企业
1165	广州国翔报关有限公司	物流仓储企业
1166	广州国志国际货运代理有限公司	物流仓储企业
1167	广州海煌国际货运代理有限公司	物流仓储企业
1168	广州海阔船务代理有限公司	物流仓储企业
1169	广州海麟报关服务有限公司	物流仓储企业
1170	广州航安物流服务有限公司	物流仓储企业
1171	广州豪祥进出口贸易有限公司	物流仓储企业
1172	广州昊海国际货运代理有限公司	物流仓储企业
1173	广州灏翊报关服务有限公司	物流仓储企业
1174	广州合利货运代理有限公司	物流仓储企业
1175	广州和昌国际货运代理有限公司	物流仓储企业
1176	广州亨通报关报检有限公司	物流仓储企业
1177	广州恒汇国际物流有限公司	物流仓储企业
1178	广州恒际达国际货运代理有限公司	物流仓储企业
1179	广州宏众国际货运代理有限公司	物流仓储企业
1180	广州泓浩货运代理有限公司	物流仓储企业
1181	广州花都区口岸通报关服务有限公司	物流仓储企业
1182	广州华骏麒国际贸易有限公司	物流仓储企业
1183	广州骅增国际货运代理有限公司	物流仓储企业
1184	广州荟星电子商务有限公司机场分公司	物流仓储企业
1185	广州惠购供应链有限公司	物流仓储企业
1186	广州佳骐国际货运代理有限公司	物流仓储企业
1187	广州金邦国际货运代理有限公司	物流仓储企业

表2-14 续39

序号	企业名称	企业类型
1188	广州金外滩跨境电商供应链服务有限公司	物流仓储企业
1189	广州景诚国际货运代理有限公司机场分公司	物流仓储企业
1190	广州巨航国际物流有限公司	物流仓储企业
1191	广州珏城报关有限公司	物流仓储企业
1192	广州骏润声国际货运代理有限责任公司	物流仓储企业
1193	广州骏烨物流有限公司	物流仓储企业
1194	广州空港国际物流有限公司	物流仓储企业
1195	广州乐汇报关服务有限公司	物流仓储企业
1196	广州路境通物流有限公司	物流仓储企业
1197	广州绿拓贸易有限公司	物流仓储企业
1198	广州铭恒国际货运代理有限公司	物流仓储企业
1199	广州睦远国际货运代理有限公司	物流仓储企业
1200	广州慕轩国际货运代理有限公司	物流仓储企业
1201	广州南沙国际物流园开发有限公司	物流仓储企业
1202	广州欧航贸易有限公司	物流仓储企业
1203	广州普和达国际货运代理有限公司	物流仓储企业
1204	广州千芭臂贸易有限公司	物流仓储企业
1205	广州强盈国际货运代理有限公司	物流仓储企业
1206	广州钦德空港国际物流有限公司	物流仓储企业
1207	广州权度报关有限责任公司	物流仓储企业
1208	广州仁盈物流有限公司	物流仓储企业
1209	广州日骏月腾商贸有限公司	物流仓储企业
1210	广州融怀贸易有限公司	物流仓储企业
1211	广州融通报关报检有限公司	物流仓储企业
1212	广州赛诚物流有限公司	物流仓储企业
1213	广州森通国际物流有限公司	物流仓储企业
1214	广州上通国际货运代理有限公司	物流仓储企业
1215	广州晟典运供应链管理有限公司	物流仓储企业
1216	广州世裕国际货运代理有限公司白云机场分公司	物流仓储企业
1217	广州市安之达报关服务有限公司	物流仓储企业
1218	广州市宝东国际物流有限公司	物流仓储企业

表2-14 续40

序号	企业名称	企业类型
1219	广州市贝法易商贸有限公司	物流仓储企业
1220	广州市布司佳贸易有限公司	物流仓储企业
1221	广州市成迈报关有限公司	物流仓储企业
1222	广州市从化区口岸报关公司	物流仓储企业
1223	广州市蜂鸟物流有限公司	物流仓储企业
1224	广州市海捷德联国际运输代理有限公司	物流仓储企业
1225	广州市花都区花城亿寻货运代理服务部	物流仓储企业
1226	广州市花都区口岸报关行	物流仓储企业
1227	广州市汇年贸易有限公司	物流仓储企业
1228	广州市货如轮进出口贸易有限责任公司	物流仓储企业
1229	广州市即通报关有限公司	物流仓储企业
1230	广州市金旭货运代理有限公司	物流仓储企业
1231	广州市九州报关有限公司	物流仓储企业
1232	广州市浚联国际货运代理有限公司	物流仓储企业
1233	广州市浚联进出口贸易有限公司	物流仓储企业
1234	广州市康桥国际货运代理有限公司	物流仓储企业
1235	广州市快捷报关报检有限公司	物流仓储企业
1236	广州市乐笑国际货运代理有限公司	物流仓储企业
1237	广州市利众企业管理咨询有限公司	物流仓储企业
1238	广州市联港物流有限公司	物流仓储企业
1239	广州市聆洋供应链管理有限公司	物流仓储企业
1240	广州市萝岗区信佳通报关报检咨询服务行	物流仓储企业
1241	广州市迈辰报关有限公司	物流仓储企业
1242	广州市贸通天下跨境电商供应链服务有限公司	物流仓储企业
1243	广州市美恒国际货运代理有限公司	物流仓储企业
1244	广州市南仓物流有限公司	物流仓储企业
1245	广州市南荣物流服务有限公司	物流仓储企业
1246	广州市齐联商贸有限公司	物流仓储企业
1247	广州市启邦国际物流有限公司	物流仓储企业
1248	广州市乾泰亨通国际货运代理有限公司	物流仓储企业
1249	广州市庆延报关服务有限公司	物流仓储企业

表2-14 续41

序号	企业名称	企业类型
1250	广州市山胡凯供应链管理有限公司	物流仓储企业
1251	广州市搜优贸易有限公司	物流仓储企业
1252	广州市穗宏报关服务有限公司	物流仓储企业
1253	广州市穗林国际货运代理有限公司	物流仓储企业
1254	广州市天宁货运代理有限公司	物流仓储企业
1255	广州市同春和物流有限责任公司	物流仓储企业
1256	广州市万伦报关有限公司	物流仓储企业
1257	广州市万唯跨境电子商务有限公司	物流仓储企业
1258	广州市威云供应链管理有限公司	物流仓储企业
1259	广州市温晴贝贸易有限公司	物流仓储企业
1260	广州市沃顺报关服务有限公司	物流仓储企业
1261	广州市物保今通供应链管理有限公司	物流仓储企业
1262	广州市晓毅货运代理有限公司	物流仓储企业
1263	广州市新恒达报关有限公司	物流仓储企业
1264	广州市新金利货运有限公司	物流仓储企业
1265	广州市信为报关有限公司	物流仓储企业
1266	广州市一飞货运代理有限公司	物流仓储企业
1267	广州市艺骏国际货运代理有限公司	物流仓储企业
1268	广州市友智国际货运代理有限公司	物流仓储企业
1269	广州市有信达国际货运代理有限公司	物流仓储企业
1270	广州市悦华物流有限公司	物流仓储企业
1271	广州市越海物流有限公司	物流仓储企业
1272	广州市展灏物流有限公司	物流仓储企业
1273	广州市之信物流有限公司	物流仓储企业
1274	广州市中沙报关服务有限公司	物流仓储企业
1275	广州市中远国际航空货运代理有限公司	物流仓储企业
1276	广州市卓志报关有限公司	物流仓储企业
1277	广州市卓志报关有限公司花都分公司	物流仓储企业
1278	广州市卓志国际货运代理有限公司黄埔分公司	物流仓储企业
1279	广州市卓志国际货运代理有限公司南沙分公司	物流仓储企业
1280	广州市卓志物流服务有限公司	物流仓储企业

表2-14 续42

序号	企业名称	企业类型
1281	广州顺丰速运有限公司	物流仓储企业
1282	广州速达有限公司	物流仓储企业
1283	广州速递有限公司	物流仓储企业
1284	广州穗宏国际物流有限公司	物流仓储企业
1285	广州淘嘉供应链管理有限公司	物流仓储企业
1286	广州天航物流服务有限公司	物流仓储企业
1287	广州天世谊国际货运代理有限公司	物流仓储企业
1288	广州拓沛快递有限公司	物流仓储企业
1289	广州拓新国际货运代理有限公司	物流仓储企业
1290	广州外轮代理实业有限公司	物流仓储企业
1291	广州万渠报关有限公司	物流仓储企业
1292	广州希仁货运代理有限公司	物流仓储企业
1293	广州心怡供应链管理有限公司	物流仓储企业
1294	广州新境界仓储代理有限公司	物流仓储企业
1295	广州新盛通有限公司	物流仓储企业
1296	广州新兴物流有限公司	物流仓储企业
1297	广州迅宇国际货运代理有限公司	物流仓储企业
1298	广州亚东供应链有限公司	物流仓储企业
1299	广州亚晋国际货运代理有限公司	物流仓储企业
1300	广州耀鼎报关服务有限公司	物流仓储企业
1301	广州业恒运输代理有限公司	物流仓储企业
1302	广州一逢通进出口有限公司	物流仓储企业
1303	广州宜飞货运代理有限公司	物流仓储企业
1304	广州宜路盈物流有限公司	物流仓储企业
1305	广州亿美报关有限公司	物流仓储企业
1306	广州亿鑫报关有限公司	物流仓储企业
1307	广州易境达国际物流有限公司	物流仓储企业
1308	广州盈海国际货运代理有限公司	物流仓储企业
1309	广州盈捷物流有限公司	物流仓储企业
1310	广州应天长国际货运代理有限公司	物流仓储企业
1311	广州优宜趣供应链管理有限公司	物流仓储企业

表2-14 续43

序号	企业名称	企业类型
1312	广州远联物流服务有限公司	物流仓储企业
1313	广州悦盛国际货运代理有限公司	物流仓储企业
1314	广州跃荃速供应链管理有限公司	物流仓储企业
1315	广州越泰报关有限公司	物流仓储企业
1316	广州运输代理公司	物流仓储企业
1317	广州展霆供应链管理有限公司	物流仓储企业
1318	广州长鸿报关有限公司	物流仓储企业
1319	广州志都供应链管理有限公司	物流仓储企业
1320	广州中远国际货运有限公司	物流仓储企业
1321	广州中远海运航空货运代理有限公司	物流仓储企业
1322	广州中远海运航空货运代理有限公司机场分公司	物流仓储企业
1323	广州众成报关代理有限公司	物流仓储企业
1324	海淘乐 Usd	物流仓储企业
1325	杭州百世网络技术有限公司	物流仓储企业
1326	杭州菜鸟供应链管理有限公司	物流仓储企业
1327	杭州圣世特物流有限公司	物流仓储企业
1328	河源博通报关报检有限公司	物流仓储企业
1329	河源品捷国际货运代理有限公司	物流仓储企业
1330	河源品壹报关物流供应链有限公司	物流仓储企业
1331	河源市高新物流有限公司	物流仓储企业
1332	河源市开源报关报检服务有限公司	物流仓储企业
1333	河源市顺通跨境电子商务有限公司	物流仓储企业
1334	河源市新中新报关报检有限公司	物流仓储企业
1335	河源市新中新报关报检有限公司.	物流仓储企业
1336	河源市准捷报关	物流仓储企业
1337	河源市准捷报关服务有限公司	物流仓储企业
1338	鹤山市南方国际速递有限公司	物流仓储企业
1339	鹤山市万年松国际货运代理有限公司	物流仓储企业
1340	华南中远海运集装箱运输有限公司	物流仓储企业
1341	惠州市联捷国际货运代理有限公司	物流仓储企业
1342	惠州市威球国际货运代理有限公司	物流仓储企业

表2-14　续44

序号	企业名称	企业类型
1343	嘉里大通物流有限公司广州分公司	物流仓储企业
1344	嘉里大通物流有限公司广州开发区分公司	物流仓储企业
1345	江门航天数联科技有限公司	物流仓储企业
1346	江门市华贸报关行有限公司	物流仓储企业
1347	江门市汇达通报关代理有限公司	物流仓储企业
1348	江门市邮政速递服务有限公司	物流仓储企业
1349	江门市中岸国际船舶货物运输代理有限公司	物流仓储企业
1350	空港物流	物流仓储企业
1351	跨理（广州）供应链管理有限公司	物流仓储企业
1352	联邦快递（中国）有限公司	物流仓储企业
1353	联邦快递（中国）有限公司广州分公司	物流仓储企业
1354	柳州市福林货运代理有限公司	物流仓储企业
1355	民航快递有限责任公司广州分公司	物流仓储企业
1356	宁波保税区丝路乐供应链管理有限公司	物流仓储企业
1357	宁波天图物流有限公司	物流仓储企业
1358	欧西爱司物流（上海）有限公司北京分公司	物流仓储企业
1359	欧西爱司物流（上海）有限公司广州分公司	物流仓储企业
1360	品骏控股有限公司	物流仓储企业
1361	青岛大象先生供应链管理有限公司	物流仓储企业
1362	青岛京大国际货运代理有限公司	物流仓储企业
1363	青岛市国际邮件报关行有限公司	物流仓储企业
1364	荣通国际货运有限公司	物流仓储企业
1365	汕头市邮政速递服务有限公司	物流仓储企业
1366	上海大誉国际物流有限公司	物流仓储企业
1367	上海华惠国际货运有限公司	物流仓储企业
1368	上海华运通实业发展有限公司	物流仓储企业
1369	上海迹关供应链管理有限公司	物流仓储企业
1370	上海威盛报关有限公司广州分公司	物流仓储企业
1371	上海邮政国际邮购有限公司	物流仓储企业
1372	上海韵达货运有限公司	物流仓储企业
1373	申通快递有限公司	物流仓储企业

表2-14 续45

序号	企业名称	企业类型
1374	深圳蜂鸟空港供应链有限公司	物流仓储企业
1375	深圳前海智者供应链有限公司	物流仓储企业
1376	深圳市柏威国际货运代理有限公司	物流仓储企业
1377	深圳市达舟进出口有限公司	物流仓储企业
1378	深圳市华一物流有限公司	物流仓储企业
1379	深圳市汇嘉信供应链有限公司	物流仓储企业
1380	深圳市金运达报关有限公司	物流仓储企业
1381	深圳市骏捷报关服务有限公司	物流仓储企业
1382	深圳市龙飞祥供应链有限公司	物流仓储企业
1383	深圳市欧美优品国际供应链管理有限公司	物流仓储企业
1384	深圳市前海八达通供应链有限公司	物流仓储企业
1385	深圳市前海跨境兄弟供应链管理有限公司	物流仓储企业
1386	深圳市前海麦哲伦科技有限公司	物流仓储企业
1387	深圳市前海丝路乐供应链管理有限公司	物流仓储企业
1388	深圳市前海云达物流网络有限公司	物流仓储企业
1389	深圳市特运特供应链管理有限公司	物流仓储企业
1390	深圳市通运达供应链服务有限公司	物流仓储企业
1391	深圳市优比速进出口有限公司	物流仓储企业
1392	深圳市友旗供应链有限公司	物流仓储企业
1393	深圳市有信达物流集团有限公司广州机场份公司	物流仓储企业
1394	深圳市中盈港泓国际电商物流有限公司	物流仓储企业
1395	深圳特运特供应链管理有限公司	物流仓储企业
1396	深圳新境界物流有限公司	物流仓储企业
1397	深圳洋淘淘供应链管理有限公司	物流仓储企业
1398	深圳永利八达通物流有限公司	物流仓储企业
1399	顺丰速运（香港）有限公司	物流仓储企业
1400	穗韵达报关（广州）有限公司	物流仓储企业
1401	天地国际运输代理（中国）有限公司广州分公司	物流仓储企业
1402	天津易客满国际物流有限公司	物流仓储企业
1403	天津易客满国际物流有限公司广州分公司	物流仓储企业
1404	天津中散国际货运有限公司广州分公司	物流仓储企业

表2-14 续46

序号	企业名称	企业类型
1405	天天快递有限公司	物流仓储企业
1406	威时沛运货运（广州）有限公司	物流仓储企业
1407	武汉市普路通供应链管理有限公司深圳分公司	物流仓储企业
1408	新境界国际物流（广州）有限公司	物流仓储企业
1409	英超物流	物流仓储企业
1410	优比速包裹运送（广东）有限公司	物流仓储企业
1411	优速物流有限公司	物流仓储企业
1412	越洋物语（大连）运营管理有限公司	物流仓储企业
1413	湛江华联报关有限公司	物流仓储企业
1414	湛江市金都国际货运代理有限公司	物流仓储企业
1415	湛江万顺国际货运代理有限公司	物流仓储企业
1416	湛江邮政速递服务有限公司	物流仓储企业
1417	招商局物流集团香港有限公司	物流仓储企业
1418	肇庆高新区全舜意国际货运代理有限公司	物流仓储企业
1419	肇庆市晨喜货运代理有限公司	物流仓储企业
1420	肇庆市诚易达国际货运代理有限公司	物流仓储企业
1421	肇庆市德运国际货运代理有限公司	物流仓储企业
1422	肇庆市航通货运代理有限公司	物流仓储企业
1423	浙江菜鸟供应链管理有限公司	物流仓储企业
1424	中国邮政集团公司广州市分公司	物流仓储企业
1425	中国邮政速递物流股份有限公司山东省分公司	物流仓储企业
1426	中山市盈通达物流有限公司	物流仓储企业
1427	中山威高物流有限公司	物流仓储企业
1428	中外运敦豪广东分公司	物流仓储企业
1429	中外运—敦豪国际航空快件有限公司广东白云服务中心分公司	物流仓储企业
1430	中外运空运发展股份有限公司	物流仓储企业
1431	中外运空运发展股份有限公司佛山分公司	物流仓储企业
1432	中外运空运发展股份有限公司华南分公司	物流仓储企业
1433	中外运香港空运发展有限公司	物流仓储企业
1434	重庆火蚁供应链管理有限公司	物流仓储企业
1435	重庆拓扬供应链管理有限公司	物流仓储企业

表2-14 续47

序号	企业名称	企业类型
1436	卓志国际货运代理有限公司	支付企业
1437	Alipay	支付企业
1438	邦付宝支付科技有限公司	支付企业
1439	宝付网络科技（上海）有限公司	支付企业
1440	北京钱袋宝支付技术有限公司	支付企业
1441	北京银联商务有限公司	支付企业
1442	贝易思（广州）科技有限公司	支付企业
1443	财付通支付科技有限公司	支付企业
1444	高汇通商业管理有限公司	支付企业
1445	广州合利宝支付科技有限公司	支付企业
1446	广州市汇聚支付电子科技有限公司	支付企业
1447	广州银联网络支付有限公司	支付企业
1448	海南新生信息技术有限公司	支付企业
1449	汇元银通（北京）在线支付技术有限公司	支付企业
1450	结算动力有限公司	支付企业
1451	开联通支付服务有限公司	支付企业
1452	快钱支付清算信息有限公司	支付企业
1453	拉卡拉支付股份有限公司	支付企业
1454	联动优势电子商务有限公司	支付企业
1455	南京苏宁易付宝网络科技有限公司	支付企业
1456	平安付科技服务有限公司	支付企业
1457	商盟商务服务有限公司	支付企业
1458	商银信支付服务有限责任公司	支付企业
1459	上海富友支付服务有限公司	支付企业
1460	上海汇付数据服务有限公司	支付企业
1461	上海盛付通电子支付服务有限公司	支付企业
1462	上海银联电子支付服务有限公司	支付企业
1463	深圳市财付通科技有限公司	支付企业
1464	深圳市快付通金融网络科技服务有限公司	支付企业
1465	首信易支付	支付企业
1466	天翼电子商务有限公司	支付企业

表2-14　续48

序号	企业名称	企业类型
1467	通联支付网络服务股份有限公司	支付企业
1468	通联支付网络服务股份有限公司广东分公司	支付企业
1469	网易宝有限公司	支付企业
1470	迅付信息科技有限公司	支付企业
1471	易宝支付有限公司	支付企业
1472	易联支付有限公司	支付企业
1473	易票联支付有限公司	支付企业
1474	易智付科技（北京）有限公司	支付企业
1475	银盛支付服务股份有限公司	支付企业
1476	招商银行股份有限公司	支付企业
1477	浙江唯品会支付服务有限公司	支付企业
1478	支付宝（中国）网络技术有限公司	支付企业
1479	智付电子支付有限公司	支付企业
1480	中付支付科技有限公司	支付企业
1481	中国工商银行股份有限公司	支付企业
1482	中国工商银行股份有限公司广东省分行营业部	支付企业
1483	中国工商银行股份有限公司前海分行	支付企业
1484	中国建设银行股份有限公司	支付企业
1485	中国银行广州南沙金洲支行	支付企业
1486	重庆市钱宝科技服务有限公司	支付企业
1487	重庆易极付科技有限公司	支付企业
1488	珠海横琴中澳通电子支付技术有限公司	支付企业

统计数据

广州市跨境电子商务服务试点进出口业务报表

广州市跨境电子商务服务试点进出口业务报表见表2-15。

表 2-15 广州市跨境电子商务服务试点进出口业务报表
（2017 年 1 月 1 日~2017 年 12 月 31 日）

单位：亿元

进出口		出口		进口	
总值	同比增长	总值	同比增长	总值	同比增长
227.692	55.1%	75.8333	-12.3%	151.8587	150%

大事记

2017 年 5 月 12 日，市商务委联合广州海关、黄埔海关、广州出入境检验检疫局、市食品药品监督管理局等单位召开“广州跨境电子商务进口企业经营风险防控政策宣讲会”。

2017 年 6 月 26 日，《广州市商务委关于印发广州市跨境电子商务产业园区认定办法（试行）的通知》（穗商务规字〔2017〕7 号）。

2017 年 7 月 21~23 日，广州市举办《2017 年中国（广州）国际跨境电商展览会暨高峰论坛》。是广州综试区成立以来成功举办的第二届国际性的跨境电子商务展览会。

2017 年 9 月 9 日，《广州市人民政府办公厅关于印发加快广州跨境电子商务发展若干措施（试行）的通知》（穗府办〔2017〕36 号）。这是广州市综试区成立以来首次出台针对跨境电子商务的有关政策措施。

2017 年 11 月 7 日，市商务委联合广州海关、黄埔海关、广州出入境检验检疫局、人民银行广州分行等单位召开“广州跨境电子商务发展若干措施政策宣讲会”有 100 多家企业代表参加了现场的宣讲会。

2017 年 12 月 13 日，《中国（广州）跨境电子商务综合试验区工作领导小组办公室关于印发中国（广州）跨境电子商务综合试验区创新政策措施清单的通知》（穗商务电商函〔2017〕57 号）。这是广州市综试区成立以来印发的第一批创新政策措施清单。

深圳地区

2017年以来，深圳市在商务部及国家相关部委的大力支持下，坚持以创新发展为引领，以供给侧结构性改革和夯实产业基础为主线，以提升跨境电子商务通关便利化为抓手，各有关部门共同努力、联动作业，综合试验区建设工作取得了一定成效。

发展现状

一、深圳市跨境电子商务发展现状

（一）改革创新、重点突破

1. 创新海关监管制度。一是制定“暂存入区”“先出后报”“集中申报”等符合特殊区域出口的跨境电子商务监管模式，解决退货返销难的问题；二是对进口商品实施“跨境快速通关+先入区、后报关”，允许凭进境舱单数据进入保税港区先理货，再向海关申报进境备案清单；三是利用前海政策创新优势，探索“全球中心仓”“保税+实体新零售”“供应链协同出口”等制度创新与操作；四是取消企业备案和商品备案，启用关企合作平台，企业可直接在网上办理电商登记手续。

2. 创新检验检疫监管方式。结合深港跨境电子商务质量安全试验区建设，探索“放、管、服”一体的跨境电子商务监管新模式。一是注重标准创新引领行业规范发展，率先出台《深圳地区跨境电子商务检验检疫监督管理办法（试行）》；二是实行事前评估、入区申报、区内监管、出区核销、第三方检测、联合执法、事后追溯等的闭环监管方式；三是开发跨境电子商务检验检疫监管系统，实现备案信息自动审核；四是实施“区港一体化”运作，采取口岸直通、集检分出和分送集报等关检联合作业；五是采取线上线下购样检测方式，持续开展进口商品质量安全监测。

（二）补足短板、完善体系

1. 增加通关节点和操作模式。在前海试点的基础上，将跨境电子商务通关节点扩展至全市海关特殊监管区域和邮政监管场所，伴随着深圳海关跨境电子商务监管系统上线运行，全面实现跨境电子商务特殊区域出口、保税进口、直购进口和一般出口等四种模式的全模式、多通道操作。

2. 完善个人身份信息核查。通过全市政务资源信息共享及市跨境电子商务通关服务平台系统与深圳公安民生警务平台系统对接，建立了跨境电子商务进口消费者个人身份信息核查数据接口，满足深圳海关对购买信息真实性的核查要求。

（三）持续优化、不断提升

1. 持续推进跨境人民币支付结算。一是支持金融机构与支付机构合作，规范开展跨境人民币结算业务；二是简化贸易项下跨境外汇收入业务流程和外汇业务办理手续；三是鼓励银行“线上”结算，率先实现跨境电务交易、通关、结算等流程的线上化，实现货权实时交割、实时结汇。

2. 继续完善通关服务平台各项功能实现跨境电子商务通关服务平台与海关总署进口统一版系统、深圳海关9610出口监管系统、深圳检验检疫监管系统、深圳市场监管系统的系统对接，打造高效便捷的跨境电子商务“单一窗口”，全面构建跨境电子商务从准入、交易、物流、支付，到质量管理、信用风险、行业统计在内的综合服务体系。

（四）夯实产业，营造环境

1. 加大财政扶持力度。利用市级产业资金和中央外经贸发展专项资金，加大对跨境电子商务优质项目的资助，已安排资助资金超过2亿元。各区因地制宜，给予相应的产业配套。

2. 加强标准、质量、信用体系建设。陆续发布跨境电子商务领域地方标准12项，抓好跨境电子商务可信交易环境建设，开展主体身份信息查验，交易商品备案，建立跨境电子商务交易纠纷ODR解决机制，与深圳仲裁委合作，开展网上“云仲裁”服务，加强与国际标准认证和知识产权服务机构合作。

3. 注重人才培养。全市已有14所职业院校开设了电子商务专业，在校生达5 000多人，2017年财政投入80万元支持深圳职业技术学院与深圳市跨境电子商务协会共建职业教育校外实训基地，加强校企合作和“双师型”教师队伍建设，培养高素质电子商务实用人才。

4. 强化合作交流。2017年9月，深圳经贸代表团赴美国、加拿大专题开展跨境电子商务推介活动，10月在第十二届深圳国际物流与交通运输博览会（以下简称“物博会”）的同期举办了跨境电子商务供应链服务发展高峰论坛、聚质造-跨境电子商务出口资源对接会、出口跨境电子商务爆品选品大会等专题活动，搭建跨境电子商务交流合作大平台。

二、发展目标及取得的成果

（一）交易规模不断扩大

2017年纳入海关监管代码统计项下的全市跨境电子商务交易额达491.66亿美元，增幅21.84%。

（二）品牌竞争力不断增强

环球易购、通拓、傲基、有棵树、赛维等主流出口电商企业，高度重视自主品牌开发，以产品设计提升产品质量，以优质质量打造自主品牌，以自主品牌占领国外市场，在3C消费电子、礼品、服装、塑料制品及无人机等领域已成功开拓了海外市场，成为了有影响力的中国品牌企业。

（三）海外仓布局成效显著

深圳企业的海外仓数量已超过200个，建设面积超过100万平方米，日均发货量达到1万票以上。海外仓在有效化解政策风险、缩短供应链和降低采购成本、改善消费者购物体验、优化企业售后服务等方面均发挥着重要作用。

三、平台建设情况

深圳跨境贸易电子商务通关服务平台（以下简称“通关服务平台”）是我市按照“单一窗口”理念规划设计，由市政府出资，委托深圳市南方电子口岸公司建设与运维，面向跨境电子商务领域的信息化基础设施和公益性服务平台。

通关服务平台目前可支持电商直购进口、网购保税进口业务在全市开展，电商直购出口业务功能已建设并测试完成，尚未运行使用。

主要实现的功能包括：

（一）实现通关申报服务

实现跨境电子商务进口业务订单、运单、支付单、清单、运抵单等通关单证通过一个平台接入，海关和相关部门分别申报。

（二）实现企业信息在线核查

通过与市场监管局系统对接，在线核查企业资料，优化企业备案流程。

（三）实现消费者身份信息真实性核查

通过与深圳公安局民生警务系统对接，实现购买者个人身份证信息真实性核查，辅助海关进行风控管理。

（四）实现跨境电子商务数据共享

在数据所属部门授权的前提下，建立相关管理部门数据共享，辅助各部门实现优化管理。整合跨境电子商务通关链条上各环节状态信息，建立数据综合查询，为企业之间业务协同提供可靠依据。

四、城市跨境电子商务模式发展状况

2017 年，深圳海关已试点跨境电子商务“直购进口”“一般出口”“网购保税进口”“特殊监管区域出口”等 4 种模式。其中，“直购进口”“一般出口”模式在深圳邮政快件处理中心和深圳邮件处理中心开展，“网购保税进口”“特殊监管区域出口”模式在深圳前海湾保税港区开展。截至 2017 年底，“直购进口”“网购保税进口”模式业务已纳入海关总署跨境电子商务进口统一版系统监管，“一般出口”模式业务已纳入海关总署跨境电子商务出口统一版系统监管。

2017 年，深圳海关积极推动深圳跨境电子商务发展，充分利用前海蛇口自贸区政策等制度优势先行先试，实施“‘保税+实体新零售’保税展示交易”“深港陆空联运”“全球中心仓”等 3 项海关制度创新，并将上述 3 项海关制度创新作为广东自贸试验区前海蛇口片区改革创新成果，上报海关总署广东分署评估。其中“‘保税+实体新零售’保税展示交易”一项，已于 2018 年 1 月经广东省人民政府在全省有海关特殊监管区域或保税物流中心（B 型）的地区复制推广。

配套文件

2017 年 1 月 1 日至 2017 年 12 月 31 日，深圳地区未公开发布与跨境电子商务有关的相关政策、法规、规章文件。

企业名录

截至 2017 年 12 月 31 日，在深圳跨境综合服务平台上注册，并实际展开业务的企业名录见表 2-16。

表 2-16 深圳跨境电子商务企业名录

序号	企业名称	企业类型
1	深圳市前海乐贝尔电子商务有限公司	电商商户；电商平台；电商代理企业
2	深圳市思萨美康电子商务有限公司	电商商户；电商平台
3	佳安美光实业发展（深圳）有限公司	电商商户；电商平台；电商代理企业
4	中国邮政速递物流股份有限公司深圳市分公司	电商商户；电商平台；物流企业
5	深圳市洋货栈电子商务有限公司	电商商户；电商平台；电商代理企业
6	深圳市龙飞祥供应链有限公司	电商商户；电商平台；电商代理企业
7	深圳坐下跨境电子商务有限公司	电商商户；电商平台
8	卡卡华啦电子商务（深圳）有限公司	电商商户；电商平台
9	深圳市五大洲电子商务有限公司	电商商户
10	深圳市锦堂电子商务有限公司	电商商户；电商平台
11	深圳国免易购电子商务有限责任公司	电商商户；电商平台
12	深圳前海云集品电子商务有限公司	电商商户；电商平台
13	深圳市易购环球商贸有限公司	电商商户；电商平台
14	前海东阳光（深圳）电子商务有限公司	电商商户
15	深圳深南大地网络科技有限公司	电商商户；电商平台；电商代理企业
16	稻禾（深圳）电子商务有限责任公司	电商商户；电商平台
17	深圳市火牛国际供应链有限公司	电商商户；电商平台；物流企业；仓储经营企业；电商代理企业
18	深圳市前海爱库供应链管理有限公司	电商商户；电商平台
19	深圳市莱斯购电子商务有限公司	电商商户
20	深圳市合一和润跨境电子商务有限公司	电商商户；电商平台；电商代理企业
21	深圳红酒世界电商股份有限公司	电商商户
22	深圳市前海万物海淘电子商务有限公司	电商商户；电商平台
23	深圳市易思购电子商务有限公司	电商商户；电商平台
24	深圳市金活健康产品发展贸易有限公司	电商商户；电商平台
25	深圳前海云客跨境电子商务有限公司	电商商户；电商平台；电商代理企业
26	深圳市前海星光商务有限公司	电商商户；电商平台
27	深圳市纳克斯珠宝有限公司	电商商户；电商平台
28	深圳市信营国际电子商务有限公司	电商商户；电商平台；电商代理企业

表2-16 续1

序号	企业名称	企业类型
29	深圳市前海普路通电子商务综合服务有限公司	电商商户；电商平台；电商代理企业；物流企业；仓储经营企业
30	深圳市前海侨交会跨境电子商务有限公司	电商商户；电商平台；电商代理企业；监管场所经营人
31	深圳前海易维他跨境电子商务发展有限公司	电商商户；电商平台
32	深圳沱沱河国际贸易有限公司	电商商户；电商平台
33	深圳市明易科技有限公司	电商商户；电商平台
34	中国工商银行股份有限公司前海分行	电商商户；电商平台；支付企业
35	深圳瑞吉星跨境电子商务有限公司	电商商户；电商平台
36	深圳市华润万家电子商务有限公司	电商商户；电商平台；电商代理企业
37	深圳市汇惠通电子商务有限公司	电商商户；电商平台；电商代理企业
38	深圳市丰天进出口有限公司	电商商户；电商平台
39	深圳市弘达电子商务有限公司	电商商户；电商平台
40	深圳前海环太电子商务有限责任公司	电商商户；电商平台
41	深圳前海新零售跨境电子商务有限公司	电商商户；电商平台；电商代理企业
42	深圳嘉选优品供应链有限公司	电商商户；电商代理企业
43	优购科技有限公司	电商商户；电商平台
44	深圳柏拉图电子商务有限公司	电商商户；电商平台
45	深圳市前海新世纪电子商务有限公司	电商商户；电商平台
46	深圳市亿万航贸易有限公司	电商商户；电商平台
47	前海大利行（深圳）汽车用品跨境电子商务有限公司	电商商户
48	深圳十三洋行电子商务有限公司	电商商户；电商平台
49	深圳市随便淘电子商务有限公司	电商商户；电商平台
50	深圳市鼎丰盛业电子商务有限公司	电商商户；电商平台；电商代理企业；物流企业；仓储经营企业
51	金广盛供应链管理（深圳）有限公司	电商商户；电商平台
52	深圳前海德融跨境电子商务有限公司	电商商户；电商平台
53	深圳市联银供应链有限公司	电商商户；电商平台
54	外轮猫供应链（深圳）有限公司	电商商户；电商平台
55	深圳七号洋行电子商务有限公司	电商商户；电商平台
56	深圳市良誉盟实业有限公司	电商商户；电商平台；电商代理企业

表2-16 续2

序号	企业名称	企业类型
57	招商局保税物流有限公司	电商商户；电商平台；物流企业；仓储经营企业；监管场所经营人
58	深圳前海腾邦保税跨境电子商务有限公司	电商商户；电商平台
59	方得供应链管理（深圳）有限公司	电商商户；电商平台
60	深圳前海周大福港货中心有限公司	电商商户；电商平台；电商代理企业；物流企业；支付企业；仓储经营企业
61	深圳保宏电子商务综合服务股份有限公司	电商商户；电商平台；物流企业；仓储经营企业
62	深圳德锟保税电子商务有限公司	电商商户；电商平台
63	深圳市嗨购天下科技有限公司	电商商户；电商平台；物流企业；仓储经营企业；监管场所经营人
64	深圳企鹅易购电子商务有限公司	电商商户；电商平台；电商代理企业
65	深圳市海岛号跨境电子商务科技有限公司	电商商户；电商平台
66	深圳潮燕贸易投资有限公司	电商商户；电商平台
67	深圳市九米电子商务有限公司	电商商户；电商平台；电商代理企业
68	深圳市百佳华网络科技有限公司	电商商户；电商平台
69	深圳市绿膳谷农业创新发展有限公司	电商商户；电商平台
70	深圳前海爱海购电子商务有限公司	电商商户；电商平台
71	青年才俊（深圳）跨境电子商务有限公司	电商商户；电商平台
72	深圳市易通寰宇供应链服务有限公司	电商商户；电商平台；物流企业；仓储经营企业；电商代理企业
73	深圳市前海开心购跨境商务有限公司	电商商户；电商平台
74	深圳前海德丰投资发展有限公司	电商商户；电商平台；电商代理企业；物流企业；仓储经营企业
75	深圳市买买买贸易有限公司	电商商户
76	深圳市长发兴业贸易股份有限公司	电商商户；电商平台
77	深圳前海玖加电子商务有限公司	电商商户；电商平台；物流企业；仓储经营企业
78	深圳市新福贸易有限公司	电商商户；电商平台
79	深圳市联晟实业有限公司	电商商户；电商平台；电商代理企业
80	深圳前海云图跨境电子商务有限公司	电商商户；电商平台；电商代理企业
81	深圳前海欧源通电商供应链管理有限公司	电商商户；电商平台
82	深圳市澳新电子商务有限公司	电商商户
83	深圳市前海展宇电子商务服务有限公司	电商商户；电商平台

表2-16 续3

序号	企业名称	企业类型
84	中石化（深圳）电子商务有限公司	电商商户；电商平台
85	深圳市亚里欧斯网络科技有限公司	电商商户；电商平台
86	深圳市前海雅虎国际贸易有限公司	电商商户；电商平台
87	中网科技（深圳）有限公司	电商商户；电商平台
88	樱桃宝贝（深圳）跨境电子商务有限公司	电商商户
89	天虹商场股份有限公司	电商商户；电商平台
90	深圳全惠康生命科技有限公司	电商商户；电商平台
91	深圳精茂电子商务有限公司	电商商户；电商平台
92	深圳市芳子美容股份有限公司	电商商户
93	深圳市新恒泰贸易有限公司	电商商户；电商平台
94	深圳前海电商供应链管理有限公司	电商商户；电商平台；电商代理企业；物流企业；仓储经营企业
95	深圳市前海永洲网跨境电子商务有限公司	电商商户；电商平台
96	深圳市海豚跨境科技有限公司	电商商户；电商平台
97	深圳市富临国际物流有限公司	电商商户
98	深圳市有棵树科技有限公司	电商商户；电商平台
99	深圳市康鑫伟业供应链有限公司	电商商户；电商平台
100	深圳市品质宝供应链管理有限公司	电商商户；电商平台
101	深圳市高鹰母婴用品有限公司	电商商户；电商平台
102	深圳市前海易德信科技有限公司	电商商户；电商平台
103	深圳市承和润文化传播股份有限公司	电商商户；电商平台
104	深圳市甄选壹品电子商务有限公司	电商商户；电商平台
105	优吉尔（深圳）电商供应链服务有限公司	电商平台
106	上海银扬电子商务有限公司	电商商户；电商平台
107	蜜米柏克思（上海）商贸有限公司	电商商户；电商平台
108	厦门华帆科技有限公司	电商商户；电商平台
109	宁夏丝路通网络科技有限公司	电商商户；电商平台
110	东莞市凡客供应链管理有限公司	电商商户；电商平台；电商代理企业
111	家家乐购（北京）科技有限公司	电商商户；电商平台
112	广州思埠网络开发有限公司	电商商户；电商平台
113	解放路（上海）信息技术有限公司	电商商户；电商平台

表2-16　续4

序号	企业名称	企业类型
114	青岛天河自然食品进出口有限公司	电商商户；电商平台
115	中国工商银行股份有限公司	电商商户；电商平台；支付企业
116	上海洋码头网络技术有限公司	电商商户；电商平台
117	宁方（北京）生物工程技术有限公司	电商商户；电商平台
118	苏州科贝尔实业有限公司	电商商户；电商平台
119	广州仁荣电子商务有限公司	电商商户；电商平台
120	上海健一网大药房连锁经营有限公司	电商商户；电商平台
121	维本国际贸易（上海）有限公司	电商商户；电商平台
122	大连华夏丝路电子商务有限公司	电商商户；电商平台；电商代理企业；物流企业；仓储经营企业
123	西昌市合昌实业有限公司	电商商户；电商平台
124	广州洋戏台电子商务有限公司	电商商户；电商平台
125	北京赛洛菲生物科技有限公司	电商商户；电商平台
126	上海寺库电子商务有限公司	电商商户；电商平台
127	天津海鸟城信息技术有限公司	电商商户；电商平台
128	东莞市光兆实业投资有限公司	电商商户
129	美泰日用保健品有限责任公司	电商商户；电商平台
130	杭州优买科技有限公司	电商商户；电商平台
131	行吟信息科技（上海）有限公司	电商商户；电商平台
132	珠海优雅生活贸易有限责任公司	电商平台
133	浙江天猫技术有限公司	电商平台
134	我的网环球（大连）有限公司	电商平台
135	武汉市普路通供应链管理有限公司深圳分公司	电商代理企业
136	深圳五洲四海供应链有限公司	物流企业；仓储经营企业；电商代理企业
137	深圳市良誉盟供应链管理有限公司	电商代理企业
138	深圳前海德源报关服务有限公司	电商代理企业
139	中国深圳外轮代理有限公司	电商代理企业
140	深圳市卓鼎汇通供应链服务有限公司	物流企业；仓储经营企业；电商代理企业
141	深圳五州海康国际供应链有限公司	物流企业；仓储经营企业；电商代理企业
142	深圳大前海物流有限公司	物流企业；仓储经营企业；电商代理企业
143	深圳市恒润佳物流有限公司	电商代理企业

表2-16　续5

序号	企业名称	企业类型
144	深圳市永邦富昌供应链有限公司	物流企业；仓储经营企业；电商代理企业
145	深圳市捷利通达国际物流有限公司	电商代理企业；物流企业；仓储经营企业
146	宏高（深圳）电子商务综合服务有限公司	物流企业；仓储经营企业；电商代理企业
147	深圳倍通物流科技有限公司	电商代理企业
148	深圳市前海中侨供应链服务有限公司	电商代理企业；物流企业；仓储经营企业；监管场所经营人
149	深圳好望角物流有限公司	电商代理企业
150	深圳市越海华南物流有限公司	电商代理企业；监管场所经营人
151	深圳前海粤港云供应链有限公司	物流企业；仓储经营企业；电商代理企业
152	深圳市外代仓储有限公司	物流企业；仓储经营企业；电商代理企业；监管场所经营人
153	深圳市迈速报关有限公司	电商代理企业
154	深圳市外代报关有限公司	电商代理企业
155	深圳前海毕业物流有限公司	电商代理企业；物流企业；仓储经营企业
156	深圳市前海云达物流网络有限公司	物流企业；仓储经营企业；电商代理企业
157	深圳市前海湾仓储服务有限公司	物流企业；仓储经营企业；电商代理企业；监管场所经营人
158	深圳市前海承和润供应链管理有限公司	物流企业；仓储经营企业；电商代理企业
159	深圳越洋供应链管理有限公司	物流企业；仓储经营企业；电商代理企业
160	深圳市荣昇供应链有限公司	物流企业；仓储经营企业；电商代理企业
161	深圳市邮政速递有限公司	物流企业；仓储经营企业；电商代理企业；监管场所经营人
162	深圳市前海超盟国际供应链有限公司	物流企业；仓储经营企业；电商代理企业
163	深圳市前海宝创利供应链有限公司	物流企业；仓储经营企业；电商代理企业
164	深圳市越海全球电商供应链有限公司	物流企业；仓储经营企业；电商代理企业；监管场所经营人
165	深圳前海倍通供应链服务有限公司	物流企业；仓储经营企业；电商代理企业
166	深圳市快捷国际物流有限公司	物流企业
167	深圳精茂进口商品展示交易中心有限公司	物流企业；仓储经营企业
168	深圳前海拓米电商服务有限公司	物流企业；仓储经营企业
169	深圳市满疆红供应链管理有限公司	物流企业；仓储经营企业
170	深圳盐田港跨境电子商务供应链有限公司	物流企业；仓储经营企业

表2-16　续6

序号	企业名称	企业类型
171	深圳前海洋行电子商务有限责任公司	物流企业；仓储经营企业
172	深圳市华商联报关报检有限公司	物流企业
173	深圳市前海跨境易购机供应链管理有限公司	物流企业；仓储经营企业
174	中国邮政集团公司深圳市包裹业务局	物流企业；监管场所经营人
175	深圳企鹅供应链有限公司	物流企业；仓储经营企业
176	深圳易硕电子商务服务有限公司	物流企业；仓储经营企业
177	深圳市联澳国际物流有限公司	物流企业；仓储经营企业；监管场所经营人
178	深圳市青年才俊供应链管理有限公司	物流企业；仓储经营企业
179	深圳方智供应链管理有限公司	物流企业；仓储经营企业；监管场所经营人
180	杭州天捷报关有限公司	物流企业
181	杭州菜鸟供应链管理有限公司	物流企业
182	深圳市快付通金融网络科技服务有限公司	支付企业
183	中国农业银行股份有限公司深圳市分行	支付企业
184	平安付科技服务有限公司	支付企业
185	智付电子支付有限公司	支付企业
186	财付通支付科技有限公司	支付企业
187	上海富友支付服务有限公司	支付企业
188	上海汇付数据服务有限公司	支付企业
189	重庆易极付科技有限公司	支付企业
190	支付宝（中国）网络技术有限公司	支付企业
191	宝付网络科技（上海）有限公司	支付企业
192	易智付科技（北京）有限公司	支付企业
193	网易宝有限公司	支付企业
194	通联支付网络服务股份有限公司	支付企业
195	广州市汇聚支付电子科技有限公司	支付企业

统计数据

一、深圳跨境电子商务服务试点进出口业务报表

据统计，2017 年深圳关区跨境电子商务零售进出口合计 27.5 亿元（人民币，下同），其中出口 6.1 亿元，进口 21.4 亿元。跨境电子商务进口规模增长较快，同比增长 40.9%。进口商品统计见表 2-17。

二、前海湾保税港区跨境电子商务进口业务情况统计表

前海湾保税港区开展的网购保税进口业务部分数据见表 2-18。

表 2-17　深圳关区跨境电子商务进口商品统计表

（统计商品总值前 10 位的商品，降序排列）

序号	商品编码	进口商品总值（万元）	进口申报清单（万票）	征收税款（万元）
1	2106909090	49736.7	227.6	5922.0
2	1901101000	35226.2	72.4	4192.6
3	9619001100	20769.0	85.0	2473.8
4	3304990012	13504.1	105.8	1640.1
5	3304990013	7730.3	45.6	982.2
6	3304990019	4633.4	48.2	596.7
7	3305100090	3497.5	23.8	417.1
8	2204210000	3358.7	9.4	705.3
9	1905900000	3307.8	19.0	393.7
10	3304990011	2666.0	24.4	330.0

表 2-18　前海湾保税港区跨境电子商务进口业务统计表

（2017 年 1 月 1 日~2017 年 12 月 31 日）

序号	关区	出区进口零售商品总值（万元）	出区进口申报清单（万票）	征收税款（万元）	消费者（人）	商品种类（按商品编码统计进口商品总值前 5 位）	参与电商企业
1	深圳（前海湾保税港区）	191330.8	855.9	22947.1	4579510	2106909090　1901101000　9619001100　3304990012　3304990013	125

大事记

2017年1月1日，在跨境电子商务“直购进口”“网购保税进口”模式中，全面应用海关总署跨境电子商务进口统一版信息化系统。

2017年3月18日，面积100平方米的“保税+实体新零售”创新模式首店在天虹沙河店试点营业。

2017年3月28日，“2017中国（深圳）电子商务发展论坛”在深圳市五洲宾馆举办，近40位电商行业领军人物聚首大会。本届论坛以“创世界·筑未来”为主题，主要围绕电商趋势、本质以及未来等话题交流和进行探讨。同时，《2016深圳电子商务发展白皮书》在论坛上正式发布。

2017年4月17日，华鼎股份（601113）披露重大资产重组预案，拟发行股份及支付现金购买通拓科技100%股权，交易对价29亿元，同时拟配套融资约12.57亿元。通拓科技主要从事出口零售电子商务业务。交易对方承诺，通拓科技2017年至2019年扣非后净利分别不低于2亿元、2.8亿元、3.92亿元。

2017年4月21日，深圳市跨境电子商务协会主办的“2017年第二届中国（深圳）跨境电子商务峰会”在深圳市福田区香格里拉大酒店盛大召开。峰会依托“一带一路”倡议，探讨跨境电子商务如何带动自身及其他产业的转型升级，充分探讨跨境电子商务未来如何在品牌发展、海关监督、国家政策等不同的角度探讨跨境电子商务行业未来的发展方向，如何打造中国（深圳）福田区跨境电子商务综合试验区的重点平台基地，成为全国跨境电子商务行业的风向标。

2017年4月28日，由广东省自贸办指导，广东省电子商务协会主办的“第二届广东自贸试验区海淘节”在前海启动。“海淘节”活动以“对接国际 创新发展”为主题，分为深圳前海、广州南沙、珠海横琴三大会场，启动仪式在前海盛大开幕。现场有海淘节展会，配套海淘爆品推介会、海淘新品展示订货会、海淘趣味游戏、海淘节“欢乐e元购”等活动，小红书、顺丰优选、周大福、开心购等知名跨境电子商务平台和O2O体验店参加活动。

2017年5月8日，环球资源与前海保宏合作的“Ready-to-buy环球卖”项目正式启动，标志着前海跨境电子商务在深港合作和B2B出口领域实现新突破。该项目通过环球资源、前海保宏、Paypal、渣打银行、平安银行、DHL等机构之间的通力合作，创立了“前海+香港”的跨境电子商务B2b出口（第二个b小写，指小批量采购货物的海外中小买家）新渠道，帮助更多优秀的中国制造产品卖向全球。环球资源在现有平台上增设在线交易功能，保宏提供前海保税港区内的货物存储、货权交割、交易见证，订单操作、在线通关、在线结汇、物流发运等服务。

2017年5月12日，在深圳市市场监管局指导和支持下，由众信中心牵头起草的《电子商务第三方平台企业信用评价规范》《电子商务企业信用档案信息规范》

两项国家标准审查会在京召开。会议由全国社会信用标准化技术委员会秘书处主持。来自国家发改委、国家信息中心、国家工商总局、中国人民大学、北京工业大学、中国市场学会、中国标准化研究院、阿里巴巴等单位的13名专家组成的标准审查专家组对两项标准进行审查，最终顺利通过。

2017年5月22日，深圳中欧班列从盐田港出发，标志着我市首列中欧班列正式开通试运营。中欧班列（深圳–明斯克）由深圳朗华供应链等公司发起，每趟班列41~52个集装箱，从盐田港出发，经新疆阿拉山口出境，途经哈萨克斯坦、俄罗斯、白俄罗斯，线路总长约9 900千米，预计运行时间13天。班列试运营初期直达明斯克，正式运营后双向直达德国汉堡。深圳中欧班列主要承运大宗电商产品以及对交货时限有要求的消费、设备以及高科技电子类产品等，是深圳产业发展和外贸拓展的新路径。

2017年6月29日，深圳海关“深港陆空联运”改革试点在前海湾保税港区启动，将经前海出口、香港机场空运打板理货的服务前置到前海湾保税港区，实现从前海理货到飞机起航的时间可控、航班可选、舱位可订等全程可预期，经香港直飞全球的出口货物能够在前海“订舱”“安检”和“登机”，逐步构建以前海为中心的“全国揽货—前海集聚—香港直飞”的出口生态圈。

2017年7月，在深圳邮政快件处理中心和深圳邮件处理中心跨境电子商务“一般出口”模式中，启用海关总署跨境电子商务出口统一版系统。

2017年7月4日，以前海企业深圳前海电商供应链管理有限公司（简称“e码头”）为主的深圳前海蛇口自贸片区贸易便利化创新成果落地保利天虹商场“保税+实体新零售”试点门店正式营业，经营面积达到3000平方米。这是前海为适应消费者的需求，在原有基础上推出的跨境进口电商“2.0”版。

2017年7月26日，深圳海关“全球中心仓”改革在前海湾保税港区的保宏仓内落地。深圳海关通过“一区多功能、一仓多形态”的制度创新，先行先试特殊区域贸易账册的互联互转，实施不同贸易类型货物的按状态分类监管，实现“四个同仓”的目标，即非保税与保税货物的同仓存储、出口与进口货物的同仓调拨、2B与2C的同仓交割、内贸与外贸的同仓一体，进出口贸易的集聚、分拨和混成依托“全球中心仓”真正融为一体。使存储于多个地区、多个仓库的多种物流及贸易形态（包括跨境电子商务）可以在特殊监管区域的一个中心仓内一站式完成，便利跨境电子商务企业更加灵活地运用国际国内两个市场、两种资源。截至2017年底，已有3家企业参与相关试点。

2017年8月13日~15日，深圳市侨商智库研究院、深圳市跨境电子商务协会联合主办的第三届华人华侨产业交易会、“一带一路”跨境电子商务博览会于在深圳会展中心举行。

2017年9月21日，深圳越海全球供应链有限公司宣布完成A轮融资，估值超过10亿美元，融资12亿元人民币。这是前海第一家“独角兽”企业，也是中国物流供应链行业第一家A轮融资就达到“独角兽”级别的企业。

2017年9月29日，国际贸易“单一

窗口”报关报检双首单申报成功，标志着深圳国际贸易“单一窗口”与国家标准版的直联对接成功实现，深圳“单一窗口”平台从试点阶段迈入标准版时代。

2017年9月，“星耀2017”Wish金玖秋季卖家峰会在深圳市福田区大中华喜来登大酒店隆重召开。深圳市及相关行业领导，Wish公司中美高层，以及来自全国近1500位卖家、服务商等共同出席此次峰会。

2017年10月12日至14日，由深圳市人民政府主办，深圳市交通运输委员会和深圳市物流与供应链管理协会承办的第十二届国际物流与交通运输博览会召开，展会以“共展蓝图、共享资源、共谋发展、共赢未来”为主题，展览面积近7万平方米。来自全球50个国家和地区近1900家企业参展，其中国际展商占比超过三成。与物博会同期还举办了2017年深圳国际电商物流展览会、国际跨境电子商务展览会、国际电商与物流包装展览会、国际云计算、大数据与物联网应用展览会。

2017年10月13日，完成升级改造的深圳国际快件运营中心在深圳机场正式启用，实现了国际包裹“智能分拣、集中查验、分区操作”。

2017年10月16日，深圳海关发布制定了《深圳海关关于参与跨境电子商务业务企业办事指南》《深圳海关关于参与跨境电子商务业务企业行为规范》，于2018年1月1日起正式实施。明确业务办理流程，引导跨境电子商务企业加强自律，规范企业管理。

2017年11月8日，菜鸟&递四方国际智慧物流园正式运营，运营面积2.1万平方米，是目前国内最大、智能化水平最高的跨境电子商务包裹处理中心。

2017年11月11日，递四方在捷克布拉格建成面积达6.86万平方米的仓储及运营中心，并在跨境电子商务领域与菜鸟网络合作进行全新尝试，这是中国电商物流服务企业在中东欧地区建设的最大单体运营中心，也是捷克电商界第三大仓。使得电商时效及服务品质得到大幅提升，从用户下单开始，欧洲至中国本土消费者手中最快不超过80小时。

2017年11月30日，上市企业山鼎设计发布公告，称拟作价11亿元购买萨拉摩尔100%股权。在本次交易中，山鼎设计将以现金方式支付4.4亿元，以41.16元/股价格发行1 603万股支付6.6亿元。此外，山鼎设计拟发行股份募集配套资金5.84亿元，用于支付本次交易的现金对价、支付本次交易相关的费用、投资现代化智能供应链建设项目与大数据分析平台及自动化管理系统升级项目。

福州地区

为贯彻落实国家、福建省推进电子商务发展的政策措施，福州地区结合实际，从打造产业园区，做大跨境电子商务平台，降低跨境电子商务物流成本，完善海关特殊监管区建设，构建跨境电子商务仓储、人才、金融服务等方面推进福州跨境电子商务发展。2017 年，福州地区跨境电子商务进出口交易额约 135 亿元人民币。经福州跨境电子商务公共服务平台统计，2017 年福州跨境电子商务进口票数达 64 万票，同比增长 136.71%；销售额达 2.1 亿元人民币，同比增长 124.09%。

发展现状

一、跨境电子商务发展现状

（一）提高跨境电子商务通关效率

开展跨境电子商务零售出口、保税进口、直购进口等业务。通过建设融达通、优联、利嘉、优购等四个海关监管中心及相关配套仓储设施，形成更加完善的跨境电子商务“三位一体”物流体系。福州市国检对符合条件的跨境电子商务入境快件采取便利措施。对跨境电子商务检验检疫实施“一突出”（突出企业主体责任）、“二清单”（出口和进口清单管理）、“三集中”（集中申报、集中查验、集中放行）、“四确保”（进得来、出得去、管得住、放得快）工作模式，对自贸试验区有订单信息的零售出口、直购进口的电商商品，除必要的检疫外，率先不实施品质检验和验证管理；对无订单信息的入境商品可以采信具有资质的第三方检验机构出具的检验证书或检验报告，便捷通关流程。日最大出区包裹数超过4 000单。

（二）构建跨境电子商务对台快递枢纽城市

打好“海峡”“海丝”牌，积极利用自贸区政策优势和全国唯一水陆路邮件总包互换局、全国首个EMS样板式处理中心、福州—台北—福州的邮航等物流优势，缔造一体化水陆空运快递网络，提升揽收、分拣、运输、投递等环节的自动化、标准化、信息化水平与跟踪查询和信息反馈的便利性、及时性和准确性，并加快建立跨境电子商务综合服务体系，完成两岸电子商务合作所涉及的通关商检、退税结汇等相关基础信息、标准互认和交易数据的协同共享，推动海峡两岸电子商务产业合作试验区建设，将福州打造成为速度快、成本低于空运的对台快递枢纽城市。借助邮航福州—台北—福州的航线，福州—台北两地快件已经实现“次日递”。

（三）加速跨境电子商务产业园区建设

2017年，在培育壮大现有电商产业园基础上，福州市大力培育电商产业园，促进电商集聚发展。各县（市）区均积极筹划利用现有的专业园区、专业楼宇、商贸集中区等资源，打造特色鲜明、定位清晰、错位发展的电子商务集聚区。如鼓楼金牛山互联网产业园、马尾世创跨境电子商务园区、仓山利嘉跨境电子商务园区、闽侯福建创之源产业园、长乐数字产业园、长乐翔福国际物流与电商产业园等；另有长乐空港中欧海贝尔保税电商物流园、英索高端电子商务创投基地等产业园正在建设中。2018年1月11日，eBay中国福建分公司正式挂牌，落户利嘉利嘉国际商业城，成立福建eBay跨境电子商务服务中心，做大福建eBay跨境电子商务产业园；福州马尾跨境电子商务园区启动了全国首个跨境电子商务同业联合担保改革试点，减轻了企业通关担保压力，提升了资金周转效率。以海峡国际智贸城和闽江世纪金源购物中心等项目为载体，采用“O2O”电商经营模式，引进跨境贸易企业集聚，海峡国际智贸城自贸区进口商品直销中心2万平方米已于2015年11月对外试运行，采用跨境直采、保税行邮、跨境电子商务等一体化的创新经营模式，引入30多家商户，月销售额可达1 000余万。

（四）做大跨境电子商务企业

1. 加大引进跨境电子商务龙头企业。2017年7月经协调组织系统对接、技术培训等前期准备，福州跨境电子商务保税仓先后完成菜鸟仓储系统上线测试，从订单申报到货物放行全程不超过4分钟，这标志着菜鸟网络成功在福州市落地运行，不仅有效解决支付信息推送等难题，还可通过天猫国际等电商平台引入商家资源，拉动福州市跨境电子商务进出口业务快速提升。

2. 推动本地的跨境电子商务企业不断发展。一是鼓励企业建设海外仓，目前福建纵腾网络有限公司（2017年已出口5.5亿、进口2.5亿）已在美欧日澳等世界主要发达国家市场拥有15座自用仓库，面积超过12万平方米。二是打造大型跨境电子商务平台。利嘉集团利用自贸试验区政策“溢出”效应，打造利嘉“国际购”跨境电子商务公共服务平台。平台汇集欧、美、德、法、英、日、韩、泰、澳大利亚、新西兰等66个国家和地区的上万种商品，已于2017年1月1日正式上线。2017年至今其线上平台已总计出货28 173票，进口总值约1 430万人民币，是国内领先的具备国际竞争力的规模化、专业化、信息化的新型国际自由贸易产业电商平台。

二、发展目标及取得的成果

（一）跨境电子商务，积极开拓国际市场

一是争取跨境电子商务保税进口试点城市。二是建设跨境电子商务公共服务平台。跨境电子商务政府公共服务平台是在跨境电子模式下发挥海关、国税、检验检疫、外管、商务、工商等各部门的协统机制，建设涵盖外贸企业和跨境电子商务企业注册、出口报关、检验检疫、收结汇、退税全流程的综合管理信息平台。

（二）示范试点，引领产业发展

一是积极创建国家试点。扎实推进“国家电子商务示范城市”“海峡两岸电子商务经济合作实验区”“电子商务与物流协同发展试点城市”“跨境电子商务保税进口试点城市”建设；二是积极创建示范企业。2014年273二手车交易网、榕金实业等5家企业被评为第一批省级电子商务示范企业。2016年福州市又推动新中冠、利嘉入选2016—2017年度省级电子商务示范企业。2017年，福建纵腾网络有限公司、福建利嘉电子商务有限公司被商务部评选为2017—2018年度国家级电子商务示范企业；利嘉电商、网龙公司、中金在线入选2017年中国互联网百强企业。三是创建省级示范县（市）区。鼓楼区、台江区成功入选第一批省级电子商务示范区。闽清、永泰入选第一批省农村电子商务创建县。

（三）办会参展，推介电商工作成效

积极组织参与举办 eBay 福建跨境电子商务峰会。同时，协助福建省商务厅举办 2017 年阿里年货节，佛跳墙、肉燕、茉莉花茶等福州市特色食品、农产品悉数亮相，为年货节增添福建美食和福建元素。

三、平台建设情况

坚持“一点接入”原则，对 2015 年建成并使用的福州市跨境电子商务公共服务平台实施国检端系统和部分公共服务功能升级改造，并于 2017 年 9 月完成项目建设。目前平台已接入商务局、海关、人行、建行、工行等部门和 60 余多家企业及平台，进行数据交换和互联互通，实现相关政府管理部门之间“信息互换、监管互认、执法互助”。2017 年底，福州片区已有 100 多家电商及关联企业对接福州市跨境电子商务公共服务平台系统，备案 40 多个国家和地区的商品 7 277 种。

四、园区对比发展情况

（一）福州经济技术开发区跨境电子商务园区

园区内软硬件配套设施完善，设有电商企业商务办公区、O2O 线下展示体验区、银行、餐厅等功能区，毗邻自贸区办事服务大厅，周边设有海关、国检、外管、银行等机构。目前，园区已吸引 60 多家跨境电子商务企业及相关服务类企业入驻，商品涵盖北美、日韩、澳洲、欧洲等多国家和地区，商品种类包含奶粉、化妆品、酒类、保健品、牛羊肉等各类快消品及进口汽车、西服定制服务等。

（二）福州保税区跨境电子商务园区

在福州保税区（马尾）开展跨境电子商务保税展示、线下体验等业务，利用福州保税区江阴保税港区特殊监管区的政策功能，建设“海运快件监管中心”，配备自动化分拣系统，为跨境电子商务提供物流支撑。

（三）利嘉跨境电子商务园区

仓山区利嘉跨境电子商务园区依托利嘉国际商业城采用线上线下、前店后仓的模式开展跨境电子商务业务。目前，纵腾网络、福和乐、海淘乐、你他购商城、建钢云商等多家垂直电商平台和众多淘宝卖家已入驻；利嘉江阴保税港区海关监管中心分拣线、查验设备及关检办公用房配备齐整，各项信息管理系统已经开发完成，可以对接政府跨境电子商务公共服务平台，具备了开展配套跨境电子商务业务监管中心的基本条件。

五、招商引资的条件

（一）领导重视，有力推进跨境电子商务工作开展

市政府成立了全市电子商务工作领导小组，市长任组长，领导小组办公室设在市商务局。分管市长专题调研电子商务工作，召集电子商务企业座谈会，认真研究福州市电子商务的发展方向，全市各级人大、政协通过组织专题调研、代表建议、委员提案、听取电子商务重点建议或提案办理情况汇报，为福州市电商发展积极谋划、建言献策。

（二）完善支撑，促进电商物流发展

以长乐空港为依托发展邮政小包，并在江阴港和经济开发区出口加工区设立跨境电子商务特殊监管点，形成立体的跨境电子商务物流系统。马尾出口加工区海关监管中心已于2015年11月3日正式开始运营。利嘉江阴保税港区跨境电子商务监管中心已于2016年3月底开始走首票，福建优购跨境直购暨国际快件监管中心已于2017年7月开始进行业务走单。

配套文件

2017年1月1日至2017年12月31日，福州地区未公开发布与跨境电子商务有关的相关政策、法规、规章文件。

企业名录

截至2017年12月31日，在福州跨境综合服务平台上注册，并实际展开业务的企业名录见表2-19。

表2-19 福州跨境电子商务企业名录

序号	企业名称	企业类型
1	福建优购电子商务有限公司	电商企业
2	福建海淘乐网络技术有限公司	电商企业
3	福建利嘉电子商务有限公司	电商企业
4	福建方阵贸易有限公司	电商企业
5	福建易物传奇网络科技有限公司	电商企业
6	福建海邑通信息科技有限公司	电商企业
7	福州五洲联合贸易有限公司	电商企业
8	福建洲源贸易有限公司	电商企业
9	福建金镒利贸易有限公司	电商企业
10	福州金掌柜电子商务有限公司	电商企业
11	福州东今贸易有限公司	电商企业
12	福州云鹤电子商务有限公司	电商企业
13	福建健润跨境电子商务有限公司	电商企业

表2-19 续1

序号	企业名称	企业类型
14	灏景（厦门）文化传媒股份有限公司福州分公司	文化传媒
15	福州千万鑫进出口贸易有限公司	电商企业
16	福建聚易国际贸易有限公司	电商企业
17	福州番客电子商务有限公司	电商企业
18	福建如易淘电子商务有限公司	电商企业
19	福建木森林贸易有限公司	电商企业

统计数据

福州跨境电子商务公共服务平台进出口统计

2017 年本地区跨境电子商务跨境进口交易额达到 2.1 亿。保税进口入库的货值达到 1.8 亿元人民币，同比增长 98.4%，出区包裹数 64 万件。

福州跨境电子商务公共服务平台统计数据见表 2-20。

表 2-20 福州跨境电子商务公共服务平台统计数据

年份	进口货值（万元）	进口票数（万票）	销售额（万元）	出口票数（票）	出口销售额（万元）
2016	9438.5	27.07	9389.5	0	0
2017	18719.1	64.07	21041.3	4757	1450

大事记

2017 年 4 月 7 日，由 ebay International AG 主办，福州市人民政府、福建省商务厅支持举办的 eBay 福州跨境电子商务峰会在福州海峡国际会展中心隆重召开。

2017 年 4 月 7 日，全国首个跨境电子商务同业联合担保改革试点项目在福州自贸片区正式启动。

2017 年 7 月 6 日，经协调组织系统对接、技术培训等前期准备，福州市跨境电子商务保税仓先后完成菜鸟仓储系统上线测试，从订单申报到货物放行全程不超过 4 分钟，这标志着菜鸟网络成功在福州市落地运行。

2017 年 7 月 21 日，福州长乐国际机场正式启用优购跨境直购暨国际快件监管中心，跨境电子商务直购进口业务正式启动。

2017 年 9 月，福州市跨境电子商务公共服务平台进行国检端系统建设和部分公共服务功能的升级改造建设完毕，进行系统试运行。

平潭地区

2017年，平潭综合实验区围绕《中国（平潭）海峡两岸电子商务经济合作实验区建设实施方案》的落实，指导电子商务公共服务平台切实完善核心功能，协调推动两岸快件中心“三合一”监管体系建设，积极拓展岚台货运航线形成稳定的两岸货运航线，并落实了跨境电子商务政策的奖补兑现。在此基础上，还牵头力推菜鸟物流落地，带动平潭跨境贸易额突飞猛进，同时，推动全国首个台湾“海外仓”的设立，以及重启了两岸检验文书互换工作。为“线上集成+两岸贸易+综合服务”的跨境贸易产业合作的落实和执行迈出重要一步。

发展现状

一、跨境电子商务产业运营情况

（一）补短板，夯实跨境电子商务产业发展基础

1. 解决平台遗留问题，督促指导平台完善功能。针对海关、出入境检验检疫局对仓库等监管场所的消防和信息系统的要求，进一步完善跨境贸易电子商务检验检疫管理平台及跨境贸易电子商务数据交换系统，严格把控跨境电子商务进出口商品质量。截至2017年12月，跨境电子商务公共服务平台共对接电商企业138家，海关总署版系统备案企业70家，走货电商企业27家，备案物流企业11家，支付企业14家，报关企业7家，包括供销集团下属鑫海通达、中兴海丝路、环宇跨境电子商务、有好货、亨远跨境电子商务、意享通电商、智付等一批跨境电子商务产业链各环节企业。

2. 拓展物流航线，培育稳定的两岸物流通道。一是持续拓展两岸货运航线，在巩固现有的岚台客货滚装及“小三通”航线基础上，积极推进开通岚台货运航线（1.8万吨“台北快轮”），为岚台贸易提供稳定快速通道。二是吸引知名物流电商入驻。通过知名物流企业带动上下游产业链入驻，与阿里巴巴集团下属菜鸟网络、“四通一达”等龙头企业积极洽谈合作，正式完成与菜鸟网络的系统对接，及韵达国际的对接入驻。三是不断降低物流成本。出台多项优惠政策，对使用跨境电子商务公共平台、仓储租金、物流费用、检验费用等进行专项扶持。

3. 制定奖补实施细则，让优惠真正落实到企业。充分发挥专项资金效益，推动平潭跨境电子商务产业发展，通过跨境电子商务企业和物流等相关企业恳谈会等多种形式，做好优惠政策宣讲和《食品法》导读等服务，鼓足企业发展信心。理顺跨境电子商务产业奖补流程，采取“四个一”审批运行机制，规范和加强平潭综合实验区跨境电子商务专项扶持资金管理。

（二）重协调，积极推动跨境电子商务监管制度创新

1. 推进“三合一”跨境电子商务物流园区建设。高效建成全国首个集国际快件、跨境直购及跨境保税业务的“三合一”监管中心，组织开展符合口岸监管单位设计要求的信息化管理系统建设和海关查验场所软硬配套设施建设，为货物往来提供了集中服务的平台，有力助推平潭跨境电子商务及国际快件业务发展。已签约进驻国际快件营运企业1家，拟进驻并提交营运资质申请3家，单日通关速度达到5柜/日。

2. 推动跨境电子商务监管制度创新。海关方面，创新跨境电子商务监管流程，在电子订单、支付凭证、运单比对一致的情况下，实行“提前备案、保税监管、清单验放、汇总申报、集中纳税、代扣代缴”的监管模式，实现分类通关，快速验

放；对网购保税商品、直购模式“一线”进区时暂不验核通关单，暂不执行化妆品、婴幼儿配方奶粉、医疗器械、特殊食品（包括保健食品、特殊医学用途配方食品等）的首次进口许可批件、注册或备案要求。检验检疫方面，对跨境电子商务业务实施“一突出”“二清单”“三集中”“四确保”工作模式，做到风险能控制、质量有保证、责任可追溯。其中，对零售出口、直购进口电商产品，除必要的检疫外，不实施品质检验和验证管理；对网购保税进口尽最大限度放开市场准入要求、简化报检随附单证和中文标签要求，试点采信全国其他口岸监管检测结果和第三方检验检测机构出具的检验证书或检测报告，有效降低抽检率。

（三）推合作，开展两岸跨境电子商务合作

1. 助推全国首个对台海外仓设立。平潭以跨境电子商务、海运快件为业务支点，指导协调台湾海霆国际物流公司在台北港区设立“平潭跨境电子商务海外公共仓”，2017 年 8 月，经区管会批准设立平潭两岸海外公共仓储有限公司，同年 10 月底，平潭两岸海外公共仓储有限公司在台北正式揭牌开业。该项目选定台北港区内北五码头多功能物流仓作为平潭跨境电子商务公共海外仓设置地点，租用约 5000 平方米仓库，作业流水线及软硬件设施配套设计建设工作基本完成，作为大陆在台湾设立的第一个“海外仓”，将丰富平潭与台湾的海空联运资源，服务两岸货物中转。

2. 助推两岸检验检疫数据交换采信。依托两岸检验检疫数据交换中心平台，与台湾关贸网对接合作，2017 年 10 月底启动两岸检验认证证书互换互认采信政策试点，逐步推动台湾地区进口动植物产品检验检疫信息及多业态跨境贸易电子信息预录入、申报或交换。

（四）抓落地，培育电商产业体系

1. 主动出击邀请项目“进门”。围绕跨境电子商务产业发展关键环节，加强上下沟通协调，走访大型电商企业。平潭赴省商务厅、福州市商务局进行走访，就跨境电子商务产业发展的现状与对策进行交流，参加省厅在福州组织召开的 eBay 平台招商对接会，福州海关的快件身份核查系统对接等活动。努力与大型跨境电子商务企业、平台对接洽谈，先后接洽了七号洋行、有谷国际、菜鸟物流、敦煌网等跨境电子商务企业或平台，先后引入跨境电子商务、金融支付、物流仓储、综合服务，以及电商孵化器等运营，提升跨境电子商务相关货代、报关、报检等中介服务水平，2017 年跨境电子商务公共服务平台新增备案企业 21 家。

2. 主动对接，切实做到工作落地。2017 年 4 月，在省商务厅的大力推动下，菜鸟网络运营专家一行调研了平潭跨境电子商务监管中心及保税仓库，对平潭的政策环境、口岸的通关时效及物流仓储配套表示满意。平潭牵头菜鸟物流与跨境通平台、跨境电子商务保税仓合作开展仓储系统实测，于同年 7 月 7 日通过信息系统对接测试。此后平潭多次赴杭州与菜鸟网络公司对接，争取菜鸟网络引导更多天猫国际企业落户平潭，大大增加跨境保税仓品种及发货量，助力平潭两岸仓储基地建

设。“双 11”，跨境电子商务商品出区货量 8 万票，“双 12”期间，跨境电子商务商品出区货量 3 万票。

3. 发挥协会作用“以商招商”。平潭推动行业协会建设，积极依托行业协会和各地商会，开展精准招商，积极对外宣传推介，通过各种渠道吸引涵盖跨境电子商务、金融支付、物流仓储、综合服务，以及电商孵化器等项目企业来岚落地，营造电商发展良好环境。

（五）强配套，优化跨境电子商务发展环境

1. 加强组织机构保障。根据《平潭综合实验区党工委党群工作部关于调整跨境贸易电子商务管理服务机构设置的通知》（岚党群〔2017〕5 号），进行组织机构调整，平潭综合实验区跨境办调整为区经济发展局直属行政机构，海峡两岸电商服务中心调整为区经济发展局所属事业单位。根据分工安排，平潭综合实验区跨境办加强海峡两岸电子商务经济合作区建设暨跨境电子商务试点工作组织领导和统筹协调，不断完善推进区跨境办与电商服务中心、福建跨境通公司的工作协同机制，同时，延续海峡两岸电子商务经济合作实验区领导小组运作，负责统筹、协调、推进实施实验区重大体制改革创新等。

2. 培育发展跨境电子商务产业园区。平潭致力将其打造成实体与网络相互结合、协同发展的电子商务产业链配套的综合型服务基地，为各中小型企业及电子商务服务商提供一个集商务办公、产品展示、在线交易、仓储物流、人才培训、技术交流、生活配套等多功能的综合性服务平台，为广大中小企业发展电子商务创造一个低成本、可持续发展的电商生态环境。截至 2017 年 12 月，与 100 余家电商相关企业达成入驻合作意向，累计签约入驻企业 88 家，面积达 17 750 平方米。

3. 建立完善培训及统计制度。联合海峡两岸电商服务中心主办，福建省跨境通电子商务有限公司、中国海峡人才市场平潭分部、平潭综合实验区电子商务协会，牵头策划组织三期电子商务师认证培训，培训课程兼具学习研修的科学性、系统性及前瞻性，旨在培养平潭电子商务实用型人才，提升市场开拓能力和应用专业水平，促进平潭电商产业的快速发展。课程累计培训 218 余人次，提高了平潭电商从业人员的行业基础知识水平和专业技能能力。为更好指导跨境工作开展，平潭综合试验区跨境办同时加强了对跨境电子商务保税进口业务、直购进口、海运快件、邮件业务数据统计，并探索对跨境电子商务产业链条企业的税收、就业等关键指标进行统计。

二、发展目标及取得的成果

在跨境电子商务发展的基础上，2017 年以来，平潭综合实验区党工委管委会产业规划布局，平潭充分发挥自身独特的区位优势和国家、省赋予的一系列政策优势，重点围绕“关、线、仓、配、管、商、补、业”这八个方面，扎实推进现代物流业各项工作。

（一）关通则业兴

重点发展物流业，特别是快件、跨境电子商务等行邮产品物流业至关重要。为此，平潭着重抓了三件事。一是加强通关

通检基础设施建设。在驻平潭关检单位查验服务配套设施、办公场地、口岸经费、协勤人员、公务交通等方面给予充分保障，协调解决影响关检单位在平潭业务开展的具体问题，努力提高通关工作效率。二是全面梳理和解决港口历史遗留问题。完成澳前客运码头和小三通码头等监管场所正式验收，首次实现了依法开放。三是在全国率先将跨境直购、保税备货和快件三个监管中心整合为一个“两岸快件中心”，探索实施“一个中心+N 个保税仓库”的运作模式，进一步提高了通关效率。不断加强区内通关配套工作，梳理完善申报、审单、查验流程，通过信息化手段加强快件监管，率先实现“一机双屏双控”，进一步强化了海关、检验检疫配合联动。平潭海关快件业务被福州海关作为高效通关样本通报表彰。

（二）打造黄金物流干线

就是打通物流干线，培育两岸快件货物往来的主通道，构建对接台湾、联接世界的海陆空联运的黄金物流通道。一是开通航线。积极申请平潭至台湾货物运输直航航线。争取国家交通运输部、台湾交通管理部门支持开通“平潭-台北”货运快轮直航航线，为两岸快件货物通道奠定基础，并与“海峡号”“丽娜轮”及“小三通”形成对台三条航线，在快件运送上实现互补，便捷两岸快件往来。此外，还开通了平潭至香港航线。二是对接快递干线。凭借独特的区位优势、优惠的落地政策和良好的通关便利条件，已吸引顺丰、邮政速递、菜鸟网络等快递物流企业纷纷进驻，与韵达集团签署战略合作协议，韵达集团国际快件出口业务落地，平潭将成为全国快递快件进出口重要基地。

（三）调整仓储建设布局

按照现有两大港区的功能定位，对原有仓库“多点开花”的建设规划进行了适当调整，明确在金井、澳前港区仓储建设的功能定位和发展布局。目前，金井湾跨境电子商务物流园一期、澳前仓储一期、利嘉仓储等项目已经建成投入使用，环球深海渔冷链库加快建设，还有一批仓储项目计划开工建设，预计金井港区三年内将新增仓储面积 30 万平方米，其中冷链仓库 5 万平方米。二是设立运行海外公共仓。在台北港区设立大陆在台首个海外公共仓，开展快件业务分拣打包和配套服务，链接台北桃园机场，服务两岸快件海空联运。三是创新仓储供地模式。对区内急需的仓储建设用地，实行“先租后让”的供地模式，鼓励国企、民企、台资、外资独立或股份参与仓储设施建设，为企业提供价格低廉的土地租用政策。企业在规定时间内完成规定建设进度和投资强度，即可按照约定的工业地价进行出让。既简化前期审批流程加快了项目进度，又为企业节省了前期土地资金投入。

（四）政策配套

一是将航运物流产业作为平潭优先发展的产业，出台了《关于航运物流产业发展的实施意见》，对产业发展布局和发展重点进行了顶层设计，形成了推进产业发展的系列保障措施，成为推进产业发展的遵循和依据。二是支持发展供应链金融业务，跨境通公司、岚台物流等公司与中国银行、建设银行、中信银行、浦发银行等银行合作，通过货物抵押担保、信用担保和提供跨境支付服务等方式，为快件物流企业提供金融支持，降低行业准入门槛，帮助企业做大做强。出台奖补政策，对为在区内从事供应链金融企业提供担保的机构，给予财政奖补支持。三是建立跨境电子商务公共服务平台，免费帮助跨境电子商务企业完成海关数据、订单数据和资金数据自动匹配，完善跨境电子商务业务海关监管职能。推进两岸检验检疫数据交换采信。依托两岸检验检疫数据交换中心平台，与台湾关贸网公司对接合作，启动两岸检验检疫认证证书互换互认采信政策试点，试点工作逐步覆盖跨境贸易电子信息预录入、申报和交换。引进第三方海上运输交易综合平台—携船网，为航运行业提供综合资讯、金融保险服务及船舶拍卖、船员培训等服务，2017 年 1 月上线运行以来，线上交易额突破 1 亿元。四是出台优惠政策，提供办公、食宿、人才政策等优惠服务。

（五）加强相关行业管理

一是统筹港口管理。为解决港口多头领导、交叉重叠、部门职责不清、政企不分、推诿扯皮等问题，区党工委、管委会创新体制，成立了省内唯一一个港口管理委员会，负责统筹协调港口规划建设管理及产业发展中的重大问题，从体制机制上理顺了物流产业发展的瓶颈问题，为产业发展创造了条件。二是理顺物流行业主管部门。由区经济发展局负责物流行业和产业管理，整合局内处室职能，设立专门的物流处。由区交通与建设局统筹管理有关港口等基础设施规划建设。三是明确物流基础设施建设的载体。由区交通集团为主负责港口、仓储、监管场所建设。四是创新监管场所管理体制。对两岸快件中心实行港口委统筹管理，明确裁判员、监管员、管理员、运动员职责，建立健全业务管理、平台管理、统计、考核激励等各项制度，营造热情服务、依法管理、开明开放、公平竞争、诚信经营的发展环境。

（六）招商引资

在发展快件物流业过程中，平潭通过开展产业链条招商，吸引了一大批产业链条上下游企业进驻。一是电商企业。创建电商产业园，已入驻企业 90 余家。两岸快件中心入驻各类电商企业 140 余家。二是电商平台企业。引入天猫国际、网易考拉、通拓科技等国内跨境电子商务大型平台，为电商平台企业提供更具竞争力的通关渠道和保税仓储服务，进一步提升平潭跨境的综合实力和口岸影响力。2017 年“双 11”期间，通过电商平台累计发出订单 10.16 万票，占福州关区跨境电子商务通关总量的 70%以上。三是仓储企业。利嘉物流、菜鸟网络等落地平潭，建设和运营保税仓库。平潭在菜鸟网络全国口岸通关效率评价中排名第三，被业界普遍认可为发展跨境电子商务最具潜力的地区之一。

（七）实补政策的完善

在产业培育过程中，地方政府财政对企业怎么补、补给谁更有利产业发展，平潭进行了有益探索，不断完善奖补政策。一是在奖补对象上，除对从事跨境电子商务运营、开展跨境电子商务活动的外贸企业进行补贴外，还对跨境电子商务配套及综合服务企业，跨境电子商务公共服务机构组织和从事国际快件运营的相关企业进行奖补。二是在奖补内容上，对原有的航运物流产业奖补政策和其他奖补政策进行全面细致梳理，重点围绕当前平潭具有一定比较优势的跨境电子商务和国际快件产业进行奖补，出台专门奖补办法。三是在奖补兑现上，进一步简化奖补兑现流程，提高兑现效率，奖补政策兑现时限由3个月精简到5个工作日以内。

（八）促进、培育多业态发展

一是国际快件物流业态。平潭物流贸易产业以快件为切入点和突破口，初步形成了产业聚集和产业链条，成为当前平潭最具活力、潜力的重点发展产业，“成本最低、通关最便捷、交货最准时、服务最配套、政策最优惠”是平潭要打造的物流产业服务目标和品牌。二是积极培育各类加工、贸易业态。金尊酒业进口葡萄酒、白兰地保税灌装项目启动，首批原酒已到港入罐。开展台湾地区水果冰鲜、冷冻水产品进境业务，累计进口台湾地区冷冻水产品1 997.01吨、冰鲜水产品252.85吨。依托目前全国唯一的综合性动植物检疫隔离处理中心项目——海西隔检中心，已申请进境带土种苗等指定口岸资质。开展微电产品出口，手表组装加工贸易，申请水果、冰鲜水产品、肉类、食用水生动物等各类动植物及其产品的进境指定口岸资质，进一步丰富平潭贸易业态。三是拓展转口贸易。探索台湾地区与东南亚贸易通过平潭转口的贸易业态。

三、海峡两岸电子商务产业园区建设

（一）招商：2017年园区新增入驻企业57家，其中孵化器入驻企业26家；实际办公区域入驻企业26家，截至2017年底，园区共有22家企业正式开业办公，其中2017年新增正式办公企业17家，使用面积约7 097.25平方米。

（二）实训基地：平潭与福建师范大学福清分校、福州大学经济管理学院两所高等院校签订“创新创业实训基地”，为校企联合打造了人才培育平台，秉持资源共享，优势互补的原则，力求实现学生、学校、企业三方共赢。其中，2017年5月至6月，来自福建师范大学福清分校的15名大三学生已经在园区的4家企业展开为期2个月的实训活动,；2017年11月1日，联合8家园区企业共赴福建师范大学福清分校，召开“秋季校园招聘会——海峡跨境电商产业园区专场”，为企业招收人才提供了可靠的途径。

（三）园区企业活动：2017年平潭举行了多场讲座、培训、会议等活动积极邀请园区企业参加，增加了活动的人气，也为园区企业开展工作提供了有效的帮助，如开展跨境电子商务及物流仓储企业恳谈会、进口预包装食品中文标签知识大讲座、举办电子商务师培训等。

配套文件

平潭综合实验区管委会关于印发《平潭综合实验区跨境电子商务及国际快件产业奖补办法（试行）》的通知

（岚综管综〔2017〕255号）

各片区项目建设指挥部，区直各单位，各区属国企：

《平潭综合实验区跨境电子商务及国际快件产业奖补办法（试行）》已经区管委会研究同意，现印发给你们，请认真执行。

平潭综合实验区管委会
2017年12月27日

平潭综合实验区跨境电子商务及国际快件产业奖补办法（试行）

第一章 总 则

第一条 为进一步促进平潭跨境电子商务及国际快件产业集聚发展，实现对相关产业的精准奖补帮扶，经充分整合已出台相关产业奖补扶持政策，现结合我区跨境电子商务及国际快件产业最新发展形势，制订本奖补办法。

第二条 本办法扶持对象必须符合以下条件：

（一）在我区依法注册并在税务部门登记纳税，具备独立法人资格。

（二）扶持对象类型：

1. 跨境电商企业。包括从事跨境电商运营、开展跨境电商活动的传统外贸企业等。

2. 跨境电商配套及综合服务企业。包括提供关、检、汇、税代理服务及仓储、物流、金融等综合服务的配套企业以及为各类跨境电商企业提供代理收发货的综合服务企业等。

3. 跨境电商公共服务机构和组织。包括跨境电商公共服务平台、产业园区（含孵化器）、公共监管中心等运营主体，电商协会、高校科研机构、社团组织以及跨境电商培训机构等。

4. 从事国际快件运营的相关企业。包括从事国际快件揽货物流企业、具有国际快件运营人企业资质及国际快件监管场所经营企业。

（三）跨境电商企业和跨境电商配套及综合服务企业须纳入平潭跨境电商公共服务平台管理系统。

第二章 跨境电商奖补政策

第三条 对入驻海峡跨境电商产业园区（以下简称“园区”）企业按以下条款给予补助：

（一）对入驻园区的跨境电商企业第一年免收租金，第二、三年按租金标准（暂定为35元/平方米×月，下同）的40%收取租金。对跨境电子商务年进出口额超过1万元/平方米（根据其在园区实际租赁面积计算）的企业，第二、三年已收取的租金予以全额返还。

（二）对入驻园区的跨境电商配套及综合服务企业第一年予以免租金，第二、三年减按20%收取租金。

（三）对于入驻园区的跨境电商公共服务机构和组织予以三年免租金。其中电商协会、高校科研机构、社团组织以及跨境电商培训机构等免租面积不超过200平方米。

（四）对入驻园区后获得“国家级电子商务示范企业”和“省级电子商务示范企业”称号的企业，分别给予50万元和20万元的一次性奖励。

第四条 对自建跨境电商交易平台或分销平台的企业，按以下条款给予分类分档奖励：

（一）对区内台资电商企业平台年交易额首次超过1 000万元、3 000万元的，一次性分别给予50万元、100万元奖励；

（二）对区内其他跨境电商企业平台年交易额首次超过5 000万元、1亿元的，一次性分别给予50万元、100万元奖励。

第五条 对使用平潭跨境电商公共服务平台的跨境电商企业，年度进出口规模位居区内前十名且交易额达到500万元以上的，按海关统计的企业进出口交易数据给予1.5%的奖励，单家企业最高奖励不超过200万元。

第六条 对为跨境电子商务企业提供仓储运营服务的企业，按以下条款给予奖补：

（一）由其提供仓储运营服务的跨境电子商务贸易年度进出口总额超过3亿元的，一次性奖励200万元；对年度进出口总额超过4亿元的，一次性奖励300万元；对年度进出口总额超过5亿元的，一次性奖励400万元。

（二）对跨境电商保税备货业务，且免收仓储操作费用（含货物装卸、打包、分拣、贴单等仓储操作费用）的跨境电商仓储运营企业，补贴仓储操作处理费2.5元/票。

第七条 对经台湾–平潭的跨境电商直购业务，且免收仓储操作费用（含货物装卸、贴单等）的跨境电商监管中心运营企业，补贴仓储操作处理费1元/票。

第八条 对跨境电商企业按以下条款补贴相关物流费用：

（一）保税进口货物从平潭口岸、省内外其他口岸到平潭跨境公共监管中心报关的，分别给予跨境电商企业500元/柜、1 000元/柜物流补贴，单家企业年度最高补贴不超过10万元。

（二）对跨境电商保税备货业务，补贴经营跨境电商企业2.5元/票的出区物流费用。对岚台直航的跨境电商直购业务，补贴跨境电商企业4元/票的物流费用。

第九条 对跨境电商企业在平潭口岸首次进口备案商品的，按实际发生检验检测费用的70%给予补贴，每家企业年度累计补贴额度不超过50万元。

第十条 对跨境电商保税展示交易中心运营企业予以奖补：对用于开展进口商品直销、跨境电商和保税展示业务，单个项目面积达1 500平方米以上，且开业后6个月内实际运营企业入驻率达到80%以上的平台项目，对其展示或交易面积给予200元/平方米的开办补助，并予以2年的运营补助：第一年给予每月40元/平方米的补助；第二年给予每个月32元/平方米的补助。

以上所称跨境电商保税展示交易是指跨境电商进口企业向海关申请和备案后，跨境商品在保税状态下出仓展示，展示期间向境内消费者成功销售的货物将向海关集中办理征税手续，未成功销售的货物可退回保税仓不征税。

以上所称单个项目面积是指连续区域的面积，其中：同一楼层的必须是连续区域，不同楼层的必须是上下连续楼层，且区域之间形成整体布局。展示或交易面积是指经营完税进口商品的商场或开展跨境电商保税展示业务的商品陈列展示场所，可包含少量服务于消费者的收银台、试衣间等附属场所，但不包括餐饮、娱乐、办公、仓储等区域。

第三章　国际快件奖补政策

第十一条　对于国际快件监管场所经营企业，由其提供通关服务的国际快件业务年度进出口总额超过 2 亿元，一次性奖励 150 万元，对年度进出口总额超过 4 亿元，一次性奖励 300 万元。

第十二条　对国际快件揽货物流企业按照以下条款补贴物流费用：

（一）对岚台直航的进出口海运快件业务，按照 4 元/票标准补贴物流费用。

（二）对从省内外其他口岸转关到平潭国际快件监管中心的国际快件业务，按照 2 200 元/柜标准补贴物流费用。

第十三条　对国际快件运营人企业，按照 1 元/票标准补贴操作处理费。

第四章　政策兑现及监督检查

第十四条　区财政安排区跨境电子商务及国际快件专项扶持资金（以下简称专项资金）用于本办法所扶持对象的奖补。

第十五条　区经济发展局负责组织企业申报，按年度考核项目于每年 1 月份组织申报，其他项目在每季度结束后 1 个月内组织申报。

第十六条　奖补政策兑现按照《平潭综合实验区财税优惠政策兑现实施方案》（岚综管综〔2016〕31 号）相关规定实施，由申请单位向区行政审批局优惠政策兑现窗口提交申报材料，区行政审批局收件后转区经济发展局出具审核意见，再由区行政审批局审批办结，并将审批结果转国库支付中心统一支付。

第十七条　专项资金申请单位应当对申报材料的真实性、准确性、有效性负责。对弄虚作假、骗取专项资金的企业，应当追回专项资金、取消申请资格，涉及犯罪的，移送司法部门追究刑事责任。

第十八条　区财政金融局、区经济发展局应当加强对专项资金使用情况的监督检查和绩效评估，保证专项资金符合规定用途。有关企业应当给予配合。

第四章　附　则

第十九条　本办法自 2018 年 1 月 1 日生效，试行 1 年。《平潭综合实验区促进跨境贸易电子商务发展的若干措施（试行）》（岚综管综〔2016〕98 号）、《两岸快件中心运营收费及完善奖补政策细则会议纪要》（专题会议纪要〔2017〕208 号）以及《平潭综合实验区关于进一步完善“5+2”产业奖补优惠政策的通知》（岚综管综〔2017〕34 号）中“第一点第（三）点第 8 点”同时废止。

第二十条　2017 年相关产业奖补工作仍按照《平潭综合实验区促进跨境贸易电

子商务发展的若干措施（试行）》（岚综管综〔2016〕98号）、《两岸快件中心运营收费及完善奖补政策细则会议纪要》（专题会议纪要〔2017〕208号）以及《平潭综合实验区关于进一步完善“5+2”产业奖补优惠政策的通知》（岚综管综〔2017〕34号）执行。

企业名录

截至2017年12月31日，在平潭跨境综合服务平台上注册，并实际展开业务的企业名录见表2-21。

表2-21 平潭跨境电子商务企业名录

序号	企业名称	企业类型
1	平潭综合实验区岚台物流有限公司	金井跨境电商物流园运营，海运快件监管中心运营，澳前保税物流园运营等
2	福建跨境通电子商务有限公司	跨境电商监管中心运营，跨境电商保税仓储运营，跨境电商综合服务，供应链管理
3	福建平潭亨远跨境电子商务有限责任公司	食品、母婴、美妆、个护、奶粉
4	福建潘多拉网络科技有限公司	奶粉，化妆品
5	福建易享通电子商务有限公司	奶粉
6	平潭海狮跨境电子商务有限公司	食品、化妆品、保健品
7	福建环太平洋电子商务有限公司	百货、化妆品
8	平潭安琪拉网络科技有限公司	奶粉，化妆品

统计数据

2017年，全区跨境保税进出口货值2.16亿元，同比增长332%，出区68.53万票，同比增长293%；7月份开展国际快件业务以来，累计申报国际快件39.58万件，总重1 021.7吨，货值7 538万元。交通运输、仓储和邮政业对经济增长的贡献率从2月份的23%，增长到12月份的71.5%。全区航运物流产业全年缴纳税收1.93亿元，其中海关代征关税、增值税及消费税4 529万元，同比增长46%；航运物流产业带动就业人数约5 000人。

大事记

2017年1月10日，海峡跨境电子商务产业园与福师大福清分校签署“创新创业实训基地”合作协议，并举行揭牌仪式。

2017年5月9日，两岸快件中心正式落成启用，实现将跨境电子商务直购、保税备货和海运快件三个监管中心整合为一个快件中心，形成一个中心、N个保税仓库的模式。

2017年7月7日，菜鸟网络落地平潭，在平潭保税仓内进行了菜鸟仓储系统上线、实施等测试，58秒内成功递交测试订单进行电子通关申报并核验放行，2分钟内完成订单打包及核验出区。菜鸟系统上线及订单测试成功，标志着菜鸟平潭跨境保税仓已经正式开始运行。

2017年8月4日，开展电子商务师认证培训，培训课程兼具学习研修的科学性、系统性及前瞻性。课程至12月合计举办三期，累计培训218人次。

2017年10月31日，平潭两岸海外公共仓储有限公司在台北正式揭牌开业。该项目选定台北港区内北五码头多功能物流仓作为平潭跨境电子商务公共海外仓设置地点，租用约5 000平方米仓库，作业流水线及软硬件设施配套设计建设工作基本完成，作为大陆在台湾设立的第一个“海外仓”，将丰富平潭与台湾的海空联运资源，服务两岸货物中转。

2017年11月11日，天猫国际“双11”活动中，天猫国际累计出区订单量超8万单、货值约1 000万元，占整体福州关区约70%发货量。

2017年12月12日，电商“双12”大促，跨电商平台合计单日出货量达3万单。

2017年12月28日，台北快轮正式开通，为1.8万吨级“平潭—台北”货运直航快轮航线，为岚台两岸快件货物通道奠定基础。

2017年12月28日，韵达国际与管委会签署合作协议，在台北快轮的运力保障下，引入两岸快件业务。

天津地区

2017年，天津市持续大力推进跨境电子商务综合试验区建设，充分发挥天津海空两港的服务功能和区域辐射能力与资源优势，大力推进线上综合服务平台和线下创新试验园区建设，以体制机制创新为突破点，进一步探索创新适宜跨境电子商务发展的监管服务方式，加快培育跨境电子商务市场主体，努力营造可持续发展的软环境，取得了明显成效。2017年，天津市跨境电子商务共计申报零售进口清单462.8万单，进口额超过11亿元人民币，较2016年分别增长21倍和23倍。跨境电子商务零售出口近5亿美元。

发展现状

一、发展现状及取得的成果

（一）跨境电子商务产业发展环境持续优化

1. 跨境电子商务综合服务平台进一步完善。全面提升平台硬件配置，优化通关管理流程，统一跨境电子商务订单、运单、支付单、清单等数据标准规范，完善提升综合服务、海关、检验检疫等相关平台功能互联互通的通路建设，进一步提升平台整体处理能力。平稳度过“6·18”“双11”“黑五”“双12”等跨境电子商务大型促销活动，“双11”单日订单处理量突破25万单，较2016年“双11”增长4倍。开发综合服务平台出口功能系统，扩展对接税务、外汇、金融等功能，满足外贸进出口企业跨境电子商务通关、物流、结汇、税收、数据交换、商务信息等各方面需求，实现跨境电子商务出口业务的线上全流程业务办理。

2. 初步形成“一区多园”的跨境电子商务产业布局。结合我市海、空港资源、国际邮路资源和贸易枢纽优势，支持各区依托海关特殊监管区域及各类经济开发区、专业楼宇，加快建设集跨境电子商务交易、物流、服务于一体的跨境电子商务创新试验园区。全市初步形成了天津港保税区、东疆保税港区、空港航空物流区、于家堡环球购、东丽航空商务区、武清开发区等多个跨境电子商务创新试验区，呈现出错位集聚、优势互补、协同推进的跨境电子商务产业布局。

3. 监管措施进一步优化创新。结合国家政策的调整与完善，进一步规范跨境电子商务业务发展，制定适应跨境电子商务的进出境申报、商品归类、物流管理、税汇管理、质量监控等管理体系。探索创新简化入区申报、身份证认证、直购商品自动备案等等跨境电子商务监管流程的可行性，进一步提升通关便利化水平。完善跨境电子商务风险监控体系，建立完善重点商品质量风险信息采集、评估、预警、处置体系。构建跨境电子商务质量追溯体系，实施风险监测、网上抽查、源头追溯、属地查处，实现质量可追溯、责任可追究。实行便利化退税管理模式，实施分类管理，简化跨境电子商务申报手续，推行出口退税无纸化。完善跨境电子商务外汇收支风险防范管理，制定7项便利化外汇管理措施。

（二）跨境电子商务市场规模进一步扩大

1. 跨境电子商务进口业务快速发展。以东疆保税港区、天津港保税区为核心的跨境电子商务保税备货业务加速发展，支持京东进一步扩大在津业务规模，建成3万平方米的北方地区全品类备货仓，2017年订单量突破400万单。引进网易考拉跨境电子商务华北分拨中心落户东疆，建设8万平方米保税自营仓，实现京津冀及北方地区跨境商品“次日达”。威时沛运、代塔、保宏、中外运等10余家跨境电子商务公共保税仓投入运营。全年累计备案跨境电子商务进口经营企业187家，备案商品26 392种。

2. 跨境电子商务出口业务初见成效。实施外贸企业“破零计划”，通过培训、宣传等方式，积极推进传统外贸企业和制造类企业“触电”，推进阿里一达通、敦煌网等B2B平台在津业务发展，全年新培育转型企业1 000余家。支持企业应用eBay、亚马逊、wish、阿里速卖通等平台开展跨境B2C出口业务，鼓励企业通过综合服务平台申报通关，实现B2C业务“阳光化”发展。据eBay平台数据显示，家具、家居装修、玩具、自行车、电动车等传统优势产业开始借助跨境电子商务打开出口新渠道，近年来保持高速增长态势，正在成为北方地区出口集散中心。

3. 跨境电子商务主体规模不断扩大。实施跨境电子商务招大引强，京东全球购、网易考拉、阿里菜鸟、唯品会、小红书、亚马逊等跨境电子商务进口行业领军企业北方区域总部纷纷落户津城，阿里巴巴一达通、大龙网、敦煌网、eBay等跨境电子商务出口平台加快在津业务布局。顺丰、圆通、支付宝、财付通等跨境电子商务支撑服务企业陆续开展业务。同时，易客满、环球购、云动力、保宏供应链等一批本市跨境电子商务企业迅速成长。全市已累计引进和培育各类跨境电子商务及支付、金融、物流、仓储、代理等相关服务企业超过300家。

（三）跨境电子商务服务支撑不断完善

1. 优化仓储物流配套。依托海空双港联动，发挥“海运+空运”物流优势，进一步整合海关特殊监管区内仓储资源，建成服务京津冀、辐射北方地区的跨境电子商务仓储物流集散中心，全市保税仓储面积超过30万平方米。在空港规划建设了占地18.6万平方米，仓储面积12万平方米的跨境电子商务产业园，推进开展航空跨境进出口业务。积极发展跨境电子商务公共海外仓业务，在美国、比利时、丹麦、英国、日韩、澳新等国家和地区布局发展跨境电子商务公共海外仓10余家，仓储面积达3万平方米。

2. 加强金融服务配套。全国首创eBay、中信保、外贸综合服务平台三方合作模式，有效解决跨境电子商务出口企业海关申报不规范，货源采购方式不规范，外汇结汇渠道不规范、备货资金压力大等问题。在西安、北京、上海、深圳、广州等地组织召开项目推介会10余场，吸引服务跨境电子商务出口卖家40余家，总计为跨境电子商务卖家授信超过5 000万美元，实现出口额超过2亿美元。

3. 加强人才培养。推进校企合作，支持行业内具有较大影响力的企业及具备电子商务人才培养能力的高职院校，开展跨境电子商务师资培训，建立服务跨境电子商务企业的人才实训基地。成立天津市跨境电子商务学院，开展跨境电子商务创业培训、创业指导及创业项目孵化，培养应用型跨境电子商务专业人才。

（四）跨境电子商务服务保障不断加强

1. 加强组织推动。成立跨境电子商务综合试验区推进工作领导小组，市领导多次召开工作会、座谈会等，专题研究跨境电子商务工作情况，商务、口岸、海关、检验检疫、外汇、国税、金融、交通运输等相关部门密切配合，合力推进，及时研究解决发展中遇到的问题。专门成立跨境电子商务政策宣贯小组，组织开展跨境电子商务专项研讨与宣贯会40余场，组织各功能区管委会、分支机构等召开多场跨境电子商务新政解读会，邀请从事跨境电子商务工作的专家定期无偿为企业讲政策、送措施，解决了企业在备案、申报、出入区过程中存在的实际问题，为企业及时了解并运用有关政策创造良好条件。

2. 加大财政支持力度。我市不断加大对跨境电子商务的资金支持力度，出台多项优惠政策，支持企业发展。2017年，累计投入资金近6 000万元，用于支持跨境电子商务综合服务平台建设、园区发展、平台企业、仓储物流和人才培训等。同时东疆、保税区等区域也出台了促进跨境电子商务产业发展的政策，从总部设立、业务增量、金融支持、仓储支持、贸易便利化等多方面提供保障支持，助力跨境电子商务产业发展。

3. 建立行业组织。成立天津市跨境电子商务协会，发挥行业组织的作用，承接政府职能转移、行业自我管理、协助政府决策、服务企业发展等工作。举办了跨境业务培训会、招商洽谈会、业务对接会等一系列活动，为会员多搭建学习分享、信息交流、业务合作平台。

二、平台建设情况

综合服务平台是跨境电子商务综试区的数据交换枢纽和综合管理服务平台，具有政务服务和商务服务双重功能，是综试区建设的基石。综合服务平台以政务服务为核心，按照“信息互通、监管互认、执法互助”的要求，打通跨境电子商务“关、检、汇、税、商、物、融、邮”之间的信息壁垒，实现政府各部门，政府与企业以及企业与企业之间的互联互通、信息共享和资源整合，支持管理和服务创新，促进跨境电子商务自由化、便利化、规范化发展。通过搭建该平台，实现进出口企业和商品实现“提前申报、集中受理、集中查验、快速核放、分类监管、质量追溯”；实现现场检验检疫数据集中处理，提高电子商务企业通关效率，有效减少操作环节；实现局端数据处理智能化，有效降低一线检验检疫工作人员的负荷，实现快速核放；实现协同信息共享、互联互通；保障跨境贸易电子商务业务模式顺利运行。

天津市跨境电子商务信息化综合服务平台涵盖海关通关管理、检验检疫监管和综合服务3个平台。平台融合跨境电子商务的监管和服务，实现了天津口岸跨境电子商务的“一次申报”“一次查验”“一次放行”。企业在平台填报包含海关和检验检疫所需的“一张大表”，平台将大表信息自动拆分为海关和检验检疫的申报信息，实现“一次申报”，分别发送；平台将海关、检验检疫查验的信息传输给集中查验场，实施“一次查验”；平台将海关、检验检疫放行信息一次性发送给监管场所，实现“一次放行”。跨境电子商务“三个一”通关模式，便利了货物通关和物流操作，提高了通关效率。截至2017年底，全市已备案天猫国际、京东全球购、网易考拉、唯品会、小红书等企业187家，备案商品26 392种，吸引了北京、上海、广州、重庆、深圳、江苏、大连及宁波等地企业来津开展跨境电子商务业务，有力支持了天津跨境电子商务产业的规模化发展。

三、园区发展情况

（一）东疆保税港区

天津港东港物流有限公司（以下简称东港物流）于 2011 年 11 月在东疆保税港区注册成立，是隶属于天津港集团的全资子公司，注册资金 19.7 亿人民币，是东疆保税港区内最大的物流地产运营商。业务服务范围涵盖：保税仓储服务、仓库堆场租赁、国际货运代理、国际贸易、装卸搬倒、房地产经营、劳务服务、物业管理、机械设备租赁、市政工程等。

东港物流在东疆保税港区经营 150 万平方米保税物流产业园，毗邻太平洋国际集装箱码头，与港口综合配套服务区相邻，包括海润物流园、海泽物流园、海通集装箱堆场、海畅集装箱堆场、贵重金属仓库、仓储式红酒展销中心。

天津无尾熊电子商务有限公司是网易环球购有限公司设在天津东疆的跨境电子商务进口运营主体。目前网易考拉海购及其合作伙伴在天津东疆已投入资金共约 3.2 亿元，其中包括仓库租金、运营设备等3 000万元，进口商品货值约 2.9 亿元。自 2017 年 8 月正式运营至 12 月 31 日，网易考拉海购已在天津东疆使用保税区仓库 7 万平方米，约4 461 145件，出区申报货物478 749单，共1 767 369件，销售额约 2.65 亿元，缴纳各项税收约3 300万元（含关税），创造就业岗位约 120 个。

自网易考拉海购在东疆开展业务以来，带动了天津网跃、顺丰、保宏、中外运等一批跨境电子商务上下游企业在东疆业务的快速发展，并吸引小红书等国内大型电商企业入驻，为东疆区域带来了经济活力和转型升级动力。

（二）于家堡环球购

环球购跨境电子商务创新试验区（以下简称环球购试验区）地处天津自由贸易试验区，占地 1.2 万平方米，依托原中心商务区优势资源，整合了区域大量的实体店面、物流企业、特殊监管仓库管理企业、金融服务企业、快递企业、关务服务、跨境支付、税务、海外仓储等资源，打通了海关、商检等监管部门的数据流。可以为电商企业提供一站式“保姆服务”。与跨境电子商务企业完美匹配，达到各项信息无缝对接，迅速流转的情景。通过审批、外汇、税收、法律等方面的制度创新，有效缓解贸易、物流、结算、研发等功能型总部发展中存在的问题，促进总部经济功能的构建。通过金融制度的创新、一系列公共平台的搭建，海关等口岸监管部门的改革，投资贸易便利化环境得到进一步完善。随着自贸区新模式、新业态的开展，区内企业可有效利用境外资本。2015 年 9 月 21 日，天津市创新创业特区正式在原中心商务区正式挂牌。天津市政府为支持双创特区的建设，与滨海新区政府共同出资 10 亿元设立双创发展基金，为符合条件的企业提供税收减免、科研补贴、运营补贴、奖励投资收益、共担融资风险等十项举措。以上举措将对跨境电子商务产业的发展提供良好的政策环境。

2017 年经济技术开发区内初步聚集了一批跨境电子商务企业，包括以环球购跨境贸易产业园线上平台——环球购综合购物平台为代表的跨境电子商务平台、以中钢为代表的传统贸易企业、以阔世保达为代表的供应链服务企业、以环球购为代表的跨境电子商务新型商业企业、随着跨境电子商务产业基地的建设，将进一步推动跨境电子商务产业进入快速发展阶段。园区服务的企业60余家，其中：海外生产型企业3家；贸易企业20余家；仓储企业20余家，其中海外仓10余家；大型产业联盟2家，物流运输企业3家，代理企业3家。入驻品牌20余个，提供商品2 500余种

环球购试验区同时具备电商企业、实体店的双重属性，消费者既可以在实体店购物，也可以在线上消费（环球购综合购物平台、入驻企业电商平台），或者在实体店体验之后，再在手机上下单，实现双线引流、双线体验、双线互动。同时，环球购试验区提供滨海新区范围内（现阶段为生鲜仓库一般贸易类进口商品，半径5千米范围内）的配送服务，用户下单后，配送时间为不超过2小时。

（三）天津港保税区

天津天保宏信物流中心有限公司（以下简称天保宏信）致力于打造天津港保税区跨境电子商务创新试验区，园区位于天津港保税区，开发面积5平方千米，是我国华北、西北地区唯一的、也是中国北方规模最大的保税区。园区距离北京118千米，距离天津机场38千米，具有良好的地理区位优势。作为高度开放的特殊经济区域，保税区具有国际贸易、现代物流、临港加工和商品展销四大功能，享有海关、税收、外汇等优惠政策。同时，园区具备“海空联动”的区位优势，能够实现海港空港货物快速通关流转。

天保宏信为天津港保税区直属企业天津天保控股有限公司全资子公司，国有企业，公司性质为有限责任公司（法人独资）。天保宏信多年来一直为客户提供综合物流服务的专业化第三方现代物流服务，公司占地3.2万平方米，仓库建筑面积1.5万平方米，仓库高度24米，公司业务将集货、分拣、仓储、配送、简单加工、包装、咨询以及免税汽车代理、销售、结汇及相关的国际贸易业务等服务功能有机结合起来，为客户提供一站式综合物流服务。天保宏信充分利用天津保税区的区位优势、政策优势和良好的物流环境，搭建国际物流平台，开展专业化物流产业运营。公司秉承“追求卓越、创造一流精品”的经营理念，为国内外客户提供在物流、国内外贸易等方面的优质服务。园区为推动并保障跨境电子商务进口业务的迅猛发展，探索并打造“一中心，多仓库”的监管模式，设立关检联合查验中心，并配备监管车队，为园区内电商企业的出区货物流转提供便利。

目前园区内已引入京东全球购、上海娜玛电子商务有限公司、东方瑞泰（天津）国际物流有限公司和天津万顺融和商业管理公司开展跨境电子商务保税进口业务。2017年全年园区内跨境电子商务进口业务累积单量已经突破410万单，日单量峰值突破18万单。同时，天保宏信也在积极寻求新的合作企业，利用优质的服务及良好的政策环境吸引新的电商资源。

（四）天津航空物流区

天津航空物流区是天津临空产业区的

重要组成部分，位于天津滨海国际机场西侧，总规划面积 7.67 平方千米，规划范围：东至机场大道和机场飞行区，南至津滨快速路，西至航双路，北至津汉快速路。2014 年 9 月，经天津市人民政府批准设立，在天津空港经济区管委会领导下，由天津航空物流发展有限公司负责开发、建设和运营。以建立航空物流综合产业体系为主导，积极吸引各类资源要素聚集，服务和带动临空经济和周边高端制造业，建设成为特色鲜明、功能完善、产业聚集的国际航空物流核心功能区。

天津航空物流区充分利用航空口岸功能，借助便捷的航空运输方式及通达的国际航线网络，积极开展跨境电子商务直购及快件业务，吸引了电子商务、航空运输、代理申报、仓储配送、网上支付等全产业链企业落户，逐步形成了产业聚集趋势。

作为天津航空物流区的平台公司，天津航空物流发展有限公司以发展跨境电子商务产业，作为区域发展的一项重点工作。公司高标准落实保税区“一号工程”建设任务，运用平台化服务，聚合分散的资源和需求，做好跨境电子商务产业园及信息服务平台线下线上“两个平台”的搭建工作；结合区域优势，重点开展“航空直购、航空快件”等跨境电子商务业务；以市跨境电子商务协会成立为契机，促进跨境电子商务生态圈构建。多措并举，使得跨境电子商务工作取得预期效果。

天津航空口岸大通关基地项目，为国家“十三五”及“京津冀协同发展”规划建设的重要航空枢纽工程。项目分为两期建设，一期工程建筑总面积为 25.3 万平方米，包括跨境电子商务产业园、生产办公辅助设施等，总投资预计为 20.21 亿元。其中，跨境电子商务产业园占地 14.66 万平方米，建筑面积约 11.5 万平方米。园区同机场海关、检验检疫、保税区管委会等有关单位，确立了天津航空物流区直购公共服务仓建设方案；与华宇货站密切配合，按照市场化运作模式，签订了直购设备租赁协议，完成了 14 条智能化分拣及查验设备采购，其中在华宇二期库房设 10 条查验分拣线，用于进口直购及快件使用，在华宇出口监管仓设 4 条查验分拣线，用于出口 9610 及快件查验使用。

天津航空物流区充分利用区域航空口岸功能，借助便捷的航空运输方式及通达的国际航线网络，积极开展跨境电子商务航空快件业务。目前，航空物流区分别在华宇货站和机场货站设立了快件监管中心，总占地面积 1 万平方米，具备每天 10 万件的分拣放行处理能力。货源以美国亚马逊及日韩快件小包为主。2017 年，航空物流区实现快件个人物品业务申报 640 余万单，货运量10 258吨，货值达 12 亿元人民币，稳居全国前列。其中，天津航空口岸进口快件运量，约占天津机场国际进口货量的十分之一，为天津机场货运吞吐量的增长做出了积极贡献。此外，航空快件业务的发展，为区域聚集了航空运输、物流分拨、报关报检、货运代理、外贸公司、电商企业、跨境支付等八十余家各相关企业，逐步形成了产业聚集效应，成为天津航空物流区推动物流产业发展的新增长点。

（五）东丽航空商务区

天津东丽航空商务区空港国际总部基地项目占地面积 28 万平方米，规划建筑面积34.83万平方米，已建成20万平方米载体。项目位于天津市津滨快速路和外环快速路交汇处，紧临天津滨海国际机场，北部是规划约173万平方米的保税物流区和已建成的80万平方米的机场物流区。区域内及周边市政配套设施完善，生态环境和行政服务环境优良，设有天津机场海关、检验检疫局和跨境电子商务服务中心，周边学校、医院、酒店、住宅、超市、银行等功能设施完善，规划的地铁四号线穿区而过。

园区充分发挥自贸区和跨境电子商务创新试验区的双重优势，利用园区内eBay孵化器、谷歌体验中心、亚马逊等国际知名电商平台落户园区的有力契机，截至2017年，航空商务区已注册电商及相关企业128家，跨境电子商务产业发展潜力巨大，企业进口涉及食品、饮料、烟酒、服装、箱包、钟表、饰品、化妆品、家电、建材等诸多业务品类，出口企业以家具、汽车配件、自行车、服装、食品为主。2017年，园区电商企业网上交易额为2.75亿元，纳税1 300万元，解决就业近500人。

（六）武清开发区

中国武清开发区于1991年12月28日设立，是国家级经济技术开发区和国家级高新技术产业园区，2014年底纳入天津国家自主创新示范区核心区。武清地处京津之间，区域优势明显，现有京津塘、京津等5条高速公路、14个出入口，京津城际铁路设唯一经停站，日停靠车次23对，融入京津半小时交通圈。武清开发区是武清区对外开放的窗口，引领创新、带动转型、支撑发展的龙头，各项主要经济指标的年增长率一直保持在25%左右。

武清开发区着重发展跨境电子商务出口B2B模式。自行车、绢花、地毯、服装为武清区的传统优势产业，推进“绫致时装、小狗电器、优达通供应链、毯诚网、怡和嘉业医疗器械、天狮集团、欧莎世家、薇美姿”等多家电商企业通过跨境出口的形式积极走出去。武清开发区与中国国际电子商务中心天津代表处、达特福、旷势数据科技、璋达辉国际贸易、汇鑫源科技等几家专业级跨境贸易相关企业和机构组成的运营管理团队进行对接，围绕着跨境贸易综合服务基地、跨境综合服务平台、跨境综合服务企业培育、传统企业利用跨境电子商务转型培育等4方面展开工作，打造“互联网+贸易+武清制造”的升级版贸易发展新模式。

配套文件

2017年1月1日至2017年12月31日，天津地区未公开发布与跨境电子商务有关的相关政策、法规、规章文件。

企业名录

截至 2017 年 12 月 31 日，在天津跨境综合服务平台上注册，并实际展开业务的企业名录见表 2-22 。

表 2-22 天津跨境电子商务企业名录

序号	企业名称	企业类型
1	北京京东世纪信息技术有限公司	电商企业
2	北京自由蜂电子商务有限公司	电商企业
3	背代库（天津）科技发展有限公司	电商企业
4	渤海易购（天津）科技发展有限公司	电商企业
5	大连智慧光科技有限公司	电商企业
6	杭州但丁云科技有限公司	电商企业
7	杭州福蝶电子商务有限公司	电商企业
8	江苏云畅淘电子商务有限公司	电商企业
9	阔世保达（天津）科技有限责任公司	电商企业
10	宁波井贝电子商务有限公司	电商企业
11	奇异优品（天津）网络科技有限公司	电商企业
12	上海娜玛电子商务有限公司	电商企业
13	深圳市海豚跨境科技有限公司	电商企业
14	深圳市华润万家电子商务有限公司	电商企业
15	深圳市联银供应链有限公司	电商企业
16	天津保宏供应链管理有限公司	电商企业
17	天津常春藤电子商务有限公司	电商企业
18	天津澄明潼晖国际贸易有限公司	电商企业
19	天津港佳世行贸易有限公司	电商企业
20	天津酷吧母婴用品销售有限公司	电商企业
21	天津万顺融和商业管理有限公司	电商企业
22	天津微动国际贸易有限公司	电商企业
23	天津无尾熊电子商务有限公司	电商企业

表2-22 续1

序号	企业名称	企业类型
24	天津优沃德科技发展有限公司	电商企业
25	天津优小微商贸有限公司	电商企业
26	天津自贸区于家堡环球购跨境贸易综合服务有限公司	电商企业
27	天津自贸试验区洋品电子商务服务有限公司	电商企业
28	唯品会（中国）有限公司	电商企业
29	优易电子商务（天津）有限公司	电商企业
30	远品国际贸易（上海）有限公司	电商企业
31	天津港保税区旺达报关行有限公司	申报企业
32	天津中铁青源国际货运代理有限公司	申报企业
33	天津中外运报关有限公司	申报企业
34	北京京邦达贸易有限公司	物流企业
35	杭州菜鸟供应链管理有限公司	物流企业
36	品骏控股有限公司	物流企业
37	上海韵达货运有限公司	物流企业
38	天津东疆国际航运交易市场有限公司	物流企业
39	天津如风达快递有限公司	物流企业
40	天津市天地申通物流有限公司	物流企业
41	天津顺丰速递有限公司	物流企业
42	天津中邮物流有限责任公司	物流企业
43	财付通支付科技有限公司	支付企业
44	网易宝有限公司	支付企业
45	网银在线（北京）科技有限公司	支付企业
46	新生支付有限公司	支付企业
47	易智付科技（北京）有限公司	支付企业
48	支付宝中国网络技术有限公司	支付企业

统计数据

天津市跨境电子商务分税号商品出入境统计表

天津市跨境电子商务分税号商品出入境统计报表见表 2-23。

表 2-23　天津市跨境电子商务分税号商品出入境统计表

（2017 年 1 月 1 日~2017 年 12 月 31 日）

序号	出/入境	业务模式	HS 税号/行邮税号	商品品类	包裹量	金额（元）
1	入境	120010	9619001100	供婴儿使用的尿裤及尿布	4007945	1110731910. 64
2	入境	120010	1901101000	供婴幼儿食用的零售包装配方奶粉	1555563	642180945. 19
3	入境	120010	4014100000	硫化橡胶制避孕套	1268920	200511408. 6
4	入境	120010	2106909090	其他编号未列名的食品	955527	227292012. 42
5	入境	120010	3304990049	包装标注规格为“片”或“张”的其他美容品或化妆品及护肤品	662917	85763312. 38
6	入境	120010	3306101090	其他牙膏	586454	41921207. 03
7	入境	120010	3304990039	包装标注含量以体积计的其他美容品或化妆品及护肤品	547893	58195593. 19
8	入境	120010	1901109000	其他供婴幼儿食用的零售包装食品	439039	64089709. 33
9	入境	120010	1905900000	其他面包，糕点，饼干及烘焙糕饼	431750	58848371. 54
10	入境	120010	3304990029	包装标注含量以重量计的其他美容品或化妆品 及护肤品	350721	33127478. 87

大事记

2017 年 5 月 15 日，天津・日本跨境电子商务对接交流会成功举办，进一步推动了双方跨境电子商务产业合作发展。

2017 年 6 月 18 日，“6・18”电商年中庆，天津跨境电子商务进口订单处理量达到 11. 58 万单，排名全国第六。

2017 年 6 月 26 日，网易考拉跨境电子商务华北分拨中心落户东疆保税港区。

2017 年 7 月 9 日，广州威时沛运天津东疆跨境电子商务公共仓开仓运行。

2017 年 8 月 4 日，网易考拉跨境电子商务华北分拨中心开仓运行。

2017年9月，唯品会落户天津港保税区。

2017年9月25日，天津市商务委员会认定7家跨境电子商务创新试验区。

2017年11月11日，“双11”全天，天津跨境电子商务进口订单处理量突破25万单，较2016年增长4倍，进口销售额达到5270万元。

2017年12月1日，国内最大社区电商平台小红书跨境电子商务北方分拨中心落户东疆保税港区。

2017年12月12日，“双12”天津跨境电子商务订单量再次突破10万单，当日清关率达95%，通关效率进一步提升。

厦门地区

2017年以来，厦门地区克服缺乏跨境电子商务进口试点城市和跨境电子商务综合试验区政策的困难，充分发挥自贸试验区优势，通过建设国际贸易单一窗口“跨境电商公共管理平台”，结合海关特殊监管区域政策，配套地方扶持政策，使本地区跨境电子商务的通关效率和成本达到全国领先水平，跨境电子商务业务也实现了稳步发展。

发展现状

一、厦门市跨境电子商务发展现状

近年来厦门市加快推动跨境电子商务发展，产业要素加快集聚，贸易便利性显著提升，业务模式持续创新，产业规模不断扩大，跨境电子商务产业链和生态圈逐步形成。主要有以下几个特点：

一是跨境电子商务零售进出口实现常态化运营。自2017年3月8日直购进口业务常态开通以来，累计放行5万单，货值2 164.7万元；自2017年3月开通9610一般零售出口业务常态开通以来累计放行25.7万单，货值3 138.1万元。

二是开辟跨境电子商务物流新通道。通过厦台海运快件，开辟“厦门-台湾-北美”物流新通道，已开通3条线路，2017年实现对台海运邮快件1 500个标箱、共467.9万件，增长401.7%；通过中欧（厦门）班列开辟链接“一带一路”的黄金物流新通道，已开通中欧、中亚、中俄三条班列，并成功延伸到台湾及东南亚区域，形成“台湾/东南亚-厦门-欧洲”双向物流新通道，累计已开行229列，共14 404标箱，累计货值35.5亿元。

三是电商海外仓布局有序推进。厦门市邮立达科技、旺集信息、喜孚（厦门）供应链等3家公司先后在美国、俄罗斯建成6个海外仓，总面积达4.3万平方米，为厦门市企业开展跨境电子商务提升效率、降低成本，扩大出口规模。

四是创新跨境电子商务监管模式。有效整合邮件、快件、跨境电子商务商品监管模式，实施“电子申报+电子审单+同屏比对+即查即放”的“四位一体”监管模式，实现合格产品的快速验放，经同屏比对合格商品6秒内通检，实现关检“同台查验、同步放行”，通关“零等待”。

五是出台跨境电子商务扶持政策。出台了《厦门市人民政府办公厅关于促进跨境电子商务发展的若干措施》（厦府办〔2015〕186号）、《中国（福建）自由贸易试验区厦门片区知识产权扶持与奖励办法》（厦自贸委〔2016〕39号），配套制定专项扶持政策，对海运快件，跨境电子商务商标和知识产权、海外仓建设租用、物流费用等给予补贴，兑现跨境电子商务有关扶持资金约3 000万元，使厦门口岸的物流成本达到国内较低水平。

二、平台建设情况

近年来厦门市结合自贸试验区建设，深化改革、积极创新，在国际贸易“单一窗口”基础上建成“跨境电商公共管理平台”，建成多个跨境电子商务产业园区，在海关、检验检疫局等部门的大力支持下，不断完善跨境电子商务促进体系和监管体系。对照“六体系两平台”建设，情况如下：

（一）线上线下“两平台”联动发展

1. 线上国际贸易“单一窗口”

厦门国际贸易“单一窗口”口岸核心业务均实现“一个窗口、一次申报、一次办结”，平台日单证处理量突破11万票，年破3 000万票。“跨境电商公共管理平台”于2016年2月22日正式开通，并入国际贸易“单一窗口”，平台创造性地整合邮件、快件、跨境电子商务等3个业务系统，海关、国检申报监管实现“一点接入，一点输出”，截至2017年，业务流量达到9000万单，邮政、顺丰速运、DHL、UPS等大型物流企业均通过平台开展业务申报。全国率先实现自然人手机APP自主报关，已近2万人注册邮件个人自主报关。

2. 线下“一区多园、各具特色”

全市已建成4个跨境电子商务产业园区，发展形成1个进口商品展示交易群。一是象屿跨境电子商务产业园，建筑面积10.5万平方米，定位为跨境电子商务供应链服务基地，聚合跨境电子商务的通关监管、仓储、分拣配送及商务运营等物流服务功能；已引入电商平台及配套企业40余家，日均流量约10 000票；二期将于2018年下半年正式运营，拟引进跨境电子商务产业链关联企业200多家。二是海沧跨境供应链B2B中心，建筑面积1.8万平方米，采用“前店后仓”的监管模式，建成集产品展示体验、保税暂存、快速出区分拨配送一体的跨境供应链B2B集散中心，拥有进口酒类等商品保税展示销售中心。三是厦门邮政EMS跨境电子商务产业园，建筑面积3.3万平方米，是厦门关区对台邮件、快件集散中心，已开通快件个人物品、9610一般出口业务，基本形成国内领先的邮件、快件、跨境电子商务业务为一体的跨境电子商务进出口物流平台，年处理跨境电子商务类货物5 000多万件，货值近30亿元。四是跨境电子商务（海沧）服务中心，致力于为跨境电子商务企业提供交易、通关、物流、金融等专业服务，以及“招、育、培”的跨境电子商务人才服务，推动入驻企业成长，已入驻14个跨境电子商务创业团队和3个外贸服务商团队。五是进口商品展示交易群。集聚了风信子、保街等30多家规模不等的进口商品保税展示中心，总面积20多万平方米，年交易额达3亿元。

厦门市正在推进建设中的跨境电子商务产业园区有4个。一是自贸区跨境电子商务出口品牌营销中心，通过整合国内外研发设计资源和外贸供应链资源，推出设计服务、品牌孵化、营销服务、知识产权4个公共服务平台。二是大嶝台贸小镇两岸电商园，发挥对台小额贸易政策优势，打造台湾商品O2O交易平台。三是嘉晟跨境供应链产业园，发挥跨境供应链综合服务优势，打造集企业办公、孵化、培训、供应链金融等多功能为一体的跨境电子商务产业园。四是亚马逊跨境电子商务（厦门）产业园，发挥亚马逊作为主流平台优势，吸引跨境电子商务服务商、卖家等聚集，强化亚马逊本土服务能力，提升卖家经营水平，完善跨境电子商务产业链和生态圈。

（二）“六体系”逐步完备

通过线上平台和线下园区的有效联动，初步建立了跨境电子商务信息共享、金融服务、智能物流、风险监测、统计监测、电商信用六个体系，促进跨境电子商务健康加速发展。

一是信息共享体系有效运行。2016年2月22日建成的跨境电子商务公共管理平台，规范申报流程，形成一套系统、一个标准，形成“一次录入、数据共享”的综合系统平台，实现跨部门“信息互换、监管互认、执法互助”。二是金融服务体系不断优化。2017 年 5 月，依托厦门国际贸易“单一窗口”的建设，接入建设银行、中国银行、民生银行等多家金融机构，打通国税出口退税业务的数据通道，提供保证金分段担保、出口退税等多项金融服务，并将服务有效延伸至跨境电子商务公共服务平台。三是智能物流体系初步构建。2017 年运用互联网+智慧物流信息化平台，通过创新应用与系统集成，整合港口物流各环节的信息，衔接物流仓储网络系统，实现港口物流和口岸监管的深度融合和联动监管，实现物流供应链全程可验可测可控，智慧物流平台已成为交通运输部智慧港口示范工程项目。四是风险监测体系运行良好。按照“事前准入备案、事中风险监测、科学快速放行、事后问题追溯”原则，通过企业备案、商品备案、负面清单、风险评估、诚信管理、采信第三方、监督抽查、符合性验证、事中事后监管等方式，打造全流程信息化闭环监管，构建跨境电子商务风险监控和质量追溯体系，实现源头可溯、责任可究、风险可控。五是统计监测体系逐步完善。初步形成针对进出境邮件、快件、跨境电子商务（9610 零售出口、直购进口等）的统计体系，未来将利用平台大数据建立起商品及货物的活跃情况等相关指数信息。六是电商信用体系有序推进。建立厦门电子商务信用评价指标体系，逐步完成电商信用档案库建设，建立电商信用评价发布机制，以及电商领域失信联合惩戒机制。下一步将依托单一窗口提供个人用户对电商平台的质量评价平台，结合平台其他业务的大数据对电商、支付、物流企业建立起跨境电子商务信用评价体系。

三、跨境电子商务模式发展状况

2017 年，厦门跨境电子商务的具体业务模式主要包括：快件个人物品进口（快件），跨境电子商务直购进口（9610），跨境电子商务一般出口（9610），邮政出口小包（e 邮宝、e 特快、出口小包），对台湾地区海运快件，跨境供应链 B2B 监管模式。累计监管快件个人物品进口（快件）224.5 万件，货值 6.45 亿元；跨境电子商务直购进口（9610）5 万票，货值 2 164.7 万元；跨境电子商务一般出口（9610）25.7 万票，货值 3 138.1 万元；邮政出口小包（e 邮宝、e 特快、出口小包）4 013.1万件。直购进口切换海关总署统一版后，业务逐渐步入正轨，一般出口、快件个人物品进口、邮政出口小包增速较快，跨境电子商务出口业务占绝大部分。

配套文件

2017 年 1 月 1 日至 2017 年 12 月 31 日，厦门地区未公开发布与跨境电子商务有关的相关政策、法规、规章文件。

企业名录

截至 2017 年 12 月 31 日，在厦门跨境综合服务平台上注册，并实际展开业务的企业名录见表 2-24。

表 2-24 厦门跨境电子商务企业名录

序号	企业名称	企业类型
1	厦门绵羊抗疲劳垫有限公司	电商企业
2	厦门分形信息科技有限公司	电商企业
3	厦门微卡传媒有限公司	电商企业
4	爱士力（厦门）科技有限公司	电商企业
5	厦门欣维发进出口有限公司	电商企业
6	厦门艾帝尔斯进出口有限公司	电商企业
7	厦门维妮塔进出口有限公司	电商企业
8	飞虎（厦门）聚氨酯制品有限公司	电商企业
9	科瑞信（厦门）信息科技有限公司	电商企业
10	厦门金多厦网络科技有限公司	电商企业
11	厦门欧诚盛贸易有限公司	电商企业
12	厦门铁岩电子商务有限公司	电商企业
13	厦门怡山贸易有限公司	电商企业
14	厦门市和新服饰有限公司	电商企业
15	厦门舜亚科技有限公司	电商企业
16	厦门恒好旅游用品有限公司	电商企业
17	厦门市山升市贸易有限公司	电商企业
18	厦门室全室美工艺品有限公司	电商企业
19	厦门市赛雅歌商贸有限公司	电商企业
20	厦门诚购商贸有限公司	电商企业
21	厦门隆必达电子有限公司	电商企业
22	厦门联祥裕进出口有限公司	电商企业
23	厦门金实远电子商务有限公司	电商企业

表2-24　续1

序号	企业名称	企业类型
24	厦门网胜投资管理有限公司	电商企业
25	厦门俊亿供应链有限公司	电商企业
26	厦门沃德丰贸易公司	电商企业
27	厦门吉信德宠物用品有限公司	电商企业
28	厦门振兆网络技术有限公司	电商企业
29	厦门普维贸易有限公司	电商企业
30	厦门帝锐进出口有限公司	电商企业
31	跨境联盟（厦门）电子商务有限公司	电商企业
32	厦门优铼电子商务有限公司	电商企业
33	厦门好海淘信息技术有限公司	电商企业
34	厦门邻家集市电子商务有限公司	电商企业
35	厦门南尼亚电子商务有限公司	电商企业
36	厦门特沃兹网络技术有限公司	电商企业
37	厦门极科网络技术有限公司	电商企业
38	厦门天牛进出口有限公司	电商企业
39	厦门华帆科技有限公司	电商企业
40	澳多多（厦门）电子商务有限公司	电商企业
41	厦门旺集信息科技有限公司	电商企业

统计数据

2017 年，全市实现跨境电子商务零售进出口 4 799.1 万件，货值 36.6 亿元人民币，增长 18.7%；其中，出口 31.9 亿元，占比 87.1%，增长 9.3%；进口 4.7 亿元，增长 183.4%。主要货物为邮政进出境小包和快件个人物品。

2017 年全年，跨境电子商务纳入统计的一般出口（海关 9610 监管方式）209.9 万元人民币，跨境电子商务纳入统计的直购进口 2 087.1 万元人民币。

大事记

2017年3月，海关总署统一版跨境直购进口商品顺利通关；

2017年3月，正式开通9610一般出口；

2017年10月，组织商务局、自贸委、海关、国税、外汇管理局、电子口岸、邮政等跨境电子商务有关部门和企业，赴杭州市学习调研电子商务发展和跨境电子商务综试区建设经验；

2017年12月6日，举办“2017亚马逊全球开店卖家峰会”，全国近8000名亚马逊卖家和50家电商服务企业参加，400家优质制造商参展。

2018年1月，将“积极争取国家跨境电子商务综合试验区试点、加快发展外贸综合服务等新型贸易业态”写入2018年市政府工作报告。

泉州地区

立足制造业发达、外贸货源充足的优势，2017年，泉州紧抓建设“21世纪海上丝绸之路先行区”、获批设立综合保税区、国际邮件互换局以及国家、省级各类促进跨境电子商务发展的机遇，依托“泉州国际快件监管中心”“泉州跨境电子商务通关服务中心”“泉州国际邮件互换局”“虚拟空港”四大支撑平台，线上搭建泉州跨境通服务平台，实现与海关总署跨境电子商务进、出口零售全国统一版系统对接，形成了完善的跨境服务体系。通过完善泉州跨境通公共服务平台、落地泉州国际邮件互换局（交换站）、落地城市货站项目、优化跨境物流通路、打造泉州市东海跨境电子商务生态圈、积极布局海外仓等举措，推动跨境电子商务快速发展。2017年，依托泉州跨境通平台，泉州跨境电子商务商品报关单量累计563.64万件，同比增长38.42%；累计货重14 683吨，同比增长86.98%，累计贸易额1.68亿美元，同比增长89.91%。

发展现状

一、泉州市跨境电子商务发展现况

（一）出口跨境电子商务

邮快件出口：2017年，泉州国际邮件互换局（交换站）获批落地晋江陆地港二期。泉州国际快件监管中心扩容到10条分拣线、3台大型X光机检测仪，海关总署支持配备一台CT检测仪。泉州国际快件监管中心成为福建省内最大的国际快件业务现场，日均处理量达4.5万件；泉州海关驻晋江办事处增设的快件监管科入驻泉州国际快件监管中心，晋江陆地港通关效率极大提高。

（二）进口跨境电子商务

直购进口：2017年4月，晋江陆地港成功启动跨境电子商务进口直购业务，泉州关区实现零突破。

二、发展目标及取得的成果

1. 发展目标及重点

着力在跨境电子商务贸易市场培育、渠道、物流、通路等环节进行监管模式创新和业务创新，引导、帮助更多的企业在通关便利化条件下开展跨境电子商务进出口业务，争创中国（泉州）跨境电子商务综合试验区。

2. 实施步骤

（1）鼓励纺织鞋服等传统制造业、传统外贸企业、跨境电子商务企业以扩大出口为主攻方向，统筹发展B2B/B2B2C/B2C多模式相结合的产业集群+跨境电子商务模式。对各种方式开展的跨境电子商务，积极创造条件，解决其支付、结汇、仓储和售后服务等问题。在培育壮大跨境电子商务龙头企业的同时，积极引导和鼓励有条件的企业在晋江陆地港等跨境电子商务通关服务试点单位通过正常关检等环节开展业务，做大泉州市跨境电子商务进出口规模。

（2）支持有条件的企业在海关特殊监管区域设立保税仓或建设境外服务网点（海外仓），增加产品竞争力。

（3）建设集跨境交易谈判以及整合商家、物流、支付、结算信息等功能为一体的跨境电子商务公共服务平台，打造泉州市跨境贸易的重要载体。

（4）争创中国（泉州）跨境电子商务综合试验区。

（5）打造泉州市东海跨境电子商务生态圈。

三、平台建设情况

1. 泉州跨境通服务平台

泉州跨境通平台通过整合泉州进出口商贸的基础信息资源，规范电子商务数据标准，搭建数据中心，实现了区位展示功能、信用查询功能、跨境通关解决方案咨询功能及平台对接功能等功能，成功对接出口跨境电子商务9610全国统一版系统及直购进口（BC）全国统一版系统，为广大电商企业、电商平台、物流企业、支付企业、金融企业、监管场所提供电子商务通关、物流、金融相结合的一体化服务，使跨境电子商务交易更为便捷化、阳光化、规范化。2017 年，依托泉州跨境通平台，泉州跨境电子商务报关单量累计 563.64 万件，同比增长 38.42%；累计货重 14 683 吨，同比增长 86.98%；累计贸易额 1.68 亿美元，同比增长 89.91%。

2. 跨境电子商务龙头企业（平台）

（1）家世比家具：是一家通过数字化技术融合供应链管理及全渠道新零售体系开展“环保”“智能”“时尚”家居业务的品牌运营企业，2017 年开始布局线下 O2O 体验中心，主要作为产品展示体验及服务，建立品牌与消费者交互和感知的触点。目前，家世比积累了超 4 000 万用户，服务 100 多家供应链企业及支持 1 000 多名大学生创业。2017 年境内外销售额达 6.5 亿元人民币，其中国内电商销售额 4 亿元人民币，同比增长 60%；纳入海关系统统计的跨境出口电商交易额达 3 000 万美元，同比增长 90%。

（2）新时颖服饰：经营泳装、时尚女裙、连体裤、毛衣、卫衣、大码女装等产品，业务范围覆盖北美、欧洲、亚洲、非洲等 190 多个国家和地区，服务全球超 5 万家 B 端客户，覆盖 Amazon、AliExpress、Wish、Alibaba 等国内外各大平台及自建站卖家。公司拥有中国时尚类前 10 强的独立站批发平台，同时是亚马逊美国女装销售的前三大卖家，旗下 DOKOTOO 品牌获得亚马逊 2017 年致胜奖，是中国区内唯一获得此殊荣的服装品牌。目前在厦门、广州、成都设有分公司。

3. 跨境电子商务通关服务试点

（1）泉州综合保税区：目前是泉州地区唯一国家级海关特殊监管区域，是本地区发展外向经济的政策集聚地及复制自贸区政策的重要载体。2017 年，泉州综合保税区率先推广实施福建自贸区“关检‘监管互认’”、进口酒类定制贴标监管模式等 17 项措施。同时，强化关检合作，包括关检“监管互认”、“互联网+保税展销”模式 2 项。其中关检“监管互认”中，海关与检验检疫部门强化协作，对特定商品、高资信企业互认对方查验或检验检疫结果和数据，推进口岸查验部门“一次申报、一次查验、一次放行”，有效提升通关速度，降低企业成本。此外，优化对台湾地区的服务，包括允许台湾同胞凭台胞证申请报检人员备案 1 项；对从事进出口贸易的台湾创业人员，凭台胞证申请报检人员备案，方便其自主从事进出口报检业务。在 2017 年泉州综合保税区招商推介会上，福建中通快递有限公司、深圳市万科物流管理有限公司、中铁互联（天津）供应链管理有限公司、双桥（泉州）有限公司、福建聚酒会酒业有限公司、福建豪山节能材料科技有限公司等 7 个项目正式签约，总投资达 9.5 亿元人民币。

（2）晋江国际陆地港：晋江陆地港启动了“泉州跨境电子商务通关服务中心”“泉州国际快件监管中心”“泉州国际邮件互换局”三大中心的建设和运营，承接了泉州开展跨境电子商务通关服务的试点工作，通过与海关总署跨境电子商务零售出口全国统一版的对接，帮助跨境电子商务出口企业实现阳光通关、退税和结汇。目前，陆地港为外贸企业提供一般出口、直购进口、邮快件形式进出口等多种跨境电子商务进出口模式。

四、各园区的对比发展情况

1. 泉州东海跨境电商生态圈

把泉州东海跨境电商生态圈建成以“互联网+中国制造+自主品牌国际化”为主要特征，以“产业基础+品牌化提升”为核心竞争力，以“多维度物流通关+综合服务体系”为重要支撑的全国性 B2B，B2C 出口、B2B2C 进口跨境电子商务的示范区域。在此基础上，建设泉州东海跨境电子商务运营服务中心、产品供应链服务中心、金融服务中心、物流仓储服务中心、大数据信息中心、创新创业中心等“六大中心”，建立上下游供应链深度融合的跨境电子商务全产业链，打造跨境电子商务可持续发展、良性循环的产业生态圈。

2. 晋江跨境电商洪山园

充分依托晋江货源产地、交通区位、服务配套、政府扶持等优势，培育“生产—交易—支付—通关—结汇—退税”一体化的跨境电子商务生态闭环和“物流—人才—金融—中介”配套完善的电商服务体系，打造“三万平方场地，百家企业入驻，三千人才聚集的全省最大跨境电子商务产业园和一站式产业链平台”。

3. 晋江婴童产业文创园

集快乐年华儿童体验乐园、婴童品牌展示中心、电商集成中心、研发创意设计中心、人才孵化基地、青年创业中心、仓储物流中心等为一体的婴童用品文创产业园。

4. 晋江陆地港跨境电子商务产业园

由“线上平台+线下园区”两部分组成。线上平台即跨境电子商务通关服务平台、跨境电子商务综合服务平台，线下园区包含泉州国际邮件互换局、泉州跨境电子商务通关服务中心、泉州国际快件监管中心、南航（晋江）城市货站、跨境电子商务创业孵化基地、多温层冻库和国际商品展示交易平台、电商仓库。线上线下两者共同形成晋江富有竞争力和生命力的跨境贸易电子商务生态圈。

5. 丰泽华大电子商务产业园

专注于发挥和展示丰泽区的省级电商核心示范区、“泉州之心”的综合优势，促进丰泽区电商的大发展。规划占地 29 万平方米，规划改造百幢旧工厂厂房、建筑面积 36 万平方米，主要业态包括本土电商产业带、跨境电子商务、县域电商、电商分销云数据、及电商综合配套服务等。园区设立了“12345”的战略目标，即专注于建设一个全产业链/复合型的电商专业园区。园区优势：园区定位清晰，发挥综合优势做全产业链电商园区，聚集电商发展的全要素；电商人力资源优势突出，依托华侨大学、泉州师范学院等周边院校的本地最丰富、年青的人力资源，人员电商从业意愿强；周边物流、快递密集，交通便利发达，辐射能力强，园区内聚集了盛辉物流、邮政小包、韵达等约 60 余家物流快递企业，为园区乃至为全市提供物流快递服务；辐射能力强，周边生产企业特别是外向型生产企业密布，园区能为 1~80 千米内的泉州生产型、外贸型企业提供对接服务。

6. 石狮跨境电商网批中心

由石狮市商务局引进的石狮万领跨境电子商务网批中心是由海西电商园与福建万领跨境电子商务产业园共同投资建设，项目分为二期，一期建筑面积 3.5 万平方米，总投资超 2 亿元人民币。在国家“一带一路”倡议的大好形势下，依托泉州市外贸产业基础，重点培育和扶持 B2B、B2C 电子商务应用示范中小企业基地集群，形成跨境电子商务网上批发聚集总部区，主要规划建设有六大功能平台：国际服装网批中心、电商营运中心、电商中小型卖家市场、综合配套服务中心、青年创客服务中心，让石狮品牌通过“石狮跨境网批中心”迅速成长为国际化品牌，加强石狮的国际知名度和竞争力，助力石狮外贸走向全球化。

7. 石狮国际服装网批中心

2017 年园区档口交易额超亿元的品牌达 80 多个。与阿里巴巴、淘宝、天猫、京东、苏宁、当当、亚马逊、飞牛网、蘑菇街等一线知名平台成为战略合作伙伴并组织了 86 场线下专场培训会，培训会总惠及人数达 8 万人次。现共有品牌超 4 000 个，日平均 UV3 万，SKU500 多万个。经过近几年的发展，园区先后被授予“石狮市巾帼创客孵化中心”“福建省省级小微企业创业基地”“泉州市妇女创业就业基地”“福建省巾帼众创空间示范基地”“泉州市电子商务示范园区”“福建省互联网孵化器”“福建省高校毕业生创业孵化基地”等荣誉称号。

五、招商引资条件

1. 产业基础雄厚

泉州市货源丰富充足，产业集群数量居福建省第一位，是全国重要的先进制造业基地，五大传统产业（纺织服装、建筑建材、工艺制品、食品饮料、机械制造）和五大新兴产业（石油化工、电子信息、汽车零配件、海洋生物、修造船）具有比较优势，为跨境电子商务的发展提供充足货源。

2. 电子商务发展迅猛

据不完全统计，2017 年全市电商交易总额预计超 4 000 元，比增 42%；截至 11 月全市网络零售额 1 006.4 亿元，比增 36.5%，占全省 46.1%；泉州跨境通公共服务平台累计贸易额 1.53 亿美元，比增 109.5%。安溪县获批 2017 年国家级电子商务进农村综合示范县，讯网科技、九牧厨卫、家世比家具三家企业入选 2017—2018 年度国家电子商务示范企业。2017 年度淘宝村（镇）数量分别达到 126 个、16 个，占全省 82.6%、66.7%，淘宝村数量全省第一、淘宝镇数量全国第二。

3. 跨境电子商务多元化发展

一是跨境电子商务运营多元化。部分电商已实现 eBAY、AMAZON、速卖通、敦煌网等全网营销，另有规模较大的跨境电子商务出口企业自建销售平台，实现销售平台多元化；产品涉及服装、食品、箱包、鞋类、对讲机、家电等几十个品类，实现销售商品多元化；出口范围覆盖欧美、南美、东南亚、中东等多个国家和地区，实现销售区域多元化。

二是跨境电子商务进出口业务模式多元化。充分发挥泉州综合保税区、晋江陆地港省级试点优势以及、家世比家具、新时颖服饰等龙头企业的作用，通过线下集聚产业园区、监管中心等各类实体资源，线上以“互联互通”为抓手和突破口，加快跨境电子商务综合服务平台建设，通过邮快件出口、9610 零售出口、跨境 B2B 出口结合海外仓出口等多种模式，助力企业借力跨境电子商务开拓海外市场。

4. 综合配套体系完善

一是园区方面：泉州已建成泉州市网

商（虚拟）产业园、晋江洪山跨境电子商务园、石狮（海西）纺织服装电子商务园、丰泽区领SHOW天地电子商务产业基地、德化陶瓷电子商务园区等23个电子商务园区（基地），园区总面积超过280万平方米，入驻企业近万家，弘桥智谷（泉州）电商产业基地和德化电子商务产业园等2个基地（园区）被认定为国家级示范基地。建成全省第一个网商虚拟产业园——泉州市网商（虚拟）产业园，泉州市网商（虚拟）产业园，已入驻商业主体11 701家，比2016年同期增长了43.22%，各项配套服务深入开展，产业园内的蕃薯创客获评省级众创空间，创客咖啡厅于2017年初正式投入使用，至今已举办项目路演、创业沙龙、投融资讲座等20场创新创业活动。

二是物流设施方面：泉州拥有多式联运立体化的物流体系，涵盖了航空口岸、海港口岸、国际陆地港、国际快件监管中心、跨境电子商务监管中心、出口加工区等物流渠道。

三是通关平台方面：已建成泉州跨境通服务平台。跨境通为电商企业、电商平台、物流企业、支付企业、金融企业、监管场所和各口岸相关部门提供全方位的跨境电子商务公共服务。平台具备服务功能：数据交换、区位展示、信用查询、跨境通关解决方案咨询、平台对接。

配套文件

《泉州市电子商务产业发展路线图》（泉政办〔2016〕24号）、《泉州市电子商务发展三年行动方案（2016～2018）》（泉政办〔2016〕50号）、《泉州市加快电子商务发展若干措施》（泉政办〔2016〕51号）及《泉州市人民政府办公室关于印发〈2017年泉州市进一步推动电子商务发展若干措施〉的通知》（泉政办〔2017〕91号）等文件。

2017年泉州市进一步推动电子商务发展若干措施

为进一步推动电子商务发展，根据我市电子商务发展的新情况新特点，在《泉州市加快电子商务发展若干措施》的基础上，制定如下措施：

一、打造一批重点电子商务平台

（一）加大泉州跨境通等电子商务公共服务平台建设力度，建立健全信息服务、通关服务、数据监测、信用查询等一站式公共服务体系。对公共服务平台运营主体按照平台年度新增投资额（含：建设改造、系统开发、软件购置、设备投入、运营维护等）进行补助，最高不超过50万元。

（二）鼓励各县（市、区）依托我市产业优势，重点打造纺织服装、鞋业、建材家居、食品饮料、水暖卫浴、陶瓷树脂工艺品等领域的行业垂直电商平台，推动“生产基地+电商”生态圈发展。对与产业结合紧密、发展潜力大、对产业转型升级推动作用明显的行业垂直电商平台及泉州购全渠道供货平台进行补助，补助资金不超过平台建设投资的50%，单个平台最高不超过100万元。

二、加大力度发展跨境电子商务

（三）支持泉州综合保税区、晋江陆地港等跨境电商通关服务试点单位投资配套分拣设备及监管设施。对于为超过10家跨境电商经营企业提供跨境电商通关服务的，根据实际投入金额50%给予补助，最高不超过100万元。

（四）支持有实力的跨境电子商务企业面向“海丝”沿线国家和地区开展营销推广。企业从事跨境电子商务业务的，以统一纳入海关统计出口额的B2C或B2B2C数据为依据，享受相关政策。对支付EMS、邮政小包、UPS等国际物流费用达200万元以上的跨境电子商务企业，给予最高不超过20万元补助。

（五）鼓励有条件的跨境电子商务企业布局海外仓、边境仓，建设物流基地。利用我市海外华人华侨资源优势，结合侨商开设的餐饮店、超市等实体店，推动建设“前店后仓”式O2O交易展示店。对企业建设跨境电子商务海外仓，仓储总面积在2 000平方米以上的，根据其仓储面积、功能配置、信息化建设等情况，对企业海外仓场地购置租赁、仓储设施扩容升级等费用，按照不超过年新增投资额20%给予支持，单个企业最高不超过30万元。

（六）加强跨境电商品牌培育，对在境外注册自有商标，并有跨境电子商务业绩的企业，给予不超过注册费用80%的一次性资金扶持，单个企业最高不超过20万元。

（七）鼓励企业进行国际认证，对产品通过国际认证、具有联合国标准产品与服务分类代码，并有跨境电子商务业绩的企业，按相关认证服务费用的80%给予一次性资金扶持，单个企业最高不超过20万元。

三、培育一批电商龙头企业

（八）支持企业开展新零售，对上一年度网上年销售额突破1亿元、企业线上销售总额占全年总销售额15%以上的老字号、中国驰名商标、“三品一标”和传统商贸流通等企业（通过网上支付工具结算金额），给予最高不超过20万元奖励；对上一年度网络年销售额突破5 000万元、企业线上销售总额占全年总销售额50%以上的网络零售品牌企业，给予最高不超过20万元奖励。

（九）鼓励电商企业做大做强，对于新获批国家级电商示范基地（园区）及企业的，分别给予一次性不超过100万元、50万元奖励；对全年电子商务交易额首次超过3亿、5亿、10亿的企业给予一次性不超过10万、20万、30万元奖励；对国际排名100强或国内排名50强电子商务企业在泉州注册设立全国性/区域总部（独立核算），经营满1年的，分别给予一次性20万元奖励。支持电商企业在境内外资本市场上市、场外市场挂牌融资，发行企业债券、公司债券、中期票据、短期融资券等直接债务融资工具融资，拓宽融资渠道，增强企业核心竞争力。引导市产业股权投资基金及子基金、创业投资、股权投资、创业投资基金、社会资本重点投资于我市电商企业。

四、促进电子商务集聚发展

（十）支持专业市场电子商务应用升级，对于依托实体网点、货源、配送等商业资源开展“线上市场”与“线下市场”良性互动的传统专业市场（或大型商超零售商），给予最高不超过20万元奖励。

（十一）重点支持构建电商产业生态、配套完善、特色明显的电子商务产业园区建设。对区域内电子商务企业及上下游相关企业相对集中、与所在地优势产业需求紧密结合、建筑面积超过3万平方米、入驻企业50家以上的园区，认定为市级电子商务示范园区，并按园区年度新增投资额30%给予补助，最高不超过30万元。

（十二）探索建设东海跨境电商生态圈，打造泉州跨境电商营运服务中心、产品供应链服务中心、金融服务中心、物流仓储服务中心、大数据信息中心、创业创新中心，对完成年度建设任务的，按照年新增投资额50%给予支持，最高不超过100万元。

五、进一步培育电子商务服务业

（十三）对为电子商务企业提供平台开发、物流仓储、代运营、分销应用、广告设计、网络推广、拍摄等服务，年服务合同总金额超过500万元的电子商务服务企业，每家给予最高不超过25万元奖励。

（十四）对取得中国人民银行《支付业务许可证》的第三方支付平台在泉州设立全国性总部，正常经营满1年的，一次性给予30万元奖励。

六、大力发展农村电子商务

（十五）对通过自营或第三方平台销售我市农产品，网上年销售额分别超过3 000万元的B2C企业和5 000万元的B2B企业，给予最高不超过20万元奖励。培育、认定一批特色凸显的“电商乡（镇）”“电商村（社区）”，分别给予10万元、5万元的奖励。

七、推进电子商务应用创新

（十六）开拓电子商务在旅游业、文化创意、社区服务、远程教育、家政养老等领域的应用，对于在商业模式、企业管理、技术研发、推进应用等方面有独特创新优势、具有自主知识产权且网上年交易额超过3 000万元的电商应用创新项目，一次性给予最高不超过20万元奖励并进行示范推广。

八、支持泉台电子商务合作

（十七）对于新设立的泉台电子商务合作项目，给予5万元的开办费补助；对开展泉台跨境电子商务展会活动，按其实际发生费用的20%给予补助，单项最高不超过25万元。

九、营造电子商务发展环境

（十八）大力推进国家电子商务示范

城市创建，安排一定资金用于创建验收相关准备工作。发挥电子商务顾问组的作用，深化与国家电商专家咨询委员会联系、交流与合作，开展相关法规政策研究、重大工程的过程评估及相关咨询指导、培训等工作。建立健全政策促进体系、统计指标体系、运行监测系统、电商项目评估体系、信用体系、区域性标准体系等，加强电子商务基础设施和交易保障设施建设，确保创建工作有序进行。

（十九）加强电子商务人才培养，充分发挥电商协会、教育科研机构作用，对于市商务局通过购买服务等方式委托第三方专业机构开展电商人才公益培训、电子商务主题沙龙或大型电商（跨境电商）峰会的，按照项目实际发生费用（含策划、组织、宣传、印务、讲师聘请等费用）给予补助，单个项目最高不超过 20 万元。大力引进电子商务高端管理人才，对于注册地在泉州的电子商务企业引进高级管理人才、高端营运人才、核心技术人才，参照《中共泉州市委 泉州市人民政府关于实施人才“港湾计划”的若干规定》（泉委发〔2017〕6 号）规定执行。

（二十）加强电子商务公共宣传推介，每年安排一定资金用于开展电子商务政策宣讲、“电子商务在行动”系列报道等活动，加大对国家电子商务示范城市建设、电子商务基础知识、扶持政策、商业创新模式、示范企业、成功案例等的宣传力度，营造良好的电商发展氛围。组织电子商务创业创新大赛，对评选的示范项目给予奖励。

十、有关事项

（二十一）根据《泉州市人民政府办公室关于印发〈泉州市加快电子商务发展若干措施〉的通知》（泉政办〔2016〕51 号）规定，2017 年市财政安排 2 000 万元作为电子商务发展专项资金。各县（市、区）人民政府、泉州开发区、泉州台商投资区管委会要根据各自实际情况，制定相应配套扶持措施。

（二十二）本措施有效期 1 年。由市商务局负责解释，并应当会同市财政局按照“公开透明、程序规范、便于操作、注重绩效”的原则制定具体管理规定。

企业名录

截至 2017 年 12 月 31 日，在泉州综合服务平台上注册，并实际展开业务的企业名录见表 2-25。

表 2-25 泉州跨境电子商务企业名录

序号	企业名称	企业类型
1	泉州时颖服饰有限公司	电商企业
2	哥登尼（泉州）服饰发展有限公司	电商企业
3	纽仕达（泉州）建材有限公司	电商企业
4	泉州市三星消防设备有限公司	电商企业
5	晋江嘉年华婴儿用品有限公司	电商企业
6	福建省一范网络科技有限公司	电商企业
7	至尊宝（福建）网络科技有限公司	电商企业
8	泉州布吉米网络科技有限公司	电商企业
9	文创科技股份有限公司	电商企业
10	泉州市驰尔达电子通讯有限公司	电商企业
11	格来德（福建）纺织科技有限公司	电商企业
12	福建省德化县云图信息技术有限公司	电商企业
14	泉州市商雄电子商务有限公司	电商企业
15	泉州利荣包袋有限公司	电商企业
16	泉州匹克鞋业有限公司	电商企业
17	泉州七二零电子商务有限公司	电商企业
18	泉州乾盛贸易有限公司	电商企业
19	泉州火鸟电子商务有限公司	电商企业
20	泉州龙鹏集团有限公司	电商企业
21	福建一马商贸有限公司	电商企业
22	泉州市勾勾手电子商务有限公司	电商企业
23	泉州市数格电子商务有限公司	电商企业
24	泉州市贝多立电子商务有限公司	电商企业
25	泉州新兴达服装饰品有限公司	电商企业
26	南柏万（泉州）进出口有限公司	电商企业
27	福建省晋江康雅鞋服有限公司	电商企业
28	泉州悍风创投电子商务有限公司	电商企业
29	泉州福恒进出口贸易有限公司-	电商企业
30	福建省泉州万龙石业有限公司	电商企业
31	泉州乐恺鞋业有限公司	电商企业

表2-25 续1

序号	企业名称	企业类型
32	福建省万华电子科技有限公司	电商企业
33	泉州奇龙物流有限公司	电商企业
34	福建省梅丰金属制品有限公司	电商企业
35	福建陆地港集团有限责任公司	服务商
36	中国邮政速递物流股份有限公司泉州市分公司	物流类企业

统计数据

2017 年，依托泉州跨境通平台，泉州跨境电子商务商品报关单量累计 563.64 万件，同比增长 38.42%；累计货重 14 683 吨，同比增长 86.98%，累计贸易额 1.68 亿美元，同比增长 89.91%。

一、晋江市跨境贸易电子商务服务试点进口业务报表

晋江市跨境贸易电子商务服务试点进口业务报表见表 2-26。

表 2-26 晋江市跨境贸易电子商务服务试点进口业务报表
（2017 年 1 月 1 日~2017 年 12 月 31 日）

区域	时间	验放清单（万票）	消费者（人）	货值（万美元）	增长率（%）	税款（万元）	上线商品种类（个）	商品种类（进口量前五位）	备案电商企业（个）	上线企业（个）
晋江陆地港	2017 年	514.2		16249.32	114.65	2292	奶粉、保健品、服装鞋帽	奶粉、保健品、服装鞋帽	35	20

二、晋江市跨境贸易电子商务服务试点出口业务报表

晋江市跨境贸易电子商务服务试点出口业务报表见表 2-27。

表 2-27 晋江市跨境贸易电子商务服务试点出口业务报表

（2017 年 1 月 1 日~2017 年 12 月 31 日）

区域	时间	验放清单（万票）	消费者（人）	货值（万美元）	增长率（%）	税款（万元）	上线商品种类（个）	商品种类（出口量前五位）	备案电商企业（个）	上线企业（个）
晋江陆地港	2017 年	49.43		510.77	-59.31	0	服装鞋帽	服装鞋帽	35	20

大事记

2017 年 5 月 18 日，《泉州市人民政府办公室关于印发〈2017 年泉州市进一步推动电子商务发展若干措施〉的通知》（泉政办〔2017〕91 号）正式印发；

2017 年 7 月 3 日，海关总署和国家邮政局先后复函，同意在泉州设立国际邮件互换局兼交换站。

2017 年 8 月 1 日，南航（晋江）城市货站正式启动，将有效解决晋江、厦门等地国际货运航线不足问题。

2017 年 8 月 21 日，安溪县获批 2017 年国家级电子商务进农村综合示范县。

2017 年 8 月 28 日，2017 年电商节正式启动。

2017 年 9 月 3 日，讯网科技、九牧厨卫、家世比家具三家企业入选 2017—2018 年度国家电子商务示范企业。

2017 年 9 月 9 日，泉州市跨境电子商务周年庆。

2017 年 9 月 20 日，首届泉州电商创业创新大赛开赛。

2017 年 9 月 28 日，阿里巴巴华南大区第二季新外贸人挖掘评选总决赛开赛。

2017 年 11 月 11 日，据不完全统计，“双 11”当天泉州市网络零售总额 67.80 亿元，同比增长 36.7%。其中，在天猫平台上泉州市销售额为 25.9 亿元，全省占比 30.9%。泉州快递业务量 836 万件，较去年同期增长 44.4%，每秒收寄近 100 件，全省占比 58.3%。

2017 年 11 月 17 日，阿里研究院公布 2017 中国淘宝村及淘宝镇初步名单，泉州市淘宝村数量达 126 个，同比增长 85.3%，占全省（189 个）66.7%，数量位居全省第一；淘宝镇数量 16 个，同比增长 60%，占全省（24 个）66.7%，与浙江金华并列全国第二位。晋江是我省最大的淘宝村集群。

2017 年 11 月 20 日，2017 泉州跨境电子商务峰会召开 。

2017 年 12 月 1 日，福建陆地港集团总经理李子兴荣获“2017 年度跨境电商行业十大领军人物”称号。

2017 年 12 月 15 日，举办全省规模最大的供销对接会。

2017 年 12 月 20 日，南航厦门营业部携其合作的国贸、华贸、高捷、永进等多家货运代理以及卡航公司一行赴晋江陆地港探讨南航（晋江）城市货站 2018 年发展计划。

申通快递
express

申通快递股份有限公司

申通快递品牌初创于1993年，二十多年来，我们致力于民族品牌的建设和发展，立足传统快递业务，统筹推进智能化仓储、集约化运输、自动化分拣、密集化末端、数据化运营“五位一体”的总体布局，深耕快递主业，拓展快运、国际、金融、数据、供应链业务，实现“六大版块”多元发展和转型升级，打造新一代智慧物流体系取得了明显成效。截至2018年1月，公司拥有独立网点及分公司1899家，服务网点及门店20000余家，乡镇网点15000余家，直属与非直属转运中心及航空部90余个，从业人员超过30万人。

我们积极推行“走出去”战略，构建“申令天下，通达全球”的服务理念，积极主动对接海外市场，整合全球资源，打造跨境电商综合服务平台，完善全球供应链服务体系。截至2017年底，申通国际快递业务覆盖海外23个国家和地区，累计开拓超过70个海外网点。同时，我们还积极响应国家“一带一路”倡仪，先后与俄罗斯、匈牙利、新加坡、泰国等国家展开合作，致力于打造航空、仓配和信息化一体的快递网络新布局。

申通国际

目前，申通海外网点已遍布：美国、尼泊尔、韩国、日本、英国、荷兰、泰国、马来西亚、加拿大、新西兰、匈牙利、芬兰、阿联酋、德国、蒙古国、俄罗斯、越南、法国、丹麦、西班牙、澳大利亚等国家及地区。

申通快递有限公司　上海市青浦区北青公路6598弄25号　客户服务热线：95543

汇付天下 汇付天下有限公司

Huifu Limited

我们的实力

OUR ACHIEVEMENTS

服务小微商户的独立第三方支付服务商

2780万个
个人账户

580万家+
小微商户

汇付天下

超1万亿元
2017年支付交易额

超4000家
垂直行业公司

超1500家
互联网金融公司

成为全球支付和金融科技服务提供商

我们的合作伙伴

OUR PARTNERS

中国银联 China UnionPay　网联清算有限公司 NETSUNION CLEARING CORPORATION　上海跨境电子商务公共服务平台 单一窗口

中国工商银行　中国农业银行　中国银行 BANK OF CHINA　中国建设银行 China Construction Bank　交通银行　上海银行 Bank of Shanghai

中国南方航空 CHINA SOUTHERN　中國東方航空 CHINA EASTERN　AIR CHINA 中国国际航空公司　JUNEYAO AIR 吉祥航空　山东航空公司 SHANDONG AIRLINES

Ctrip 携程　去哪儿? Qunar.Com　同程旅游 LY.com　途牛 tuniu.com　YTO 圆通速递 YTO EXPRESS　韵达

mix　EYE 爱尔眼科　ARRAIL 瑞尔　Longre 朗阁　中国航信 TravelSky

阿里云　腾讯云　pingpong　YKS　AUKEY

我们的优势
OUR ADVANTAGES

多元丰富的销售渠道

- 1800家第三方ISO机构
- 专注行业的KA直销团队
- SaaS服务商

集成高效的运营平台

- 自动化商户审核、交易路由及实时结算
- 80%的客户问询由智能客服处理
- 统一且可扩展、可交叉营销的平台

科技驱动的研发能力

- 超40个商业化技术系统开发
- 超千亿条可结构化分析的信息
- 2017年度研发费用超亿元

全面稳健的风险管理

- 专业化委员会负责规划管理
- 自动化实时监控并有效拦截可疑交易

出口电商支付解决方案
PAYMENT SOLUTION FOR EXPORT E-COMMERCE

为中国跨境出口电商提供跨境支付解决方案，包含结汇、代发等一系列服务支持，
使得国内出口卖家的海外经营款项能快速结算至其境内账户或供应商账户；

跨境结汇适用行业： *货物贸易（电子商务），机票，酒店，留学教育；*

人民币入境适用行业： *货物贸易，机票，酒店，留学教育，软件，物流，会议营销等；*

快速结汇
使资金结算更高效，
有效降低出口商户的资金压力

八大外币/人民币跨境结算
CNY/USD/HKD/JPY/GBP
SGD/CAD/AUD/EUR

资金安全保障
稳定银行合作，资金通道稳定高效

代发到账快
支持T0、T1款项到达对私账户
支持T1款项、部分T0款项到达对公账户

境内账户高度支持
支持99%以上的境内收款账户

进口电商支付解决方案
PAYMENT SOLUTION FOR IMPORT E-COMMERCE

向跨境进口电商企业提供集聚合支付、海关数据报送、跨境购汇等综合一站式服务解决方案，
中国消费者可以使用人民币方便地购买国外的商品与服务；

跨境购汇适用行业： *货物贸易（电子商务），机票，酒店，留学教育；*

人民币出境适用行业： *货物贸易，机票，酒店，留学教育，软件，物流，会议营销等；*

八大外币/人民币跨境结算
CNY/USD/HKD/JPY/GBP
SGD/CAD/AUD/EUR

实时商户后台
资金状态一目了然，
交易数据实时反馈

值得信赖的服务保障
风控系统成熟，有效降低企业风险

聚合支付网关
支持B2C网关、快捷支付、微信、支付宝，
支持线上大额交易，
同时支持PC与移动端

海关数据申报
广州/深圳/宁波/杭州/青岛
天津/苏州/长沙/上海/南宁
福州/重庆/郑州……

资金管理高效
T日提交购汇申请，最快2小时到账

杭州多拉供应链有限公司创立于跨境保税政策落地之始，投资金额达一亿零九百万元，杭州仓储运营面积达44300平方米，公司以保税备货、集货直邮的进出口通关仓配服务为基础，致力于成为一家为跨境进口电商提供高效仓储、搭建清关通道的高新技术型跨境综合服务商。

多拉的企业定位

专注于为进出口贸易商提供综合服务，因为专注，所以决不从事贸易方面的业务。

- 通关仓配
- 技术研发
- 渠道对接
- 供应链金融
- 公司管理
- 多维度数据分析

多拉的核心企业价值观是培养**敢拼敢当的高质量人才**，

以人为本，不断优化团队协作，并以此给客户带来**高效且稳定的企业服务**。

多拉的初创：砥砺前行的三年

杭州多拉供应链有限公司成立 3 年以来发展迅速，步步为营，成绩斐然：

2015 年 9 月，公司创立并入驻下沙保税区；

2016 年 3 月，初步建立香港仓；

2016 年 8 月，面积达 4.4 万平方米的新仓库在下沙保税区内开始建设，于次年年初投入运营；

2017 年 2 月，自主研发的综合系统投入使用，并本年服务商家年销售额达数十亿（RMB）；

2017 年 3 月，成为获得“跨境宠物食品指定检疫监管场所”资质的五家试点企业之一；

2017 年 8 月，被授牌成为中国出入境检验检疫协会跨境宠物产业联盟常务理事单位之一；

2017 年 11 月，成为重庆渝欧、杭州海拍客（杭州洋驼网络科技有限公司）等电商企业的华东地区指定服务仓；

2017 年 12 月，与浙江物产云商签订通关仓配合作备忘录；

2018 年……

为什么选择多拉？
高效　高效　高效

杭州多拉供应链有限公司

多拉的未来：厚积薄发的三年

携手发展中电商企业突围的三年，成为综合跨境通关仓配解决方案供应商。

- 建立舟山及成都分公司，并设立分仓；上线香港发往内地的一体化、港车直达物流专线（集货直邮清关），丰富香港当地仓配运营服务。至此，我们将形成以香港为支点，辐射华东、华西、华南，并覆盖全国大部分地区的服务网络，为我们的顾客提供更便捷、更多样化的进出口通关解决方案服务。
- 突进智能仓建设及运营。规划投入 3000 万元进行软硬件的全智能仓研发工作，组建高效稳定的产品及技术研发团队，在高效低耗能仓配上发力。
- 深度延伸“全网通”项目。为企业提供一仓发货全渠道，尽已所能帮助企业大幅度提高工作效率，减少企业运营成本，有效实现对采购、销售等方面的数据分析，为企业提供运营决策依据。

多拉的愿景

成为国内跨境供应链综合服务商，致力于为跨境进出口贸易企业提供高效稳定的通关仓配及其他综合延伸服务。

公司官网：http://www.doorsupplychain.com

公司联系电话：0571-86870713　　电话：13858124548

公司地址：浙江省杭州市下沙区海关进出口加工区内 17 号大街与 14 号大街交叉口（杭州境仓物流科技大楼）

易票联支付™

跨境电商解决方案
（一站式服务平台 打造跨境电商生态链）

易票联支付有限公司以支付为核心，为跨境电商搭建集跨境采购、订单支付、电子通关等服务于一体的一站式平台，为跨境电商提供综合支付解决方案，让跨境贸易安全、高效。

支付&电子通关服务&跨境结算

- **支付**：多元化的收款方式，让收款更简单、快捷。
- **电子通关**：自动化的支付订单海关传送服务，协同订单、运单实现三单合一，帮助商家快速通关。
- **跨境结算**：商户收款后，将资金跨境结算给供应商。

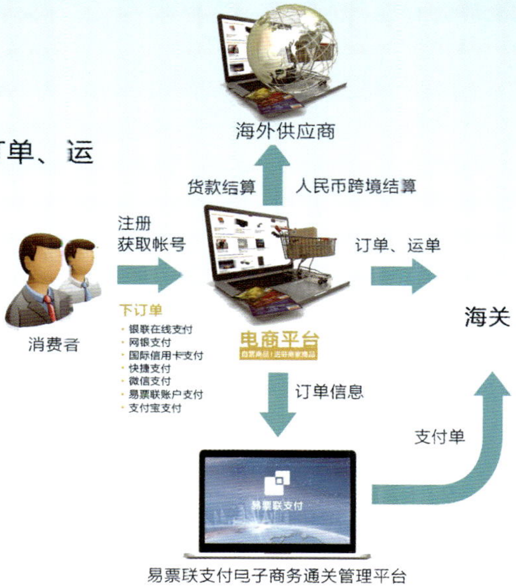

人民币跨境结算优势

- **节省成本**：有效规避汇率风险,节省多次外币兑换成本。
- **快速到账**：在线平台操作，缩短结算周期，提升资金使用效率。
- **安全合规**：人民银行许可的跨境贸易人民币支付业务试点单位，业务合规，安全放心。
- **双向汇款**：入境，支持资金从境外汇入境内；出境，支持资金从境内汇至境外。

资质认证

中国人民银行许可支付机构
跨境贸易人民币支付业务许可机构

VISA认证服务商

中国银联成员机构

非金融机构支付业务设施技术认证

国际安全标准委员会系统安全认证

万事达卡国际组织成员机构

中国支付清算协会
金融科技专业委员会成员单位

苏宁海外购

是苏宁旗下国内专业跨境电商平台，以“满足和提高国内消费者品质生活需求”为愿景，致力于为消费者提供更多样、更潮流、更高品质的海外生活方式和优质商品，主要涵盖美妆、母婴、家居日用、食品保健、服饰箱包、潮流3C等多种类目。

目前，苏宁海外购完成对美国、日韩、澳洲、欧洲等地区的供应链覆盖，业务覆盖日本、美国、韩国等多个国家和地区，并开设了日本馆、韩国馆、欧洲馆等海外购频道。苏宁海外购拥有多个海外仓和国内保税仓，与品牌方合作，深入品牌原产地，从源头保证产品质量。

▶ 海外购国内保税仓

苏宁海外购已经与全球百家供应商达成品牌合作协议，包括美妆品牌LG、美迪惠尔、JayJun、城野医生，澳洲保健品品牌Swisse，母婴品牌爱他美、诺优能、牛栏、A2、惠氏、美赞臣、美素佳儿、雀巢、嘉宝、挪威小鱼等，取得品牌官方授权。

苏宁海外购自成立之日起，就承诺提供“海外正品保障、海外直供、国内退货”，保障消费者“购正、购潮、购快、购省”。对此，苏宁海外购还提供“假一赔十”“30天无忧退”“贵就赔”“超时赔付”等服务，其中，“30天无忧退”更是区别于国内其他同类电商平台，旨在让消费者更加放心、宽心、省心地购物。

上海大誉国际物流有限公司

中通国际是中通快递集团的国际分支机构，全权负责所有国际业务。中通国际在上海、深圳和香港设办事处，专注于通过高度可扩展的网络提供及时可靠的服务。作为中通快递的国际窗口，中通国际专注于转运业务，持续加强基础设施建设，提供全轨迹跟踪、查询和资源调度服务，确保服务质量。2017年，中通国际的总收入达到14亿元人民币。

中通国际作为一站式服务商，提供多供应商管理、仓储与配送、跨境解决方案、最后一公里配送、逆向物流管理等量身定制的解决方案。

截至2017年年底，中通国际已在美国、英国、日本、法国、韩国、澳大利亚、德国、新西兰等国家和中国香港、台湾等地区建立15个总面积约3.3万平方米的仓库。除了转运业务外，中通国际更能为客户提供经济实惠的电子商务方案。中通国际在海外和国内保税区内拥有庞大的物流仓库。我们提供3PL仓储、拣货和包装服务，以及经济的进出口解决方案。中通国际在国内拥有多个个人物品和跨境直购的清关口岸，包括广州、青岛、天津、成都和西安。

跨境电商案例展示篇

有态度的品质电商
——网易考拉

一、企业概况

网易考拉是网易旗下以跨境业务为主的综合型电商平台，于2015年初上线公测，是网易集团投入大量优势资源倾力打造的战略级产品。依托网易集团丰富的用户、媒体、产品资源以及雄厚的资金实力，网易考拉发展迅猛，已经成为增长速度最快的电商企业之一。

目前平台销售品类涵盖母婴儿童、美容彩妆、服饰鞋包、家居生活、营养保健、数码家电、环球美食、户外运动、水果生鲜，等等，拥有超过80个国家的5000多个品牌在售，商品货源产地包括美国、加拿大、日本、韩国、巴西、意大利、法国、德国、荷兰、丹麦、挪威、瑞士、瑞典、澳大利亚、新西兰、马来西亚、泰国、墨西哥、中国台湾等众多国家和地区。在美国、德国、意大利、日本、韩国、澳大利亚、中国香港、中国台湾等地设有分公司或办事处。

2017年9月，网易考拉上线“全球工厂店”项目，利用前期“买全球”过程中积累下来的对国际品牌的深入研究和大数据积累，扶持有优秀制造能力的全球优质工厂进行平台品牌化发展，帮助中国好工厂走向全世界，实现电子商务平台上的“买全球、卖全球”。

二、重塑客户体验：自建、自采、自营

（一）自建平台

网易考拉通过自建平台开展跨境零售进口业务，拥有超过300人的研发团队，技术实力雄厚，同时集成网易云（云服务器）、网易易盾（信息安全）、网易七鱼（云客服）等集团技术优势产品及服务，通过快速的技术迭代更新，意在为用户提供更优质的客户体验。

以用户界面为例，在网易考拉的移动端2.0版本上线之前，国内各大电商界面大多是多元的图形、繁杂的颜色和满目的文字，而网易考拉对设计进行了完全的颠覆，重新设计了一遍，整洁、大空白的同时让用户保持欢快的情感进行浏览，好比原来是在超市里购物，而现在则是在精品百货店购物，这种创新也为消费者带来了更好的购买体验，得到了消费者的喜爱。

（二）自建仓储

网易考拉于2015年初上线运营，先后参与杭州、宁波、郑州等跨境电子商务试点，采取保税备货为主、直购进口为辅的运营模式，拥有全国最大规模保税仓，同时在全球多点布局海外仓。网易考拉在杭州、宁波、郑州、重庆、天津、广州、深圳等城市拥有超百万平方米的保税仓库。正在与全球顶级仓储服务提供商合作建设超过30万平方米的现代化、智能化保税

仓，建成后预计日出单量可超 20 万单，现有海外仓布局已经辐射东亚、东南亚、北美洲、欧洲和大洋洲。

（三）自采自营

网易考拉组建专业的采购团队，依据各个国家和地区在资源、科技、文化、品牌四个维度上的比较差异，制定科学的选品策略，确保挑选的每件商品均为能够代表当地最具市场价值的精品。通过遍布全球的分支机构，深入了解当地市场行情，把握潮流和趋势走向，精选具有潜质的商品和合作伙伴。

网易考拉通过自营为主的模式，从海外商品源头把握供应链，与全球众多一线品牌和顶级供应商达成深度合作，锁定商品品质。自营模式和充沛的资金资源，让网易考拉能够实现长期稳定的大批量采购，从而降低采购成本，获得持续稳定的可靠货源，还可以紧握自主定价权，根据市场环境和竞争走向，灵活高效地调整定价策略，为用户提供更具竞争力的商品价格。

三、回归零售本质：好货、好价、好服务

（一）好货

为确保进口商品质量安全，网易考拉自建专业采购团队深入海外原产地直采，在配合海关对到港商品进行多轮查验的同时，建立严格的自检机制。一方面严格审核供应商资质，核查品牌所有权、授权或从品牌方开始完整链路的商品进货凭证，并设置复核机制，在源头上严把商品质量；另一方面设立独立的质量检测部门，对所有入仓商品进行 100% 自检，比对商品与进货凭证，核对合同、发票、装箱单、提（运）单等，检查商品外观是否完好。同时网易考拉提供从境外启运地至国内消费者的完整链路的物流轨迹追溯，确保商品可追溯，并在部分城市采用二维码溯源体系，提供进口商品的官方溯源信息，包括原产地、启运地、进口商、进口口岸、报关报检情况、发货仓库等信息，并提供防伪查询服务，多渠道确保消费者购买到优质好货。

（二）好价

自营模式不止能监管假货问题，还意味着电商平台的自主定价权，以及由电商平台进行集中式的仓储物流。自营模式下，电商平台可以更好地控制仓储物流成本，有效降低商品价格。网易考拉精简中间环节，压缩渠道成本，并通过长期稳定的大资金量采购，获得“海外批发价”。同时，网易考拉通过优化运营能力、提升管理效率、提高商品周转率、减少商品库存周期等手段充分降低成本。加上网易超过 9 亿的高质量用户资源，覆盖各个用户使用场景的产品矩阵带来的多渠道、大口径的流量优势，网易考拉能够节省大量的营销推广费用，将节省的成本让利给消费者。

（三）好服务

对于消费者，网易考拉为其提供便捷的海外商品购买渠道、良好的购物体验、快捷的配送服务和完善的售后服务。网易考拉拥有专业的国际物流团队，负责海外工厂、仓库提货、装箱并安排航空、航务等国际物流操作。同时，网易考拉与业内知名的国际物流公司达成战略合作，进一步提升网易考拉国际货运的效率、节约物

流成本。网易考拉与国内最顶尖的快递服务企业建立深度合作，凭借其强大的配送能力和覆盖全境的配送网络，保证将商品在一至三天送达每个角落，配送效率不断刷新行业纪录。2016 年 7 月，网易考拉在上海、浙江、苏州等省市率先实现跨境进口商品的"次日达"服务。2017 年 8 月，"次日达"服务范围已扩大至华东、华中、华南、西南等中国主要省市和地区；同月，网易考拉率先在浙江杭州试点跨境进口商品的"当日达"服务。2017 年 11 月 11 日当天，网易考拉首单 32 分钟送达，打破跨境电子商务配送纪录。此外网易考拉拥有专业的客服团队和完备的售后服务体制，网易考拉提供直接将商品退至国内仓的服务，解决了海外购物"退货难"的痛点，确保全链条优质的服务体验。

对于海外厂商，网易考拉通过网易内外部媒体资源和强大的品牌推广能力，帮助海外品牌更好地进入中国市场。通过提供一站式解决方案，解决海外品牌在进入中国市场中遇到市场培育、流量成本、整合营销和商品经营等诸多难题，消除信息不透明与市场疑虑，以更高的效率和更低的风险实现商品销售与品牌推广，为海外厂商提供跨国物流仓储、跨境支付、线上运营、品牌推广等一整套服务，确保海外厂商有效降低风险，并实现利益最大化，被国外知名媒体誉为海外品牌进入中国市场的最佳合伙人。

四、企业核心价值

（一）推动国内消费升级和供给侧改革

网易考拉是以跨境进口业务为主的综合性电商平台。跨境电子商务最大的特点是依靠实时信息和用户优势，快速撮合需求和供给的配对，高效地让一些国内暂时缺少、优质的国外商品快速满足消费需求。消费者热衷于购买的跨境零售商品，都是国内缺少的优质供给的领域，市场信号对供给侧资源配置是至关重要的，这有利于国内消费升级、有利于供给侧改革。

（二）抑制灰色进口

据海关统计，2017 年我国跨境电子商务零售进口超过 500 亿元人民币，虽然正规跨境电子商务进口尚在成长期，但其通过打造国内产业链、创造就业、规范管理和增加税收，已经对个人物品"灰色通关"的"海淘"形成有力的抑制作用。

（三）促进了日用品消费回流和税收回流

以出国旅游购物和代购为代表的中国人海外消费，产业链在国外，相关的就业机会也在国外。跨境电子商务进口把这部分消费搬到国内来做，把相关的批发、仓储和零售的产业链带到国内来，把就业机会也带回国内，最终也把税收留在国内。跨境电子商务凭借其价格相对低廉、商品质量有保证，以及运输快捷等优势，极大地满足了国内对海外商品的消费需求，满足了消费者个性化、多样化的需求。

（四）抑制海外品牌垄断高价，消除区域定价不合理现象

传统的外贸模式，不仅存在由海外品牌方决定代理和把控定价的问题，还存在

多层批发、买家需求封闭、订单周期长、利润空间低等问题。受制于人的纯外贸企业，要做大做强、延伸产业链十分不易。跨境电子商务的平行进口，大大减少交易环节并消除信息不对称，打破了海外品牌高价垄断的局面。在跨境进口蔚然成风之后，部分一般贸易奶粉开始降价，售价回归到与跨境奶粉接近的合理区间。

（五）助力“一带一路”沿线国家发展

跨境电子商务的一大优势在于打破国际市场的信息不对称，在国际市场上进行供需的快速配对，为各国的中小优质品牌步入国际市场提供了机会，帮助“一带一路”沿线国家制造企业逐步从为西方大型国际品牌提供资源性初级原材料产品，过渡到为全球消费者直接生产和销售成品消费品，实现在国际供应链中的地位升级。在网易考拉平台上，有来自“一带一路”沿线国家的合作品牌数达到 279 个。以泰国乳胶产品为例，2015 年底网易考拉携手中央电视台制作的“一带一路”特别报道《数说命运共同体》播出后，泰国乳胶产品在 5 个月时间内销售额增长了 466%，成为 2015—2016 年度跨境电子商务的黄金爆品，泰国乳胶产业对华出口提升 100% 以上，从出口乳胶到出口乳胶枕等制成品，毛利率提升 6 倍，实现当地产业升级与中国市场消费升级的双赢。

（六）扶持中国本土品牌发展

在改革开放近 40 年来的发展历程中，中国被称为“世界工厂”，许多国外大牌产品都是由国内厂商代工生产，国内厂商仅仅赚到了微薄的加工费，国外品牌方攫取了绝大部分的利润。国内现有的大电商平台（包括跨境出口平台）的本质都是竞价排名平台，工厂不但要打价格战，还需要购买昂贵的流量以保障销量，很难积累利润用于自身发展，也不利于塑造品牌形象。网易考拉具有自营模式优势，已经聚集海量高品质消费者并与众多海外商超建立战略互信，可以作为中国优质商品走向世界的贸易枢纽之一。考拉工厂店有选择性地扶持中国各行业顶尖制造企业，以自身营销能力、成熟渠道帮助企业减少流通渠道中间环节，直接对接国内广大消费者和国外大型商超，使企业可以专注于自身产品，同时逐渐提升自有品牌的知名度和影响力，避免低价恶性竞争，获得品牌溢价，再反哺品牌培育，良性循环，品牌价值得到不断提升，最终孵化出可与世界巨头相抗衡的中国品牌。

小红书——全球最大的社区电商平台
——行吟信息科技（上海）有限公司

一、小红书简介

小红书是目前全球最大的社区电商平台，主要通过“小红书”APP提供在线社区服务和跨境电子商务零售进口等服务。小红书创立于2013年，总部位于上海，在武汉、北京设有分公司，目前拥有员工近2000人。截至2017年12月，小红书用户数达到8200万，其中90后和95后年轻人是最活跃的用户群体。

在小红书平台上，海量优质年轻用户通过真实的笔记进行消费决策，单日数十亿次的笔记曝光，吸引了全球优质品牌的入驻，用户可以一键购买来自全世界的优质美妆、家电、零食等商品。目前，小红书物流系统（RED elivery）已经延伸至全球29个国家，保证用户以最快速度、最优价格获得原装正版的国际品牌商品。小红书商城与社区紧密结合，并通过人工智能和机器学习，将人与信息高效精准匹配，成为爆款和品牌的孵化器。

二、小红书的特色

和其他电商平台不同，小红书是从社区起家。独特的社区形态已经成为小红书的壁垒，其美好、真实、多元的社区精神也是其他平台无法有效复制的特点。小红书引领的社区电商，或许将会是移动电商的终极形态。

第一，口碑营销。没有任何方法比真实用户口碑更能提高转化率，就如在淘宝上买东西前一定会去看用户评论，小红书有一个真实用户口碑分享的社区，整个社区就是一个巨大的用户口碑库。

第二，结构数据下的选品。小红书的社区中积累了大量的商品口碑和用户行为，就好像全世界有几百万的用户在帮小红书主动使用和发现新出来的好东西，然后有上千万用户用自己的行为来投票，这些数据可以保证采购来的商品是深受用户推崇的。这也是为什么小红书只卖几千个SKU，却能产生上亿销售额的原因。目前，小红书备案SKU近20000多个，销售额已累计突破90亿元人民币。

第三，个性化推荐。小红书正在安排精力来把这件事做好。个性化推荐要做到最好，其实不仅要依靠强大的技术和算法，更需要用户花费足够多的时间在企业的App上，他们通过无意识的点赞、收藏、关注、分享等行为告诉企业足够多的信息，这是社区性电商的天然优势。小红书用户平均每月打开App超过50次，使用130分钟以上，这是纯电商无法获取的极高价值的底层数据。

三、小红书的运营情况及使命

2014年小红书上线仅半年时间，零广告下销售额突破7亿元人民币。在2015年6月6日开始的周年大促中，小红书在App Store的排名攀升至总榜第四，生活类第二；在2015年11月27日“红五”活动中攀升至总榜第一；在2016年“6·6”周年庆、11月25日“红五”大促，2017年“6·6”周年庆期间均攀升至总榜第一。

小红书采用 B2C 自营模式，直接与海外品牌商或大型贸易商合作，通过保税仓发货给用户。这种做法既能保证正品，同时也能保证在进货时拿到有优势的价格。小红书设立保税仓备货，主要出于两个考虑。首先，是为缩短用户与商品之间的距离。在海淘、代购等模式下，用户动辄要等一个月才能收到货，而在小红书，用户下单后大概两三天就能收到商品。从保税仓发货也可以打消用户对产品质量的忧虑。

其次，大批量同时运货也能节省跨境运费，摊薄成本，从而降低消费者为买一件商品实际付出的价格。在刨去中间价和跨境运费之后，小红书基本能做到所售商品价格与其来源地保持一致，甚至有时还会低于当地价格。

当前，小红书在全国租赁保税仓超过 20 万平米。据各口岸的统计数据显示，小红书跨境保税业务单量位居深圳口岸第一、郑州口岸第二、宁波口岸第三；跨境直购业务单量位居上海口岸第一、广州口岸第二。

小红书以不断发现和满足新时代人民群众日益增长的美好生活需要为使命，致力于把用户体验做好，这是小红书的战略，也是被整个公司摆在第一位的。与此同时，小红书通过自主技术研发，借助大数据应用技术，推动社区和电商之间的数据共享和联动，积极探索社区电商的模式创新。经过近五年的累积，小红书不断吸引着越来越多的伙伴。如今的小红书正在向广义的生活方式平台进发，线下实体 RED HOME 小红家开设在城市潮流聚集地，让全世界的好生活更加触手可及。小红书推出的自有品牌有光 RED elight，探索着美好生活的更多可能性。小红书独特的社区生态，正在吸引更多品牌和行业伙伴，共同探索未来的商业价值。

四、备受关注的小红书

行吟信息科技（上海）有限公司是小红书的运营主体，作为一家快速发展的“双创”企业代表，小红书有幸得到各级领导的关心。2016 年，小红书被国家发展和改革委员会评为“互联网+百佳实践案例”并在全国宣传推广；2017 年 5 月 30 日，《人民日报》在头版报道了小红书，称小红书现已成为“全球最大的社区电商平台”；同年 9 月，小红书被国家商务部评为全国电子商务示范企业。

根据第三方咨询公司易观的分析报告，小红书活跃用户数长期位居跨境电子商务类 APP 第一名。自 2016 年下半年启动第三方商家业务以来，小红书现有第三方商家超过 4000 家，涵盖境内外 100 多个国家和地区。

做为一家年轻的创业公司，小红书基于社区中强大的消费口碑内容，提供跨境电子商务零售进口服务，2017 年度销售额约 80 亿元人民币，年度纳税超过 4 亿元人民币。目前，小红书平台上销售的商品涵盖护肤、彩妆、母婴、辅食、家电、食品等数十个大类，20 余万种。

小红书的创新高速发展得到了媒体的关注，先后被新华社、人民日报、中央电视台、河南日报等国家级和省级媒体专题报道，用信任赢得中外消费者口碑。

智慧物流改变全球贸易

——菜鸟网络的跨境新物流实践

2013年5月，由阿里巴巴集团联合银泰集团、复星集团、富春集团、快递业龙头三通一达等多家企业共同发起的菜鸟网络科技有限公司（以下简称菜鸟网络）正式组建。菜鸟网络的愿景是建设一个数据驱动、社会化协同的物流及供应链平台。菜鸟网络是基于互联网思考、基于互联网技术、基于对未来的判断而建立的创新型互联网科技企业。阿里巴巴正在致力于五个“全球”的实现，即“全球买、全球卖、全球付、全球运、全球游”，其中“全球运”是由菜鸟网络来承接。菜鸟网络致力于提供物流企业、电商企业无法实现，但未来社会化物流体系必定需要的服务，即在现有物流业态的基础上，建立一个开放、共享、社会化的物流基础设施平台智能物流骨干网，实现全国24小时，全球72小时必达的使命。

一、应运而生

如今这个时代，全球化趋势势不可挡。历史上，跨国贸易最早由国王和皇帝们控制。工业革命之后，全球贸易又被6万家大型跨国公司所控制。而现在，B2C贸易的时代已经到来，引领跨境贸易的将是全球90%的中小企业，而改造全球物流基础设施最重要的武器便是技术与互联网。但在B2C物流时代，中小企业也要面对一系列挑战，包括全球库存管理，关务商检问题，数据的透明化、可视化，商品的溯源，供应链的改造，等等，这就需要将全球物流要素结合起来，提供更为细致的解决方案。在这个大的背景之下，菜鸟网络应运而生。

二、全球网络

菜鸟网络不是做物流公司，而是建立全球智能物流骨干网。在这张通达全球的智慧物流网络中，菜鸟网络所做的就是通过技术打通仓储、配送、关务等全链路环节。菜鸟网络并不是一个物流公司，而是一张开放的物流网络，目前这张网络里面已经有近90家物流企业服务于跨境贸易，共计在全球拥有超过200个仓库，可以货通224个国家和地区。菜鸟搭建这张网络的最终目的是要实现全球范围内，包裹72小时必达，这也是菜鸟网络的使命。通过海外仓，以及与物流伙伴的合作，菜鸟网络已经在俄罗斯、法国、荷兰、西班牙、东南亚、中国香港等国家和地区实现这一目标。

三、技术引领

菜鸟网络认为，技术必将成为物流业的第一驱动力。为摆脱物流业的劳动密集型特点，菜鸟网络不断加大技术投入力度，用技术提高效率，让人去从事具有更高价值的劳动。技术也能帮助现有物流业摆脱以往的束缚，形成数据和物流资源的共享。目前，菜鸟网络已经通过建设全球智慧路由，连接国际仓储、国际运输和配送，以及海关商检，在诸多关键节点上取得突破。在这一方面，菜鸟网络推出了诸多具有代表性的产品。例如，基于智能物流的动态信息；应用国际电子面单云打印系统，通过对物流全链路的实时计算，可以支持在任意节点重新计算路由并打印面单。同时，菜鸟网络针对国际贸易中广大中小企业遇到的问题和痛点，制定了专门的物流解决方案，帮助中小企业在物流的速度和质量上做到安枕无忧。例如，针对世界各国在商品品名、使用习惯、报关准则等方面的差异，菜鸟网络开发了一套专门的商品品名申报归类算法模型，经算法处理并生成各语种的可申报品名，可以自动将商品描述转化为申报国、目的地的税则税号。目前，这套算法的翻译准确率已经超过 90%。

四、协同共赢

2017 年“双 11”期间，菜鸟网络承接天猫国际保税进口业务，需要在 11 月 11 日当天完成几千万单商品的报关，涉及杭州、宁波、广州、上海等 8 个口岸，商品数量之大、时效要求之高、涉及口岸之多，都是前所未有的。2016 年“双 11”期间，菜鸟网络的报关单量达数百万单，全部完成报关共用了 67 小时，且其间个别口岸出现系统性问题，系统宕机造成业务停摆数小时。为迎战“双 11”跨境进口通关洪峰，菜鸟网络及天猫国际，与海关总署科技司、监管司合作建立了“全链路数字通关保障”共创机制，菜鸟网络技术团队运用数字模拟技术，创建包括订单、支付单、物流单、报关单在内的千万级“双 11”海量通关场景。为解决海关测试环境与真实环境差距大的问题，海关总署大胆创新，启动模拟服务器，在海关真实的作业环境下进行压测，使各数据传输节点的黑箱问题浮出水面。针对发现的问题，菜鸟技术团队配合海关总署快速修补技术漏洞 50 余个，并进行全链路评估和优化。2017 年“双 11”期间，菜鸟网络与海关联合开展全链路压测，帮助行业优化技术系统，海关审结 500 万单仅用 8 小时，同比压缩了 49 小时；系统优化拉动货物出库时间平均提前 36 小时，菜鸟网络的申报数据在 11 月 12 日前全部审结。

五、基础设施

阿里巴巴正在全球呼吁建设世界电子贸易平台（eWTP）。这个平台的目标是服务好全球中小企业和年轻人，帮助其参与到全球化中。基于这一愿景，阿里巴巴正在全球主动进行探索和实践，菜鸟网络正在积极推动基础设施建设，在马来西亚试点 eWTP 超级物流枢纽。2017 年 11 月，eWTP 位于吉隆坡机场的中国境外首个超级物流枢纽正式奠基。这是菜鸟网络在海外的一个枢纽 eHub，用以链接全球。在这个 eHub 当中，菜鸟网络在全球性的跨国关务运营中部署了 AI、算法、大数据等产品，以取代传统通关流程中易错且繁琐的手工工作。通过技术赋能，以及与马来西亚海关的连接，通关速度已经从原先的一至两天，降至最多 3 个小时。为适应全球贸易的新趋势，菜鸟网络将在全球各个重要港口建立新的 eWTP 基础设施，包括超级物流枢纽 eHub、新的技术服务平台、智能物流管理系统等。

菜鸟网络相信，通过建立新的基础设施，智慧物流方案可以更快地在世界各地推广，更多的智慧物流 eHub 将在全球各地建立，中小企业可以享受新的通关政策与便利，同时促进大贸业务与跨境电子商务的融合共通，帮助全球所有中小企业将产品卖向世界，实现真正的“全球买”、“全球卖”和“全球运”。

把以物流为载体的供应链服务全球化
——京东物流

“以物流为载体的供应链服务是京东的战略重点，未来十年希望把这一套创新的供应链服务管理体系带到全世界，服务更多消费者。”京东集团董事局主席兼首席执行官刘强东在接受央视采访时如是说。

京东自2007年开始自建物流体系，并于2017年4月宣布成立京东物流集团，以降低社会化物流成本为使命，致力于将过去十余年积累的基础设施、管理经验、专业技术向社会全面开放，使之成为社会供应链的基础设施。京东物流将基于短链供应，打造高效、精准、敏捷的物流服务，通过技术创新，实现全面智能化的物流体系，与合作伙伴、行业、社会协同发展，构建共生物流生态。

针对快速发展的跨境电子商务市场，京东物流国际供应链提供一站式跨境物流解决方案。目前，京东跨境物流网络包含十余个跨境口岸、110多个海外仓、近千条全球运输链路，以及中国全境的配送网络，覆盖全球224个国家/地区；保税清关时效已缩短至分钟级，处于行业领先水平，进口商品在国内一、二线城市实现当日达或次日达，最快履约时效为1.5小时。京东物流国际供应链为满足客户多元化需求，搭建国际链路；为企业客户、中国用户引进世界优质商品的同时，也将“中国制造”打入国际市场。

为了让更多消费者享受到京东跨境物流带来的便捷，京东跨境物流于2017年1月正式向商家开放。与传统的跨境物流服务商不同，京东跨境物流能够为商家提供自营式、全链路的服务，通过海外TC仓进行供应链前置，避免增加商品的不必要的物流成本；通过溯源码追踪商品原产地，为打击假货和确保用户的购物安全提供保障。

2017年初，作为京东的重要合作伙伴，沃尔玛首先入驻京东跨境物流开放平台，旗下沃尔玛全球购官方旗舰店的商品的物流配送业务全部交给京东跨境物流进行管理。同年4月和5月，沃尔玛投资的英国第三大连锁超市ASDA和山姆会员店分别入驻京东跨境物流开放平台，它们目前在京东全球购平台上所售卖的商品均由京东跨境物流进行统一存储、调拨、分拣。作为全球最大的零售商，沃尔玛的入驻引起了其他品牌商的兴趣。短短几个月内，日本最大电子商店街的经营者Rakuten、世界级药妆品牌丽得姿和森田药妆、德国知名乳业品牌胡玛娜、德国最著名社区型超市Inferno等诸多国际大牌纷纷与京东跨境物流开展合作。这些顶尖品牌的入驻，为京东跨境物流开放平台打下了一个良好的开端，也推动了整个跨境电子商务行业向着更加健康的方向发展，进而让中国的消费者能够更加方便快捷地购遍全球。

一、自营式、全链路的服务

对于京东全球购的商家而言，想让商品顺利进入中国用户手中，要经过海外TC和运输、口岸关务、保税仓储、最后一公里快递四个必要环节。由于跨境电子商务是新兴产业，行业中还没有一家第三方机构能够为上述事务提供完整的解决方案，在这种情况下，商家要想顺利通过这四个“关口”，需要与货代公司、清关公司、保税仓储公司和国内快递公司分别签订合作协议，不仅流程繁琐且周期长，甚至会影响商品配送的时效，此外，这些公司的资质和实力良莠不齐，无法保证商品顺利通关。

相比之下，京东物流以海外TC仓（海外转运中心）、自营保税仓、国内物流网络和配送系统为基础，整合了运输、仓储、清关和配送服务，形成跨境物流领域的全链条服务。全球购商家的商品在国外便可直接进入京东的海外TC仓提前备货；待用户下单后，京东物流的工作人员便对商品进行打包、贴签、分拣等，通过海、陆、空等各种运输方式送至中国，并进入京东的自营保税仓；清关后，商品经过分拣中心进行分发，并与国内的物流网络进行对接，再由京东的配送员负责将商品送达用户手中。整个过程由京东的自建物流网络全程把控，实现商品快捷高效的运输和配送。

二、布局海外，供应链前置

曾有业内人士表示，跨境电子商务的核心是跨境而非电商，事实也的确如此。因动辄数千乃至上万公里的远程运输需要耗费漫长的时间，商家无法对销量进行准确预测而导致缺货、断货、库存积压等种种问题，同时，商品一旦从出口国运至进口国，便已经耗费了高昂的运输成本，假如再因滞销而退回出口国，会对商家造成相当大的损失。

针对这一难题，京东的保税仓和海外TC仓可以提供“两端备货”的方式以实现库存的合理配置。在境内，京东跨境物流向商家开放了广州南沙、上海洋山、宁波北仑三大保税备货口岸和自营仓，三仓布货可以覆盖全国。

与此同时，京东在海外设立TC仓，用户商品可在出口国境内备货，并已经覆盖到绝大部分的商品。跨境电子商务的商品品类看似十分丰富，食品、玩具、3C无所不包，但真正的主营业务却主要集中在母婴、美妆个护、保健品三大品类，这三大品类的市场份额占据跨境进口商品的80%以上。而这些品类的商品又集中在荷兰、英国、法国、德国、日本，中国香港和澳门等国家和地区。为了确保这些商品能够高效快捷的到达中国用户的手中，京东跨境物流在这些国家和地区全部设立了海外TC仓，用于供应链前端的备货。海外TC仓在功能上与保税仓类似，可以用于促销期或者热销商品的备货，大大缓解了保税仓的备货压力，同时可以对批量货物进行重组分发，实现多地备货，也避免了退货带给保税仓和整个物流系统的压力。

三、跨境溯源，追踪商品原产地

众所周知，假货是电商行业的毒瘤，对于跨境电子商务也同样如此。对于用户而言，在国内电商平台上购买商品，一旦发现假货，可以退货退款，维权成本很低，但对于跨境电子商务的商品，用户退货周期长、成本高，极大地影响了用户体验。为此，京东建立了完善的商品溯源系统。凡是进入京东保税仓的商品，均需经过严格检验并粘贴国家质量监督检验检疫总局印制的溯源码。商品送达后，用户只需手机扫描一下溯源码，就可以知道该商品产自哪个工厂，商品的质量信息、物流信息、监管信息，等等，消费者无需再费尽心思辨真假，商家也无需担心假货产生于仓储物流环节以致于损害自身声誉。此外，京东跨境物流还可以为商家提供移库调拨、跨区转关、库存共享、滞慢销清理等一系列增值服务。

京东跨境物流网络的全链条、整合式解决方案为商家提供了良好的服务体验。

四、打造新链路、高品质、全透明的跨境生态体系

随着“一带一路”倡议的积极推进和消费升级时代的到来，跨境电子商务呈现出快速增长的趋势，中国电子商务研究中心的数据报告显示，2016 年中国跨境电子商务交易规模达 6.7 万亿元人民币，同比增长 24%。其中，进口跨境电子商务交易规模达 1.2 万亿元人民币。与此同时，用户对正品、质保、运输时效等方面的需求也在不断提升。京东大数据显示，全球购用户对商品评价与促销的敏感度要高于全站，同时从化妆品、保健品、奶粉、纸尿裤等全球购重点品类的评价关键词中可以看出，全球购用户对于商品的品质及使用效果十分关注，诸如“是正品”“质量有保证”“值得推荐”等商品评价均排名前列。另一方面，对商品质量的控制直接关系到国际品牌的影响力和用户对于跨境电子商务平台的使用习惯和频次。

京东作为一家世界 500 强企业，在跨境电子商务领域同样占据重要的地位，而跨境溯源联盟的成立将为京东全球购平台提供重要保障。京东物流将以海关总署的政策法规为指导，以国家质量监督检验检疫总局认证的溯源二维码为信息载体，以海外 TC 仓、海外直邮仓、保税仓、国内物流网络为基础化设施，以区块链和大数据为技术支撑，以全球性的品牌商和零售商、国际运输服务提供商为主要支撑，整合提货、运输、仓储、清关和配送服务，打通保税备货和跨境直购两种形式的跨境电子商务供应链信息，形成跨境物流领域的全链条服务。

和以往相比，这是一条全新的链路，在保税备货方面，京东物流固有的海外仓、保税仓和国内仓配服务自成一体；在跨境直购方面，京东物流将于近期上线全链路可视化系统，满足用户随时查询商品订单的需求。在这条链路上，沃尔玛、Rakuten、达能等众多国际品牌的高品质商品将被送到用户手中，整个过程实现信息共享、全程透明，从而打造一个“新链路、高品质、全透明”的跨境生态服务体系。

五、多方联动，为用户打造海外商品进口的坚固堡垒

京东联合国家监管部门、品牌商、第三方检测机构、物流承运商等共建品质溯源防伪联盟，通过跨主体协作和京东 Y 事业部提供的区块链、物联网等新技术应用，确保信息安全共享、无法篡改并实现

全程追溯终极防伪。通过区块链技术，使得供应链各阶段的参与主体智能协同、各阶段的信息管理系统充分打通成为可能。在信息产生的同时，进行区块链加密存储，确保信息不可篡改。此跨境溯源联盟是京东在溯源防伪方面又一次深度创新。

创新发展的电子商务服务平台
——广东启盈国际投资有限公司

一、企业简介

广东启盈国际投资有限公司（以下简称启盈国际）是一家集跨境物流、仓储物流、软件服务、通关服务于一体的综合性跨境服务公司。2005 年，公司成立于东莞市沙田镇，毗邻东莞港、沿江高速、虎门二桥，与南沙港隔江相望，位于粤港澳大湾区的核心地带，具有得天独厚的地理优势和产业集聚优势。目前，公司旗下拥有两个项目全资子公司——东莞市启盈国际保税物流有限公司和东莞市虎门港启盈国际快件中心有限公司，共占地 400 亩，总投资累积已达 20 亿元人民币。

2014 年，启盈国际获批成为全国第一家跨境电子商务出口统一版试点平台企业。目前，跨境电子商务年进出口包裹数达 2 亿件，日高峰期 150 万件。天猫、速卖通、LAZADA、菜鸟网络、美国亚马逊、eBAY、寺库、UPS、TNT、顺丰、递四方、增益速递、圆通、中通、中国邮政、天天快递、DHL 等国内外知名企业成为公司合作伙伴。

二、创建启盈跨境电子商务综合性服务平台，支持跨境电子商务发展

2014 年 7 月 1 日，经海关总署批准，跨境贸易电子商务一般出口业务试点在启盈快件中心率先启动，采用“清单核放，汇总申报”的监管模式。启盈跨境电子商务综合性服务平台作为通关服务平台，集合了国内多家知名电商平台及电商企业，实现了电商企业、支付企业、物流企业信息化系统与海关总署跨境电子商务出口统一版信息化系统、地方电子口岸对接，实现了海关、企业、地方政府之间的互联互通、信息共享，有利于跨境电子商务一般出口业务的健康成长。

启盈跨境电子商务综合性服务平台在跨境电子商务进口业务方面，为合作伙伴提供数据统计、商品预归类、汇总申报、商品描述翻译等技术服务；提供跨境物流、仓储物流、保税仓储等多种跨境电子商务货物物流服务；提供海关总署及黄埔海关创新监管模式、相关政策法规的业务咨询，保证合作伙伴适应跨境电子商务新业务的发展，促进合作伙伴健康成长。

三、创新跨境电子商务出口模式，多维度推动电商发展

1. 创新前置仓顺势监管模式，优化电商出口清关流程。

如何最大程度的实现海关对跨境电子商务货物的监管符合跨境电子商务物流作

业流程，一直是跨境电子商务行业孜孜以求的目标。经过多年实践，综合海关实际监管的需求和合作伙伴的诉求，启盈跨境电子商务一般出口的业务模式在创新中发展，在发展中创新，日臻成熟。首先，出口电商货物直接进入启盈集货仓进行集货，在仓库中进行贴标、称重、打包、分拣作业。然后，根据出口电商货物的物流路径及最终目的国打包装车。在仓储作业过程中，海关通过集货仓的视频监控系统和仓储作业系统对出口电商货物进行视频监管、数据监管。在海关通关环节中，以转关车辆为单元进行随机布控，布控命中的转关车辆按照一定比例进行人工开箱查验或机检查验。最后转关车辆完成清关，顺利出口。

跨境电子商务一般出口的顺势监管和按车布控等创新理念和监管手段，符合跨境电子商务货物物流作业流程，提高了跨境电子商务出口的通关效率，实现了“管得住”“通得快”。

2. 布局 eWTP，与菜鸟网络共建智慧物流示范园。

2017 年，随着启盈跨境电子商务出口模式的不断成熟，启盈国际与菜鸟网络正式签署战略合作协议，共同打造华南区“智慧物流园”示范园，成为阿里巴巴集团开展 eWTP 的战略支点之一。在合作协议下，启盈国际将投资 8 亿元人民币兴建两座现代化的大型坡道仓库，实现跨境电子商务订单履约、转运和分拨业务，实现跨境供应链金融服务、企业成长服务，最终实现“买全球”“卖全球”。

“智慧物流园”示范园的建立，可以实现跨境电子商务一般出口业务、大宗货物 B2B 业务、9610 申报、不征不退业务等，投产后预计日单量可达 300 ~ 500 万单。

3. 信息共享、产品溯源加速跨境电子商务发展。

启盈国际作为第三方综合性电商服务平台，与数十家电商企业合作，打通各自的信息化系统，帮助电商企业、支付企业、物流企业和消费者实现数据交流，进而实现产品的溯源服务。消费者通过商品订单，即可查询商品来源、所经口岸等相关信息。同时，信息的共享、产品的溯源也帮助中国电商企业更好地适应国外市场的需求，推动电商企业的快速健康发展。

四、对跨境电子商务未来的展望

启盈国际深耕跨境电子商务行业多年，一直在探索和思考跨境电子商务新业态的发展趋势，并不断优化和改进。在现有业务基础上，启盈国际依托海关特殊监管区域优惠政策，利用电子口岸平台优势和数据共享机制，不断拓展新型业务模式，重点发展网购保税进口、直购进口、跨境电商保税出口等新型业务模式，为合作伙伴提供跨境电子商务一站式解决方案和通关服务。

以通关为核心的一站式跨境供应链服务

——上海欣海报关有限公司

上海欣海报关有限公司（以下简称欣海报关）成立于1996年，是一家具有20多年清关服务历史的，全国最早的清关服务公司之一，其前身为1992年成立的上海报关总公司，隶属于上海海关。

欣海报关现为中国报关协会副会长单位、中国出入境检验检疫协会副会长单位、首批海关AEO高级认证企业，拥有中国首批社会化预归类企业资质，也是中国规模最大、最具影响力的全国百优报关公司之一，年报关量超过100万票，为广大外贸进出口与生产型企业提供合规、高效、快捷的服务。

在二十年的经营中，欣海报关致力于提供以通关为核心的一站式跨境供应链服务。在深度与广度两方面着眼于以通关为核心的跨境供应链服务。

欣海报关每年的巨额通关服务数量与一千多名行业专业服务人员，为公司在专业服务方面的深度钻研打下基础。

欣海报关在跨境供应链服务领域的专业度体现在：

1. 欣海报关是全国首批社会化预归类资质单位，拥有40位取得预归类证书的人员，连续八年坚持每周一天的商品归类脱产培训，邀请上海海关学院权威教授及细分产品行业专家授课讨论。全面的企业投入与员工们的工匠精神，使得欣海报关的社会化预归类业务多年稳居全国首位，打造了自己的口碑。早在2010年上海世博会期间，上海世博局就正式借调欣海报关最优秀的两位预归类师至世博局工作，专为海关与上海市政府出具“世博物资函”，以准确、公正、高效的工作表现，为每一件在上海世博会期间展示的商品顺利进入会展保驾护航。在2017年中国报关协会主办的进出口商品归类大赛中，欣海报关荣获了个人赛机电组、非机电组一等奖和团体赛冠亚军，再次用真正的实力证明了自身的行业地位与专业度。

2. 随着国际贸易不断发展的全球化趋势，在国与国间的双边或多边贸易协定下，大幅的贸易准入与减免关税成为常态，而以上国际规则的运用必须以FTA原产地证制度为前提。针对中国与不同国家间的贸易细则、原产证签发要点等，清关前置环节的专业性工作是否到位，直接影响到货物进口到国内或出口到协议国时，能否真正享受到双边或多边协议规定的税收优惠。欣海报关早在几年前就充分认识到这一趋势及其对进出口企业的重要性，组建了专职FTA原产地认证团队，研究中国与各国的贸易协议，用专业技术指导、帮助企业运用好贸易协议的红利，将税收减让落实。

3. 协助企业取得AEO认证。欣海报关自身即为全国第一家取得AEO高级认证的专业报关企业。在海关总署的大力推动下，AEO认证在中国进出口企业中迅速展开，以此国际标准对企业作划分评定，为海关今后由“管货”变革为“管企业”的监管方式改革打下基础。欣海报关根据多年的专业领域工作与管理经验，指导与配合企业按照海关的标准要求，达到AEO认证要求，取得相应等级认证。

4. 运用信息化手段，打造线上通关平台。在海关大力推动通关环节无纸化、信息化与全国通关一体化这些通关环境大变革的前提下，欣海报关十几年来打造通关辅助系统，在40余位行业专家与IT专家的努力下，与全国众多口岸的电子口岸平台完成对接，运作专业关务知识为服务的500强企业客户提供系统对接、数据库梳理服务，实现海关数据不落地通关，真正实现快捷便利的绿色通关。

此外，多年服务客户的经验，必然让欣海报关在服务广度上有诸多亮点：

1. 服务网点的布局。目前，欣海报关在全国主要口岸城市具有独立子公司或分支机构近二十个，基本可以承接进出口企业从中国主要口岸城市进口或出口的所有需求。

2. 上海作为占中国进出口单量近30%的最大口岸，公司总部在上海更是做了网点深耕，在所有区域海关均设有服务网点，方便为客户服务。

3. 以通关为核心，做好通关深度的同时，也开拓了与通关直接相关的配套服务。为此，欣海报关成立了专业的国际货运、保税仓储、外贸代理、电商物流模块，为企业提供配套服务。

跨境电子商务做为新时代下国际贸易的新形式，也必定是欣海报关的服务对象与业务的新增长点。

自2013年起，欣海报关从原有通关体系中，抽调一支队伍成立了电商事业部，专注于为跨境电子商务类企业提供清关物流服务。

欣海报关的跨境电子商务服务涉及三个方面：

一、跨境保税方面的服务

2014年初，上海的跨境电子商务市场从无到有，上海海关、上海出入境检验检疫局、电子口岸、东方支付及运营平台企业跨境通，组成了跨境电子商务运作体系，该体系中商品归类、一线入关、转口贸易及结转至其他特殊监管区域等业务尝试运作，均由欣海报关在浦东机场海关、商检等政府监管部门的指导下完成。随着业务的发展，至2015年年底时，跨境通平台已入驻商家近500家，欣海报关也成为整个上海跨境电子商务生态圈中重要的一环，为上海跨境电子商务的探索提供相应服务。

跨境保税模式在上海顺利成熟运作后，天猫国际入驻松江出口加工区，规模体量均较机场跨境通大许多。欣海报关有幸成为其分包商，承接了港至库跨境电子商务一线报关与运输工作，以高效的工作保证了“双11”的出货要求。在服务天猫国际主仓的同时，欣海报关也为企业解决滞销商品处理、商品在不同跨境区域间的调拨等问题，并提供其他相关延伸服务，积累了丰富的跨境电子商务关务运作经验。

2015年，上海增加了跨境保税模式的运作区域，整个嘉定出口加工区区域均可开展此项服务。欣海报关除复制跨境保税关务服务至此区域外，还针对跨境电子商务商品在区内设立8000平方米的跨境保税仓库，为多家中小型跨境电子商务企业提供集通关、仓库管理、分拣、收发货等于一体的电商流程操作，结合关务的传统强项，在区域内赢得了口碑和声誉。

二、跨境直购方面的服务

欣海报关与东方航空的东航物流合作，配合东方航空做好出口小包裹清单整理与审核工作，汇同仓库收发货与核对，完成出口小包裹清关工作，累计操作数百万单。

除了以上普通的跨境电商物流服务项目，欣海报关更是结合了 20 多年在一般贸易服务领域的丰富经验，对于进口直购跨境电子商务因超限转一般贸易的操作，创立了较为科学合理的运作方式。由于直购商品是已有订单，即消费者 C 端通过个人的国际支付通道（如支付宝或微信）将商品款支付给国外卖家，而转为一般贸易后，实际为不付汇，且海关不准予同一外贸代理企业每天有大量的其他进出口免费或货样广告品贸易试进口。故此情况下，不对外付汇是外贸公司在进口直购跨境电子商务因超限转一般贸易业务中需要面对的问题。为此，欣海报关与政府相关部门沟通，在得到理解与支持下，由外汇管理局委托上海公共服务平台，专为上述业务设计了个人付汇通道与企业付汇通道的核对系统，结合海关、银行、第三方支付，自动抓取数据对两个系统进行比对，做总量核销销算，在合理的误差范围内，外汇管理局同意外贸代理企业针对上述业务一般贸易的不付汇操作。由此解决了最大的问题节点，既按照海关规定处理好超金额直购业务，又满足了外汇管理局的要求。

三、跨境电子商务方式与一般贸易方式共享或互转

随着 2017 年跨境电子商务业务的迅速发展，跨境电子商务的部分商品品类销售量已接近并影响到传统一般贸易的总体贸易分布。为此，跨境电子商务企业也提出了在跨境保税进口模式下，与一般贸易互转共享库存或互相转换等综合性服务要求。欣海报关发展自身优势，并结合未来 FTA 协议扩大化、国家多次降低消费类产品进口税收、减免准放许可证书等多重因素，为跨境电子商务企业提供跨境电子商务进出口、一般贸易进出口、传统保税仓库与转口贸易等多种模式相结合的综合服务，在不同商品品类使用不同贸易方式、跨境渠道合法合规的前提下，实现税收最优、时效最优、成本最优。

2017 年，欣海报关代表中国报关协会成为世界海关组织（WCO）跨境电子商务工作小组成员；2018 年，上海市市长应勇莅临欣海报关，就优化营商环境作了调研，听取建议。

新时代下，欣海报关将拥抱新变革，不忘初心，砥砺前行！

"一带一路"新时代 跨境物流产业的推动与发展
——杭州佳成国际物流股份有限公司

一、企业背景

杭州佳成国际物流股份有限公司（以下简称佳成国际）成立于2000年，现有员工800余人，旗下有24家国内分公司，11家境外子公司，50多个营业站点。境内通关口岸12个，境外服务商30余家。具有国际国内快递，代理报关、报检，以及国际国内航空代理（CATA、IATA）等行业全牌照资质的4A级国际物流服务商、国家高新技术企业。同时也是亚马逊FBA官方推荐物流商、阿里巴巴旗下菜鸟网络国际，以及WISH电商平台线上指定物流供应商、浙江物产集团（财富500强）"物产通"跨境电子商务平台的物流服务商。

佳成国际初期主营国际快递、国际货代业务。2008年开始拓展国际航空物流专线，开设了国际专线20余条，服务于全球200多个国家和地区。2013年起专注于跨境电子商务综合服务，从单一的传统国际物流向跨境物流综合服务商转型。先后在上海浦东国际机场、杭州下城、下沙跨境产业园、日本、澳洲、英国等地区开展跨境电子商务出口集货、进口保税、海外仓配等综合服务。2016年，佳成国际确立了"跨境供应链服务平台"发展战略，形成了三大核心支柱，即WEB（跨境供应链大数据云服务战略）、HUB（跨境供应链综合服务基地战略）、NET（跨境供应链仓配服务网络战略）。2017年初，佳成国际"华人全球购集运平台"正式上线，该平台融合跨境电子商务、海外代购，成为为全世界华人提供低价格、高质量的跨境物流、购物平台。

2017年下半年，德邦物流、鸿为投资成为佳成国际的战略投资合作伙伴；2018年，佳成国际与杭州空港新城保税物流园区达成战略合作协议，致力于打造行业一流服务水平跨境供应链综合（公共）服务示范基地。

二、"一带一路"与跨境物流的关联

"一带一路"倡议关系着中国经济能否利用丝绸之路经济带获得转型与发展。基于"一带一路"倡议，中欧、中亚地区的贸易往来都需要跨境物流业作为强大的后盾，跨境物流业的发展直接可以促进贸易的便利化及地区之间的合作时效性。

推进"一带一路"建设，将进一步深化沿线国家的经济贸易合作并带来跨境物流的持续性发展，引领新时代跨境物流产业发展潮流。

三、"一带一路"对跨境电子商务产业的影响

随着"一带一路"的深化推进，跨境电子商务产业业绩骄人，据中国电子商务研究中心（100EC. CN）监测数据显示，2017年中国跨境电子商务整体交易规模（含零售及B2B）达7.6万亿元人民币，增速可观；2018年跨境电子商务交易规模有望增至9.0万亿元。

跨境电子商务产业在持续飞速增长的

形势下，也面临发展中的一些前所未有的发展瓶颈，除了受困于传统销售、产品同质化越来越严重、税务问题、品牌建设乏力等痛点之外，当前跨境物流存在着物流成本高、报关报检/结汇退税手续繁琐、运输时效不稳定、便利性差等难题，这也是跨境电子商务尤为关注的痛点。因此，如何控制物流成本、制定更经济高效的物流解决方案已经成为跨境电子商务企业的燃眉之急。

四、跨境电子商务“痛点”新方案

跨境电子商务贸易的整个交易环节中，物流成本高达 20%～30%。物流成本的高低直接影响到跨境电子商务的市场综合竞争力，以及跨境电子商务的盈利能力。因此，物流成本的控制成为跨境电子商务物流管理的一个核心内容。如何有效控制物流成本，对跨境电子商务提高经济效益具有十分重要的意义。

（一）物流成本的构成

当前，跨境电子商务对物流成本的构成缺乏系统的认知，不同的跨境电子商务根据不同的需要来分析物流成本的构成。

根据相关聚类的原则，物流成本大致可以分为运作成本、库存成本、物流信息成本、其他管理费用。其中，运输成本和仓储费用构成了跨境电子商务的物流运作成本。通过有效途径来控制物流的运作成本，能够大大增加利润，提升市场竞争力。

（二）物流成本控制的有效途径

选择专业的第三方物流企业，能够降低物流成本。有些跨境电子商务虽然有自营物流，但是也存在着一些弊端。例如，缺乏专业化物流管理、多元化经营，难以取得规模效益。而第三方物流企业可以根据跨境电子商务的具体业务要求，提供多功能、全方位的物流服务。跨境电子商务与专业的第三方物流企业成为战略合作联盟关系，不仅可以节约物流成本，而且可以通过第三方物流企业专业化、个性化的服务，提高客户体验满意度，促进销售增长，实现盈利增长点。

根据自身业务、自身产品选择最合适的物流渠道。对于 B2C 业务，且价值较低的产品，采用邮政小包仍是降低物流成本的有效途径。若是价值较高的产品，且对时效有一定的要求，专线小包是不错的选择。例如，JCEX 佳成国际“佳邮宝”便是针对产品较高价值的电商特别设计的一款专线小包物流产品，综合时效可控制在 3～7个工作日内。

对于亚马逊平台的电商，FBA 头程服务的物流成本控制至关重要。

JCEX 佳成国际提供欧洲、美洲、澳洲等地区亚马逊仓的 FBA 空+派、海+派，以及中欧班列多种物流服务方式，能够为电商提供定制化物流解决方案，满足电商的不同业务需求。

国内集货仓、境外暂存仓，仓仓联动，为跨境电子商务提供物流标准化服务，从而提高物流运作效率，降低物流成本。自建海外仓对于一些中小跨境电子商务来讲存在很大的难度。不仅是因为海外仓库租金贵、人工费用较高，而且跨境电子商务可能还要面对不同国家的不同仓储企业，适应不同仓储企业的操作系统。跨境电子商务在仓储物流环节消耗巨大且效率低下，极大阻碍中小跨境电子商务的发展。

佳成国际在华东、华南都设有国内集货仓，为跨境电子商务提供国内集货、分拣、报关报检、转运等物流服务；在欧洲、美洲、澳洲、中东等地区都设有境外暂存仓，为跨境电子商务提供货物暂存、批量入仓、退还货、二次贴标、更新包装、二次派送等附加服务。

借助于现代信息技术系统减少物流成本。利用互联网手段完成物流全过程的协调、管理，有效减少物流成本。

佳成国际自主研发的仓储管理系统（WMS）、在线订单管理系统（OMS）、全球物流管理系统（TMS）等IT系统，可实现业务操作与数据处理同步、无纸化作业、多仓库多客户集中式管理等功能，不仅能提高物流效率，还能低物流成本。

（三）跨境物流综合解决方案——打造跨境供应链体系

跨境电子商务的飞速发展，无疑给跨境物流带来本质而深刻的变化。物流企业需要从原来的单一的物流服务商调整为物流综合解决方案提供商。

佳成国际顺应新时代跨境物流的发展变化，着手打造3.0版的跨境供应链体系。这个体系包含了仓配一体化服务、电商代运营服务、分销服务、大数据平台增值服务、供应链金融服务等。其中，作为体系建设中的一项重要内容，佳成国际在杭州萧山空港经济区投资建设了跨境供应链综合服务基地，以解决跨区域仓配协同合作的瓶颈，实现B2B/B2C/B2B2C/C2B同仓管理、共享库存，为跨境电子商务提供“全球购、运全球”的一站式全渠道仓配服务。

佳成国际杭州空港经济区跨境供应链综合（公共）服务基地位于杭州国家级临空经济示范区内，紧邻杭州萧山国际机场，多条高速公路柜通穿境，“1小时交通圈”覆盖长三角地区主要城市。基地总占地面积超过10万平方米，拥有两幢现代化高标准3层双边物流仓库，集保税功能和非保税功能于一体，通过“境内集运总仓+直发专线+海外仓（联盟）”的模式，构建S2B（Supply Chain to Business）的跨境供应链协同服务平台布局，致力打造世界一流水平综合服务跨境集运仓。

五、“一带一路”引领新时代跨境物流

互联网改变人们的生活方式的同时，也加速跨境物流产业的转型和升级，佳成国际在跨境物流新的历史起点上，计划在“一带一路”沿线的节点城市设置覆盖全市的互联网物流在线服务平台，专门进行货运配置的在线预订和线下服务。

“春江水暖鸭先知”，佳成国际作为具有18年跨境物流经验的供应商，能够引领新时代跨境物流的飞速发展，为客户提供专业化、标准化、规范化的一流跨境物流综合服务。

建立覆盖全球的跨领域综合性全链路物流服务

——高捷物流集团有限公司

一、集团概况

高捷物流集团有限公司（以下简称高捷物流），是一家以综合性现代物流业务为主，涉足海陆空货物运输、进出口通关、货物仓储、卡车运输、跨境贸易电子商务、进出口服务贸易、资产管理、物业管理的大型综合性现代企业，旗下拥有高捷物流、航晟物流、欧于美贸易、高翔物流等多家子公司及附属品牌，是现代物流行业及相关服务领域的先行者和市场领导者。同时，敢于大胆尝试，努力开创全方位多元化服务的高捷物流，还涉足国际快件运输代理、农业科技、数据整合及软件开发等多个领域。

二、集团优势

高捷物流立足广州，以服务中国、东南亚及欧美地区的货运物流市场为业务发展核心，经过十五年发展，已经在多个城市成立分公司，在美国、德国、法国、荷兰、土耳其和英国等国家、地区设立海外分公司、子公司和驻外办事机构，业务辐射全球至过百城市，聘任员工近一千五百人，是目前跨洲际货运代理行业内最具规模的现代企业之一。高捷物流更将业务拓展至南美洲及非洲市场，逐步扩大全球布局。

高捷物流不仅在广州独占鳌头，在内地主要口岸和港澳地区，以及海外的业务更是节节攀升。凭借在现代物流领域的成功经验和模式，以顺势而为的灵活应变策略，高捷物流已在国内近三十个主要城市、口岸完成网络布局，在各地市场以专业、诚信、优质的品牌形象在市场上获得良好口碑，成为国际货运物流代理行业内的成功典范和标杆，在各地市场占据重要位置，并在2014—2017年先后被认定为广州市总部企业、广州市重点现代物流企业、广州市4A级物流企业、广东省高新技术企业、全国百优报关企业、广州市政府上报海关总署的第一批跨境贸易电子商务试点企业，被国家工商总局认定为“中国驰名商标”。

三、集团业务

高捷物流以进出口货物的国际运输代理为主营业务，整合跨国采购、国际结算和各类综合性服务及物流解决方案，为国际贸易客商提供一体化、全方位的物流服务。高捷物流的业务涵盖货物运输、进出口通关、卡车运输、综合仓储及管理、跨境电子商务物流综合服务、外贸综合服务、供应链金融服务等跨境贸易全流程综合服务。

高捷物流多年来代理中国南方航空、中国国际航空、中国东方航空的运输代理业务，与三大航空公司建立了稳固的合作关系，是中国南方航空在法兰克福、米兰、巴黎和阿姆斯特丹机场的独家地面服务代理商。高捷物流与国内外多家大型承运人建立牢固的战略合作伙伴关系，与马来西亚航空、土耳其航空、日本航空、大韩航空、长荣航空等签订了货运合作代理协议，连续多年在出港货量排行中名列前茅，连续多年获颁年度销售金奖、最佳代理人等最高荣誉。

高捷物流于2006年成立运输车队——航晟物流有限公司，目前拥有全种类海关监管车辆、特种运输车辆350多辆。公司在德国、荷兰、法国等海外国家和地区设立海外仓，在国内多地设立保税仓库等大型货仓和分拣作业流水线，仓储总面积近5万平方米。为保证业务的顺利开展，公司关注航空物流信息系统的建设和研发，自主开发满足不同需要的企业业务管理软件，货运代理软件，卡车运输、仓储、理货等作业系统，从而可以保证航空运输物流信息的及时准确，完善对客户的服务和要求。

高捷物流除了专注于传统的货运代理业务，不断拓展新的业务模式，与省市政府、海关等强强联合，成功申报了广州市跨境贸易电子商务试点企业。作为广州首批跨境电子商务试点企业，高捷物流积极参与国家、各地市的试点工作，先后成功测通总署版9610广州首票跨境电子商务直购出口申报、市场采购陆运转关业务申报和广州版首票跨境电子商务直购出口空、陆运业务申报；作为跨境贸易供应链的业界领导者，多次参加由海关总署监管司、商务部等筹集的政策导向集中工作会议和现场办公。截至2017年12月，高捷物流的跨境电子商务直购业务稳居广州市排名前三。2015—2017年，高捷物流跨境电子商务保税业务和海外直购业务完成货物清单累计超过300万票，实现营收20.3亿元人民币，上缴政府税收541万元人民币。

凭借良好的企业化管理和丰富的市场资源，高捷物流在广州和珠江三角洲地区建立了良好的信誉和行业口碑。

高捷物流以东亚、美洲和欧洲航线作为起步，构架起洲际航空物流供应链，逐步建立覆盖全球的跨领域综合性全链路物流服务。

高捷跨境物流全链路服务总览：

1. 货物运输代理：空运及海运干线运输、包机业务、特种运输、卡车运输、邮政运输、国际航空快递；

2. 综合地面服务：报关报检、货物仓储、货物打板、门到门运输、中港卡车运输；

3. 外贸综合服务：出口退税、信用证、拖车仓储、贸易融资；

4. 进口综合服务：跨境电子商务BBC保税通关、跨境电子商务BC直邮通关、CC个人物品通关、快件通关、保税及监管仓储、全球备货仓储、集货备货、货源代采、库存分销、跨境金融服务；

5. 出口综合服务：FBA头程运输、欧美澳新马印专线运输、全球仓储服务、订单履约服务、全球小包专线服务、全球速递专线服务、GRS全球退件服务。

中非网开启跨境电子商务平台之旅

——中非电子商务有限公司

一、企业及平台的概况

为顺应国际贸易发展大趋势，使国际贸易更加便利化，经国家批准，国家工商总局核准，中非电子商务有限公司于 2017 年 12 月 5 日正式成立。其旗下的中非网（www. ca-b2b. com）是目前我国唯一一家中非跨境 B2B 贸易平台，旨在促进中国和非洲国家之间，乃至全球的贸易、投资与合作。

传统的国际贸易受区域性限制，加上各国外汇管制及海关管控等因素影响，形成了贸易周期长、支付困难、通关繁琐、物流难以监控等一系列问题。中非电子商务有限公司经过对国际贸易各个环节的研究，与海关、金融、保险、物流、法务等多家单位的商洽，利用互联网技术，提出了中非网的原型设计，基本解决了线上法律服务、线上签约、线上报关、线上保险购买、线上支付、线上物流委托及线上外汇审结等国际贸易关键环节的全在线一站式服务。

中非网提供中文、英文、法文等语言环境，和其他 B2B 电子商务平台不同的是，中非网是一个跨境贸易交易平台，而非单纯的贸易信息平台，不作为贸易主体参与国际贸易，而是提供国际贸易全在线一站式服务。在中非网上做国际贸易的企业其外汇数据归属企业注册所在地，且纳入海关及外管局对企业增信的累计。

二、主营业务

中非网涵盖全行业的所有产品，服务内容包括手工艺品、日用百货、美妆日化、石油及天然气、通信信息设备、基础原材料、汽车、医疗设备、服装鞋帽、五金建材、食品、智能设备、机械、母婴用品、家用电器、农产品等项目，将以服务、交易及提供贸易机会等为宗旨，邀请更多的非洲国家企业乃至世界其他国家和地区的企业参与进来，为中非网注册的企业搭建一个经贸交流交易平台。

三、自身优势

1. 颠覆传统国际贸易流程，推进国际贸易便利化。

中非网在技术设计上给非洲各个国家预留了连接端口，非洲各个国家可以将本国的政治、经济、文化、社会、自然、气候等基本信息推送到中非网的“国家展馆”栏目中，还可以将本国重要的招商信息、投资信息、企业合作资讯，以及投资优惠政策等资讯发送到该栏目中，更加方便中国的企业了解这些信息，选择投资项目和合作企业。

中非网可真实地展现进出口企业的贸易真实性流程，进出口企业亦累计自身在海关及外管局的交易量和外汇使用情况，为企业的真实信用做累计，若达到海关高级认证企业标准，则可以在线直接通关，成为进出口免检企业。

进出口贸易企业在中非网上还可以直

接进入海关的信息系统获取报关单，将货物发票及物流舱单一起在线推送给银联国际合作的商业银行进行单证审核，在线支付各项费用。将传统的国际贸易从线下转到线上，借助互联网快捷便利的优势，显现出国际贸易网上交易的安全、便捷、经济和高效。

2. 推进人民币国际化。

国际贸易“互联网+”的应用，极大地方便了国家之间的贸易往来，也方便了不同货币间的结算，避免了周期长所引发的外汇汇率风险。中非网可以实现本币交易，即贸易双方可以通过银联国际商务卡的支付方式，实现本币交易，非洲国家可以在银联国际合作的商业银行支付本国货币购买商品，银联国际即时换汇成人民币支付给中国出口企业，这也加快了人民币国际化的进程。中非网力推人民币国际化结算，更加便捷地服务于贸易双方。

3. 信用安全保障。

中非网是我国目前唯一的中非跨境B2B贸易平台，仅服务于国际贸易的企业，不服务于个人。随着企业重视信用程度的提升及国际贸易量的增加，中非网认证的企业可分为两部分，一部分是在中国注册的企业，在海关办理进出口资质和在银联国际办理商户号及中国商业银行办理企业账户的审核环节非常严格。另一部分则是非洲企业需要通过非洲国家的审核，才能在中非网注册成会员单位参与交易。这些措施可保证商家信息的安全、准确、真实、可溯源，增进交易双方的信任度，为安全、高效、稳定的跨境贸易提供保障。

4. 助力企业提振市场竞争力。

在全球化的今天，中非网选择B2B跨境电子商务模式，是基于国际贸易市场潜力巨大，交易成功率高，交易成本低，买卖双方实现共赢，同时还可延伸至供应链金融服务，提供专业性强、国际贸易规模化的服务。通过中非网进行交易，贸易双方可以节省人力、物力和财力的投入；生产型企业还可实现以销定产，以产定供，实现物流的高效运转和统一，实现供应商与顾客间直接沟通和交易，减少周转环节，覆盖原来难以通过传统渠道覆盖的市场，增加企业的国际市场竞争力。

四、合作伙伴

目前，中非网正受到多家行业协会和大型企业的广泛关注和支持，已与国内多家大型保险公司、物流公司、商业银行、律师事务所及银联国际等单位达成了战略合作协议。

五、企业展望

“中非合作”是国家“一带一路”倡议的重要组成部分，将为中国与非洲国家实现合作共赢、共同发展带来机遇。中非网利用互联网技术将中国企业和非洲各国企业联系在一起，为中国与非洲国家间的经贸往来搭起一座联系的桥梁，必将对非洲国家发展互联网电子商务起到很好的示范作用，对国家“一带一路”建设起到强劲推动作用。

中非网在完善国际贸易投资板块的基础上，还将开发文化旅游体育板块，实现世界各国文化大融合，加强文化交流，全程实现旅游线路全在线一站式自助服务，真正做到“一机在手，畅游世界，无缝地接，安全便捷。”

今后，在实现国际贸易全在线一站式

服务的基础上，中非网还将协助中国海关帮助非洲国家海关建立其电子化海关系统，并将这些系统与中非网连接，达到关关相通的目的，使国际贸易更加便利化。与此同时，中非网将携手与非洲国家有联系的中国企业到条件成熟的非洲国家建立中国商贸城、物流仓储和教育培训机构，加强中非文化交流，增进中非企业间的相互了解，互通有无，从而推动世界朝着更加均衡、更加公平、更加包容的方向发展，为构建以合作共赢为核心的新型国际关系作出自己的贡献。

携手非洲，服务全球，中非网为中国和非洲国家，以及世界其他国家和地区的广大企业提供一个安全、便捷、经济、高效的经济贸易合作平台。欢迎大家上线体验中非网一站式国际贸易服务。

送达——我们的使命

——美国天马物流集团

一、企业简介

天马物流集团（LLP GLOBAL INC）是集跨境电子商务配套服务、国际仓储物流、美国境内派送服务为一体的大型综合物流企业，旗下品牌包含天马迅达快递、天马海外仓、WORLDCPS 三大业务板块。天马物流集团是美国电商物流联合会首届会长单位，中国报关协会跨境电子商务分会副理事长单位，美国中国总商会会员，与美国商务部少数族裔经贸局有紧密的合作。集团总部位于美国加州，并在洛杉矶、芝加哥、亚特兰大、达拉斯、纽约、波特兰 6 大城市设有大型集散配送中心，仓库总面积超过 9 290.3 平方米。目前，天马物流集团在纽约、洛杉矶、芝加哥、休斯顿、菲尼克斯、圣地亚哥、达拉斯、底特律、旧金山、波士顿、西雅图、拉斯维加斯、波特兰、奥克兰等城市设立了 100 多家营业网点，覆盖了 30 多个州，服务范围涵盖了全美华人总数的 75%，是美国服务网络最广的华人物流公司。

2018 年，天马物流集团将发展到 200 多家门店，10 个集散中心和直飞仓，通过精耕细作，做大做强区域跨境快递市场，完善网络布局，为中美华人、跨境电子商务，以及海淘转运提供便捷、安全、省心的综合物流服务。

二、主营业务

目前天马物流集团的主营业务为中美双向跨境快递物流、美国境内终端配送和海外仓，包括国际快递、出口报关、国际运输、货运转发、目的地国进口清关、电子商务仓储、从包装到存放的仓储综合解决方案、订单管理、异地配送、电子商务供应链咨询，以及其他定制物流服务等服务，提供满足不同买家与卖家需求的一站式物流解决平台。

三、企业文化

1. 核心价值观

至诚服务、客户为本、信誉至上、团队协作。

2. 使命

卓越服务，便捷送达。

3. 愿景

打造一体化的全球物流供应链综合服务平台。

4. 理念

为客户提供超值服务；

使员工富有成就感；

勇于承担社会责任；

让合作方获得厚报。

四、战略目标

总体目标：全球布局，打造一体化的物流供应链综合服务平台。

天马物流集团将战略目标分解为财务指数、效率指数和服务质量这三个具体的领域，从客户、流程及人才这三个角度设定具体绩效测评指标，及时跟踪并修正指标，提高效率，增加透明度，使管理更加便捷高效。

近期目标：保持在中美双边的快递、物流、仓储服务领域的领先优势，争做合同物流领域中的领跑者，为客户提供更优质的端对端的服务；加强地面作业能力和快递容量、扩大网络覆盖地域；加大 IT 投入和应用，缩短货物转运周期，不断推出新产品。

五、转变经营理念　完善客户服务体系

当前是客户经济时代，企业最需要转变的观念就是追求客户价值最大化，而不是追求企业经营利益最大化。只有坚持客户价值最大化方针，企业的利润才能永久。天马物流集团坚持一个平凡而伟大的真理：客户价值最大化是主产品，企业利润最大化是副产品。

有效的客户服务体系是保证客户满意的必要条件。公司牢固树立“以客户为中心”的服务理念，视客户为合作伙伴、同一个利益共同体，建立了完善而优化的客户服务体系，并通过严格执行来确保优质服务，以增加客户的满意度，从而赢得客户，赢得市场，保证企业的可持续发展。

六、不断提升管理　引入国际标准

快递物流行业有这样一条格言：“便宜的价格可以使你进入这个行业，但只有优质的服务才能使你留下来”。质量是企业拓展市场的基石，因为有了质量信誉才会赢得市场，有了市场就会获得效益。目前天马物流集团正在建立质量管理体系，推行 ISO9001 国际标准，确保质量体系能够推动和促进持续的质量改进。争取使顾客满意和实现持续的质量改进，追求更高的过程效益和效率。

现场管理推行 5S 现场管理法与 SOP 相结合，提高了工作效率和发货速度，减少了差错率，降低了安全隐患和作业成本，缩短了作业周期，改善了企业精神面貌和企业文化，进一步统一了从最初取件到最终派送的作业流程。

正是通过不断建立行业服务标准，满

足客户个性化需求，天马物流集团才成为许多优质客户发展商业的最佳合作伙伴。

七、增值服务、创造需求

基于不断提升的信息系统，天马物流集团陆续推出便捷发件、网上发件、短信追踪、短信即时送等系列信息化增值服务方案，突破客户在使用服务时所受的时间、地域与方式的限制，让客户更准确地掌控物流进程，不断提供增值服务方案。

随着客户交运的物品价值不断提高，运送昂贵物品需求的不断增多，提高货运安全保障成为快递企业核心竞争力的一个关键驱动要素。目前，天马物流集团推出了全新“包裹自带保险”服务，作为给客户的又一项增值服务，其实施使天马物流集团的整体服务方案更加丰富和完善。

天马物流集团将进一步强调细化服务内涵，不断设计、开发新产品，致力于以更丰富的产品、更贴身的服务满足客户不断增长和更为复杂的服务需求，增强天马物流集团的市场竞争力。

八、保持渠道优势、通关顺畅

天马物流集团最重要的核心优势就是保证客户货品的时效和安全。清关渠道是非常重要的，每个快递物流公司都有自己的清关渠道。在清关过程中严格按照海关政策执行，做好客户和跨境电子商务商品通关的正规化，全部货品列入海关的监管范围中，这就是天马物流集团的一站式、多样化、合法、阳光清关渠道。这是当前国家大力扶持的清关模式，不论政策调整变动，都能保证货物稳定、安全地送达，可以做到全程追踪和关税查询，让客户随时知道自己的货品在什么地方，在哪个环节。天马物流集团还根据不同客户、不同商品提供最合适的物流解决方案，与国内多地口岸紧密合作，多地多渠道同步清关，清关渠道得到了海关等政府部门和中国报关协会等行业组织的大力支持和认可。

九、网络终端、深度渗透

网络建设是快递行业决胜市场的关键。由于各快递企业的覆盖范围大体相同，在具体区域市场上的终端渗透能力就显得尤为重要。天马物流集团始终将网络建设摆在重要的战略地位。天马物流集团对网络的选点首先要符合自身的发展战略，并且配套的基础设施要能满足业务持续增长的需求，而各分公司则是保证其网络在效率、管理、服务和作业标准统一方面的重要保障，这也是其最与众不同的一个优势。随着服务网络的不断扩展，天马物流集团不仅要保持在快递领域的优势，还要进一步增强提供货运和物流解决方案实力，夯实自身的实力。

十、打造核心团队、共赢美好未来

天马物流集团人性化的管理让员工得到更大的发展，核心员工的稳定及企业文化的完善，形成稳固的专业团队，整个流程化的管理给客户带来更便捷的服务，团队的学习、向上、超越的精神使得团队员工不断提升自身素质，增添自信心和勇气，积极主动地为集团、为团队、为自己创造价值，从而提升集团的核心竞争力，不断为客户带来超值服务，实现集团业绩的持续增长，获得双赢。

专业人才是快递物流企业的核心竞争力之一，而科学、完善的人才培养体系就是保持这一核心竞争力的坚强后盾。天马物流集团将启动人才战略，以机制培养人，以爱心团结人，以开拓吸引人，以事业凝聚人，实现集团“更专业、更统一”的作业要求，提升集团的专业化水平，推动物流产业的专业化发展。

十一、合作伙伴

天马物流集团在严格筛选和评估后，选择口碑和资质突出的快递公司作为平台供应商，如 UPS、USPS、FEDEX、DHL、EMS 等。

十二、实现跨越式发展

现阶段，天马物流集团在美国华人快递行业已经名列前茅。科学均衡的网点规划布局，日趋成熟的管理模式和标准化运行体系，对行业资源的优化整合和信息化建设，高效、专业的管理团队等已经使集团具备了快速发展的基础，进入了快速发展的轨道。

打造全球全景新商业生态平台
——天津自贸区于家堡环球购

一、背景

天津自贸区于家堡环球购跨境贸易综合服务有限公司（以下简称环球购）是注册于天津自贸区，专业为跨境贸易提供“一站式”供应链综合服务的业务创新型企业，旗下拥有环球购跨境贸易产业园、天津市跨境电商创新试验区、环球购保税展示交易中心、九河生鲜集市、汽车文化园、环球购线上综合购物平台、GlobalGo天猫国际旗舰店、环球购京东旗舰店、环球购综合保税仓储中心、环球购海外仓、环球购海外直采体系、环球购分销平台、环球购物流与通关服务平台等多种新零售及供应链服务业态。

二、主营业务

环球购结合天津自贸区的政策优势，以“新零售+跨境供应链”为突破口，发挥贸易路由器的功能，立足于家堡，建成了以线上电商平台和线下体验店体相结合、海外资源引进和区内产业发展相结合、国内分销布局和国际市场渠道相结合、区域商业环境和国际品牌引进相结合、实体商业体和跨境电子商务生态服务圈相结合的“五结合”跨境贸易综合性服务提供商。

环球购利用京津冀一体化及自贸区创新政策，整合了“京津冀”口岸资源，形成了以天津港、天津机场、首都机场，河北省相关口岸及仓储资源为节点的物流集群网络，打通了保税展示交易、跨境电子商务直购、跨境电子商务保税备货、个人物品快件等多个业务环节，创建了覆盖完整跨境贸易供应链的综合服务体系，吸引了海外品牌商、贸易企业、仓储企业、代理企业，以及各类销售终端进驻，形成赋能型跨境贸易生态圈，全方面满足进出口供应链环节上各类型企业的复杂业务需求，构建起于家堡自贸区全球全景新商业生态平台。

三、成功案例

1. 环球购商业街区

于家堡环球购商业街区作为金融区丰富城市功能、实践自贸区政策创新的重要项目，由南北728米，东西472米的两条地下步行街道和堡子里21家商业体构成，总建筑面积超5万平方米，入驻商户50余家，借助自贸区政策优势和资源平台，打造特色进口商品保税展示交易商区，融合世界各地的特色商品和文化体验，汇聚活跃的商品、旅游、艺术、文化、汽车等元素，为京津冀游客、滨海新区及自贸区内工作人员提供“足不出区、购遍全球”的消费体验。

2. 于家堡环球汽车文化公园老爷车博物馆

于家堡环球汽车文化公园老爷车博物馆是天津市唯一一座以传承老爷车文化为主题的博物馆，位于天津市滨海新区经济开发区于家堡环球购地下商街南侧，于2017年12月24日对外开放。场馆库存古董车百余台，项目一期占地面积约2500平方米，是一个以老爷车为载体，以研究并传播老爷车文化为目的，集观赏、交流、互动、体验于一身的综合型博物馆。

老爷车博物馆以“汽车百年史”为主题展线，生动描绘了汽车文明的诞生与演变，交通工具向艺术品的过渡与升华；展现了百年来汽车工业的发展与进步，跨过历史长河，带领大家深切感受老爷车的文化魅力。

3. 简标红酒

简标原瓶进口红酒是一种新的业务模式，采用小标签原瓶进口到保税区内，进行保税备案、仓储，粘贴自主品牌标签，保证品质、降低成本，实现客户专属自主品牌。目前，环球购拥有专业保税贴标仓储面积2万平方米，红酒贴标生产线日贴标能力3.6万瓶，并提供酒标定制服务。简标红酒业务为海关保税监管创新模式，我国北方地区仅环球购一家企业具备此资质。

4. 九河生鲜

九河生鲜是结合自贸区各项优惠政策，充分利用京津冀口岸资源（特别是生鲜商品通关资源）、商务区海外渠道和于家堡金融服务等地区核心功能，打造的集体验消费、双线融合（线上、线下）、源头采购、物流通关、仓储服务、大宗交易、金融保理于一体的生鲜商品新零售平台。

5. 环球购跨境贸易产业园

环球购跨境贸易产业园旨在用互联网思维打造一个跨境贸易的综合生态圈，使入驻企业能够通过产业园的聚集效应解决自身的痛点和难点问题，而产业园的服务中心，则是这个生态圈的核心，其主要功能如下：

（1）对接供应链会员体系中各类会员，并针对会员在供应链中的位置和需求，结合产业园资源为会员企业提供定制化的跨境贸易解决方案。

（2）对产业园相关商业体进行运营管理。

（3）策划、组织、实施产业园各类活动，并反馈效果。

（4）提供信息咨询服务，并根据产业园资源配置对接相关部门。

（5）产业园政策推介及招商工作。

6. **其他**

（1）环球购保税展示交易政策在环球购已应用多年，尤其是奢侈品和平行进口汽车的保税展示交易贸易方式在全国处于领先水平。

（2）环球购线上综合购物平台是天津市试点跨境电子商务平台，与天津市跨境电子商务综合服务平台实现了互联互通，支持跨境电子商务贸易的保税备货、海外直购和个人物品通关三大业务方式。

（3）环球购仓储资源丰富，拥有 4 万平方米保税仓储面积，涉及平行车、跨境电子商务保税备货、简标红酒等业务。同时，环球购在美国、澳洲、中东等地区拥有广泛的合作伙伴，可提供海外仓资源。

启航新梦想　展望新未来

——宏远期待与您共绘心中宏图

一、集团概要

宏远集团坐拥北京临空经济核心区之地利，积极深化与首都机场、国内外航空公司、海关、检验检疫乃至地方政府全面战略合作关系，全面布局并深入推进临空经济相关产业发展，日益成为地区经济发展的标杆企业。

自 2001 年成立以来，集团现已成为集物流、地产、资产管理、跨境综合贸易服务、供应链等多元化、多业态于一体的企业集团公司。截至 2015 年底，集团旗下独资或控股 21 家海内外经营实体，总资产规模达 45 亿元人民币。

2015 年，北京空港宏远物流有限公司（以下简称空港宏远）电商物流事业部成立，正式开启了集团国际化布局。依托遍布亚、澳、欧美的自有海外站仓资源，配合首都机场强大的地面服务能力与跨境直购场站的优势，结合与国内外航空公司常年紧密合作的关系，辅以数家快递网络的战略协同，为广大跨境电子商务企业提供物流、清关、金融、展览展示等全方位链条服务，服务客户包括阿里巴巴、京东、亚马逊、网易、洋码头等。北京空港宏远物流有限公司致力于成为行业内最顶尖的跨境电子商务综合服务供应商。

二、集团核心竞争力

1. **全球化海外仓布局**

空港宏远目前在澳大利亚、新西兰、韩国、日本、泰国、美国、英国、荷兰、德国、意大利、中国香港等国家和地区设置海外仓。海外仓结合当地市场需求和政策导向，除了提供基本的仓储、物流、一件代发服务外，还贴心地为客户提供许多增值服务。

例如，德国仓针对日益增长的海外购白色家电需求，已开通白色家电跨境运输与安装一体化服务，可对各类电器进行运输与安装，最大限度地让用户享受德国高品质家电带来的舒适服务；英国仓为深爱宠物的主人们解决了宠物出入境、检验检疫、健康检查等繁琐手续和漫长周期带来的烦恼；意大利仓为 2018 年俄罗斯世界杯推出了“无酒不欢”红酒专线。这些都充分体现了宏远人诚信、担当、合作、创新的企业精神。

2. 充沛的航空干线资源

宏远集团凭借自身强大的物流基因努力求变，不断巩固核心竞争力，现已可深入解决全货机航线在海外运营中的各类保障问题，在未来将为中国电商物流市场提供更多的全方位航空运力解决方案。

本着开放、包容、创新的立业精神，2018 年 4 月，宏远集团与位列日本航企之冠、世界航空公司三甲之一的日本航空公司开展合作，双方今后将共同进行中日跨境电子商务物流业务的推进，并将在数据共享、舱位配载、共同销售、国际转运等方面展开深度合作。双方将利用区块链技术整合商品相关数据，并与物流信息数据共享深度结合，这将是跨境电子商务物流业界的一大创新。除此之外，日本航空将在航空仓位上提供差异化的直购服务，满足用户个性化需求，提升跨境直购时效；双方还将建立共同的销售体制，提供跨境电子商务物流解决方案，促进中日双边更多优质产品开展跨境贸易。

2018 年 5 月，宏远集团投资并参与运营的第三条包机线路比利时列日与中国济南往返定期航班正式运行。该航线湿租载量为 120 吨的747-400F机型，由 ASL Airlines 执飞，运营初期每周两班往返于中欧之间，并于 7 月起增至三班运行。

该航线的筹划得到山东省和济南市各级政府部门相关单位的大力支持，其投入运行结束了济南遥墙国际机场无洲际货运航线的历史，同时宏远集团也在此次包机业务实施中，创新性的整合业内资源，在包机业务精细化分工上进行了以下突破性的探索：集团下属欧洲优邦与上海立驰航等企业合作分销；空港宏远欧洲分公司与海谷物流在中欧两地合作完成对接运营和监装工作；利用集团旗下桉楹物流和空港宏远欧洲分公司的卡班运行资源，联通华东、华中、华北地区与欧洲各航点的空陆转运。

3. 快捷高效的通关服务

（1）北京跨境直购清关场站

北京跨境直购清关场站监管仓库占地面积为 1.2 万平方米，距离停机坪 600 米，拥有目前全国最先进的清关分拣设备，每小时处理货量一万件，时效快，差错率低于 1‰。

宏远集团的业务系统已经实现了与北京市跨境电子商务公共信息平台的对接，为跨境电子商务企业提供了“提前申报”“无纸通关”“代收代缴”“集中缴纳”等一系列快捷高效的服务。直购清关的客户包括京东、唯品会、网易考拉、洋码头、菜鸟网络等知名电商企业。截至 2017 年 8 月，清关商品合计 120 万件，进口商品交易额达 5.3 亿元人民币，上缴进口商品税 4822 万元人民币。

优势：

信息化：全自动分拣、全方位监控、全程状态跟踪、移动技术应用。

功能全：通关模式最完备、直达航线最多样、试点商品最多样、国内快递最齐全。

时效快：电商航班保障、货物机下直提、7×24 小时验放、特殊处理通道。

风险低：事前货源筛选、事中风险控制、现场人货分离、事后企业分类。

服务好：全天客服服务、前期代办模式、税款代垫、损失全部赔偿。

价格优：根据市场灵活调整，确保最

高性价比。

可拓展：站坪、停货区、预留用地。

（2）上海跨境电子商务监管场站

2014 年，宏远集团斥资在上海浦东国际机场快件监管中心设专业库，库内设有独立的国际快件监管流水线，最大化推进作业速度，目前日操作跨境直购能力可达 15000 票。

优势：

发展全面：业务遍及海内外、多地设有分公司、员工 3000 多人、车辆 500 余辆。

设备先进：机场监管中心专业库、先进的国际快件监管流水线、管理技术先进。

安全可靠：员工入职审核，培训；品牌货物审核，可溯源；设数据检查点，形成 QCC 机制；流程采用二审制度。

时效更优：日操作跨境直购能力 15000 票。

监管及时：各地系统数据正确一致，可以让监管人员及时了解货物的正确信息。

预警快速：货物数据处理高效；操作人员可对货物提供出错预警，避免错误操作。

高性价比：自主专线成本低，性价比高。

三、跨境电子商务衍生服务项目

1. 供应链金融服务

宏远供应链管理公司成立于 2015 年 3 月，注册资金 5000 万元，为宏远控股集团有限公司旗下控股子公司，精细化打造以供应链管理为核心，集物流、资金流、商流、信息流“四流合一”的第三方高端供应链平台。

公司专注于能源和快消品两大领域，利用自身的资金、管理及业务优势，居中链接上下游客户，为客户提供国内外代理采购、应收账款管理、仓单质押等一体化财务供应链解决方案，实现贸易环节全链条的协同运作和高效运行，为客户实现利润最大化。公司主要从事石化、煤炭、有色金属、农产品等基础类大宗商品的供应链管理，涵盖内贸、进出口及转口等全部贸易模式。获得兴业、工商、华夏等数十家银行授信。

随着中国跨境电子商务行业的蓬勃发展，中国电商平台对于供应链金融的需求急剧增长，宏远供应链金融服务项目为客户提供了以小资本投入撬动大宗电商快销品的机会。从空港宏远电商现有客户开始，该项目已经成功为笨土豆等电商平台提供金融服务。

2. “跨境电商 O2O 体验”项目—T7

在全球化进程加速、消费升级的背景下，以国家“一路一带”建设、北京四大中心建设为契机，宏远集团依托自身的全球物流优势，在区位、政策优势突出的北京天竺综保区打造“跨境电商 O2O 体验”项目——T7。

T7 以探索中外商业文化交流新模式、促进优质商品全球流通新路径为目标，通过文化挖掘价值；通过创意拓展消费；通过科技提升效率；通过服务塑造品质；通过中国特色产品、全球优质品牌的商品展陈、文化体验、品牌推广，在国门线搭建起中国与世界文化融通、商品畅通的平台。

核心项目一：跨境电子商务平台。

● 依托北京市顺义区扩大跨境电子商务产业指导方针，结合宏远集团全球 12

个海外仓及跨境物流网络，连接国内、国际两个市场。

•建立海外品牌进入中国市场的电商渠道，包括网店代运营，进出口商品仓储、通关、物流等。

核心项目二：北京文化体验中心。

• 建立北京文化体验馆，展陈极富特色的文化商品，让客户体验人文生活。

核心项目三：世界文化体验中心。

•建立具有世界文化属性的奢侈品、咖啡、酒、巧克力等文化体验中心。

• 宣传合作品牌的品牌故事、理念、历史，以及传承的文化内涵

•将制作工艺与生活方式有机结合，打造高端社交品鉴场所

核心项目四：汽车文化体验中心。

•建立“车、人、文化”三位一体的体验中心。

•讲述品牌故事、展示新车及新科技、提供独特的汽车文化体验。

核心项目五：中国文化体验中心。

•根据中国地域文化特点和关联度，建立主题文化中心。

•开设各省市名特优精品馆、国粹文化馆、丝绸/陶瓷艺术馆、中外艺术品交易中心等。

四、未来发展规划

“一带一路”倡议是目前我国的宏观大计，众多企业在“一带一路”倡议的指引下，进行着“走出去”和“引进来”的经营行为。空港宏远响应国家的号召，根据自身所处行业的特点，制定了自身的未来发展规划：“建设国际商品运输清关服务网络，布局全球主要城市。”未来两年空港宏远计划在香港设立平台公司，通过平台公司布局海外网点，为“中国制造”走出去、世界商品引进来贡献一份力量。

此外，空港宏远将在综保区内开展电商的保税备货模式，根据电商运营模式的需求对现有库房对进行升级改造。硬件方面，计划开设符合海关要求的分检线，增加与海关联网的监控视频和探头数量，保证海关的监管要求；对库房布局做新的规划，将其分为进货区、理货区、预分拣区、分拣区、打包区（流水线）和出库（发货）区等，添置高质量的扫描枪，增加大型货架和叉车提取等快速装卸设备，以满足大型电商对库房的要求，增加对知名企业的吸引力。软件方面，开发符合电商需求的wms库房管理系统，能够与海关系统对接，既符合监管部门的要求又能满足企业对库房的管理要求，做到数据、实物进出存的实时准确；能够处理海量数据，在系统建设上做到快速、机动、灵活、高效，增强企业竞争力。

深耕跨境电子商务生态圈　促进未来人才培养

——南京瀚海企业管理咨询有限公司

一、公司简介

南京瀚海企业管理咨询有限公司（以下简称南京瀚海）成立于2010年，联合创始人来自江苏弘业国际集团、江苏舜天国际集团、江苏苏豪国际集团、苏宁云商、百思买等高管团队。现为阿里巴巴集团跨境电子商务人才认证服务商、阿里巴巴（中国）网络技术有限公司生态合作伙伴、江苏省跨境电子商务高校联盟创始单位、中国电子商务协会2017突出贡献企业。

南京瀚海立足南京、深耕江苏、辐射全国，专注于跨境电子商务精英人才的培育，联合阿里巴巴集团及山东、江苏、浙江、江西、广西、山西等省市60余所高校，培养跨境电子商务精英人才。目前，经体系培训并在跨境电子商务企业就业的人员已超过万人，为跨境电子商务人员提供实训超过十五万人次，为国内的传统电商向跨境电子商务升级做出了巨大贡献。

南京瀚海自服务社会以来先后荣获全国跨境电子商务人才培养“生态先锋”“突出贡献”“耕耘使者”“最高统帅奖”“优秀第三方生态服务商”“全国突出贡献奖”“全国十佳服务商”等诸多奖项。2015年6月，在“百城千校·百万英才”江苏站启动仪式上，汇同江苏高校联合成立“江苏跨境电子商务高校联盟”，并于2016年1月，由发起人南京瀚海CEO于斌在“全球B2B生态峰会”做《跨境电商人才培养》专题报告。同年6月，参与《全国跨境电商从业人才培养规范》《全国跨境电商人才培养服务商标准手册》制定工作；7月，南京瀚海CEO于斌作为第七届全国外贸技能大赛企业专家组副组长参与比赛考核及点评，并作为专家参与商务部《中华人民共和国国内行业标准——客户服务专业人员技术要求》专家审定会。2017年，南京瀚海再次斩获“2017年度中国电子商务产教融合突出贡献单位”奖项——“斑马奖”；与此同时，南京瀚海CEO于斌荣获“2017年度中国电子商务产教融合突出贡献个人”——“长颈鹿奖”。

二、跨境电子商务人才现状

来自阿里研究院的《中国跨境电商人才研究报告》表明，随着跨境电子商务行业的不断发展，跨境电子商务企业销售的产品品类和销售市场更加多元化，企业对电商人才的要求也不断提高。据调查发现，企业对具备一定技巧和实战训练的中级人才的需求，远高于对经验丰富、可作为业界翘楚的高级人才，以及会基础操作和入门知识的低级人才的需求。

而目前在跨境电子商务领域，高校毕业生主要来自国际贸易、电子商务、商务英语及国际商务等专业。尽管选择从事跨境电子商务行业的毕业生专业背景丰富，数量相当可观，但他们还是未能满足跨境电子商务企业的需要，企业认为大部分毕业生存在解决问题的能力不强、专业知识不扎实、知识面窄、视野不够宽等问题。

业界越来越多的企业发出“招不到合适的跨境电子商务人才”的声音。这迫使人们不得不对现有的跨境电子商务人才培养模式进行反思。

三、传统高校跨境电子商务人才培养模式存在的问题

（一）跨境电子商务职业教育远远滞后于行业发展

截至2016年，跨境电子商务专业还未被纳入高级院校的专业目录，导致在人才培养建设过程中出现教学思路不明确的教育短板。直至2017年，仅仅有部分院校的国际贸易专业、商务英语专业以跨境电子商务方向的形式提出了相应的初步培养方案。

（二）跨境电子商务人才培养标准和课程标准不统一

对于跨境电子商务人才培养，各行业有各自的人才标准，但是却没有核心的课程标准与之相对应。

（三）跨境电子商务人才培养缺乏配套资源

一是无法引入企业和专业师资，学校老师跟岗实训难；二理论多于实践，学生很难适应现代企业的需求；三是缺少针对性的实训平台、实训软件等，无法满足学生模拟真实运营的需求。

面对这样的一个局面，跨境电子商务人才培养该如何作出改变？

四、跨境电子商务人才瀚海模式探讨

2015年6月1日，阿里巴巴集团宣布启动“百城千校·百万英才”计划，与有关高校、企业、培训机构等联合，欲在三年内培育出100万名跨境电子商务人才，抓住跨境电子商务时代的外贸发展机遇，以帮助中国外贸转型升级。6月17日，“百城千校·百万英才”江苏站启动仪式上，南京瀚海与江苏开放大学商学院联合其他41所高校成立了“江苏跨境电子商务高校联盟”，打通高校间跨境电子商务人才交流沟通的渠道，同时在江苏省教育厅招生就业指导中心、阿里巴巴集团等多方指导协助下，在华东地区建立“阿里巴巴跨境电子商务人才培育基地”27个，由企业端发出用人需求，通过政府指导、阿里巴巴平台支持、企业跨境电子商务专家团队实施、学校落地的四位一体模式进行联合人才培养。这样的深度合作，不仅有利于高校相关专业的良性发展及学生就业能力的提升，而且为高校技能型人才培养的改革和实践提供了新的思路；还使高校在以课堂教学改革、第二课堂建设及拓展实训基地为三大支撑的技能型人才培养的基础上，进一步拓展了校企合作思路，明确了企业在技能型人才培养过程中的比重，加大了企业需求在教学内容改革中的权重。

该人才培养模式形成初期，华东地区先后举办跨境电子商务人才专场招聘会75场，输送就业人数超过4000人，就业率达97%，大大缓解了企业对跨境电子商务人才的需求，同时推动了高校由学术型向技能型人才培养的转变。

（一）重点培养对象及模式

我国高校的传统专业设置通常有商务

英语、国际贸易、电子商务等基本学科。然而，随着近十年来跨境电子商务的飞速发展，相对传统的上述专业早已无法满足社会及企业的用人需求。此外，高校的教材、教学方法和手段，也不能迅速地顺应不断变化的市场。

为此，南京瀚海立足于高校学生的培养，紧密联合阿里巴巴等优质企业团队，深耕跨境电子商务企业生态圈，促进人才培养全链路的整合。

在学校端，南京瀚海通过“校长研修班”，组织各高校校长，相关学院的院长、系主任及学科带头人等领导了解社会形势和企业最新的用人需求，结合高校课程制定人才培养计划。另外，南京瀚海还经常举办“师资研修班”，一方面让高校专业教师深入企业业务一线，或是进行线上平台实际操作；另一方面请企业专家进入校园，走上讲台传授宝贵的实战经验和技巧。同时与时俱进，高频率地优化教学课件和教学手法，不断地根据学生所学进度及掌握程度来调整相关课程体系，替换和更新案例。让学生们尚未踏出校园，就可以提前具备良好的专业理论知识及实战技巧。

在企业端，南京瀚海立志于搭建起学生、学校和企业之间的沟通桥梁。面对学生，担任起“老师+教练+保姆+顾问”的角色，对学生们进行全程的心理疏导和生活工作方法指导，使其快速适应社会角色与地域的转换。学生在工作初期有任何疑问，都可以获得相关企业专家及时且专业的指导，为学生们提供强大有力的后盾。面对用人企业，南京瀚海也与时俱进，注重讲解 90 后、95 后新人的性格特征及工作特点，培养企业的用人新观念，使双方能顺利磨合，尽快产生较高的效益。

在课程方面，南京瀚海除了教授主流的 B2B 国际平台和主流的 B2C 国际平台之外，还全方位覆盖跨境电子商务的主要业务，最大限度地扩大学员的就业范围。另外，南京瀚海还对学员们进行大量的图片处理训练，团队精神建设、面试应聘的技巧的传授等，极大地提升了学员们的综合素质，从而最大限度地满足了用人企业多而专的要求。

（二）人才培养的进阶模式

跨境电子商务涉及的范围很广，因此相关人才的培养必须要所有相关方共同支持。南京瀚海一贯注重跨境电子商务生态圈的培养和打造。结合政府、高校、企业及行会，四位一体，全方位打造跨境电子商务精英人才的培育模式。

首先，南京瀚海在政府政策的大力支持下，不断充实专业课程设置，申请相关项目资金，多次组织院校峰会、企业峰会，提供通畅对接渠道及技术支持，与江苏省教育厅及商务厅实现对接，在招生就业指导中心网站设置跨境电子商务人才专区，在人才的培养、实训与就业等多环节最大限度地提供政策扶持，全面铺开以跨境电子商务为核心的“创新创业学院”项目，逐步优化相关政策措施，多方助力人才的成长。与此同时，南京瀚海和江苏省人力资源和社会保障厅建立长期友好合作关系，同时对社会上有意愿从事跨境电子商务的人才进行培训，并推荐优质的就业单位。

其次，南京瀚海牵头组织创立的“江苏跨境电子商务高校联盟”，现已有 67 所联盟会员高校，启动“双师型”“现代学徒制”人才培养模式实现资源共享、师资互换、课程交流，积极与企业专家互动，在核心课程设置、师资培训、教育方案优化、联合项目申报等多方面实现互通共赢。对于部分尚未透视到跨境电子商务巨大潜能的高校，南京瀚海并未忽视它们，而是在校园里积极地进行宣讲和深度传播，并为对跨境电子商务感兴趣的学生同样地提供相关培训及就业推荐的机会。

再次，南京瀚海有强大的企业资源背景。众多的省级外贸公司，以及长三角地区较为发达城市的跨境电子商务企业，都能给学生们提供广阔的施展舞台。企业专家和一线业务员们的经验心得和实战技巧，也为南京瀚海源源不断地提供了实际业务操作案例和最新变化。南京瀚海还携同阿里巴巴共创“百城千校·百万英才”的新生态，并且在阿里巴巴总部举行全球B2B生态峰会。通过整合各大商家、供应链、物流、金融、软件应用等众多服务商，共同打造“互联网+”的新生态圈。

最后，在行会方面，南京瀚海协同阿里巴巴于2016年6月制定了全国跨境电子商务人才培养标准、跨境电子商务人才服务商标准，统一准入门槛，确保人才输送的质量。阿里巴巴总部提供优质平台资源，各大区配合筛选各区域优质跨境电子商务企业，精心组织各地市人才双选会，区域端B2B大客户经理积极配合，定期跟踪。通过岗前培训、在岗提升、团队PK等多元化手段，就业跟进落实到人，实现就业满意度100%。2015年6月~2018年6月，已经有上海、南京、苏州、合肥等多地政府与阿里巴巴集团签署跨境电子商务服务落地协议，实现人才培养—输出—成长的良性闭环。

（三）高级模式及展望

除了对学员和社会人员进行培训，南京瀚海还经常走进企业，对其业务人员进行内部高级培训。内部培训的对象不仅仅是入职时间不长的新人及一线员工，甚至还有一些中、高层管理人员，培训将针对企业业务和管理中的问题，进行深度剖析和讲解，解决实际难题，直接有效地助力业绩增长。

南京瀚海还将建设自有跨境电子商务实战平台，给学员以真实操练的场地，并直接吸收优秀学员在本平台就业。另外，南京瀚海还将输出跨境电子商务的管理经验和操作技巧，为其他企业代运营，并在此基础上给学员提供更多更深入的学习和工作机会。

未来的跨境电子商务人才生态，必然是由“跨境”转变为“跨界”，地理的界限、行业的界限、专业的界限都将或者已经被打破。对于未来的人才培养，南京瀚海将更加注重横向的关联与纵向的纵深，配合互联网思维，结合企业需求，联合政府、高校及相关行会，多维度、高纵深地培育具备跨界思维能力的国际化人才。

跨境电商专题研究篇

互联网新时代下跨境电子商务的统计与应用

广州海关

伴随着互联网、云计算、大数据等新技术的广泛应用，近年来，全球跨境贸易电子商务以其所具有的中间环节少、成本及价格低、交易支付及物流、通关便利等优势得到快速发展，已成为全球贸易发展的一个新的增长点和新的经济热点，受到各方的高度关注。跨境电子商务作为新型的贸易业态，具有碎片化、小宗化、个人化的贸易特点，各国、各界对跨境电子商务没有一个统一的定义边界，数据采集没有统一的口径，跨境电子商务发展规模统计与测量已成为各国官方统计的一大难题。目前，世界海关组织（WCO）也在着手研究跨境电子商务的统计与测量工作。海关总署近几年一直致力于研究跨境电子商务的统计方法，并取得一定的成果。随着跨境电子商务发展与互联网新技术的深度融合，对跨境电子商务的研究很有必要引入互联网新思维、新理念，建立更为科学的统计与测量方法，拓展跨境电子商务大数据应用，为跨境电子商务发展提供更加全面的统计与应用支持。

一、跨境电子商务的统计与应用现状

跨境电子商务借助互联网平台拉近了世界各国间的距离，缩短了外贸交易的链条，全球买、全球卖不仅成为可能，而且迅速发展成为一种新型贸易业态。跨境电子商务是一种商业交易模式，境内和境外买卖双方在互联网交易平台达成商品订单，而实物送达的物流形式因涉及跨境货物管理呈现多样化，以普通货物、快件、邮包等多种渠道实现物流跨境进出口。海关是进出口货物的监督管理机关，目前海关对进出口货物统计的贸易分类是基于海关的监管方式的，一般按照对进出口货物实行不同的税收管理政策和贸易管制要求等条件进行分类，对传统货物的统计方法已趋规范和完善，但对于跨境电子商务这一新型贸易业态，由于其交易的灵活性、物流的分散性，海关难以全面掌握其在整个进出口贸易活动中的份额及增长情况，与此同时，数据应用服务也尚未跟上跨境电子商务快速发展的步伐。

（一）跨境电子商务的统计现状

1. 已精准统计的跨境电子商务货物

按照海关总署 2016 年第 26 号公告的要求，跨境电子商务零售进出口商品申报前，企业应当通过跨境电子商务通关服务平台如实向海关传输交易、支付（收款）、物流等电子信息，即“三单”信息，通过海关跨境电子商务通关管理平台，向海关申报跨境电子商务进出口清单，并完成通关、验放手续。这部分货物已明确作为跨境电子商务向海关申报，并且海关也掌握货物订单和支付（收款）信息加以验证，可以说海关能够做到精准统计。自 2012 年海关开展跨境电子商务试点工作以来，形成了网购保税进口、直购进口、一般出口、特殊区域出口等 4 种监管模式，并先后对以上货物设置了专门监管方式，具体包括 3 种：9610 跨境贸易电子商务即零售进出口、1210 保税跨境贸易电子商务（适用试点城市）、1239 保税跨境贸易电子商务 A（适用非试点城市）。目前，海关以上述贸易方式作为狭义的跨境电子商务统计口径提取数据，并进行相关的数据分析。

2. 已纳入整体贸易统计但尚未单列的跨境电子商务货物

以普通货物或者快件货物形式进出口的跨境电子商务货物，目前已纳入整体贸易统计但尚未单列统计。这部分跨境电子商务货物，大多采用一般贸易、市场采购、货样广告品等贸易方式。以普通货物形式进出口的跨境电子商务货物，通过海关 H2010 通关系统进行申报和验放，已经纳入贸易统计。以快件形式进出口的跨境电子商务货物，通过海关快件管理系统进行申报和验放，并作为 C 类低值快件货物纳入贸易统计。以上货物虽然已经纳入现行的贸易统计中，但尚未有一个较为成熟的手段或方法将属于跨境电子商务的数据分辨出来。

3. 尚未纳入贸易统计的跨境电子商务货物

尚未纳入贸易统计的跨境电子商务货物主要涉及以进出口邮递物品和 B 类快件个人物品①形式进出口的货物。对于邮递物品，海关按照进出口邮递物品管理规定进行监管和验放。由于目前各海关对进出口邮递物品监管的手段和辅助工具差异较大，而且与邮政企业的数据没有完全对接，致使这部分数据不能完整获取。此外，由于政策性差异，有的跨境电子商务货物是以 B 类快件个人物品的形式向海关申报进出口，也未纳入统计。

（二）跨境电子商务的应用现状

跨境电子商务属于数据密集型的商业模式，交易全过程产生了大量数据流及数据交互核验信息，但目前海关统计对跨境电子商务数据的应用仍停留在从传统的统计中获取数据，开展相关分析和数据发布工作，没有跳出传统海关统计模式，融入互联网新时代下大数据的应用中，海关统计数据的价值没有得到充分发挥。

二、跨境电子商务统计的主要难点

跨境电子商务是电子商务的国际化形式，其进出口贸易呈现订单碎片化、交易小宗化特点，跨境物流呈现多样化与分散化形式，不仅给海关的监管带来挑战，也使海关统计面临多重困难。

（一）跨境电子商务的定义边界暂不统一

当前跨境电子商务发展迅猛，但目前我国在跨境电子商务领域还没有专门的法律法规，有关跨境电子商务的法律定义等法律原则性问题尚未明确，操作层面也缺乏明确的规程和操作指引，同时国际上对“跨境电子商务”的定义边界也不够明确。是交易的全程电子化，还是交易的部分环节电子化就视为跨境电子商务？是网上直接下单成交，还是展示促成成交也视为跨

① 根据《关于启用新快件通关系统相关事宜的公告》（海关总署公告 2016 年第 19 号），B 类快件是指境内收寄件人（自然人）收取或者交寄的个人自用物品（旅客分离运输行李物品除外）。

境电子商务？是在互联网公共平台达成订单，还是在企业自建的面向固定客户开放的内部订单系统下单也视为跨境电子商务？等等。此外，B2B 和 B2C 关于主体的定义也不清晰，从普通货物、邮件、快件渠道尤其是普通货物渠道进出口的跨境电子商务货物，难以区分是 B2B 还是 B2C。缺乏法律层面上统一的定义，造成电子商务业界、经贸管理部门对跨境电子商务的定义的理解存在较大差异，反映出来的就是各管理部门、业界、研究机构等之间的统计数据出现相互打架，甚至差异较大、相互矛盾等情况，不利于国家决策和管理，也不利于做到统计数据的国际可比。

（二）数据采集难以全覆盖

目前，海关对通过海关跨境电子商务通关管理平台申报、验放的具有三单信息的跨境电子商务零售进出口货物可以置上标签并获取准确的数据，但其所占整体规模比重不大。实际上，跨境电子商务货物成交后，在我国关境进出口的通关形式多种多样，除了上述通过海关跨境电子商务通关管理平台通关外，以其他方式进出口的跨境电子商务货物，海关无法完全掌握。海关要掌握完整的跨境电子商务的数据，必须跨越海关的多个业务管理系统，包括普通货物类通关系统、快件管理系统、行邮类系统等采集数据。而按照目前的情况，普通货物类通关系统中没有对属于跨境电子商务的货物作特殊标识，必须由企业申报，如果要求企业申报，一方面需要法律层面赋予义务，短期内难以实现；另一方面，没有互联网平台交易的相关信息作为印证，海关也难以判别企业申报的可信度。从邮递物品角度看，有的海关还没有推广使用统一的邮递物品监管系统，通关业务处理仍处在纸本单证流转的阶段，无法获取相关的电子数据。从快件角度看，快件系统虽已能满足海关贸易统计的要求，但也是无法区分其中的跨境电子商务货物。此外，对于境外电商平台的数据获取难度更大。虽然海关总署 2016 年第 26 号公告允许通过国内有资质的快件运营人、邮政企业代发境外电商的交易信息①，但由于境外支付企业受个人隐私等法律制约，难以向海关提供包含个人信息的支付数据，导致很多全球知名的、诚信度较高的大型著名电商企业零售进口业务无奈地选择通过传统邮件、快件渠道通关。数据采集没有全覆盖，对测量跨境电子商务的整体规模造成很大困难。

（三）跨境电子商务数据应用的局限性

在互联网新时代，跨境电子商务呈现爆发性增长，发展初期跨境电子商务的主要模式为 B2C，随着其发展的成熟，企业级机构用户 B2B 的交易空间将不断拓展。商务运作的电子化，数据信息的重要性不言而喻，电商企业越发意识到将数据形成一个完整的交易闭环，涵盖信息流、资金流、物流所有环节，从而进一步服务于物流体系、金融服务、信用管理等的重要

① 按照海关总署 2016 年第 26 号公告要求，跨境电子商务零售进口商品申报前，电子商务企业或电子商务交易平台企业、支付企业、物流企业应当分别通过跨境电子商务通关服务平台如实向海关传输交易、支付、物流等电子信息。进出境快件运营人、邮政企业可以受电子商务企业、支付企业委托，在书面承诺对传输数据真实性承担相应法律责任的前提下，向海关传输交易、支付等电子信息。

性。跨境电子商务货物从订单交易、支付成功到实物送达全过程，每个环节的主体都占据部分数据信息但各自为政，并没有形成数据流互通互赢的效应。目前海关统计主要是从传统统计中获取数据开展数据应用，同时，仅限于与相关的政府部门，如国家税务局、外汇管理局进行数据交换，但与跨境电子商务行业的信息互联互通还不畅顺。这既不利于海关有效开展统计监测预测工作，推动国内乃至全球跨境电子商务的发展与治理，也不利于服务企业在贸易管理上形成信息流的闭合，提高整个贸易链条运作的效率。各环节数据的封闭，使互联网新时代下大数据的经济效益难以发挥。

三、探索互联网新时代下跨境电子商务的统计方法与应用

在经济全球化和互联网新时代的大背景下，跨境电子商务将是未来发展的新趋势，海关统计作为跨境电子商务监管链条的重要环节，有责任在跨境电子商务统计和应用方面，探索新方法、新手段，在制度设计上紧跟国际标准，在应用创新上借助大数据理念，主动适应全球跨境电子商务的快速发展。

（一）积极参与国际标准和统计与测量方案的制定，提高中国海关统计的话语权

按照联合国统计标准与建议，跨境电子商务进出口货物应纳入货物贸易统计[①]，但是联合国对于跨境电子商务并未明确业务标准，对于交易电子化程度或交易电子化环节限定没有量化指标或指定范围。当前中国在电子商务、电子支付等领域的科技应用赶超世界水平，跨境电子商务进出口发展规模居世界前列。经过近年来对跨境电子商务统计方法的研究，目前海关总署、国家统计局、商务部对跨境电子商务统计标准已达成初步共识，即跨境电子商务指分属于不同关境的交易主体，通过公共网络交易平台（包括自建网站和第三方平台）取得实物商品订单，并通过跨境运输送达，完成交易的一种商业活动；其支付可以在网上进行，也可以在网下进行。同时，经向联合国统计局专家沟通和了解，目前国际上大多数国家比较接受以交易双方在公开的互联网上产生订单、相关实物跨境运达，作为跨境电子商务进出口货物的统计标准。与此同时，面对新型贸易业态，海关总署联合国家统计局、商务部加强对跨境电子商务进出口货物统计方法的深入研究，组织跨境电子商务活跃的杭州、广州开展跨境电子商务进出口货物统计试点工作，取得了一定的研究经验和成果，得到联合国统计司的关注。2017 年 10 月，中国海关担任 WCO 跨境电子商务工作组主席，协调成员国海关、电商企业，以及邮政、航空等运输行业协会推动全球跨境电子商务发展与治理，其中，中国海关负责牵头“统计与测量”分组工作，牵头组织全球跨境电子商务测量与分析工作，收集和整理国内外海关在跨境电子商务测量与分析方面的相关情况和实践

---

① 根据联合国统计司制定的《2010 年国际商品贸易统计：概念和定义》，“电子商务”一词指由于交易完全或在很大程度上靠电子手段进行而实际越过国界的货物（例如，经由因特网订购和支付的货物）。这类货物属于《2010 年国际商品贸易统计：概念和定义》规定的出口和进口范围。

做法，起草跨境电子商务测量与分析初步方案。这一举措必将增强中国在制定跨境电子商务国际标准方面的话语权，海关统计部门应把握机会，在前期研究成果的基础上，促进从法律层面出台定义边界明确、世界认可、行业接受、相对统一的更为完善的跨境电子商务国际标准，改变目前发布跨境电子商务数据口径混乱，容易误导公众的情况，为促进全球跨境电子商务发展提供保障。

（二）加强跨境电子商务统计方法的研究与实践，扩展跨境电子商务统计信息来源

根据联合国统计司制定的《2010 年国际商品贸易统计：概念和定义》，应当承认，进行跨境电子商务项目下的数据收集可能具有挑战性，例如，在通过邮包、邮件或快递服务运送货物时，鼓励各国从长远角度制定必要的数据收集和/或评估程序。在实践当中，交易小宗化的趋势、通关效率的要求、数据采集成本高等问题，都是各国所面临的跨境电子商务统计难题。

目前，海关统计已实现通过传统统计方法获取海关监管层面认可的跨境电子商务数据，而对于通过普通货物、邮件、快件渠道进出口而海关监管环节无法识别的跨境电子商务货物，可以通过以下方法获取相关数据：

一是通过统计调查的方法测算规模。2016 年起，广州海关、杭州海关在海关总署的统一部署下，联合地方统计、商务部门，结合海关统计、国家统计、地方统计、企业统计的多方数据开展调查测算总体跨境电子商务规模，取得一定经验，值得借鉴。就调查方法而言，可以充分利用互联网，搭建调查问卷平台，同时在海关现场，通过手机微信扫二维码开展调查问卷的形式，定期有针对性地向不同类型的企业收集跨境电子商务数据，以此作为测算的基础。同时，可再进一步从电商平台企业的角度，利用其订单信息，通过开展统计调查加以佐证，使海关的测算结果更具可靠性。

二是通过大数据应用分析，自动识别获取跨境电子商务数据。联通海关与跨境电子商务两个平台，一方面鼓励跨境电子商务企业向海关开放数据，把海关的管理理念和要求融入电商平台，通过大数据应用分析，海关自动识别获取跨境电子商务数据；另一方面，海关可根据企业开放数据的程度适用不同的便利措施，对于数据开放的企业，海关可向企业提供相关进出口跨境电子商务数据，为企业开展业务提供辅助参考，同时，开放程度越高，企业通关便利化程度越高，以此促进企业自愿参与数据开放与共享。

三是鼓励企业主动申报或通过法律赋予企业申报义务。目前通过普通货物、邮件、快件渠道进出口的跨境电子商务没有做任何的标识，海关难以从报关单的申报数据中获取此数据。可以尝试通过宣传引导，以及利用地方政府对跨境电子商务的促进措施，鼓励企业按有效订单凭证向海关申报，或通过海关上位法，规定企业申报的义务，实现该数据的自动采集。

四是设置简易申报区间以区分 B2B 和 B2C。按照现有的管理模式，企业和个人的界限非常模糊，因此，建议设置一定的货值限额，对于限额内的，适用简易申报制度并纳入 B2C 管理和统计；对于超出限额的，视为 B2B。

（三）创新数据应用手段和空间，服务跨境电子商务发展

跨境电子商务是互联网的产物，通过网络平台从订单、支付到物流完成的整个流程都产生了大量数据和信息，具有较高的使用价值，在大数据应用的趋势下，我们不能固守在传统的数据应用上，应进一步拓宽思维，创新手段，拓展数据应用的空间，更好地服务于跨境电子商务的发展。

一是积极参与 B2B 跨境电子商务通关系统建设，融入企业跨境电子商务贸易链条。跨境 B2B 是跨境电子商务乃至未来整个国际贸易的主渠道，是“互联网+外贸”的重要形式，也是国际电子商务规则竞争的制高点。跨境电子商务基于互联网的发展而产生，其经营模式对信息的依赖性较高。海关统计部门应积极参与 B2B 跨境电子商务通关系统建设，并融入跨境电子商务整个贸易链条中，与企业贸易流形成闭环，辅助企业实时掌握交易、通关等信息，加快资金的回流，从而进一步降低企业经营成本。

二是应用大数据分析理念，结合税务、外管、工商等部门开放的数据源，从企业经营状况、货物贸易链等角度主动开展统计监测与预测，抓住监控节点，准确发现问题企业。

三是加强国际交流合作，促进世界各国参与跨境电子商务数据的交换、数据比对体系，通过全球数据互相补充、互相印证，服务经济全球化，并提高各国执法与管理效率。

跨境电子商务已经成为贸易发展的新趋势，各方对其统计数据的需求，促使海关统计部门要创新求变、有所作为，主动融入互联网、大数据的潮流，以开放、共享的思维，积极实践，努力成为探索全球跨境电子商务统计方法与应用的先行者。

顺应跨境贸易新趋势，引领国际物流新规则 打造全球领先的海关“智慧监管”新模式

厦门海关

国际贸易与物流在互联网、物联网和人工智能等高新科技的推动下，正发生着深刻的变革，处于颠覆性创新转型的过程之中。跨境电子商务的发展正是这一趋势的典型代表，其日新月异的发展对海关监管带来了挑战。海关应抓住历史机遇，深入改革监管理念，充分利用跨境电子商务交易在线、透明、事先可获取、事后可追溯的特点，围绕贸易相关数据的采集、分析、处理，探索建立在宏观上因应国家战略，在微观上具备可操作性，在空间上向全球贸易链、物流链乃至资金链延伸，在时间上向整个交易过程、交付过程渗透的跨境电子商务（指B2C模式，下同）海关“智慧监管”模式，促进跨境电子商务健康可持续发展。

一、性质与特点

（一）属性分析

作为国际贸易碎片化的一种新兴贸易方式，跨境电子商务与传统的贸易方式相比，压缩了贸易和流通环节，呈现出内外贸一体化、交易主体多元化、商品流通渠道扁平化、交易订单碎片化、交易信息透明化等特点，其实质还是商品所有权的交易即贸易。但从获得商品的目的的角度分析，B2C模式下的跨境电子商务商品一般为个人生活消费品，非工业生产资料，没有加工增值属性，符合物品“非贸易性、自用、合理数量”的特征，按照商务部门的指导意见采取“按货物征税，按物品监管”的模式。

（二）通关特征

1. 责任主体

按照《海关法》《中华人民共和国进出口关税条例》等法律法规的精神要义，跨境电子商务属于跨境贸易的新形态，申报及纳税的法律主体仍为进出口货物的收发货人及其境内委托代理人；境外贸易主体作为贸易相关方具有配合提供相关信息及确认贸易真实与合规的义务。

2. 通关条件

跨境电子商务企业销售的产品品名、规格、型号的描述具体、详实，交易数量和价格信息准确，还配有清晰图像；跨境电子商务平台企业、物流企业和支付企业等各方的基本信息、委托关系、交易记录等信息详实、明确、可靠，具有“数据准确、交易留痕、实时追溯”等数据化、电子化和自动化特点，具备了完全信息化监管的先天有利条件。

因此，创建跨境电子商务监管制度过程中，应将跨境电子商务作为一种新型的贸易方式纳入整个海关货物监管体系内，既作为现行海关整体通关改革的一部分，

又为未来中国海关建立互联网时代的新型监管方式探索路径。

二、现状与问题

（一）现状概述

为进一步落实好跨境电子商务零售进出口商品的税收新政，海关总署先后发布了2016年第26号公告、2018年第27号公告等规定，明确了跨境电子商务适用范围、企业准入、适用税率、完税价格确定规则、取消税款起征点、设定购买限值和“正面清单”管理等要求，并探索创建了网购保税进口、直购进口、一般出口、特殊区域出口四种监管模式等创新监管措施。通过不断完善政策制度和创新监管模式，为跨境电子商务发展创造了良好的通关环境。

2017年全国跨境电子商务零售进出口总额达902.4亿元人民币，同比增长80.6%。其中，进口额达565.9亿元人民币，增长120%；出口额达336.5亿元人民币，增长41.3%；保税进口模式占零售进口商品总额74.7%。

（二）实践挑战

1. 货物、跨境电子商务、物品三者存在监管制度差异，造成“税往低处流”

现阶段，我国货物、跨境电子商务和物品三个监管领域的规章制度存在一定差异，主要体现在税率、起征点、监管证件和监管要求不尽相同。目前全球贸易碎片化大趋势下，监管部门很难以商品性质界定进出境监管相对物的属性。部分企业和个人充分利用监管规章上的差异，偷逃税款、逃避证件管理。

2. 后续稽查、缉私法规尚未出台，企业违法成本较低

跨境电子商务目前采取的是清单式申报、快速验放的监管模式，申报要素简单，通关时效快。现行的稽查条例和行政处罚条例等相关的后续监管和处罚规定，不完全适用于采取信息登记的跨境电子商务相关企业。执法实践中，违规行为难以被发现，或是发现后由于缺乏依据而难以处罚。同时，企业信息登记条件容易满足，即便受到海关查处，仍可“改头换面”继续开展业务。两者相加，使得现有的跨境电子商务行业呈现出“亚健康”的状态。

3. 准入门槛不适应发展需求，行业存在“鱼龙混杂”现象

企业提供法人营业执照、组织机构代码证书、企业情况登记表（主要是网站）即可办理企业信息登记手续并适用跨境电子商务专属通关模式，未能将是否真正从事跨境电子商务相关业务的企业进行区分，目前行业内乱象丛生，产生较多的虚假“三单信息”。同时，现行规定要求境内支付企业和平台企业才能够传输或者委托传输“三单信息”，而大部分境外企业出于所在国法律规定、保护客户隐私和自身数据安全等方面的考量，未与中国海关进行联网。这使得部分知名境外电商平台企业，如eBAY、AMAZON. US（美国亚马逊）等无法与海关系统进行交互，不能适用四种创新监管模式，其商品目前仍以普通邮件、快件渠道进出境。

4. 企业与订购人之间责任未明确，造成海关与管理相对人即订购人（收件人）间存在“隔断”现象

在现有制度直接规定代收代缴义务人

的情况下，进口商品订购人作为纳税义务人，没有履行申报纳税义务的机会和渠道，而是直接由电商企业向海关申报并缴纳税款。由于制度缺乏明确规定，部分电商企业未与订购人建立正式委托关系，导致责任主体无法明确及区分，后续的稽查、调查工作难度较大。同时，该情况也造成通关过程不透明，订购人难以获悉通关状态，海关承担了许多"非海关责任式"的负面舆情压力。

三、思路与方案

现行的监管体系和操作模式已不能完全适应跨境电子商务日新月异的发展。跨境电子商务监管领域主要的痛点在于海关系统与跨境电子商务的电子数据无法实现全供应链式的互联互通，部分企业和个人不愿意与海关开放式共享相关数据。因此，可以以新兴互联网手段和技术为切入点，对现有海关监管体系进行改革。

（一）改革思路

1. 创新驱动，科技引领

针对跨境电子商务对信息化便利化通关的需求，以创新思维为驱动，将监管时空前推后移，实现对流通环节供应链式全程联网监管。同时，在内部组织专门的技术力量，通过与行业内知名企业技术合作的方式，充分应用"eWTP"① "人脸识别" "画像" "个人征信"等新兴科技手段，使海关跨境电子商务监管和现代技术实现高效、有机的融合，实现"智慧监管"、"智慧稽查"和"智慧缉私"。

2. 抓住本质，探索规则

跳出一元论的思维，牢牢抓住跨境电子商务商品实质为贸易性质，同时具有个人购买使用特点二元性的本质，探索建立能够兼顾货物性质和物品特点的"低值货物"新型通关准则，在商品信息交互、监管证件要求等方面提出具备可复制、可推广性质的可行方案，使其成为能够在全国海关范围乃至世界行业范围内广泛应用的行业标准和制度标杆。

3. 统筹兼顾，精准施策

海关在法规和制度层面对跨境电子商务的本质、执法成本和效率、各进出境渠道等方面进行统筹兼顾，为具备不同条件的跨境电子商务商品进行"量身定制"式的通关模式，形成"事前准入评估、事中快速验放、事后监控核查"的监管格局，并以风险管理和区别化监管精准施策，形成快件、邮件、跨境电子商务三大渠道"齐头并进，相互补充"的良性行业生态，最终实现对广义跨境电子商务商品可控、有序、公平、阳光的海关监管。

（二）改革方案

在现行"三单信息"模式下，借鉴"e-WTP"、互联网科技、大数据分析等新理念、新手段，构建"ehub+ERP"式海关"智慧监管"新模式。该模式下，企业通过与海关联网的ERP系统即时将采购、交易、物流等信息传输给海关；订购人通过"互联网+"将身份信息等交易数据传输给海关；海关根据"画像"综合管理系

① "eWTP"，全称 Electronic World Trade Platform，电子世界贸易平台。eWTP是由私营部门发起、各利益攸关方共同参与的世界电子贸易平台，旨在促进公私对话，推动建立相关规则，为跨境电子商务的健康发展营造切实有效的政策和商业环境。eWTP的目的在于帮助全球发展中国家、中小企业、年轻人更方便地进入全球市场、参与全球经济。

统对企业、商品和订购人等的“画像”结果，形成风险参数，对即时通关数据进行分析处置、快速验放，并自动选择对象进行放行后投递监控、后续验估、稽核查等后续监管手续，形成一个即时交互信息、网络自主申报、自动审核验放、智能布控稽查的闭合式、立体式、网络化、智能化“智慧监管”体系，对于企业和个人可实现阳光、便捷通关，对于海关可实现“管得住、通得快”的“智慧监管”。

1. 制定数据标准

一是数据标准的含义。跨境电子商务数据标准是指从事跨境电子商务业务的相关企业、政府监管部门和口岸服务机构共同明确并使用的，包含整个跨境交易信息、全程物流信息及商品信息的数据和服务的标准化体系，包含数据交换平台、数据报文标准、数据传输方式、数据交互规范、数据安全验证等主要要素。

二是企业数据传输的主要类型。在统一数据报文标准和传输方式的基础上，要求电商、物流企业及全程物流服务商开放ERP系统，实时传输跨境交易及全程物流信息给海关；海关可以通过数据交换平台API系统接口对接跨境电子商务各环节生产作业系统，随时获取业务相关信息辅助监管。需传输的数据类型有交易数据、支付数据、海外仓储信息、保税仓储信息、订舱信息、航空公司舱单信息、理货分拨信息、运抵信息、报关信息、快递配送信息及物流状态轨迹信息等。各类型数据以订单号、提运单号为检索关联的字段。

三是订购人的数据传输标准和方式。订购人通过PC终端或者手机APP应用终端传输订单号、姓名、身份证件号码、电话号码等数据。

四是完善发送“三单信息”的企业标准。在法规政策和监管模式进一步健全的基础上，明确一定条件下，境内平台企业可以代为发送订单及支付（收款）单信息即“两方三单”、境内物流企业可以代为发送订单及支付（收款）单信息即“一方三单”。如获得所在国海关AEO认证、国际知名企业资信机构出具的信用报告、会计事务所出具的审计报告、境外支付企业委托提供支付信息的委托协议等。如此，可完善原有三方企业发送“三单信息”的格局，解决目前支付企业接入难、收费高、存在垄断等跨境电子商务监管的痛点。

数据标准架构如图4-1所示。

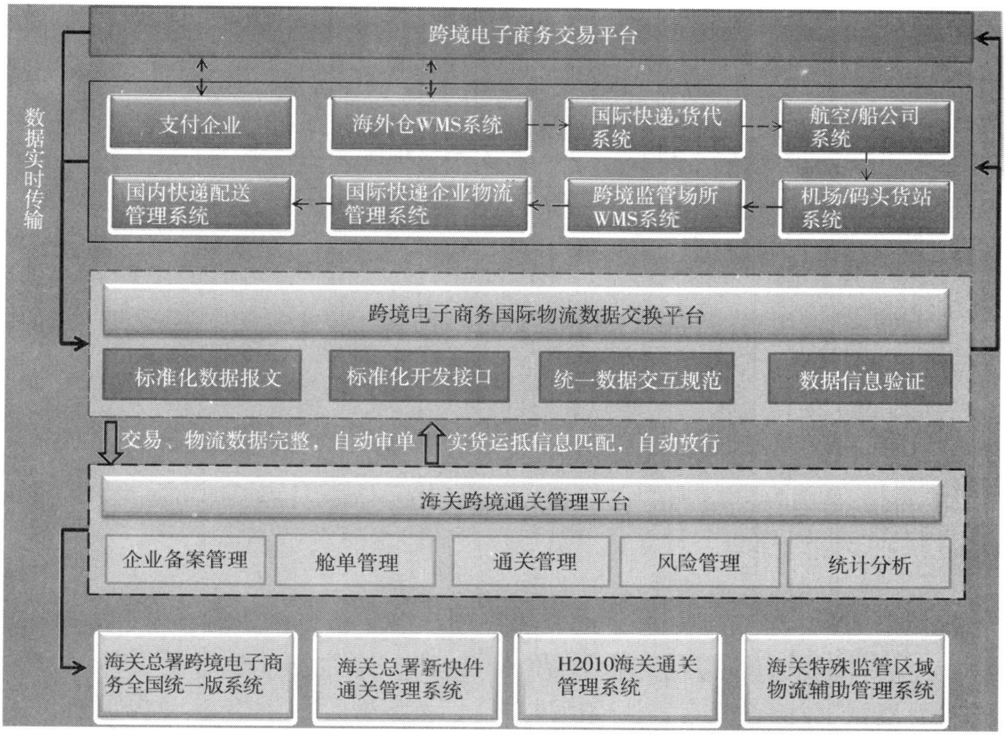

图 4-1　数据标准架构图

2. 规范数据采集

一是搭建"ehub+ERP"式关企信息新型交互平台。该交互平台是指借鉴"e-WTP"等新理念，顺应新发展趋势，改造现有跨境电子商务通关服务平台，使其成为一个能够无缝对接跨境电子商务相关企业即时运营数据、订购人申报数据以及相关监管部门各监管系统的数据中枢，即监管部门"e-hub"，提高数据的准确性和真实性。

二是跨境电子商务相关企业即时传输数据至"e-hub"。电商（平台）企业事前向海关确定电商商品的商品编码、税率、归类原则和申报规范，从采购、到港、上架、交易和出仓等各环节，即时将跨境电子商务商品的相关信息自动转换并传输；支付企业或其委托人传输相应的支付（收款）信息；物流企业在形成统一的规范的地址录入标准基础上，从揽收（包含境内）到投递各环节，传输即时物流状态数据，并在商品派送后由海关通关系统对实际收件地址和申报收件地址自动进行比对并反馈结果，实现"互联网+投递监控"，为后续监管（包含稽核查和缉私调查）提供决策支持和信息线索。

三是订购人（收件人）通过"互联网+身份认证"等新兴科技手段，实现"互联网+自主申报"。针对跨境电子商务的主要监管风险是"分散寄递、化整为零"的逃证逃税行为，抓住跨境电子商务"事前可获取"的特点，在"e+E"模式海关申报环节前移内嵌的情况下，借鉴银行、安检、酒店等行业的验核方式，以"互联网+身份认证"的方式验核境内订购人的真实性并实现个人的“互联网+自主申报”。该方式是指订购人通过市场最新的认证技术产品，如手机应用APP或者身份证读取器，直接读取身份证件内藏芯片的个人身份信息，通过互联网直接传输给“e-hub”，并结合“人脸识别”技术进行验核的身份认证方式。当订购人登录与“e-hub”联网的网站购买商品时，通过该方式将身份信息和交易订单信息直接传输给“e-hub”进行自主申报或者委托授权电商（平台）企业向海关申报，“e-hub”对个人身份及申报信息与“三单信息”进行自动比对。订购人与“e-hub”建立联系后，即可查询通关状态和应征税款等信息。该监管方式具备提高订购人和收件（购买）行为真实性、身份数据均加载数字签名代表本人意图、保护收件人隐私、传输速度快、应用成本低等优势，可从源头化解监管风险，实现“实名寄递”。

四是实行集成式通道型管理。跨境电子商务属于一种新兴贸易方式，并以邮件和快件这种“门对门”的快速物流服务方式实现商品的送达（包含保税仓和海外仓的物流后段），即现在的邮件快件包含了跨境电子商务商品与其他传统（非跨境电子商务）的货物、物品。因此，应准确把握跨境电子商务、邮件和快件三者之间的内在联系，将邮件和快件分为文件（包含印刷品）类、物品类、货物类，其中货物类分为跨境电子商务类、低值货物类和普通货物类，并将各类型邮件快件集中于同一监管作业场所，实施分类通道通关的模式（分类包含两个层次，一是邮件快件类别；二是信用等级类别）。其中，对跨境电子商务商品按照具备“三方三单”、“两方三单”、“一方三单”的“三单比对”模式和“一方一单”（指物品类或者低值货物类）的普通邮件快件、传统一般贸易模式等不同数据信息条件，采取区别化的监管措施和便利措施。

3. 强化数据分析

一是开发海关“画像”式综合管理分析系统。海关已开发的涵盖货物监管、快件监管、企业管理、缉私案件等许多系统，沉淀了大量的监管数据，但相对独立，仅能实现逻辑较为简单的数据传输交互，无法形成数据合力。为充分发挥各信息化系统沉淀数据的作用，可开发海关“画像”式综合管理分析系统（以下简称数据系统）。数据系统独立于其余系统之外，具备数据自动捕捉和大数据分析运算能力，可即时采集各海关业务系统的数据，并通过一定逻辑对数据进行分析研判，对相同或类似商品的价格区间、企业和个人在海关层面的守法情况、常见的伪报、瞒报和错报手法进行智能归纳。

二是建立风险管理量化评定关键要素。参考银行、信贷、金融等机构对企业评级的相关标准，制定以“三表”（资产负债表、现金流量表、利润表）为核心，以相关企业和个人征信评级为辅助的跨境电子商务风险管理量化评定标准。其中，企业的“三表”由有资质的会计事务所提供，可以相对客观、真实地反映一定日期内企业的资产、负债和业主权益等运营状况的核心参考要素；企业和个人征信评级现阶段已由国家相关部门和有资质的第三方机构向企业及个人开放查询，对企业及个人的资产负债情况、信用情况、违法犯罪记录等各方面有相对客观、真实的记录，可作为跨境电子商务企业及其出资人和法人整体风险等级的评定参考要素。

“三表”及征信记录的相关评定在国际上具有相对统一的标准，境内外企业均可向海关提供。

三是描绘企业和个人“海关画像”，建立健全区别化监管、稽查和缉私的联动机制。在评定要素建立后，基于数据系统开发一套符合海关需要的风险等级评定运算规则即数据运算模型。在该规则下，数据系统可根据注册备案企业的“三表+征信”的相关内容，结合企业的其他客观因素，如：是否具备国际快件运营人资质、是否为商业银行或取得国家第三方支付牌照、销售商品是否具备全程物流信息等，形成每一个与海关联网企业的“画像”，并能够以分数的形式最终评定出企业评级，对得分不同的企业采取区别化待遇。如：根据企业的“海关画像”描绘结果调整电子审单率和过机查验率、安排优先通关、开展中期盘仓核查和后续稽查等。该规则还将参考企业注册备案后的通关时及通关后的守法情况，包括核查和稽查结果，即时调整风险评定等级，实现实时动态调整。

4. 实现“智慧监管”

按照全国通关一体化理念和要求，将监管前推后移，形成“事前准入评估、事中快速验放、事后监控核查”的监管格局，构建海关“智慧监管”新模式。

一是“事前准入评估”。由企业注册地海关完成信息登记、税款担保、账册备案、企业评估等手续，由风险防控中心和税收征管中心参照货物全国通关一体化格局制定风险参数和各项指令。准入评估时，注重审核企业所具备的行业资质、商品备案的规范性；以平台企业为管理重点，由平台企业层层传递海关监管要求；对于保税模式按照“一线管住、二线优出”的理念，侧重于一线申报入区环节。

二是“事中快速验放”。通关系统按照预定参数完成“三单信息”、申报清单和个人身份认证信息的电子审核，并随机抽核单货一致性，减少人工干预，实现快速放行。保税模式通过对库存商品开展中期盘仓核查，直购模式通过自动查验分拣线和“智能判图”实施单货一致性验核。

三是“事后监控核查”。按照全国通关一体化要求，完成清单批量复审、税款征收、退货管理、大数据分析及处置等工作。数据分析侧重于订购人身份地址信息、价格区间比对、数量异常增长等内容，并收集企业促销幅度和频率的信息。对风险存疑，需要对相关企业的帐簿、单证等有关资料和有关进出口商品进行核查或者调查的，移交稽查或者缉私部门处置，根据分析处置结果调整风险参数。

通过以上各项改革措施打造的海关“智慧监管”新模式架构如图 4-2 所示。

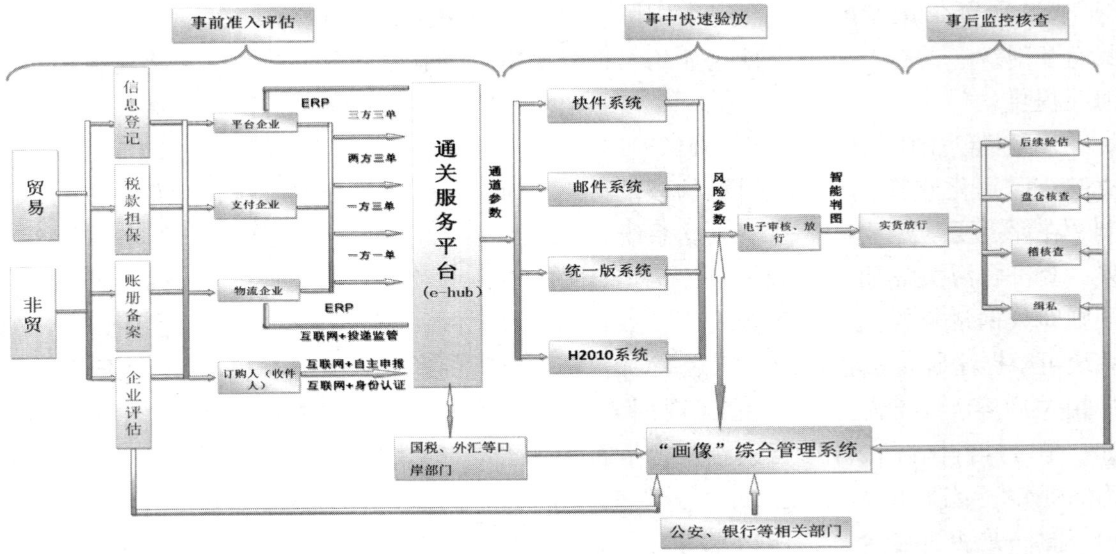

图 4-2 “ehub+ERP”式海关“智慧监管”新模式架构图

四、创新与展望

（一）制度创新和模式创新

1. 确定主体责任

从根源上，抓住跨境电子商务的责任主体即进口收货人和出口发货人，通过“互联网+”等科技手段将海关监管拓展至个人，实现个人通畅、便利地履行主体责任，减少虚假“三单信息”、盗用他人身份信息从事非法跨境电子商务通关行为等情事的发生，消除海关与个人之间的“隔阂”，展示海关监管的正面形象。

2. 整合贸易、非贸

在大力进行内部制度和监管重构改革的同时，同步倡导推动外部相关法规、政策的配套改革，将一般贸易、跨境电子商务和个人物品海关监管进行统筹考量和合理规划，在税赋、监管证件、责任追究等方面寻求相对公平，最终营造一个优质、公平的跨境电子商务营商环境和监管环境。

3. 倡导动态监管

通过借鉴“eWTP”等新理念，建设海关等政府监管部门的“e-hub”（数据中枢），与电商交易平台、物流平台企业的ERP系统实现无缝即时的信息交互，构建“e+E”式的关企信息交互模式，实现海关全供应链式的动态信息获取和监管。

4. 突出数据分析

基于电商平台企业、物流企业均有详实的信息化运行系统，通过依托国际通行的企业及个人信用评定标准和“大数据”分析手段，构建一套符合行业规则的智能化信用等级评定规则，以此建立海关“画像”式的跨境电子商务新型风险管理体系，并最终打造全球领先的海关“智慧监管”新模式。

（二）未来展望

1. 以“eWTP”理念搭建联网体系，实现全球共治

按照厦门会晤签署的《金砖国家海关合作战略框架》指导原则，充分利用跨境电子商务天然存在的信息化数据，借鉴“eWTP”理念的有关元素，在金砖国家范围内搭建一个跨境电子商务共同治理的体系，通过新兴的互联网、“区块链”等数据交互手段，明确数据标准，实现电商监管的信息互换、监管互认、执法互助，以及缉私协同，形成跨境电子商务“求同存异”式的治理格局，并逐步向发展中国家和新兴市场国家推进，最终实现全球共治。

2. 以创新成果推动规则制定，实现中国引领

在取得跨境电子商务创新成果的基础上，除去内部的自我变革，还应在世界范围内力争中国引领。以中国海关担任 WCO 电子商务工作组主席、牵头制定《WCO 跨境电子商务标准框架》为契机，分享我国在跨境电子商务监管探索中的成功经验和创新思路，并吸纳其他国家的先进做法，服务“一带一路”倡议，推动建立全球跨境电子商务监管新模式，引领国际物流新规则，为全球跨境贸易的发展，以及各国经贸人文往来的促进贡献中国力量。

基于词云图分析的长三角地区跨境电子商务错位发展与优势互补研究

上海竞争生态研究中心　上海大学管理学院

一、引言

把长三角地区建设成为贯彻落实新发展理念的引领示范区，成为在全球有影响力的世界级城市群，能够在全球配置资源的亚太门户，是国家赋予长三角地区的新的使命。从跨境电子商务企业数量看，江苏、上海、浙江分别位列全国第二、第四、第五位；从跨境电子商务交易额看，江苏、浙江、上海位列全国第二至四位，成为中国跨境电子商务的重要集聚地。从城市分布来看，我国跨境电子商务发展主要在长三角和珠三角地区。在全国 13 个跨境电子商务综合试验区中，长三角地区的城市有五个，分别是杭州、上海、宁波、合肥和苏州，表 4-1 列举了上述五个城市跨境电子商务发展的基本情况。长三角地区的城市发展跨境电子商务较早，上海在 2012 年被设定为首批五个跨境电子商务试点城市之一，而杭州在 2015 年被首个设立为跨境电子商务综合试验区，并提出了“六体系两平台”的发展模式在全国推广。从交易量上看，2017 年杭州跨境电子商务进出口交易额为 450.12 亿元人民币（72.6 亿美元），宁波为 80.11 亿元人民币，上海为 41.8 亿元人民币，在全国范围内都属于较高水平。

长三角地区城市跨境电子商务发展分为两类，一类城市具有较好的空港区位优势，通过进出口贸易发展跨境电子商务，代表城市为上海；另一类城市虽然不具备区位优势，但电子商务发达，代表城市为杭州。为了分析这两类城市在跨境电子商务的发展方式上有什么不同，本文将通过词云图分析方法，对上海和杭州跨境电子商务的新闻关键词进行分析，讨论不同城市跨境电子商务发展的不同方式。

表 4-1　长三角地区主要跨境电子商务城市

城市	城市概况	跨境电子商务公共服务平台	相关数据
杭州	长江三角洲城市群中心城市，中国重要的电子商务中心。	中国（杭州）跨境电子商务综合试验区线上综合服务平台（http：//www.singlewindow.gov.cn）。	2017 年跨境电子商务进出口交易额为 72.6 亿美元；集聚了天猫国际、网易考拉等龙头平台。

表4-1 续1

城市	城市概况	跨境电子商务公共服务平台	相关数据
上海	国家中心城市，中国的经济、金融、贸易、航运中心。	上海跨境电子商务公共服务平台（http：//www. shcepp. com/news. html）。	2017年跨境电子商务进出口交易额为41.8亿元人民币；2018年一季度跨境电子商务进口订单涉金额8.4亿元人民币。
合肥	皖江城市带核心城市，长三角城市经济协调会城市。	中国（合肥）跨境电子商务综合试验区“单一窗口”（http：//www. hfeport. gov. cn/mainIndexs. html）。	2017年进出口邮件包裹数超过1200万件，其中跨境电子商务货物占比90%以上，仅安徽邮政速递物流进出口产品货物估值约10亿元人民币，服务跨境电子商务企业2000家以上。
宁波	首批沿海开放城市，长三角五大区域中心之一。	中国（宁波）国际贸易“单一窗口”（http：//www. nbeport. com）。	2017年跨境电子商务进出口交易额达80.11亿元人民币；截至2018年6月3日，跨境电子商务零售进口额达51.98亿元人民币。
苏州	长三角地区经济重镇。	中国（苏州）跨境电子商务综合试验区“单一窗口”（http：//www. tradesw. com）。	2017年综合试验区线上综合服务平台B2B出口额突破10亿美元。

二、关键词词云图分析方法

关键词词云图是对关键词集合及其使用频次运用“云图类”可视化技术进行可视化展示的结果。其显示原理是通过差异化的字体（包括字体大小、粗细、颜色等视觉特征）和渐变的过渡来可视化展现关键词的使用频次，并将关键词按字顺排序、按使用频次排序或按其他方式排序，以方便用户浏览和获取相关信息。

本文分别以“上海跨境电子商务”和“杭州跨境电子商务”为关键词检索新闻，搜集前100条新闻标题进行关键词分析，剔除无效关键词，保留有效关键词，最后利用BlueMC平台进行词云图分析。

新闻关键词的检索和分析结果如表4-2所示。以“上海跨境电子商务”为关键词，对检索到的100条新闻标题进行关键词分析，在焦点检索结果和时间检索结果中，在频数前100的关键词中，分别剔除30个和19个无效词。以“杭州跨境电子商务”为关键词，对检索到的100条新闻标题进行关键词分析，在焦点检索结果和时间检索结果中，在频数前100的关键词中，分别剔除32个和29个无效词。再通过补充新的有效词，从而使每一个检索结果均有100个关键词进行后续的可视化分析。

表 4-2 新闻关键词的检索和分析结果概览

	"上海跨境电子商务"按焦点排序检索	"上海跨境电子商务"按时间排序检索	"杭州跨境电子商务"按焦点排序检索	"杭州跨境电子商务"按时间排序检索
关键词总量	410	432	338	336
采集词数	100	100	100	100
剔除无效词数量	30	19	32	29
保留有效词数量	70	81	68	71
补充有效词数量	30	19	32	29

三、杭州跨境电子商务词云图分析

以"杭州跨境电子商务"为关键词，分别按焦点和时间排序检索新闻，分别获取前 100 条新闻标题，得到两种检索方式下新闻标题中的高频词及词频，如表 4-3 所示。

表 4-3 杭州跨境电子商务新闻标题关键词分析结果

按焦点排序检索		按时间排序检索	
高频词	词频	高频词	词频
跨境	88	跨境	87
杭州	79	杭州	75
中国	11	中国	11
全球	11	电子商务	10
项目	9	全球	10
发展	8	发展	9
电子商务	8	项目	8
2017	7	服务	7
国际	6	亚马逊	7
服务	6	2017	6
创新	6	创新	6
亚马逊	6	国际	6

表4-3 续1

按焦点排序检索		按时间排序检索	
高频词	词频	高频词	词频
网上	5	试验区	5
峰会	5	平台	5
模式	4	谷歌	5
谷歌	4	企业	4
质量	4	峰会	4
浙江	4	世界	4
企业	4	质量	4
平台	4	丝路	4

从表 4-3 可以看出，以"杭州跨境电子商务"为关键词，分别按焦点和时间排序检索到的新闻标题，在进行关键词分析后呈现出不一样的结果，部分关键词的词频不一致。频数较高的关键词分别是"跨境""杭州""中国""全球""项目""发展""电子商务"等词，按焦点排序检索时，其词频分别为 88、79、11、11、9、8、8（其可视化结果如图 4-3 所示）；按时间排序检索时，其词频分别为 87、75、11、10、8、9、10（其可视化结果如图 4-4 所示）。

图 4-3　杭州跨境电子商务新闻标题关键词词云图（按焦点排序检索）

图 4-4　杭州跨境电子商务新闻标题关键词词云图（按时间排序检索）

由图示可以发现，在以“杭州跨境电子商务”为关键词检索到的新闻标题中，“跨境”“杭州”“中国”“全球”“电子商务”“项目”“发展”“服务”“国际”“创新”等词在图中较为明显，可间接判断出目前杭州跨境电子商务的发展范围逐渐从中国扩展到全球，和国际接轨，并且注重服务和项目创新。

四、上海跨境电子商务词云图分析

以“上海跨境电子商务”为关键词，分别按焦点和时间排序检索新闻，分别获取前 100 条新闻标题，得到两种检索方式下新闻标题中的高频词及词频，如表 4-4 所示。

表 4-4　上海跨境电子商务新闻标题关键词分析结果

按焦点排序检索		按时间排序检索	
高频词	词频	高频词	词频
跨境	90	跨境	91
上海	37	上海	34
进口	13	平台	11
平台	11	进口	11
电子商务	10	政策	10
政策	10	电子商务	9
发展	9	发展	7
2017	7	2017	7
监管	7	监管	7
过渡期	7	过渡期	7
服务	6	嘉定	6
嘉定	6	高峰论坛	6
中国	5	中国	5
贸易	5	携手	5
零售	5	服务	5
高峰论坛	5	零售	5
物流	4	贸易	5
国务院	4	论坛	4
ccee	4	网易	4
行业	3	全球	4

从表 4-4 可以看出，以“上海跨境电子商务”为关键词，分别按焦点和时间排序检索到的新闻标题，在进行关键词分析后呈现出不一样的结果，部分关键词的词频不一致，但整体上差异不大。频数较高的关键词分别是“跨境”“上海”“进口”“平台”“电子商务”“政策”等词，按焦点排序检索时，其词频分别为 90、37、

13、11、10、10（其可视化结果如图 4-5 所示）；按时间排序检索时，其词频分别为 91、34、11、11、9、10（其可视化结果如图 4-6 所示）。

图 4-5　上海跨境电子商务新闻标题关键词词云图（按焦点排序检索）

图 4-6　上海跨境电子商务新闻标题关键词词云图（按时间排序检索）

由图示可以发现，在以“上海跨境电子商务”为关键词检索到的新闻标题中，“跨境”“上海”“进口”“平台”“电子商务”“政策”“过渡期”“监管”等词在图中较为明显，间接说明目前上海跨境电子商务的发展重点关注平台发展、政策和监管完善等因素。

五、结论

长三角地区作为经济发展快速有利的地区之一，随着杭州、上海等城市跨境电子商务快速发展，各地区错位竞争、优势互补，正在成为领跑跨境电子商务发展的新格局。不同城市跨境电子商务发展方式的不同，塑造了整个产业竞争格局的现状。注重服务和创新的城市在发展初期吸引了较多跨境电子商务交易企业和物流企业，而注重监管的城市要在后期发展，对于保税模式而言较为困难，但可以大力发展直购模式。对于发展和变化非常迅速的跨境电子商务行业而言，这仅仅是一个起点，长三角地区的城市需要在政策过渡阶段不断探索，对跨境电子商务的发展环境和模式进行更加深入的研究，形成错位竞争与优势互补的跨境电子商务新商业模式和运营机制，推动中国跨境电子商务高质量发展。